Schulen evaluieren sich selbst

I. Eine Einführung ins Thema

Wir haben das heute so aktuelle Konzept *Evaluation* Mitte der 80er-Jahre in Projekten der Unterrichtsentwicklung kennen gelernt (vgl. Altrichter/Posch 1998). Evaluation war dort integraler und beinahe „natürlicher" Bestandteil: Weil Praktiker etwas weiterentwickeln oder etwas Neues entwickeln wollten, das – wie meistens bei Unterricht – so komplex war, dass der 100%ige Erfolg nicht vorzuprogrammieren war, haben sie Rückmeldungen gesucht. Selbstevaluation war dabei die notwendige Selbstvergewisserung in Situationen der Ungewissheit.

Doch Selbstevaluation ist nicht nur in Innovationsprojekten bedeutsam. *Urteilsfähigkeit* gehört zu den Grundkompetenzen im Lehrerberuf. Lehrer* fällen im Berufsalltag eine große Zahl von Entscheidungen und nehmen dabei laufend Bewertungen eigener und fremder Handlungen vor – häufig ohne explizite Kriterien. Das ist nun nicht verwerflich, sondern macht gerade das Typische von ruhig fließenden Handlungszügen erfahrener Praktiker aus: Sie handeln auf der Basis eines *feel for the situation* (Schön 1983) und sind dabei häufig erfolgreich, ohne im Lehrbuch nachschauen zu müssen. Auf der anderen Seite haben sich die meisten von uns in diesen intuitiven Einschätzungen auch schon einmal sehr getäuscht. Und den Splitter im Auge das anderen zu sehen, ist oft leichter, als den Balken im eigenen zu entdecken. Daher lohnt es, gelegentlich expliziter und genauer nachzufragen: Was macht meine Zufriedenheit/Unzufriedenheit mit alltäglichen Situationen aus? Wie fundiert sind meine alltäglichen Einschätzungen? Werden meine Handlungen von Berufskollegen und von den Adressaten ähnlich gesehen wie von mir? Was kann ich aus unterschiedlichen Sichtweisen und Einschätzungen lernen?

Lehrer arbeiten in einem anspruchsvollen Beruf. Sie haben eine relativ große *Autonomie* in Hinblick auf wichtige Aspekte ihres Berufes: Sie sind zwar an den Lehrplan und an bestimmte Unterrichtszeiten gebunden, haben jedoch, was z. B. inhaltliche Akzentuierungen, Methoden und Unterrichtsmittel angeht, große Entscheidungsspielräume. Dies ist keine Nachlässigkeit des Dienstgebers; vielmehr erfordert eine komplexe Aufgabe, wie die Erziehung und Bildung von Kindern und Jugendlichen, solche Freiräume (vgl. Rolff 1993). Diese (relative) Autonomie von Lehrenden ist – wie bei anderen professionellen Berufen – mit Ansprüchen nach einem besonders verantwortungsvollen Umgang mit Handlungsspielräumen gepaart: eine *professionelle Ethik* ist gefordert. Um diesen Ansprüchen gerecht zu werden, müssen Lehrer die eigene Tätigkeit in Hinblick auf ihre Ziele, Bedingungen, Verläufe und Wirkungen reflektieren, um rechtens behaupten zu können, dass sie die Freiräume in qualitativer Weise nutzen. Und sie müssen bereit sein, sich auf Gespräche mit Kollegen, Lernenden und anderen Interessierten einzulassen und dort die eigenen Handlungsgründe zu argumentieren. Unserer Meinung nach gehört Selbstevaluation zur *professionellen Verantwortung in einem komplexen Beruf mit beträchtlichen Handlungsspielräumen: Sie ist notwendig zur Pflege der eigenen Urteilsfähigkeit und auch, um sich selbst ebenso wie den Interaktionspartnern gegenüber rechtfertigen zu können, dass mit der beruflichen Autonomie in verantwortungsvoller Weise umgegangen wird.*

---

*Aus Gründen der besseren Lesbarkeit wird auf Wunsch des Verlages im Folgenden meist nur die männliche Form verwendet; es sind natürlich auch Schülerinnen, Lehrerinnen, Schulleiterinnen … gemeint.

In diesem Buch haben wir – eine Lehrerin, die als Koordinatorin für Schulentwicklung in einem Verbund von fünf Sekundarschulen tätig ist, und zwei Erziehungswissenschaftler, die sich in Forschung und Beratungstätigkeit mit Schulentwicklung und -evaluation befasst haben – versucht, unsere Erfahrungen aus Schulentwicklungsberatung und Fortbildung aufzubereiten[1]. Der *erste Teil* des Buches bietet eine Einführung ins Thema und seine Hintergründe: Begriffe, Argumente und Gegenargumente aus der wissenschaftlichen und bildungspolitischen Diskussion um Evaluation werden erläutert. Jene, die sich stärker für die konkrete Praxis der Evaluation interessieren, werden im *zweiten Teil* fündig. Dieser spricht in Form eines Leitfadens Schritt für Schritt wichtige Phasen und Entscheidungen an, die bei der Konzipierung und Umsetzung eines schulischen Evaluationsvorhabens anfallen. Weiter stellt er Methoden, Arbeitsformen und Übungen vor, die wir in verschiedenen Schulevaluationsprojekten praktisch erprobt haben und die sich zur Organisation der Arbeit in Evaluationsvorhaben bewährt haben. Im *dritten Teil* des Buches finden Sie schließlich zwei Beispiele, in denen Schulen ihre Bemühungen zur Entwicklung eines Qualitätsprogramms und zu dessen Evaluation gleichsam in einem Zwischenbericht erläutern.

1. Eine Schule hat's versucht. – Ein Fallbeispiel

„Wir haben bei uns an der Schule schon so viele Neuerungen entwickelt und die Kollegen bemühen sich, wirklich gut zu arbeiten. Und dennoch geht die Zahl der Schüleranmeldungen zurück. Ich verstehe das nicht. Es ist doch nicht möglich, dass niemand außerhalb der Schule weiß, wie sehr wir uns bemühen. Was haben wir eigentlich für ein Image? Die paar Fehler, die wir natürlich auch machen, können doch nicht alles kaputt machen? Und jetzt verlangt die Schulaufsicht auch noch, dass wir Rechenschaft ablegen. Als ob wir überhaupt nur schlecht arbeiten würden!", beklagte sich die Schulleiterin einer Schule vor mehreren Jahren. „Wir sind zwar noch nicht gefährdet, aber wir müssen etwas unternehmen!"
Und das hat sie auch. Sie beschloss, der angekündigten Kontrolle durch die Behörde vorzugreifen und Anstrengungen zu unternehmen, um eine größere Zahl von Schülerinnen und Schülern anzuziehen. Herausgekommen ist im Laufe der Zeit ein Selbstevaluationssystem, das die ganze Schule umfasst. „Mir gefiel das auf einer Tagung. Es klang zwar wahnsinnig kompliziert, aber mir gefiel der Grundgedanke: Selbst hinschauen, auf das was man tut, und dabei beobachten, was es bewirkt. Sich dadurch genauer überlegen zu können, wie man es besser machen könnte. Und das dann auch wirklich umzusetzen. Das ist eigentlich ganz normal, so arbeite ich selbst auch."
An der Schule fanden sie einige Kollegen, die mit ihr gemeinsam ein Seminar über Selbstevaluation besuchten. Eine Lehrerin schilderte ihre Eindrücke später folgendermaßen: „Ich war damals ganz begeistert. Endlich ein Ansatz, der mehr als an der Oberfläche kratzte und nicht nur wissenschaftlich-technisches Gerede war. Mir gefielen die Haltung dahinter und die Aussichten, die angeboten wurden. Die Chance, sich über vieles im Unterricht und an der Schule klarer zu werden, Stärken zu stärken, sich dabei wohl zu fühlen und

---

1 Vorarbeiten zu diesem Buch erschienen als Altrichter (1998), Altrichter et al. (2002), Altrichter/Messner (1998, 1999a, 1999b, 2001), Messner/Altrichter (1998), Krainz-Dürr et al. (2002), Posch (2002) und Posch et al. (2002).

dazuzulernen. Ich hatte ja schon fünfzehn Dienstjahre und war schon länger nicht mehr ganz mit meiner Arbeit zufrieden. Irgendwie war es immer dasselbe. Vielleicht gab's Abwechslung und bessere Gestaltungsmöglichkeiten. Die Referenten arbeiteten auf dem Seminar selbst so: etwas ausprobieren, darüber reflektieren und behutsam weitergehen. Sie weckten meine Lernneugierde. Und außerdem war es auch eine Herausforderung für mich. Da war mein ganzes pädagogisches Wissen gefordert! Und dann die Aussicht, das mit allen Kollegen an der Schule zu teilen, erzeugte irgendwie einen Kitzel."

Die Schulleiterin trieb finanzielle Mittel und externe Berater für ein Selbstevaluationsprojekt auf. Mit den Lehrern, die mit ihr das Seminar besucht hatten, gründete sie an der Schule eine ‚Initiativgruppe Selbstevaluation'. Obwohl der Anfang des Projektes turbulent war, wurde dann zwei Jahre intensiv gearbeitet. Mehr als (die von den externen Beratern geforderten) 80 % der Lehrer hatten zugestimmt, sich aktiv an der Projektarbeit zu beteiligen. Die Schulleiterin erzählt: „Na ja, zum ersten Mal so eine Aushandlung im Lehrerkollegium … das war höchst anstrengend. Heute könnten wir das alle zusammen schon viel besser. Wir wollten, dass die Kollegen mitmachen, und das erforderte Zeit und Energie. Gut, dass wir die Berater hatten. Wir sind damals viele Abende in der Schule gesessen und haben strategische Überlegungen angestellt. Ich habe mit jedem Lehrer einzeln geredet, und die Konferenzen waren gut vorbereitet. Zum Glück begrüßten die Schülervertreter, die Eltern und die Aufsichtsbehörde das Vorhaben. Man muss sich jeden Schritt genau überlegen und immer die richtige Balance zwischen Vorgeben und Aushandeln halten. Aber letztlich waren – beinahe – alle Kollegen bereit, sich auf das Abenteuer einzulassen."

Die Lehrer schlossen sich in kleinen Evaluationsgruppen zusammen und wählten jeweils einen Bereich, den sie bearbeiten wollten, z. B. ‚Fordern und Fördern in unserem Unterricht', ‚Unser Projektunterricht', ‚Unsere Freiarbeit im Mathematikunterricht', ‚Schulhausgestaltung', ‚Schulimage bei Absolventen'. Mögliche Themenbereiche waren vorher in einer Konferenz gesammelt und gereiht worden. In jeder Arbeitsgruppe wurde die Vertraulichkeit persönlicher Daten schriftlich vereinbart.

Die Lehrer in den Evaluationsgruppen holten dann Feedback zum gewählten Thema ein – manchmal zu ihrem Unterricht bzw. Lehrerverhalten, manchmal über Angebote der Schule usw. Feedback kam vor allem von Schülern; eine Gruppe wandte sich an Absolventen, manche auch an Eltern, und alle Lehrer erbaten Feedback von den Kollegen in der eigenen Evaluationsgruppe. Die Instrumente für das Feedback kannte man entweder aus der eigenen Unterrichtspraxis, schlug sie in Büchern nach und modifizierte sie für die eigene Situation oder erarbeitete man selbst. Im ersten Jahr gab es eine eintägige schulinterne Fortbildungsveranstaltung zum Thema ‚Feedback geben und nehmen'. Alle Lehrer besuchten zumindest einmal einen Kollegen im Unterricht und tauschten danach ihre Beobachtungen aus. Wer wollte, konnte die Auswertung seiner Rückmeldungen mit Schülern, Eltern oder Kollegen diskutieren und dabei Konsequenzen überlegen.

Die Gruppe, die zum Thema ‚Projektunterricht' arbeitete, beschloss in Absprache mit der Steuergruppe, eine Untersuchung im ganzen Schulhaus durchzuführen. Diese Idee entstand, weil bei einer eintägigen schulinternen Fortbildungsveranstaltung zum Thema ‚Projektunterricht' von Kollegen über Schwierigkeiten bei der praktischen Umsetzung geklagt worden war. Alle Lehrer wurden daraufhin gebeten, einen von der Gruppe erarbeiteten Fragebogen zur Durchführung von Projektunterricht auszufüllen. Schülervertreter wurden interviewt, nachdem sie ihre Mitschüler befragt hatten. Die Evaluationsgruppe wertete diese Daten aus. Nach ihrem Bericht, der auch einige Änderungsvorschläge enthielt, beschloss die Konferenz einige weit reichende strukturelle Konsequenzen: Beispielsweise wurden aus verschiedenen Schüler- und Lehreraussagen die Konsequenz gezogen, gemeinsame Projektzeiten für alle Klassen vorzusehen und zwei Mal im Jahr für je eine Woche den ‚normalen' Stundenplan aufzulösen, um Raum für Unterrichtsprojekte in allen Klassen zu schaffen.

Alle Evaluationsgruppen dokumentierten ihre Aktivitäten und verfassten anonymisierte Berichte für die Steuergruppe. Die Steuergruppe sammelte diese und fasste wesentliche Erkenntnisse in einem Gesamtbericht zusammen, der schließlich von den Lehrern in einer Konferenz diskutiert und an die Schulaufsicht weitergeleitet wurde. So mancher interessante Teil des Berichts wurde auch im Jahresbericht der Schule und in der selbst produzierten Schülerzeitung veröffentlicht. So wurde u. a. der ‚Tag der offenen Tür', traditionell die Einführungsveranstaltung der Schule für zukünftige Schüler und ihre Eltern, völlig neu gestaltet: Neben Besichtigungen, Gesprächsmöglichkeiten und Spielen wurden auch die Evaluationsergebnisse ausgestellt. Als erfreulicher Nebeneffekt wurden die Schulleiterin und einige Lehrer von der regionalen Fortbildungseinrichtung gebeten, in Seminaren und bei einer Tagung von ihren Erfahrungen mit Selbstevaluation zu berichten.

Am Ende des zweiten Pilotjahres hielt die Steuergruppe Folgendes in ihrem Bericht fest: „Im vergangenen Schuljahr lief die vereinbarte Pilotphase der Selbstevaluation an unserer Schule aus. Als Vereinbarung galt ein Abschlussbericht vornehmlich über Konsequenzen, da alle Evaluationsgruppen im zweiten Jahr an den im Bericht des ersten Jahres dokumentierten Themen weitergearbeitet hatten. […] Damit das ganze Kollegium aus der Arbeit der einzelnen Evaluationsgruppen Nutzen ziehen konnte, wurden einzelne Themen in ohnehin anfallenden Konferenzen besprochen, allfällige notwendige Konsequenzen wurden gleich gezogen. Bei einer eigens einberufenen Evaluationskonferenz wurde von der Steuergruppe und jeder Evaluationsgruppe Bilanz über die geleistete Arbeit gezogen.

Als positiv hervorgehoben wurden neben Konsequenzen, die sich direkt aus den Themen der Gruppen ergeben hatten, der positive Einfluss auf die Gestaltung der Konferenzen, die zunehmende Effektivität bei der Zusammenarbeit der Lehrer und die laufend besser gewordene Arbeit der Steuergruppe. Als erfreulich wurde die Kontinuität im Entwicklungsprojekt bezeichnet. Ideen wurden geboren und nicht verworfen. Ein Kollege sprach vom ‚Bogen des Ideenspinnens zur Realitätsakzeptanz bis hin zum Willen zur Veränderung'. Gleichzeitig wurde bemerkt, dass althergebrachte Beziehungsstrukturen innerhalb des Kollegiums aufgebrochen seien und man sich schmerzhaft mit der eigenen Position auseinander setzen hatte müssen. Damit verbunden sei eine größere Notwendigkeit zur Offenheit im Gespräch entstanden, und man begrüßte die Selbstevaluation als Plattform für das Ansprechen von Problemen an der Schule.

Kritische Anmerkungen gab es in Bezug auf den zeitlichen Mehraufwand, der mit der Forderung nach einer weiter reichenden gesetzlichen Neudefinition von Lehrerarbeit, einer Neuregelung der Lehrerarbeitszeit und Umschichtungen im Entlohnungsschema verbunden wurde. Es wurde der Wunsch nach einer ‚Evaluationspause' geäußert. Interne Schwierigkeiten, wie ‚Widerstände', zuwenig Informationsaustausch zwischen den Evaluationsgruppen, der Wunsch nach mehr gegenseitiger Wertschätzung und unterschiedliche Auffassungen über den Verbindlichkeitscharakter der Evaluation wurden offen angesprochen und ausdiskutiert.

Zur persönlichen Reflexion wurde mit einer gezeichneten Waage der Einsatz an investierter Zeit und Energie in Relation gesetzt zum Nutzen, der aus Erkenntnissen und Konsequenzen besteht. […] Die Evaluationskonferenz war zugleich Schlusspunkt der Pilotphase. Es war klar, dass es wünschenswertes Ziel des Kollegiums ist, institutionalisierte Selbstevaluation als Teil des Schulalltages zu leben. Bei der anschließenden Bereitschaftserklärung fand der Startschuss für die Weiterarbeit statt. Zwei Gruppen arbeiteten an ihrem Thema weiter und eine neue konstituierte sich mit dem fachlichen Schwerpunkt Englisch. Im Anschluss an die Konferenz gab es eine Neuwahl der Vertreter für die Steuergruppe (wobei die Besetzung annähernd gleich blieb)."

2. Was ist Evaluation?

2.1 Eine erste Annäherung

Unter *Evaluation* versteht man allgemein „Bewertung, Bestimmung des Wertes", in pädagogischen Zusammenhängen auch „Beurteilung von Leistungen, Lehrplänen, Unterrichtsprogrammen und schulischen Angeboten". Obwohl nicht neu, hat der Begriff im Bildungswesen in letzter Zeit eine erstaunliche Konjunktur erlebt und ist heute allgegenwärtig. Gerade Schulentwicklungsvorhaben scheinen nicht mehr ohne ‚Evaluation' auskommen zu können, und schon drängen sich neue Begriffe (wie z. B. Qualitätssicherung) in den Vordergrund, die eine Weiterführung und ‚Systematisierung' von Evaluation andeuten.

Wenn wir von einer Schule zum Thema ‚Evaluation' eingeladen werden, dann versuchen wir die Bedeutung von Evaluation folgendermaßen zu umschreiben:

E…v…a…lu…a…t…ion.
Ich stolpere ja schon über das Wort!
Was ist es denn eigentlich genau?

Der Wunsch nach Rückmeldung

Wenn man Aktivitäten zur Weiterentwicklung (des Unterrichts, der Schule usw.) umsetzt und wenn man Energie darauf verwendet, qualitätsvolle Arbeit zu leisten, dann wird man hin und wieder wissen wollen, ob sich die Mühe gelohnt hat. Dann wird man die Arbeit beobachten und Feedback von betroffenen Personen(-gruppen) einholen, um besser beurteilen zu können, ob diese Aktivitäten

- überhaupt *in der gewünschten Weise umgesetzt werden,*
- *zu den erhofften Resultaten führen* und
- möglicherweise *unerwünschte Nebenwirkungen* haben.

Man tut dies, um

⇒ *kurzfristig* eventuelle ‚Umwege' zu erkennen oder vollkommen in die Irre gehende Entwicklungen rechtzeitig abbrechen zu können, sowie um

⇒ *längerfristig* aus den eigenen Erfahrungen für spätere Initiativen zu lernen und Bestärkung und mehr Sicherheit im eigenen Tun zu bekommen.

Die Notwendigkeit der Selbstvergewisserung in nicht-routinehaften Berufen
Aus der Erforschung komplexer Tätigkeiten, d. h. jener Tätigkeiten, die nicht hauptsächlich vorgegebenen Routinen folgen (vgl. Schön 1983; Berliner 1992; Bromme 1992), wissen wir, dass man normalerweise nicht ‚mit einem Schlag‘ (und sei der Plan auch noch so gut) zum Erfolg kommt. Daher ist *Selbstbeobachtung und Selbstevaluation ein Merkmal jeder ‚komplexen‘ Tätigkeit.* Wir verstehen den Lehrerberuf als eine komplexe Tätigkeit in diesem Sinn (vgl. Altrichter 1996a). Auch die Gestaltung von Schulentwicklungsprozessen ist keine Routineangelegenheit, bei der einfach vorgegebene Schnittmuster abgearbeitet würden.

2.2   Alle Tätigkeiten folgen einem Kreislauf

Entwicklungs- und
Evaluationskreislauf –
Was heißt das konkret?

Na gut. Und was tut man da?

Evaluieren heißt Beobachten und Konsequenzen ziehen
Gleichgültig, ob eine Lehrerin Rückmeldung über Akzeptanz und Wirkungen ihres Unterrichts sucht, ob ein Kollegium seine pädagogischen Entwicklungsmaßnahmen ‚evaluiert‘, oder ein Bauer das Aufgehen seiner Saat beobachtet (vgl. Kasten 1), in beiden Fällen enthält eine solche ‚Erfolgs-Beobachtung‘ ähnliche Tätigkeiten. Beim Bauern schaut das jedenfalls so aus: Durch Beobachtung seiner Tätigkeit und der besonderen Bedingungen, unter denen sie stattfindet, d. h. unter denen seine Kartoffeln wachsen, wie Boden, Feuchtigkeit, Nährstoffbedarf, jahreszeitliche Schwankungen usw., baut er nach und nach ein spezielles Wissen auf, das ihm erlaubt, unter einigermaßen normalen – nicht-katastrophalen – Umständen ökonomisch und qualitätsvoll zu arbeiten.

1

Die Natur beobachten – Agrarische Selbstevaluation
„… als wir knapp vor der Ernte mit Hans Ackerl seine Felder begutachteten. Wenn es ein Erfolgsrezept für seine pflanzenbauliche Arbeit gibt, dann heißt dies schlicht und einfach ‚Beobachtung‘, meinte er. Dies sei wichtig, um den richtigen Einsatz des Striegels oder des Unkraut-Hackgerätes festzulegen, aber auch um festzustellen, wie die Kulturen auf die vor ihnen am Acker stehenden Pflanzen (‚Vorfrucht‘) reagieren. ‚Wer die Natur beobachtet und versteht, kann viel von ihr lernen‘, erklärt Hans Ackerl die neue, alte Fruchtfolge, die den Böden frische Vitalität verleiht.“ (Aus einer Werbebroschüre für naturnahe Lebensmittel einer Supermarktkette)

Auch Lehrer, die ihren Unterricht oder ihr Schulleben weiterentwickeln wollen (vgl. z. B. die Fallstudien in Altrichter et al. 1989), befinden sich oft in der Lage von ‚professionellen Praktikern‘ und folgen dem Reflexions-Aktions-Kreislauf (vgl. Abb. 1):

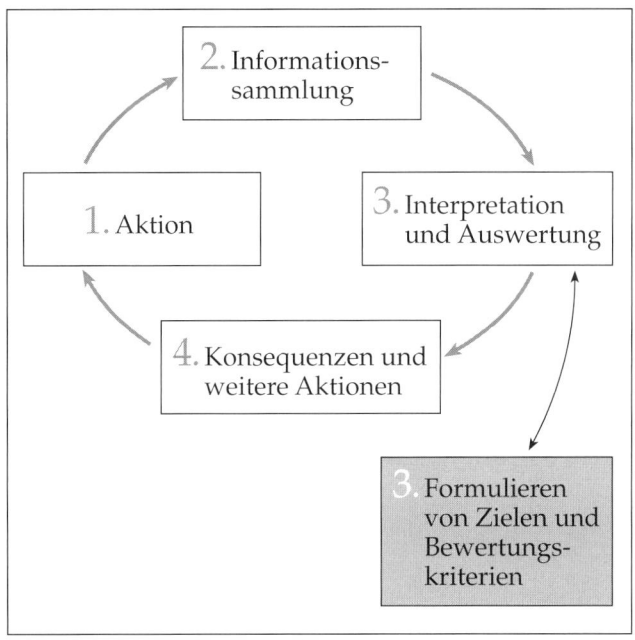

Abb. 1: Der Aktions-Reflexions-Kreislauf

① Aktion
② Informationssammlung
③ Interpretation und Auswertung
❸ Formulieren von Zielen und Bewertungskriterien
④ Konsequenzen und weitere Aktionsideen

① Aktion
Lehrer handeln in komplexen Situationen, die sie durch ihre eigenen Handlungen mitgestalten, in denen es aber noch viele weitere Einflüsse gibt. Unterrichtsstunden sind z. B. solche komplexe Situationen, die Lehrer – wie oben der Bauer – besser durchschauen und mitgestalten wollen.

② Informationssammlung
En passant oder gezielt werden Informationen über diese Handlungssituationen gesammelt. Lehrer beobachten ihren eigenen Unterricht, sie holen vielleicht Rückmeldungen von Schülern ein, oder Eltern schildern Wahrnehmungen aus ihrer Perspektive. Solche unterschiedlichen Informationen können wichtige Hilfen für das Weiterdenken von Unterricht und Schule sowie für das Ersinnen von Handlungsalternativen sein.

③ Interpretation und Auswertung
Manche eigene Erfahrungen oder andere Wahrnehmungen scheinen ‚für sich' zu sprechen. Tatsächlich sprechen sie nur zu uns, wenn wir uns ‚einen Reim auf sie machen'. Wir verstehen sie, weil wir Wahrnehmungen auswerten und interpretieren. Dabei wird die wahrgenommene soziale Praxis mit einer – vielleicht unausgesprochen gebliebenen – ‚Theorie der eigenen Praxis' verglichen. Das heißt Lehrer setzen Rückmeldungen von anderen mit Vorstellungen und Erwartungen in Beziehung, die sie selbst über Ziele, Verlauf, Bedingungen und Wirkungen ihres Unterrichts haben. Dann wird klarer, warum eine Erfahrung im Unterricht eine ‚positive Überraschung' oder auch eine ‚Enttäuschung' war.

❸ Formulieren von Zielen und Bewertungskriterien
Alle unsere Handlungen sind in eine ‚Landschaft' eingebettet. Auf ihr findet man Werte, denen man gerecht werden will, Ziele, die man erreichen will, Erwartungen, die sich erfüllen sollen, oder Kriterien, an denen der Erfolg gemessen wird. Bei der Interpretation und Auswertung unserer Handlungserfahrungen greifen wir auf solche ‚Elemente dieser Landschaft' zurück, die wir als bedeutsam und aussagekräftig für die untersuchten Situationen erachten. Über manche dieser Kriterien können Lehrer schon vor der Handlung

explizit Auskunft geben. Sie können formulieren, welche Ziele und Erwartungen wichtig sind und welche Berufsethik ihren Unterricht leitet. Die Kriterien können aber auch *implizit* geblieben sein und müssen dann – gleichsam rückwärtsarbeitend – z. B. aus eigenen Überraschungserlebnissen und Reaktionen anderer erschlossen werden. Wenn z. B. Schüler eine ‚überraschende' Reaktion zeigen, kann gefragt werden, welches Verhalten eigentlich erwartet wurde, welche implizite Erwartung die ‚Überraschung' ausgelöst hat.[2] Diese Werte und Ziele, die hinter allen Vorgängen des praktischen Interpretierens stehen, sind besonders bedeutungsvoll für Evaluationen, die auf Bewertung von Handlungsalternativen abzielen.

2

Definitionen

„**Eva | lua | ti | on** [*ewa…zion; lat.-fr.-engl.*] *die; -*, -en: a) Bewertung, Bestimmung des Wertes; b) Beurteilung [von Lehrplänen und Unterrichtsprogrammen] (Päd.); vgl. …[at]ion/…ierung." (© Dudenverlag)

Evaluation ist „die systematische Untersuchung des Wertes und Nutzens eines Gegenstandes" (Joint Committee 1994, zit. nach Burkard 1995b, 32).

„Evaluation im Schulbereich ist die systematische Sammlung, kriterienorientierte Aus- und Bewertung von ‚Daten' über Dokumente, Handlungen, Personen zum Zwecke weiterer Entscheidungen." (Maritzen 1996, 27)

Im alltäglichen Sprachgebrauch bedeutet Evaluation: „Irgendetwas wird von irgendjemand in irgendeiner Weise nach irgendwelchen Kriterien bewertet." Im wissenschaftlichen Sprachgebrauch soll Evaluation bedeuten: „Programme, Maßnahmen, Organisationen etc. werden durch Personen, die zur Bewertung besonders befähigt sind, in einem objektivierten Verfahren nach explizit auf den Sachverhalt bezogenen Kriterien (und ggf. Standards) bewertet." (Kromrey 2001, 108)

Wottawa und Thierau (1990, 9) nennen folgende ‚allgemeine Kennzeichen wissenschaftlicher Evaluation':
– „Evaluation dient als Planungs- und Entscheidungshilfe und hat somit etwas mit der Bewertung von Handlungsalternativen zu tun."
– „Evaluation ist ziel- und zweckorientiert. Sie hat primär das Ziel, praktische Maßnahmen zu überprüfen, zu verbessern und über sie zu entscheiden."
– Evaluationsmaßnahmen sollten schließlich „dem aktuellen Stand wissenschaftlicher Techniken und Forschungsmethoden angepasst sein".

---

2 Die Übung „Das verborgene Schulprogramm entdecken" (Philipp 1992, 56 ff.) bietet eine originelle Strategie, um solche implizite, deswegen nicht weniger gültige Erwartungen in einem Kollegium zu untersuchen.

④ Konsequenzen und weitere Aktionsideen

Lehrer stehen normalerweise unter Handlungsdruck. Sie machen sich ihren ‚Reim' auf ihren Unterricht, um aus den Erfahrungen für die nächsten Schritte zu lernen und ihr professionelles Wissen weiterzuentwickeln. Aus ihrer ‚Theorie der Praxis' lassen sich neue Ideen für weitere Handlungen ableiten, die so unterschiedlich wie ‚Nur so weiter' oder ‚Volle Kraft zurück!' lauten können, meist jedoch subtilere Handlungsmöglichkeiten zwischen diesen beiden Extrempolen betreffen.

Für diesen durchaus alltäglichen Vorgang verwenden Wissenschaftler das schöne Wort *Evaluation (Überprüfung von Qualität)*. Wer mehr an Definition braucht, wende sich Kasten 2 zu. Neben ‚Evaluation' werden im (pädagogischen) Alltag eine Reihe von Begriffen verwendet, die Teilaspekte des für ‚Evaluation' typischen Aktions-Reflexions-Kreislaufs umfassen, z. B. Diagnose, Einschätzung, Rückkoppelung, Feedback, Reflexion, Bewertung, Leistungsbeurteilung, Qualitätssicherung usw. In der Schulentwicklungspraxis herrschen sehr unterschiedliche lokale Sprachregelungen. Daher ist es zu Beginn von Evaluationsmaßnahmen notwendig, vor Ort an einem gemeinsamen Begriffsverständnis zu arbeiten, weil verschiedene Betroffene oft mit unterschiedlichem Vorverständnis an die Sache herangehen.

2.3 Was kann evaluiert werden?
Es gibt unterschiedliche Evaluationsgegenstände

Vorschläge für untersuchenswerte Bereiche kann man nach einigen Gesichtspunkten differenzieren:

Was kann man denn untersuchen? Alles? Ich wüsste da nämlich einige Bereiche!

Den für Evaluation typischen Aktions-Reflexions-Kreislauf kann man sowohl auf die Handlungen einzelner Personen als auch auf größere soziale Einheiten beziehen:

Handlungen von Individuen

z. B.: eigenes Lehrerverhalten oder Unterrichtsgestaltung; eigenes Führungsverhalten oder Schulmanagement

Größere soziale bzw. organisatorische Einheiten

z. B. neuer Unterrichtsgegenstand, Gestaltung der Konferenzen, Informationssystem; Verteilung der administrativen Aufgaben; Öffentlichkeitsarbeit; zeitliche Abstimmung der Klassenarbeiten, Projekte und Schulveranstaltungen

---

2.3.1 Reflexion einzelner Handlungen (Individualfeedback)

Jede Handlung[3] hat *evaluative Aspekte*. Menschliches Handeln kann nur dann funktionieren, wenn Handlungen Rückkoppelungen auslösen und diese verarbeitet werden (vgl. Mayr

---

3 Zu dem hier verwendeten Handlungsbegriff vgl. Schön (1983); Altrichter (1990, 206 ff.)

1997, 227). Man stelle sich nur vor, alle Schüler würden in einer Unterrichtsstunde mit steinernem Gesicht dasitzen und in keiner Weise auf die Tätigkeit des Lehrers reagieren. Dieser wäre vermutlich verunsichert und bäte die Schüler direkt um Feedback. Gibt es jedoch Reaktionen innerhalb einer subjektiv ‚akzeptablen' Bandbreite, dann geschieht oft gar nichts (Auffälliges): Das Handeln ‚fließt' dahin. Es folgt einem Plan und/oder einer Handlungsroutine, deren Feinstruktur sich an den laufenden Rückkoppelungen zwischen den Lehrenden und Lernenden orientiert. Gibt es jedoch überraschende Reaktionen beim Gegenüber, wird der Handelnde aufmerksam und sucht nach einer ‚Erklärung', um das Handeln auf die veränderte Situation neu abzustimmen. Die (vermeintliche) ‚Lösung' kann dann in der Erklärung selbst liegen, z. B. „Die Gruppe der sonst sehr aktiven Schüler hat gestern zu lange gefeiert und döst deshalb vor sich hin", oder in einer Handlung, z. B. „Ich muss dieses Thema etwas kürzen, die wesentlichen Teile akzentuierter vortragen und dann noch eine Verarbeitungsphase durch die Lernenden einlegen, in der sie Nicht-Verstandenes ansprechen können."

Mit *Individual-Feedback* wird das *Bemühen einzelner Personen* (z. B. Lehrer, Schulleiter) bezeichnet, sich Rückmeldung über die Auswirkungen des eigenen Handelns zu besorgen, um daraus Schlüsse für die Gestaltung der weiteren beruflichen Arbeit zu ziehen. Das Einholen und Verwerten von Individualfeedback muss nicht aufwändig sein, sondern kann oft nahtlos in alltägliche Aktivitäten eingefügt werden. Individual-Feedback ist die etwas systematischere Weiterführung der alltäglichen Reflexionsprozesse, die für verantwortungsbewusste Praktiker ohnehin eine Selbstverständlichkeit sind. Sein wichtigster Vorteil besteht darin, dass aus den Ergebnissen Schlussfolgerungen für das individuelle Handeln gezogen werden können, ohne dass die Ergebnisse automatisch für andere Situationen, Klassen oder Schulen verallgemeinerbar wären.

Gute Lehrer tun das intuitiv im Unterricht, meist ohne gezielte Planung. Sie beobachten, was Stoffvermittlung oder Übungen bewirken, wissen, wann eine Stunde gut war und wann nicht. Haben sie durch Rückkoppelungen oder auch durch explizitere Rückmeldungen den Eindruck gewonnen, gut gearbeitet zu haben, werden sie erfreut weiterarbeiten. Haben sie den Eindruck, wenig wirksam gewesen zu sein, werden sie sich bemühen, die nächste Stunde anders und vielleicht besser anzugehen. Diese zunächst spontan ablaufende Reflexion kann jedoch auch systematischer erfolgen, indem gezielt und mit einem entsprechenden methodischen Instrumentarium (Beobachtung, Gespräch, Feedbackbogen, Fragebogen etc.) Informationen über die Unterrichtssituation und die Wirkungen des eigenen Handelns eingeholt werden, um eigene Urteile und Handlungskonsequenzen auf eine möglichst verlässliche Grundlage zu stellen.

Um einzelne Lehrer dabei zu unterstützen, Rückmeldung von Schülern, Eltern und Kollegen über Aspekte ihres eigenen Unterrichts einzuholen, hat sich die *Einrichtung von Teams („Qualitätsgruppen")* bewährt, die einander bei der Weiterentwicklung der Qualität ihres Unterrichts unterstützen.

Dazu gehört, dass die Lehrer eines Teams

- selbst Schüler- und Elternfeedback zu speziellen Entwicklungsinteressen einholen,
- einander im Unterricht besuchen und Rückmeldung (Feedback) geben,
- Erfahrungen austauschen und einander bei der Durchführung von Innovationen unterstützen.

Ein Beispiel für ein Individualfeedback ist die Untersuchung einer Lehrerin, die in einer ‚schwierigen' Klasse unterrichtet. Darunter Martin, ein Schüler, der der Lehrerin durch „gezielte Versuche, auf sich aufmerksam zu machen", auffällt: Er ruft die Lehrerin ohne Grund zu sich. Er ärgert Mitschüler, wobei immer ein Auge auf die Lehrerin gerichtet ist, um ihre Reaktionen zu beobachten. Er führt manche einfache Arbeitsaufträge nicht aus – mit der Begründung ‚Das verstehe ich nicht!'. Die Lehrerin stellt die Situation in einer Lehrergruppe ihrer Schule zur Diskussion. Nach den ersten ‚Wiedererkennensbekundungen' jener Kollegen, die Martin in anderen Gegenständen unterrichten oder sich an ‚vergleichbare' Fälle erinnert fühlen, wird beschlossen, dieser Sache genauer auf den Grund zu gehen und ein Analysegespräch (vgl. Methode M21 in diesem Buch) durchzuführen. Dieses Gespräch macht es der betroffenen Lehrerin – wie sie schreibt – „wesentlich leichter, meine Gedankengänge zu ordnen, und bestärkt mich in meiner Arbeit". Sie wählt drei Zugänge für ihre Weiterarbeit:

1. *Sie will sich die ‚Störungssituationen' noch einmal genauer anschauen: In welchen Situationen fühle ich mich warum gestört? Die Einladung einer Kollegin, der sie vertraut, der sie jedoch auch anderes Verhalten in Störungssituationen zutraut, zu einer kollegialen Unterrichtsbeobachtung erscheint ihr dazu hilfreich.*
2. *Sie beschließt auf verbale Ermahnungen, die bis dahin nichts gefruchtet hatten, zu verzichten und auf Störungen nur mit Blickkontakt zu reagieren.*
3. *Und sie will eventuelle Veränderungen (der Störungssituation, ihres Verhältnisses zu Martin, ihrer Reaktionen usw.) festhalten. Dafür steht ein ziemlich umfangreicher Werkzeugkasten von unterschiedlichen – und für ihre Absichten unterschiedlich gut geeigneten – Feedback- und Forschungsmethoden zur Verfügung (vgl. Kap. 6). Sie entschließt sich, zu festgelegten, aber nicht zu häufigen Zeitpunkten, Gedächtnisprotokolle über die Stunden in dieser Klasse in ein ‚Forschungstagebuch' einzutragen.*

Aus ihrem Zwischenbericht nach einem halben Jahr ist ersichtlich, dass Martin auf ihr neues Verhalten zwar unterschiedlich reagiert, sich jedoch häufiger als bisher auf seine Arbeit konzentriert. Man erkennt aber auch, dass sich das Bewusstsein der Lehrerin über Gründe für die Störungen und Martins unterschiedlichen Reaktionen differenziert hat. Jedenfalls will sie mit ihrer Untersuchung bis zum Ende des Schuljahres fortfahren.

2.3.2 Die Evaluation größerer sozialer und organisatorischer Einheiten (Schulqualitätsrecherchen)

Als ‚Schulrecherchen' (oder ‚Schulqualitätsrecherchen') werden Evaluationen bezeichnet, die nicht die einzelne Person (wie beim Individualfeedback), sondern *die gesamte Schule oder größere organisatorische Untereinheiten der Schule* (z. B. eine Abteilung, ein Projekt, eine Klasse) betreffen. Schulrecherchen können sich auf ausgewählte inhaltliche (z. B. neuer Lehrplan) oder organisatorische Themen oder auch auf ein ganzes Spektrum von Themen beziehen. Sie werden in der Regel in bestimmten Zeitabständen (z. B. alle ein bis drei Jahre) durchgeführt. So werden beispielsweise auf Schulebene Daten über die Ist-Situation zu wichtigen Themenbereichen (z. B. Schulklima, Leistungen der Schüler etc.) erhoben, um darüber Auskunft zu erhalten, wie es der Schule gelingt, den staatlichen Aufgaben und ihren eigenen Werten und Zielen zu entsprechen.

Obwohl der Grundmechanismus derselbe ist, wird der Begriff Evaluation im alltäglichen Sprachgebrauch seltener auf Individualfeedback denn auf die Untersuchung großflächigerer sozialer Einheiten bezogen, z. B.:

- *Evaluation von Innovationsprogrammen:* Maßnahmen zur Veränderung (wie z. B. Entwicklungs- oder Innovationsprojekte, Curricula, Behandlungs- oder Beratungsprogramme, Unterrichtsmaterialien, neue Organisationsstrukturen usw.) oder auch soziale Praktiken, die gesellschaftliche Aufmerksamkeit auf sich ziehen, weil sie manchen als rechtfertigungsbedürftig, ungewöhnlich, teuer, ineffizient, nicht mehr zeitgemäß usw. erscheinen, sollen bewertet werden.

  Ein Beispiel ist die Einführung eines neuen Zweiges in einer Oberstufe. Die Lehrer der Schule entwickeln ihn selbst, haben viele Ideen und arbeiten intensiv an der Planung. Ihre Vision wird konkret, die Behörde ist einverstanden, die Eltern informiert und letztlich finden sich die neuen Stunden im Stundenplan. Die Innovation soll auch gleich evaluiert werden. Im ersten Jahr will man vor allem herausfinden, warum sich Schüler zum Besuch des Zweiges entschlossen haben. Man holt sowohl von den Schülern als auch von ihren Eltern anfangs Feedback ein und überprüft am Ende des Jahres, ob diese Erwartungen aus deren Blickwinkel auch erfüllt wurden. Die Ergebnisse der Auswertung ermöglichen eine differenzierte Diskussion zwischen den Entwicklern, der Schulleitung und der Schulaufsicht. Interessanterweise erkennt man bei der Auswertung auch Aspekte, die man nicht zu erfragen geplant hatte, die sich aber für die weitere Einrichtung des Zweiges im darauffolgenden Jahr als hilfreich erweisen. Da diese Evaluation so fruchtbringend für Verbesserungen war, soll im zweiten Jahr noch einmal evaluiert werden. Diesmal jedoch thematisch weniger breit, da man sich bereits sicher ist, dass der Zweig eine grundsätzlich gute Sache ist. Diesmal soll Spezifischeres, nämlich die Wirksamkeit der Lehr- und Lernmethoden in den neuen Gegenständen erkundet werden, um auch hier Verbesserungen vornehmen zu können.

- Manchmal bezieht sich der Begriff ‚Evaluation‘ auch auf noch größere Untersuchungsgegenstände, etwa wenn versucht wird, eine *große Anzahl von Merkmalen einer Schule* (Schülerleistungen, Schulklima, Akzeptanz in der Öffentlichkeit usw.) parallel zu untersuchen. Diese Zielrichtung ist den verschiedenen Modellen des *Qualitätsmanagements* enthalten, die (z. B. das Modell der European Foundation for Quality Management oder andere „Total Quality Management"-Modelle) – wie schon in der Bezeichnung „total quality" zum Ausdruck kommt – den Anspruch haben, eine gesamte Institution zu evaluieren. In der Praxis wird natürlich nicht ‚alles‘ evaluiert, sondern eine größere und systematisch ausgewählte Zahl von Arbeitsbereichen einer Institution (beim Modell der EFQM sind es z. B. neun solcher Bereiche), von deren Untersuchung ein differenziertes Gesamtbild erwartet wird.[4]

2.4   Wer evaluiert wen? Fremdevaluation oder Selbstevaluation?

Das Wort Evaluation erinnert manche an Prüfungen und damit gelegentlich an unangenehme Erfahrungen. Nicht selten wird mit diesem Begriff ausschließlich *Fremdevaluation* (oder *externe Evaluation)* assoziiert, d. h. die Überprüfung von Leistungen durch andere Personen oder Instanzen.

Unter *Selbstevaluation* (oder *interner Evaluation)* versteht man solche Evaluationsvorhaben, in denen Personen, Gruppen oder Institutionen ihre eigene Tätigkeit selbst untersuchen.

---

4 Vgl. die Darstellung verschiedener Qualitätsmanagementmodelle (vgl. Gonon et al. 1998) und schulischer Erfahrungen damit in Altrichter/Posch (1999).

Dabei können und werden sie durchaus Daten aus anderen Quellen heranziehen, z. B. statistische Daten, Schüler- und Absolventenbefragungen, Unterrichtsbeobachtungen durch Dritte usw., doch bleiben sie letztlich ‚in Kontrolle' der Evaluation. Allerdings ist die Grenze zwischen Selbst- und Fremdevaluation in vielen Fällen gar nicht so einfach zu ziehen: Elemente von Selbstkontrolle können mit Elementen fremder Kontrolle in Evaluationen kombiniert sein (vgl. Abb. 2 und Maritzen 1996; Strittmatter 2004, 42 ff.).

Welche Akteure treffen Entscheidungen über …	Elemente von Selbstevaluation	Elemente von Fremdevaluation
Anfang Woher kommt der Impuls oder Auftrag?	*z. B.: Ein Kollegium entscheidet sich auf einer Pädagogischen Konferenz zu einer Bestandsaufnahme der pädagogischen Arbeit.*	*z. B.: Es besteht ein behördlicher Auftrag zur Evaluation.*
Ziele Wer definiert Evaluationsbereiche und Kriterien?	*z. B.: Evaluationsfelder und Entwicklungsziele werden vom Kollegium selbst gewählt.*	*z. B.: Ein externer Auftrag gibt einzelne Evaluationsfelder als verpflichtend vor.*
Durchführung Wer ist für die Auswahl/ Entwicklung von Instrumenten und die Sammlung von Informationen zuständig?	*z. B.: Die Evaluationsmethoden werden schulintern festgelegt und angewendet.*	*z. B.: Die Konferenz beauftragt eine universitäre Forschergruppe mit den Untersuchungen.*
Interpretation der Ergebnisse und Konsequenzen Von wem werden die Daten interpretiert und Handlungskonsequenzen entwickelt?	*z. B.: Die Steuergruppe der Schule wertet Daten aus und schreibt einen Rohbericht, der in einer Konferenz diskutiert und ergänzt wird.*	*z. B.: Die Schulaufsicht liest den Bericht der Schule und kommentiert ihn (u. U. mit Anweisungen für erforderliche Entwicklungsinitiativen).*

Abb. 2: Selbst- und Fremdevaluation

„Wenn man davon ausgeht, daß letztlich jeder Akteur im pädagogischen Feld – der Lernende wie der Lehrende – sein Verhalten selbst gestaltet …, so kommt der Selbstevaluation eine besondere Bedeutung zu." (Mayr 1997, 231) Man geht heute davon aus, dass Schulevaluationen nicht nur extern durchgeführt werden, sondern zumindest *einen gewissen Anteil an Selbstevaluation enthalten sollten*. Die *Motivation der Betroffenen zur Weiterentwicklung* ist im Allgemeinen höher, wenn sie an den Evaluationsprozessen mitwirken können, wenn sie Kriterien und Verfahren akzeptieren, wenn sie verstehen, auf welchen Wegen die Evaluationsresultate gewonnen und die Interpretationen abgeleitet wurden und wenn sie durch ihre Mitarbeit schon Entwicklungsperspektiven gewinnen können. Auch ist bei Selbstevaluationsvorhaben die *Sensibilität für die konkrete Situation* und damit die potenzielle Treffsicherheit von Veränderungsvorschlägen im Allgemeinen größer. Der Schwerpunkt dieses Buches liegt jedenfalls bei Schulentwicklungsprozessen, in denen selbstinitiierte und -durchgeführte Evaluationsmaßnahmen einen zentralen Stellenwert haben.

Allerdings muss man auch mit einigen *potenziellen Schwächen* von Selbstevaluation rechnen:

- Meist *geringe Vergleichbarkeit* zwischen Schulen, wodurch sie für externe Kontrolle und Systemsteuerung weniger Informationen bieten.
- Die Mitbestimmung der Betroffenen wird mit *höherem internen Aufwand* erkauft. Die für Selbstevaluation erforderlichen Qualifikationen können nicht überall vorausgesetzt werden.
- *„Schmoren im eigenen Saft"*: Selbsttäuschung, Abhandlung der immer gleichen Themen, Konsequenzenlosigkeit – dies alles kann leichter geschehen, wenn kein kritischer Außenbezug vorhanden ist.
- Interne Konflikte können auftreten, die dann unangenehm sind, wenn keine *Konfliktlösungsmechanismen in der Schule* vorhanden sind, mit denen Meinungsverschiedenheiten in konstruktiver Weise bearbeitet werden können.
- Die *Plausibilität für die Öffentlichkeit* ist geringer, wenn diese der Fähigkeit der Profession zur Selbstkritik misstraut.

Die meisten Initiativen zur Qualitätsentwicklung in verschiedenen europäischen Ländern stärken die selbstevaluative Funktion von Schulen, weil sie als notwendige Basis für eine längerfristige Weiterentwicklung der Standorte gesehen wird. Allerdings wird oft versucht, die interne Evaluation durch externe Checks zu ergänzen, z. B. durch Schulaufsicht oder durch eine *peer review* durch externe Berufskollegen. Durch die Konfrontation einer internen Evaluation mit einer schulfremden Außenperspektive verspricht man sich eine Erhöhung der Relevanz und Glaubwürdigkeit der Ergebnisse (vgl. z. B. Burkard/Pfeiffer 1995, 303; Franke-Wikberg 1994, 67 f.).

Strittmatter (1997b, 25) hält dagegen, dass es gegenwärtig für eine ausgewogene Kombination von Selbst- und Fremdevaluation „fast keine Erfolgsbeispiele [gibt]. Es scheint einfach nicht zu gelingen, die Schulen zu einer ehrlichen und ‚harten' Selbstevaluation zu bewegen, wenn eine ebenso ‚harte' Fremdevaluation durch die Aufsicht angesagt ist". Als *potenzielle Schwächen von Fremdevaluationen* werden dabei genannt:

- Eine Fremdevaluation „löst beinahe unwillkürlich einen ‚Examensreflex' der *Beschönigung bzw. Mängelvertuschung* aus, auch wenn die Examenssituation formell ohne Bedrohlichkeiten (Sanktionsfolgen) angelegt ist".
- Wenn Indiskretionen und Anprangerung geschehen, lösen diese nachhaltig *defensive Reflexe* aus.
- „Fremdevaluation fördert *keine Erkenntnisse* zutage, welche die Lehrkräfte bzw. Schulen nicht selbst schon kennen und angehen würden, wenn entsprechende Bedingungen des redlichen Hinschauens und der konstruktiven Problemlösung gegeben wären." Gravierende Probleme sind im System meist bekannt; um sie zu entdecken, braucht es keine aufwändigen Inspektionsbesuche oder Qualitätssicherungssysteme.
- „Examensmäßige Fremdevaluation bindet in hohem Maße (Vertuschungs-)*Energien*, welche auf Kosten einer redlichen Selbstevaluation gehen." (ebd.)

Machbar und möglich erscheint Strittmatter (1997b, 26) „eine Art subsidiäre Fremdevaluation im Rahmen eines deutlichen Primats der Selbstevaluation". Die Schulaufsicht vertraut dabei der Selbstevaluation und führt eine periodische Überprüfung deren Prozessstandards durch. Sie tritt nur dann in Aktion, „wenn die Berichterstattung der Schulen zu Fragen Anlass gibt oder wenn Klagen aus der Öffentlichkeit keine Resonanz in der schulischen Selbstevaluation und Qualitätsentwicklung finden." (ebd.) In Österreich ist z. B. die Schulaufsicht in erster Linie nicht für die direkte Überprüfung der Qualität der Schulen verantwortlich, sondern für die Überprüfung der Qualität der Selbstevaluation. Die entsprechende rechtliche Weisung lautet: „Die Selbstevaluation der Einzelschule und die systematische Auseinandersetzung des Lehrerkollegiums mit der Qualität der eigenen Arbeit bilden den Kern und den Ausgangspunkt der Qualitätsentwicklung und -sicherung. Das Schulprogramm der einzelnen Schule ... ist Ausgangspunkt für die Evaluation durch die Schulaufsicht." (BMUK 1999, 6)

2.5 Warum wird evaluiert? Funktionen und Zwecke

Evaluation steht in einem Spannungsverhältnis zwischen Rechenschaftslegung und Entwicklung. Sie ist eine Rationalisierungsstrategie, die mehrere Funktionen erfüllen kann. Folgende *potenzielle Funktionen* lassen sich unterscheiden (vgl. Nisbet 1990; Burkard 1995b, 35; Nevo 1995; Posch/Altrichter 1997, 23):

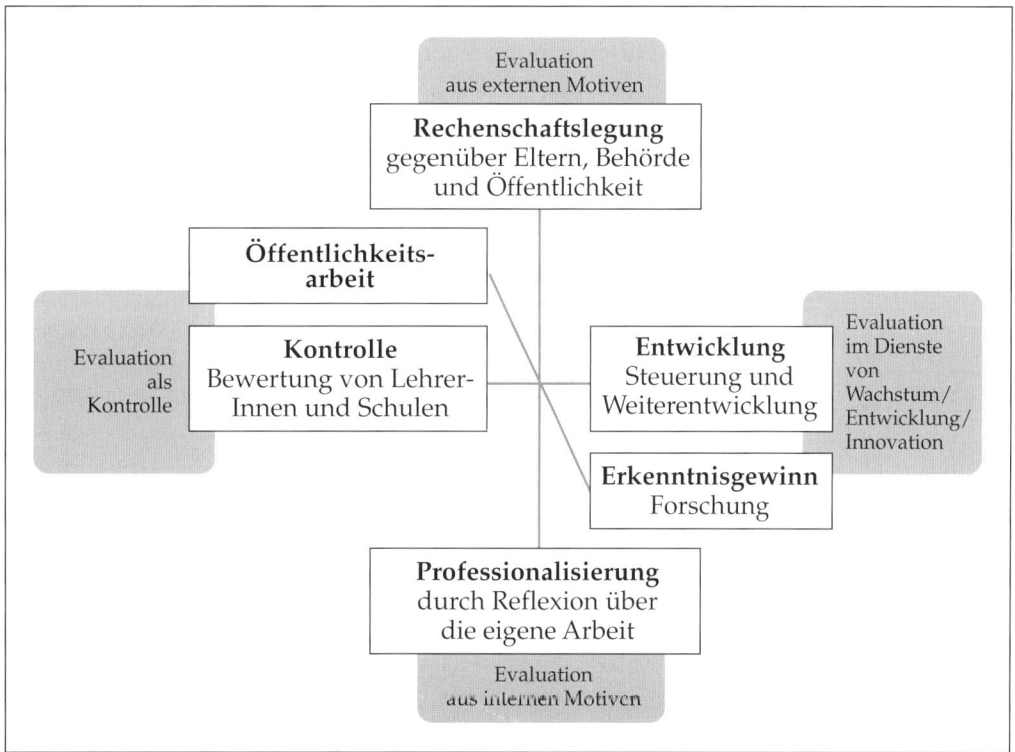

Abb. 3: Evaluationszwecke

- *Entwicklung:* Üblicherweise erwarten Praktiker, dass sie aus ihren Evaluationsergebnissen einen Gewinn für die weitere Arbeit im Unterricht und darüber hinaus ziehen können. Informationen aus Evaluationen dienen dann zur Steuerung von Entwicklungsprozessen und für inhaltliche Entscheidungen über die Gestaltung von Praxis.
- *Kontrolle:* Evaluationen können auch dazu dienen, die Leistung von Einzelpersonen oder Arbeitseinheiten zu kontrollieren. Solche Evaluationen erfolgen meist durch übergeordnete Dienststellen, wobei auf erwartungswidrige Leistungen verschiedene Interventionen bzw. Sanktionen folgen. Solche ‚Kontrollmöglichkeiten' können auch als Mittel der hierarchischen Machtausübung und Stabilisierung bestehender Hierarchien genutzt werden.
- *Erkenntnisgewinn:* Evaluationen können auf Erkenntnisgewinn über Programme und Entwicklungsmaßnahmen zielen, ohne dass direkte Konsequenzen für die evaluierte Praxis beabsichtigt wären.
- *Rechenschaftslegung:* Evaluationen können auch dem Nachweis der Zweckmäßigkeit von schulischen Angeboten und des damit verbundenen Aufwands dienen. Die Rechtfertigung kann gegenüber den Eltern und Schülern, aber auch gegenüber der Behörde, Sponsoren oder der allgemeinen Öffentlichkeit erfolgen.
- *Öffentlichkeitsarbeit:* Eng damit verbunden, kann Evaluation wichtige Belege für Leistungen liefern, die für die Öffentlichkeitsarbeit verwendet werden können.
- *Professionalisierung:* Durch Reflexion über die eigene Arbeit kann das Verständnis der eigenen Situation vertieft werden und eine durch Leistung begründete professionelle Souveränität gefördert werden. Viele Initiativen zur Selbstevaluation haben neben ihren ergebnisorientierten Funktionen ein langfristiges Ziel: Sie sollen zum Aufbau und zur Pflege einer Arbeitskultur an der Schule beitragen, in der Erfahrungen festgehalten und ausgetauscht, geprüft und gemeinsam genutzt werden (vgl. z. B. Burkard 1995b, 36 f.). Der *Aufbau einer Kultur individueller und gemeinsamer Reflexion* ist eine der wichtigsten Voraussetzungen für kontinuierliche Qualitätsentwicklung.

Diese Funktionen schließen einander nicht aus, sie sind aber auch nicht immer leicht und bruchlos miteinander zu verbinden: Beispielsweise können manche Ergebnisse für die Öffentlichkeitsarbeit, aber auch für Sanktionen verwendet werden, wenn dies nicht durch entsprechende ethische Regeln und Vereinbarungen verhindert wird. Was als ‚externe Kontrolle' gemeint war, kann in manchen Fällen die eigene Weiterentwicklung stimulieren.

⇒ Je nachdem, welche Funktion von Evaluation dominiert, werden sich Evaluationskriterien, Instrumente und Verfahren unterscheiden. Damit die Evaluation als Werkzeug in Entwicklungsprozessen' (Burkard 1995a, 8) wirken und auf Mitarbeit der Betroffenen zählen kann, lohnt sich die kritische Rückfrage an Evaluationsvorhaben: *Werden die gewählten Evaluationsverfahren und Kriterien den gewünschten Funktionen der Evaluation gerecht?*

2.6   Evaluation als Prozess und Entwicklung

Üblicherweise denken wir beim Begriff ‚Evaluation' an folgende Situation: Ein Projekt wurde abgeschlossen. Jetzt will man wissen, welche Wirkungen es erbracht hat. In diesem Fall sind *summative Urteile* gefragt, d. h. evaluative Aussagen *nach Abschluss* eines Projekts, einer Unterrichtseinheit, einer Veranstaltung, eines Innovationsvorhabens usw. Man spricht in diesem Zusammenhang von *summativer Evaluation.*

Diese Selbstvergewisserung über die Auswirkungen der eigenen Tätigkeit wird zwar meist als wichtig angesehen, doch oft murren gerade die direkt Betroffenen des Projekts. Zum Beispiel sagen Studierende bei einer Lehrveranstaltungsevaluation: *Warum sollen wir den langen Fragebogen ausfüllen, wenn uns seine Ergebnisse nicht mehr nützen?* Oder Mitarbeiter eines Projekts klagen: *Jetzt kommt der externe Evaluator mit seinen klugen Ideen. Warum hat er uns nicht schon früher Vorschläge gemacht? Da hätten wir manches aufgreifen können.* Sie wünschen sich eine prozessbegleitende *formative Evaluation*, deren Ergebnisse für die weitere Gestaltung eines Projekts, Vorhabens, Unterrichts usw. genutzt werden können.

Formative Evaluation ist ein integraler Bestandteil der meisten Schulentwicklungskonzepte[5]. Evaluation ist hier nicht Selbstzweck, sondern soll in weitere Handlungs- und Entwicklungsschritte münden. Sie ist ein *Werkzeug der Schulentwicklung, das weitere Entwicklungsprozesse orientieren und stimulieren soll.* Evaluation macht nur in enger Verbindung mit Entwicklung Sinn und nur dann, „wenn die gewonnenen Erkenntnisse in Maßnahmen zur Erhaltung von Stärken und zur Verbesserung und Korrektur von Schwächen umgesetzt werden". (Strittmatter 1997a, 18; vgl. Eikenbusch 1997a, 7).

Eine Rückmeldung über Selbstevaluationsaktivitäten eines Lehrers zeigt dies deutlich. „Weißt Du, ich war ja ziemlich skeptisch. Schon wieder so ein Projekt, bei dem ich nicht wirklich wusste, welchen Sinn es macht. Wozu Feedback von Schülern, Eltern und dann auch noch Kollegen? Ich dachte, ich arbeite ohnehin ordentlich, und nun sollte ich mir diese Arbeit antun! Und dann war ich völlig überrascht, als ich die ersten Rückmeldungen von den Schülern durchzulesen begann. Das war echt toll! Ich merkte, wie ich mich immer mehr ‚hineinsteigerte', immer neugieriger und euphorischer wurde. Es war unheimlich spannend zu lesen, was die Kinder mir zu sagen hatten, was sie wie empfinden und wie klar sie eigentlich reflektieren können. Das hätte ich mir nie gedacht! Da versucht man ihnen was beizubringen und merkt gar nicht, welche anderen Möglichkeiten der Kommunikation es mit ihnen gibt. Es ist, als ob man in einem System gefangen ist, ohne sich dessen bewusst zu sein. Die Gespräche, die sich dann aus dem Feedback mit den Schülern über das Lernen ergaben – also wann sie was besser verstehen, was ihnen hilft und was sie stört – haben mir echte Andockpunkte für meine Unterrichtsgestaltung gegeben. Ich habe jetzt eine viel intensivere und freiere Beziehung zu dieser Klasse. Irgendwie ist eine Art gemeinsamen Verständnisses und eine gemeinsame Sprache über das entstanden, was wir zusammen machen."

Um dieser Rolle gerecht zu werden, müssen Evaluationen *in ein umfassenderes Gesamtkonzept der Schulentwicklung eingebunden* sein (vgl. Büeler 1998). Dies drückt sich praktisch z. B. dadurch aus, dass das Evaluationsprojekt keine ‚Parallelaktion' neben den sonstigen Schulentwicklungsaktivitäten ist, sondern in den Dienst der zentralen Entwicklungsziele der Schule gestellt wird (siehe Kasten 3, vgl. dazu auch Kap. 3).

Die einfache Unterscheidung zwischen Selbst- und Fremdevaluation (vgl. Kap. 2.4) ist in größeren Organisationen durchaus nicht eindeutig. Wenn die Mehrheit des Kollegiums einer Schule beschließt, ein schulweites Selbstevaluationsprojekt zu beginnen, so kann es dennoch weiterhin Lehrer geben, die das Unternehmen als Oktroy und Fremdevaluation empfinden. Im Zuge von Ist-Zustands-Erhebungen spielen sich in Kollegien oft unerwartete Dynamiken ab: Es wird oft heiß diskutiert, welche Fragen in die Schuldiagnose aufge-

---

5 In praktisch allen Konzepten der Schulentwicklung spielen Diagnose („Situationsanalyse der eigenen Schule unter Beteiligung und Mitwirkung möglichst aller Mitglieder des Kollegiums") und Auswertung („Überprüfung der Ergebnisse von Entwicklungsprojekten und der Umsetzung von Zielen") eine große Rolle und sind „konstruktive Bestandteile dieser Form von schulinterner Entwicklungsarbeit" (Burkard/Pfeiffer 1995, 299 ff.).

3

**Erkenntnis- und Entwicklungsorientierung
in der Formulierung von Evaluationsfragen**

Bei Evaluationen in Schulentwicklungsprozessen sollten zwei Interessen im Vordergrund stehen: besseres Verstehen einer Situation (Erkenntnis) *und* Weiterentwicklung der Situation. Das heißt, dass immer zwei Arten von Fragen untersucht werden (vgl. Kintner 1986, 8 ff.):

1. *Fragen, die das Erkenntnisinteresse andeuten:* Was möchte ich besser verstehen? Was läuft in dieser Situation ab? Welche Akteure setzen welche Handlungen? Welche Bedingungen sind besonders wichtig für das Verständnis der Vorgänge innerhalb der Situation?

2. *Fragen, die das Entwicklungsinteresse andeuten:* Was möchte ich erreichen? Was möchte ich ausprobieren? Was möchte ich verändern/verbessern?

Was hier vielleicht etwas kompliziert klingt, ist in Wahrheit eine relativ einfache Angelegenheit und lässt sich im folgenden Beispiel kurz illustrieren:

Man hört immer wieder, dass einzelne Schüler mit den Methoden der Leistungsbeurteilung unzufrieden sind (= Kurzbeschreibung der Ausgangssituation).

Welche Kritikpunkte werden tatsächlich vorgebracht? Welche Schülergruppen sind mit welchen Aspekten der Leistungsbeurteilung besonders unzufrieden? Wie schauen die Veränderungswünsche der Schüler aus? Welche Verfahrensweisen sind relativ akzeptiert? Welche Gestaltungsprinzipien sind den Mitgliedern des Kollegiums wichtig? (= Erkenntnisinteressen)

Wie können die Prüfungsmethoden verbessert werden, um die Akzeptanz bei Schülern und bei Lehrern zu erhöhen? (= Entwicklungsinteresse)

nommen werden sollen und welche nicht[6], wer mit welchen Adressaten Befragungen machen soll, wer die Daten bekommen muss und wer sie nicht haben darf. Die ‚Diagnose', die manche vielleicht als eine lediglich vorbereitende Aktivität für den Schulentwicklungsprozess angesehen haben, entpuppt sich als ‚Intervention', als Eingriff in die Organisation, die Interessen zu Tage bringt und die Personen und Gruppen Position beziehen lässt. Und – je nach ihrer Gestaltung – Beweglichkeit in eine bis dahin recht ruhige Welt oder Blockierungen in ein lebhaftes Gemeinwesen bringt.

Wenn „Evaluation und Schulentwicklung als aufeinander bezogene Aktivitäten [begriffen werden, dann ist[7]] Selbstevaluation … weniger ‚technisches' Datensammeln, als ein sozialer Prozess in einem Kollegium oder einer ganzen Schule, in dessen Mittelpunkt die gemeinsame Auseinandersetzung aller Beteiligten mit den Evaluationsergebnissen steht und der zum Ziel hat, eine möglichst hohe Übereinstimmung verschiedener Sichtweisen herbeizuführen. Seine Dynamik erhält der Evaluationsprozess deshalb durch das gemeinsame Gespräch, den ‚Diskurs' und das gemeinsame Verhandeln von Daten und Ergebnissen." (Burkard 1995b, 38 f.)

---

6 Siehe das Fallbeispiel bei Eichinger et al. (1996, 34): In der Dynamik einer Konferenz wird eine „46. Frage" in einem Diagnosebogen hineinmoniert, die in der weiteren Entwicklung eine Reihe von Schwierigkeiten bringt.
7 Einfügungen in Zitaten, die in eckige Klammern gesetzt sind, stammen von den AutorInnen.

Evaluationen sind nicht nur technische Vorgänge, sondern immer auch soziale Prozesse. Bei der Gestaltung von Evaluationen muss auf beides geachtet werden, …

… auf die Technik
Wie bekomme ich auf möglichst ökonomische Weise möglichst aussagekräftige Daten zur Beantwortung meiner Fragen?

… auf den Prozess
Wie müssen Zieldefinition, Untersuchungsvorbereitung und -durchführung, Datenanalyse und -kommunikation sowie darauf folgende Planung und Vorbereitung von Konsequenzen gestaltet sein, um konstruktive Prozesse der Weiterentwicklung in der konkreten Organisation zu stimulieren und zu fördern?

Abb. 4: Evaluation als technischer und sozialer Prozess

Für die Planung, Vorbereitung und Umsetzung von Evaluation braucht es daher nicht nur ‚technische Kenntnisse‘ über Datensammlung und -analyse, sondern auch Fähigkeiten der Begleitung und Moderation sozialer Prozesse. Und es braucht eine Verständigung über Rechte, Pflichten und Verantwortlichkeiten und die Aushandlung eines Grundkonsenses zu diesen Fragen unter den Betroffenen (vgl. Kapitel 5).

Zu recht ähnlichen Schlussfolgerungen gelangt man übrigens auch von einer anderen Seite: Wenn Evaluation der *Steuerung* sozialer Handlungen dienen soll, können sich leicht weit überzogene Vorstellungen von rationaler Steuerung durch – noch so gut reflektierte und durch Evaluationsinformationen fundierte – Pläne einstellen. Die Steuerung eines sozialen Systems stellt man sich heute jedoch viel *indirekter und ‚polyzentrischer‘* vor: Bei der Steuerung von Praxis mischen viel mehr Menschen mit, als sich die Planer träumen lassen, was zu sehr unterschiedlichen und oft überraschenden Ergebnissen führen kann (vgl. Beck 1986; Wimmer 1992). Wichtigste Konsequenz aus dieser Beobachtung ist die Entscheidung, *Betroffene zu Beteiligten zu machen,* Evaluationsvorhaben mit den unmittelbar Betroffenen auszuhandeln und „in ihren Einzelschritten und Konsequenzen transparent" zu gestalten (Büeler 1998). Praktisch schlägt sich das in folgenden *Gestaltungsvorschlägen* nieder:

- Rechte, Pflichten und Verantwortlichkeiten in Hinblick auf die Evaluation werden *öffentlich ausgehandelt* und z. B. in einem *Kontrakt* niedergelegt (vgl. Kap. 5.3).
- Die Koordination und Organisation der Evaluation wird einer möglichst repräsentativ zusammengesetzten kleinen *Steuergruppe* übertragen (vgl. Kap. 5.2).
- Diese überprüft von Fall zu Fall, ob ein *transparenter Informationsfluss* zwischen jenen Mitgliedern der Schule, die aktiver in die Evaluation involviert sind, und jenen, die weniger intensiv beteiligt sind, sichergestellt ist (vgl. Kap. 8.1). Spätere *Einstiegsmöglichkeiten* für jene, die zunächst abwartend die Entwicklung des Projekts beobachten, werden vorgesehen.
- Immer wieder werden *Zwischenergebnisse und Entscheidungen über weitere Schritte im gesamten Kollegium diskutiert* (vgl. Abb. 16). Vor allem bei der Entscheidungsfindung über

das Evaluationsprojekt und seine Kriterien, bei der Interpretation der Ergebnisse und beim Beschluss über Ziele und Wege der weiteren Entwicklung ist die Beteiligung möglichst vieler Mitglieder des Kollegiums entscheidend für das Gelingen.

- Die Art der Einführung, die Entscheidungsfindung, die weitere Umsetzung und Auswertung der Evaluation werden bewusst *als Interventionen geplant und reflektiert*. Wichtige Fragen sind in diesem Zusammenhang: Welcher Typ von Evaluation und welche Art ihrer Einführung und Umsetzung werden zur weiteren konstruktiven Entwicklung der Schule, ihrer Arbeitskultur, ihrer Leistungen usw. beitragen? Unter welchen Bedingungen kann die Evaluation längerfristige Blockierungen auslösen?

Evaluationen können auch zu einer direkten *Beteiligung von Eltern und Schülern* an der Gestaltung und Entscheidung über schulische Entwicklungen führen (vgl. Burkard 1995a, 37; Steiner-Löffler 1996). Vor allem bei erstmals durchgeführten Evaluationsprojekten wird eine solche Beteiligung manchmal von Lehrern mit Skepsis betrachtet. Eher wird die Meinung der Schüler durch Befragungen eingeholt, als sie von Anfang an direkt an der Evaluation zu beteiligen. Es kann durchaus sinnvoll sein, dass sich Lehrer für eine ernsthafte und kritische Auseinandersetzung mit der Qualität ihrer Arbeit einen (temporär) geschützten Raum sichern; allerdings ist für eine langfristige und tiefer gehende Weiterentwicklung der Schule eine aktive Beteiligung der Schüler und oft auch der Eltern unabdingbar. Schüler werden sich nur dann längerfristig an Evaluations- und Entwicklungsmaßnahmen beteiligen, wenn sie nicht bloß als Datenquellen angesehen werden, sondern wenn ihre – u. a. durch Evaluationen erhobenen – Anliegen ernst genommen werden und sie konkrete Konsequenzen spüren (vgl. Schratz 1994, 18). Je früher sie mitentscheiden und ihre Interessen einbringen dürfen, desto größer wird im Allgemeinen die Akzeptanz der Ergebnisse und ihre Bereitschaft sein, aktiv an der Umsetzung von Weiterentwicklungsbeschlüssen mitzuarbeiten.

2.7 ‚Emotionaler Tiefgang' und Konfliktzonen interner Evaluation

Auch wenn Evaluationen den Anschein einer ausgesprochen rationalen Tätigkeit erwecken, so haben sie doch einen „emotionalen Tiefgang" (Burkard/Pfeiffer 1995, 308; vgl. Schley 2004). Am Beginn von Evaluationen steht oft eine gewisse *Unsicherheit*: Man hat etwas Neues gemacht, man ist sich nicht ganz sicher, ob es geklappt hat (vgl. z. B. Kaufmann 1996, 142), man hat viel Energie investiert, es hat vielleicht Widerstände gegeben, gegen die man angekämpft hat. Oder es soll eine Tätigkeit, die man schon länger routiniert ausgeführt hat, unter die Lupe genommen werden, und man weiß nicht genau, was dabei herauskommen wird. Evaluationen schaffen potenziell eine emotional instabile Situation. Man muss sich dessen bewusst sein, „dass in jede Form von Bewertung und Evaluation, ungeachtet ihres eigentlichen Zwecks, immer Kontrollmomente eingehen". (Franke-Wikberg 1994, 69). Und Kontrollieren kann man letztlich nur jemanden, über den man Macht hat. Evaluation erfordert also *Macht* (vgl. Altrichter/Salzgeber 1996a, 145 ff.).

Aus der Lehrersozialisationsforschung wissen wir, dass der Beruf von Lehrern durch ein Gefühl *endemischer Unsicherheit* gekennzeichnet ist (vgl. Altrichter 1996a, 133 ff.). Viele Lehrer sind auch bei schon lange durchgeführten Tätigkeiten nicht sicher, ob sie ihren eigenen oder fremden Standards entsprechen. Der Lehrberuf ist ein Beruf, in dem die Diskrepanz zwischen hohem Anspruch und durchaus erdverbundener Wirklichkeit sehr groß sein kann. Sie wird durch die Diffusität und teilweise Widersprüchlichkeit schulischer Zielsetzungen noch weiter verstärkt. So besteht z. B. oft zwischen den Inhalten des Lehrplans in Physik und dem durchschnittlichen physikalischen Verständnis der Schüler eine erhebliche Diskrepanz. Diese Diskrepanz zwischen Anspruch und Wirklichkeit muss erst einmal psychisch verkraftet werden. Eine einfache und durchaus wirksame psychohygienische Maßnahme besteht darin, auf kritische Punkte und 'bekannte Frustrationsquellen' nicht so genau hinzuschauen, d. h. einer sorgfältigen Selbstevaluation aus dem Weg zu gehen. Jene Lehrer, die sich Rückmeldung über ihre eigene Arbeit verschaffen, begeben sich wegen dieser berufsbedingten Unsicherheit in eine grundsätzlich 'verwundbare' Situation (vgl. Kelchtermans 1993).

Bedeutsam ist in diesem Zusammenhang, wie die Mitglieder eines Kollegiums mit 'Ist-Soll-Diskrepanzen', 'Fehlern', 'Bewertungen', 'Veränderungswünschen' usw. umgehen. Wir haben drei idealtypische *Haltungen* von Schulen gegenüber solchen Phänomenen unterschieden (vgl. Posch/Altrichter 1992, 89 f.):

- *bildungspolitisch aktive Schulen*, die die Entwicklungen und Anforderungen ihrer Umgebung aufnehmen, auf ihre eigene Situation beziehen und sich gemäß eigener Entscheidungen weiterentwickeln;
- *bildungspolitisch bewusste Schulen*, die keine eigene Situationsanalyse und kein systematisches Entwicklungskonzept aufweisen, sich aber durch verschiedene Initiativen von außen anregen lassen und Projekte zur Weiterentwicklung umsetzen, sowie
- *bildungspolitisch taube Schulen*, die Veränderungen in der Umwelt und von dort kommende Anforderungen als bedrohlich empfinden.

Der wichtigste Unterschied zwischen bildungspolitisch aktiven und bildungspolitisch tauben Schulen besteht in ihrer Einstellung zu Innovationen (vgl. Abb. 5):

Bildungspolitisch aktive Schulen	Bildungspolitisch taube Schulen
Innovationen kommen *von innen* und sind ein Ausdruck ihrer Bereitschaft zur Weiterentwicklung und Eigeninitiative	Innovationen werden als *Fremdkörper* betrachtet, die von außen in die Schule eindringen und die in der Alltagsroutine eigentlich nichts verloren haben.
Innovationen werden als *Chance* angesehen, den eigenen Handlungsspielraum zu erweitern, um auf Herausforderungen konstruktiv antworten zu können.	Innovationen werden als *Bedrohung* und als Entwertung des Bestehenden verstanden: „Wenn wir gute Arbeit leisten, wozu muss sich dann etwas ändern?"
Innovationen werden als selbst inszenierte *Prozesse* betrachtet, die die Schule selbst steuert und die ihr ermöglichen, ihre Ziele auch unter sich verändernden Umfeldbedingungen zu erreichen.	Innovationen werden als *Einzelereignisse* verstanden, die man erfahrungsgemäß auch durchtauchen kann: „Geht schon wieder vorüber."

Abb. 5: Bildungspolitisch 'aktive' und 'taube' Schulen

„Wird Veränderung von einer Schule eher als Bedrohung empfunden denn als gestaltbares Entwicklungspotenzial" (Schratz 1994, 10), so werden auch die Ergebnisse von Evaluation eher als „Störfaktoren" betrachtet und kaum willkommene Anregungen zur Weiterentwicklung sein. Wenn die offene Auseinandersetzung mit Problemen Missbrauchsängste auslöst, weil sie zu Sanktionen führen kann, werden die Bereitschaft zu ehrlicher Reflexion und entsprechender Rückmeldung sehr begrenzt sein. Entscheidend für Weiterentwicklung ist jedoch, dass auch kritische und widersprüchliche Informationen akzeptiert, konstruktiv verarbeitet und in Entwicklungsmaßnahmen umgesetzt werden.

Ein Gespräch in einem Kaffeezimmer einer Schule demonstriert das sehr eindringlich. Dort ist gerade die Rede von der Selbstevaluation einer Schule. Eine Lehrerin fragt ihre Kollegen, ob sie schon davon gehört hätten, dass Kollege Maier ein „so schlechtes Feedback von den Schülern bekommen" hätte. „Das hat er davon", meint sie schadenfroh, „ich habe ja schon immer gesagt, dass dieses eigenartige Evaluationsprojekt an unserer Schule nur Schaden anrichtet." Und sie berichtet, dass die Schüler in ihrem Unterricht erzählt hätten, was sie der Kollege gefragt und was sie ihm darauf geantwortet hätten. Viel Negatives sei dabei gewesen, was von den Zuhörern im Kaffeezimmer mit Lachen und Kommentaren, wie „da haben sie ja nicht ganz unrecht" quittiert wird. Das Gespräch geht dann über in eine allgemeine Kritik des Ansinnens, sich als Lehrer Feedback von Schülern und Eltern einzuholen. „Was haben die für ein Interesse daran, uns Lehrern ernsthaft Rückmeldung zu geben?", wird gefragt. „Das öffnet ja nur Tür und Tor für Angriffe." Man ist sich einig, dass die Rolle des Lehrers und die Beziehungen zwischen Lehrern und Eltern sowie Lehrern und Schülern viel zu komplex seien, um sich unbeschadet Feedback geben zu lassen. Man sehe ja, dass so etwas niemals vertraulich erfolgen könnte, denn Schüler erzählten eben alles weiter. Als es läutet, verlassen die Lehrer bestätigt in ihren Zweifeln an Evaluation und letztlich froh darüber, nicht am Evaluationsprojekt der Schule beteiligt zu sein, das Kaffeezimmer in Richtung Klassenzimmer.
Die Gesprächssituation lässt darauf schließen, dass Zweck, Sinn und Verfahren der Selbstevaluation zwischen den Lehrern nicht wirklich geklärt sind. Jene Lehrer, die aus verschiedenen Gründen nicht mitmachen, verbünden sich in ihrem Widerstand durch informelle Bewertungen, die dem Klima der Schule und den Kollegen schaden, die dazulernen wollen. Hier ist wahrscheinlich ein Fehler gemacht worden, der nicht selten in der Startphase von Evaluationsaktivitäten unterläuft: Man hat sich, um das Evaluationsprojekt überhaupt möglich zu machen, zu wenig um jene Kollegen gekümmert, die Zweifel hegen. ‚Kümmern' bedeutet nicht, dass diese Zweifel zum Maßstab aller Handlungen gemacht werden, wohl aber, dass sie ernst genommen und Vereinbarungen ausgehandelt werden, die Handlungsspielräume für das Projekt wie für die Zweifler definieren. Jene, die nicht mitmachen wollen, haben ein Recht auf ihre Skepsis, aber sie müssen verstehen, worum es geht, und sie müssen wissen, woran sie sich halten müssen, um jene Kollegen, die evaluieren wollen, nicht dabei zu behindern.

Welche ‚Umstände' sind nun für eine konstruktive Verarbeitung von Evaluationen förderlich?
- *Ziele und Verfahren* sollen klar sein. Es lohnt, *explizite Verfahrensvereinbarungen* mit allen Betroffenen zu machen (vgl. Kap. 5). Einige Gesichtspunkte für eine Ethik der Evaluation bietet Kasten 4.
- Für eine offene Auseinandersetzung mit kritischer Rückmeldung ist es günstig, *„geschützte Räume für die entwicklungsorientierte Informationsverarbeitung"* (Maritzen 1996, 29) zu schaffen und für den *Schutz der Einzelperson* zu sorgen. Dies kann auf unterschiedliche Weise geschehen:

– Die *Eigentümerschaft der Betroffenen* an den von ihnen erhobenen Rückmeldungen wird anerkannt. Sie werden nicht verpflichtet, einzelne Ergebnisse einer größeren Öffentlichkeit bekannt zu machen. Im ‚Formativen Qualitätsevaluations-System' (FQS) des Dachverbands Schweizer Lehrerinnen und Lehrer (vgl. Kap. 5.1) besprechen Lehrer *in kleinen selbst gewählten Gruppen* ihre Evaluationsergebnisse. Daten werden nur in *aggregierter Form* (d. h. so zusammengefasst, dass Einzelpersonen nicht mehr erkennbar sind) an einen größeren Kreis (Steuergruppe, Konferenz) weitergeleitet.

In einer Studienrichtung, die Evaluationen universitärer Lehrveranstaltungen verpflichtend machte, mussten die Lehrbeauftragten keine Einzelergebnisse, wohl aber *ihre Schlüsse für die Weiterentwicklung* der Kurse an die zuständige ‚Studienkommission' berichten. Durch die Vertretung der Studierenden in dieser Kommission wurde eine gewisse Öffentlichkeit gesichert, die den ‚Aufbau potemkinscher Dörfer' verhindern sollte.

– Den Betroffenen wird *Vertraulichkeit* zugesichert. Der Umgang mit den Rückmeldungen kann durch eine *Vertraulichkeitsvereinbarung* geregelt werden (vgl. Kasten 16).

4

Einige Gebote zur Ethik von Evaluationen

- Arbeite nicht allein.
- Informiere alle relevanten Personen und Gruppen über Art, Umfang und Funktion der Evaluation.
- Hole Dir das Mandat von legitimierten Entscheidungsträgern.
- Beteilige die direkt Betroffenen und sprich wenigstens mit den indirekt Tangierten.
- Berichte regelmäßig über den Verlauf.
- Vereinbare Ziele, Formen und Prozesse.
- Hole vor der Datenerhebung die Erlaubnis ein. Vereinbare ‚Eigentümerrechte' an und ‚Zugangsrechte' zu Daten.
- Lege Wert auf Mehrperspektivität: Besorge Dir Informationen aus mehreren Quellen.
- Gehe verantwortungsvoll mit Daten um und respektiere Ansprüche auf Vertraulichkeit.
- Kopple Daten, Analysen und Bewertungen mit offengelegten Kriterien zurück.
- Vermeide Bloßstellungen infolge von Fehlinformationen oder Einseitigkeiten durch kommunikative Validierung von Aussagen vor der – auch schulinternen – Veröffentlichung.
- Sei selbst bereit, evaluiert zu werden.
- Ziehe Konsequenzen aus Befunden und Interpretationen, die Handlungsbedarf nahe legen.
- Mache diese Prinzipien bekannt.

Quelle: nach Maritzen 1996, 29; Altrichter 1993b

- Es lohnt, einige Mühe auf eine möglichst wenig bedrohliche, konstruktive *Gestaltung von Rückmeldesituationen* zu legen (vgl. Kap. 8.2).
- *Klärungsprozesse* über Rollen, Aufgaben, Rechte und Pflichten aller Beteiligten sind immer wichtig, besonders aber dann, wenn schulexterne Personen, wie Berater, externe

Kollegen oder Schulaufsicht (vgl. Buchen 1995, 24; Kaufmann 1996; vgl. Kap. 5.2 und 5.3), beteiligt sind.

- Eine längere *Phase der Vertrauensbildung* ist oft erforderlich. So können sich spezielle ‚vertrauensbildende Maßnahmen' als notwendig erweisen: etwa indem Personen mit hohem formellen Status oder hohem informellen Ansehen praktikable Beispiele ihrer eigenen Evaluation sichtbar machen.
- Die ersten Evaluationsversuche sollten *überschaubar und klein* gehalten werden, d. h. die weniger umfassende Fragestellung, die einfachere, weniger verunsichernde Erhebungsmethode (vgl. Elliott 1978) oder die angenehmere Klasse sollte gewählt werden. Kleine Schritte auszuweiten, ist zumeist nicht schwierig; wenn hingegen zu große Vorhaben versanden, kann dies zu Frustrationen und längerem Stillstand führen.
- Wem dies als eine Einladung zur Selbstgenügsamkeit erscheint, der sei daran erinnert, dass es sich bei Evaluationen in Schulentwicklungsprozessen eben nicht nur um eine einmalige Angelegenheit handelt, sondern dass längerfristig der *Aufbau einer reflektierenden und entwicklungsoffenen Arbeitskultur in der Schule* angestrebt wird. Einige potenzielle Merkmale einer solchen Kultur werden in Kasten 5 zur Diskussion gestellt.

Merkmale einer reflektierenden und entwicklungsoffenen Arbeitskultur
- Es wird anerkannt, dass eine komplexe Tätigkeit wie Unterrichten immer ‚Fehler" mit sich bringen kann und stärkere und schwächere Seiten enthält.
- Als professionell gilt *nicht*, wer „keine Fehler macht", sondern wer konsequent aus Fehlern lernt (vgl. Peters/Waterman 1984).
- Man kann vertrauen, dass persönliche Daten nicht über jene Gruppe, in der sie geäußert wurden, hinausgegeben werden, solange keine Autorisierung zur Weitergabe durch den ursprünglichen ‚Besitzer' erfolgte.
- Bei der Weiterentwicklung kann man auf Unterstützung durch Kollegen rechnen. In schwierigen Situationen wird man nicht allein gelassen.
- Professionelle Solidarität kann ich nur fordern, wenn ich sie auch anderen gewähre und an der Weiterentwicklung meiner Tätigkeit arbeite.
- Beschwerden und Vorschläge von Schülern, Eltern und anderen Externen werden ernst genommen, ohne sofort zu Aufregung oder Beleidigung zu führen. Sie werden professionell – oft auch unter Hinzuziehung von nicht-involvierten Fachkollegen (um Betriebsblindheit zu verhindern) – untersucht und können zu Weiterentwicklungsmaßnahmen führen.
- Eine professionelle Vertrauenskultur ist durch ‚kritische Empathie' gekennzeichnet: Ich kann mich darauf verlassen, dass meine ‚kritischen Freunde' sich in die Komplexität und ‚Fehleranfälligkeit' meiner Situation einfühlen können. Aber sie sind scharf genug im Beobachten und offen genug in ihren Rückmeldungen, dass sie meine Zeit nicht dadurch vergeuden, dass sie mir nach dem Mund reden.

Quelle: Schratz 1994

2.8   Einwände gegen die Evaluation schulischer Arbeit

Wir haben in den vorhergehenden Abschnitten eine große Anzahl von Argumenten, die Evaluation und Selbstevaluation schulischer Arbeit stützen, aufgezählt. Die Forderung nach Evaluation in Schulen trifft aber auch, wie wir in Forschung (vgl. Altrichter/Posch 1999) und Beratungstätigkeit festgestellt haben, auf eine Reihe von *Gegenargumenten*, z. B.:

- *Sinn und Konsequenzen werden bezweifelt:* „Was für einen Sinn macht es, wenn die Dinge, die ich herausfinde, ohnehin nicht geändert werden?" „Das Problem liegt bei den Familien. Da kann ich ohnehin nichts ändern!"
- *Unbezahlte Zusatzarbeit, Zeitdiebstahl von der ‚eigentlichen Tätigkeit' und Zweifel am Aufwand-Nutzen-Verhältnis:* „Warum soll ich diese zusätzliche Arbeit tun, wenn ich nichts dafür bezahlt bekomme?" „Eine Evaluation unterbricht nur meine Unterrichtsarbeit!"
- *Abwehr von Eingriffen in die Lehrerautonomie:* „Es mischen sich mehr und mehr Leute ein, die ganz weit weg vom Unterricht sind." „Die da oben wollen schon wieder was!" „Das ist wieder ein Vorwand, damit sich ein paar Leute in meine Klasse setzen können, um zu ‚hospitieren'." „Ich vermute, da werden uns wieder mehr Sitzungen verordnet."
- *Sorge um den Missbrauch von Evaluationsinformationen:* „Evaluationen bringen sensible Informationen, die Vorgesetzte gegen mich verwenden können." „Nächstes Jahr hängt dann unsere Bezahlung davon ab, was die Schüler empfinden."
- *Zweifel an Kompetenz:* „Das kann ich nicht. Ich bin Lehrerin und nicht Evaluatorin!" „Was wir da machen, ist ganz unwissenschaftlich."
- *Gefühl der nachträglichen Entwertung der eigenen Tätigkeit:* „Ich habe doch bisher viel in meinen Unterricht investiert, und jetzt kommen sie und tun ‚qualitätssichern'."
- *Zweifel an der Brauchbarkeit selbst erhobener Informationen:* „Lehrer haben nicht die Qualifikationen, um gültige Evaluationsdaten zu erheben."
- *Einbruch von Konzepten aus der Wirtschaft:* „Qualitätssicherung – schon wieder so ein Import aus der Wirtschaft, der die Bildungsaufgabe Effizienzkriterien unterstellen will."

Unter dem Titel „Evaluation" werden auch gelegentlich unrealistische Forderungen an Schulen gestellt, die letztlich dazu führen, den – u. E. sinnvollen – Kern der Idee von Selbstevaluation *ad absurdum* zu führen (vgl. Altrichter 1999b): Wenn Unrealistisches gefordert wird, dann werden viele Schulen ‚so tun als ob' und viele Schulaufsichtsbeamte werden sich damit zufrieden geben, weil sie wissen, dass mehr nicht drin ist.

Der ‚Kern der Evaluationsidee' besteht darin, die *Selbststeuerungsfähigkeit von Schulen zu stärken* und sie anzuregen, *die Informationsbasis, auf der diese Selbststeuerung erfolgt, zu verbessern und zu verbreitern.* Unrealistisch wäre es aber zu erwarten, dass Selbststeuerungs- und Entwicklungsaktivitäten *nur* mehr auf der Basis von Informationen, die durch systematische Evaluationen erhoben wurden, erfolgen. In komplexen Situationen muss immer auf einer unzureichenden Informationsbasis gehandelt werden: Man kann meist nicht warten, bis alle Faktoren durch systematische und saubere Evaluationen untersucht wurden. Andererseits liegen an einer Schule meist schon mehr Informationen vor, die für das zu evaluierende Entwicklungsvorhaben bedeutsam sind, als durch systematische Evaluationen erhoben werden könnten. Durch die Beobachtung von Lern- und Interaktionsprozessen durch die Lehrer, durch die Analyse von Schülerarbeiten, durch die Beobachtung von Reaktionen auf die eigene Tätigkeit und auf jene anderer Schulen sammeln sich Informationen an einer Schule an, die bei der Planung neuer Entwicklungsinitiativen mehr oder weniger systematisch ausgewertet werden können. Diese *informelle professionelle Einschätzung,* wie wir sie nennen wollen, ist sicherlich manchmal unsystematisch und selektiv, bezieht ad hoc-Informationen mit ein und vernachlässigt andere, im Prinzip wichtige, Informationen usw. Dennoch ist sie die – relativ umfassende – informationelle Basis für schulische Entwicklungsmaßnahmen, die unserer Einschätzung nach durch *systematische Evaluationen,* die zusätzliche Daten erheben und auswerten, nur ergänzt, nicht aber ersetzt werden kann – und soll.

Natürlich wird man anstreben, diese informelle professionelle Informationsbasis weiterzuentwickeln und zu verbessern. Dies kann man v. a. *in zwei Richtungen* tun:

- Einesteils, indem man Situationen schafft, in denen verschiedene Berufstätige und andere Informationsträger in einer strukturierten und entspannten Atmosphäre sich ihres Wissens, der spezifischen Entstehungsbedingungen und *Einseitigkeiten* dieses Wissens bewusst werden, es zusammentragen und in Beziehung setzen und damit die Wissensbasis der Organisation verbessern. Dies ist der Weg des *Managements vorhandenen Wissens,* der durch die überlegte Strukturierung von Kooperationssituationen, durch den Einsatz neuer Informationstechnologien (z. B. Material- und Informationsbanken), aber auch durch die Förderung einer Schulkultur, die Kommunikation und Reflexion schätzt, gefördert werden kann.

- Anderenteils, indem man – sinnvollerweise in Bereichen, die bei einer Inventur vorhandenen Wissens als neuralgische Punkte identifiziert wurden – durch *systematische Evaluationen* neue Informationen erhebt bzw. bestehende Praxis und Erwartungen einer einer Herausforderung aussetzt.

Argumente *gegen* die Selbstevaluation schulischer Arbeit gibt es viele. Und die meisten davon haben etwas für sich, wenn der institutionelle und kollegiale Kontext für ein Evaluationsvorhaben nicht stimmt. Und doch trafen und treffen wir immer wieder – auch bevor das von Schulämtern zur Verpflichtung gemacht wurde – auf Lehrerinnen und Lehrer, die sich freiwillig ‚selbst evaluieren' (vgl. Altrichter/Posch 1998). Warum machen die das?

Nach unserer Beobachtung ist es zunächst einmal eine Art ‚*beruflicher Neugier*': Besser verstehen zu wollen, wie die eigene Tätigkeit von den Interaktionspartnern gesehen wird, wie ankommt, worauf man einige Mühe verwendet, welche ‚Wirkungen' das eigene Tun hat. Eine wichtige Bedingung ist zweitens, *schulische Partner* zu haben, wie Schüler, Schulleiter, Eltern etc., die solche Neugier schätzen. Und vor allem Berufskollegen, die der Selbstevaluation Rückhalt geben: Durch eigene Neugier. Indem sie schnellen Trost (Schwamm drüber!) oder langsame Häme (Ich hab's Dir ja gesagt!) vermeiden. Durch gemeinsames Nachdenken, neuartige Interpretationen und Ideen für alternative Handlungsstrategien. Als dritter Grund der *Wunsch nach Professionalität*: Die Einsicht, dass es in einem Beruf, der viele Freiheitsspielräume hat und dem viel Verantwortung aufgeladen ist, notwendig ist, sich immer wieder die Frage nach der Realität des eigenen Handelns und nach seinem Sinn zu stellen – und zwar nicht abstrakt, sondern an konkreten Beispielen eigener Arbeit.

3. Schul- und Qualitätsprogramme als Instrumente zur Koordinierung von Entwicklung und Evaluation

Eine schulische Selbstevaluation kann nicht ‚alles und jedes‘ evaluieren, sondern muss sich auf solche Themen und Fragen richten, die für die gegenwärtige Arbeit und die weitere Entwicklung der Schule als wichtig eingeschätzt werden. Wer legt aber fest, was für die jeweilige Schule „wichtig" ist? Was Bildungsgesetze, Lehrpläne, Standards und andere Verordnungen für das gesamte Bildungswesen sein sollen, das ist das Schulprogramm für die Einzelschule: Orientierungspunkt für die Arbeit aller Beteiligten, Zielperspektive und Koordinierungsinstrument für die Weiterentwicklung von Unterricht und Schule, Maßstab, um verschiedene Initiativen und Angebote der Schule einzuschätzen – und insgesamt Anlass für Gespräche über pädagogische Grundorientierungen und konkrete Vorhaben innerhalb und außerhalb des Unterrichts zwischen allen Schulpartnern.

Im Folgenden wollen wir das Konzept „Schulprogramm" durch einige begriffliche Unterscheidungen, Begründungen und Erwartungen beschreiben. Danach wird in Kap. 3.2 das „Qualitätsprogramm" vorgestellt, eine spezifische Version von Schulprogrammen, die in Rheinland-Pfalz verbindlich eingeführt wurden. Schließlich werden einige weitere Gesichtspunkte für Inhalte und Gestaltungsprozesse von Qualitätsprogrammen zur Diskussion gestellt. Ausführlichere Hinweise zur Entwicklung von und zur Arbeit mit Schulprogrammen finden sich in Schratz (2003).

3.1 Was heißt ‚Schulprogramm‘?

Schulprogramme – in ihren verschiedenen Spielarten – haben gegenwärtig *Konjunktur*: Vorläufer gab es in den Niederlanden (vgl. Fleischer-Bickmann/Maritzen 1996, 12 f.). In England wurden *school-based management plans* von Schulen erwartet. In Norwegen sollten Lehrer ‚lokale Curricula‘ auf Schulebene schreiben, nachdem die Spielräume in den Rahmenlehrplänen erweitert worden waren (vgl. Handal/Lauvås 1987). In Österreich wurden Lehrern und Schulen Handreichungen zur Schulprogrammerstellung über das Internet angeboten (vgl. QIS 2003). In einer Reihe von deutschen Bundesländern wurden in den letzten Jahren neue Schulgesetze beschlossen und Richtlinien herausgegeben, die die Erstellung von Schulprogrammen auf der Ebene der Einzelschule vorsehen. Auch in den „Handlungsfeldern", die von der deutschen Kultusministerkonferenz (2002) in Anschluss an die PISA-Ergebnisse beschlossen wurden, haben Schulprogramme Bedeutung erhalten (vgl. z. B. die landesspezifische Interpretation in MBFJ 2002b).

3.1.1 Erwartungen an Schulprogramme
Die rasche und parallele Entwicklung in unterschiedlichen Ländern weist schon darauf hin: Es werden viele Erwartungen und Hoffnungen mit Schulprogrammen verbunden, z. B.:
- **Schulprogramme sollen der schulspezifischen *Konkretisierung* der Rahmenvorgaben des Schulwesens und der *Koordinierung* der vielfältigen Aktivitäten einer Schule dienen.** Sie sollen ein vermittelndes Glied sein zwischen den Rahmenvorgaben des Schulwesens (Schulgesetze, Lehrpläne, Standards …) und der Tätigkeit der Lehrer.

- **Schulprogramme sollen ein Anlass zur *Verständigung* über pädagogische Orientierungen einer Schule sein und ihre *weitere Entwicklung* stimulieren.**

  Die Arbeit am Schulprogramm (vgl. Schratz 2003) soll Anlass zur Verständigung über pädagogische Grundorientierungen sein; sie sollte Stärken und Schwächen der bisherigen Tätigkeit ebenso bewusst machen wie Potenziale für den Ausbau bestehender und die Entwicklung neuer Praxis. Dieser Prozess sollte schrittweise, transparent und unter (oft phasenweise unterschiedlicher) Beteiligung aller Betroffenen erfolgen, wenn seine Ergebnisse Orientierungskraft und Verbindlichkeit gewinnen sollen.

- **Schulprogramme sind ein *Maßstab für die Einschätzung der Leistungen* der Schule und eine *Grundlage für deren Darstellung nach außen*.**

  Wenn Schulen verschiedene Maßnahmen setzen, um ein spezifisches Profil zu entwickeln, dann macht es Sinn zu fragen, wie erfolgreich diese Maßnahmen waren und ob sie zu einer Weiterentwicklung der Erfahrungsmöglichkeiten für die Schüler geführt haben. Auf der anderen Seite wird auch von Eltern, Arbeitgebern, Medien und anderen an Schule interessierten Personen und Gruppen immer häufiger die Frage nach der Qualität einer Schule gestellt. Das Schulprogramm ist ein zentraler Bezugspunkt für die Erörterung solcher Fragen: ein schulbezogener Maßstab für die interne Evaluation der Schule und ein Dokument zur Kommunikation nachweisbarer Leistungen.

3.1.2 Zum Begriff Schulprogramm

Leider kursieren zahlreiche, recht unterschiedliche Definitionen dieses Begriffs. Zu den am häufigsten genannten *Merkmalen* des Konzepts gehören Folgende (vgl. dazu Philipp/Rolff 1998, 14 ff.; Holtappels 1999, 6 f.; vgl. auch Kasten 6):

6

Merkmale und Funktionen von Schulprogrammen – eine Zusammenfassung
- Ein Schulprogramm ist auf die Individualität einer Einzelschule zugeschnitten.
- Ein Schulprogramm artikuliert die pädagogische Grundorientierung der Schule.
- Ein Schulprogramm ist ein Planungsinstrument zur Entwicklung eines Schulprofils.
- Ein Schulprogramm ist ein dynamisches Handlungsprogramm der Selbsterneuerung der Schule.
- Ein Schulprogramm setzt Schwerpunkte der Unterrichts- und Schulentwicklung.
- Ein Schulprogramm orientiert und koordiniert die konkreten Maßnahmen der Weiterentwicklung und Sicherung der Unterrichtsqualität (wo vorhanden: unter Berücksichtigung von Bildungsstandards).
- Ein Schulprogramm orientiert und koordiniert die Weiterentwicklung der schulischen Arbeitsorganisation, des Schullebens und anderer schulischer Qualitätsmerkmale.
- Ein Schulprogramm enthält einen Maßnahmenkatalog und einen Zeitplan.
- Ein Schulprogramm enthält Aussagen über Anlage und Ergebnisse der internen Evaluation und ist selbst Maßstab für die schulinterne Evaluation.

Quelle: modifiziert nach Fleischer-Bickmann/Maritzen (1996, 14 ff.)

- Ein Schulprogramm ist ein schriftliches Dokument *(Explizitheit)*,
- dessen leitende und orientierende Funktion für die schulische Arbeit durch die Mitglieder der Schulgemeinschaft ausgehandelt wurde *(akzeptierte Orientierungsfunktion)*. Es enthält gewöhnlich folgende Elemente:
- Ziele und Entwicklungsvisionen einer Schule *(Zielbezug)*,
- Informationen über ihr aktuelles Angebot sowie ihre Stärken und Schwächen *(Bezug auf den Ist-Zustand)*,
- eine Darstellung von Initiativen und konkreten Planungen für die weitere Entwicklung von Unterricht und Schule in einem absehbaren Zeitraum *(Entwicklungsplanung)*,
- Kriterien und Verfahren zur Evaluation der angestrebten Entwicklungsvorhaben und Darstellung von Ergebnissen der Evaluation *(Evaluation)*.

3.1.3 Mögliche Inhalte von Schul- oder Qualitätsprogrammen

Es ist nicht ganz einfach, aus dieser Vielfalt von Ansprüchen eine realistische, praktisch umsetzbare Konzeption von Schulprogramm heraus zu lösen. Im Folgenden sollen jene Inhalte (vgl. Abb. 6) kurz erläutert werden, die in der Literatur für Schul- oder Qualitätsprogramme hauptsächlich vorgeschlagen werden (vgl. Krainz-Dürr et al. 2002; Holtappels 2004). Dies ist als Anregung für Schulen gedacht, an denen diskutiert wird, welche Elemente *ihr* Schulprogramm enthalten sollte (Die von der Schulverwaltung gemachten Vorgaben unterscheiden sich von Land zu Land etwas; vgl. dazu als Beispiel Rheinland-Pfalz in Kap. 3.2). *Keineswegs wollen wir damit aber sagen, dass das ,vollständigste' und umfangreichste Schulprogramm immer das Beste wäre.* Ganz im Gegenteil: Es ist völlig unrealistisch, von einem Schulprogramm in einer Arbeitsperiode die Einlösung aller genannten Forderungen und Inhalte zu erwarten. Dies würde nur zu Oberflächlichkeit und So-Tun-als-Ob führen. Unserer Meinung nach macht es aber Sinn, sich diese möglichen Themen und Merkmale von Schulprogrammen als längerfristige Orientierung bewusst zu halten. *Für die konkrete Schulprogrammarbeit in einer Arbeitsperiode ist jedoch die Konzentration auf einige wenige Entwicklungsthemen und deren Evaluation zu empfehlen.*

Einführung, Inhaltsverzeichnis
Leitbild
Aussagen zu aktuellen Angeboten und Tätigkeiten der Schule *(„Schulprofil")*
Arbeits- und Entwicklungsplan (Nennung von Entwicklungszielen, Entwicklungsmaßnahmen, darauf bezogene Evaluationsvorhaben sowie Aktions- und Zeitplan für diejenigen Entwicklungsthemen, die in der jeweiligen Arbeitsperiode Priorität haben
Evtl. sonstige Inhalte, z. B. • Organisatorische Rahmenbedingungen der Entwicklungsarbeit

Abb. 6: Inhalte eines Schul- und Qualitätsprogramms

Allgemeine Zielformulierungen: Das Leitbild der Schule

Ein Schulprogramm bzw. Qualitätsprogramm sollte jene *Ziele und Leitideen* benennen, die für alle Tätigkeitsbereiche der Schule gelten sollen. Dies geschieht oft in einem *Leitbild*, das die *grundlegenden Werthaltungen der Schule*, ihre „Philosophie", festhält – sinnvollerweise in kurzen pointierten Formulierungen, die leicht kommuniziert, erinnert und bei Entscheidungen verwendet werden können. Leitbilder vermitteln auch der Öffentlichkeit einen ersten Eindruck von den zentralen Zielvorstellungen und Prinzipien, an denen sich Unterricht, das Zusammenleben in der Schule und die weitere schulische Arbeit orientieren. Wesentlich ist, dass das Leitbild im schulischen Alltag in den Angeboten der Schule (Schulprofil) und im Entwicklungsplan auf überprüfbare Weise zum Ausdruck kommt. Das Leitbild ist neben den Schulgesetzen der wichtigste Legitimationshintergrund für die Steuerung der laufenden Arbeit und der weiteren Entwicklung der Schule. Leitbilder sind eigenständige Dokumente, die meist für einen längeren Zeitraum Gültigkeit haben. Weil sie jedoch in einem nachvollziehbaren Zusammenhang mit den Angeboten und Entwicklungsinitiativen der Schule stehen (sollten), ist es zweckmäßig, sie als Teil des Schulprogramms zu betrachten.

Aussagen zu aktuellen Angeboten und Tätigkeitsschwerpunkten der Schule („Schulprofil")
Schulprogramme enthalten oft Aussagen zu jenen Angeboten und Tätigkeitsschwerpunkten, die als das aktuelle „Profil" der Schule nach außen kommuniziert werden sollen und der Selbstdarstellung der Schule in der Öffentlichkeit dienen. Wesentliche Merkmale sind dabei die spezifischen fachlichen und überfachlichen Angebote, die an der Schule erzielbaren Abschlüsse bzw. Berechtigungen, spezielle personelle und räumliche Ressourcen, Besonderheiten der Schule (z. B. spezielle Unterrichtsangebote und Dienstleistungen), die sie von anderen Schulen unterscheiden etc. Im Zuge des zunehmenden Wettbewerbs im Bildungswesen bringen manche Schulen ihr ‚Profil' auch auf der Homepage der Schule oder in ausführlichen Broschüren zum Ausdruck. Schulprofile sind also ebenso wie Leitbilder eigenständige Bausteine in einem Schulprogramm. Als Teil des Schulprogramms sollten Aussagen zum Schulprofil knapp und klar formuliert und nicht zu umfangreich sein.

Gestaltung der Schwerpunkte der Entwicklungsarbeit: Der Arbeits- und Entwicklungsplan
Dieser Abschnitt, den wir hier als „Entwicklungsplan" oder „schulinternen Arbeitsplan" bezeichnen, stellt das dynamische, entwicklungsorientierte *Kernelement* des Schulprogramms dar. Er dient dazu, an der Schule eine Dynamik kontinuierlicher Weiterentwicklung und Qualitätsverbesserung aufrechtzuerhalten und zu fördern.
Unserer Erfahrung nach liegt einer der wesentlichsten Gründe für unbefriedigende Schulprogrammprozesse darin, dass im Schulprogramm zu viele Aufgaben formuliert werden und keine Konzentration auf eine realistische Zahl von Entwicklungsthemen gelingt, die dann wiederum mit sehr konkreten Entwicklungs- und Arbeitsplänen umgesetzt werden können. Um dies zu verhindern, soll sich ein Entwicklungsplan nur auf die an der Schule ausgehandelten *Entwicklungsthemen* fokussieren, die in der laufenden Arbeitsperiode im Zentrum der Weiterentwicklungsbemühungen der Schule stehen sollen.
Zu jedem dieser Entwicklungsthemen werden Entwicklungsziele benannt, im Rückblick die Ergebnisse der Evaluation bisheriger Maßnahmen vorgestellt, und im Vorausblick Maßnahmen der weiteren Entwicklung, Erfolgskriterien und Methoden der Evaluation festgehalten. Im Unterschied zum Leitbild und zum Schulprofil erfordert der Entwicklungsplan ein Update in kürzeren Zeiträumen (etwa innerhalb eines Zeitraumes von ein oder zwei Jahren). Im Folgenden werden beispielhaft die Elemente eines Entwicklungsplans vorgestellt und zum Thema „Freiarbeit im Mathematikunterricht" in Ausschnitten illustriert:

- *Entwicklungsziel(e) des Themenbereichs:* Welche Ziele werden angestrebt? Was soll erreicht werden? Zum Beispiel: Verbesserung der Leistungen im Mathematikunterricht im Hinblick auf die Bildungsstandards und Erhöhung der Attraktivität des Faches in den 3. und 4. Klassen
- *Evaluation bisheriger Arbeit:*
- *Beschreibung der Aktivitäten in der abgelaufenen Arbeitsperiode:* Was haben wir bereits unternommen? – Zum Beispiel: Wir haben in den 3. und 4. Klassen experimentell zwei Stunden Freiarbeit pro Woche eingeführt und durch Beobachtung, Gespräche und Analyse von Schülerarbeiten und jeweils einer Parallelarbeit evaluiert.
- *Knappe Darstellung der wichtigsten Ergebnisse der Evaluation dieser Aktivitäten:* Was haben wir erreicht? Was haben wir nicht erreicht? Welche Nebenwirkungen sind aufgetreten? (Jeweils mit Belegen bzw. Hinweisen auf Belege.) – Zum Beispiel: Die Akzeptanz der Freiarbeit war fast durchwegs hoch. Die Qualität des Herangehens der leistungsfähigeren Schüler an mathematische Aufgaben war zufrieden stellend. Störungen haben zugenommen. Mehrere leistungsschwächere Schüler waren in dieser Zeit inaktiv.
- *Interpretation und Bewertung der Ergebnisse sowie Herausforderungen, die sich daraus ergeben und die u. U. weitere Vorhaben erforderlich erscheinen lassen:* Wie erklären wir uns das, was wir herausgefunden haben? – Zum Beispiel: Die schwächeren Schüler waren durch die erweiterten Spielräume wahrscheinlich überfordert. Sie verfügten nicht über die erforderlichen Voraussetzungen und Arbeitsstrategien.
- *Konsequenzen für die Arbeit in der kommenden Arbeitsperiode:*
- *Vorhaben:* Welche Maßnahmen werden in Angriff genommen, um den Entwicklungszielen näher zu kommen? – Zum Beispiel: Weiterführung der Freiarbeit; Überprüfung der Vorkenntnisse nach gemeinsamen Vorgaben; Überlegungen zur individuellen Förderung: bessere Abstimmung der Aufgaben und Spielräume auf die unterschiedlichen Vorkenntnisse.
- *Erfolgskriterien für jedes Vorhaben:* Was wäre ein Erfolg? – Zum Beispiel: Abnahme von Störungen und bessere Leistungen auch der schwächeren Schüler.
- *Methoden der Evaluation für jedes Erfolgskriterium:* Mit welchen Methoden soll der Erfolg festgestellt werden? – Zum Beispiel: Beobachtung und Parallelarbeit in den 3. bzw. 4. Klassen.
- *Konkreter Aktions- und Zeitplan:*
  Wer ist für die Durchführung bzw. Koordination des einzelnen Vorhabens verantwortlich und wer für die Evaluation? Welche zeitlichen Vorgaben wurden vereinbart und welche Ressourcen werden zur Verfügung gestellt? Diese Vereinbarungen lassen sich beispielsweise analog Abb. 23 (in Kap. 5.4.1) übersichtlich darstellen.

Organisatorische Rahmenbedingungen

Schließlich kann es sinnvoll sein, Rahmenbedingungen, Organisationsvorstellungen und Rollenübernahmen für die Entwicklungsarbeit festzuhalten:
- Organisation der Arbeit am Entwicklungsplan,

- Aufgaben der mit der Organisation und Durchführung beauftragten organisatorischen Einheiten,
- Personelle Zusammensetzung (Beteiligung der Schulpartner) und Art der Gruppenbildung,
- Zeitliche Fixpunkte (u. a. für Zwischenberichte, Vorlage im Kollegium, im Schulpartnerschaftsgremium, Veröffentlichung),
- Verfahrensregeln (u. a. zum Umgang mit sensiblen Informationen),
- Geplanter Einsatz personeller und materieller Ressourcen.

Zentrales Merkmal von Schulprogrammen ist also die *Verbindung von leitenden Zielen der Schule, Entwicklungsanstrengungen in einer überschaubaren Zahl ausgewählter Vorhaben und deren Selbstevaluation*, die wiederum Informationen für weitere Entwicklungsentscheidungen bringen soll (vgl. Abb. 7). Wie Abb. 6 andeutet, verstehen wir Schul- bzw. Qualitätsprogramme als einen „Mantel", in dem unterschiedliche Texte zusammengefasst werden, die auch einen unterschiedlichen *Zeit- und Gültigkeitshorizont* haben: Während der ‚Entwicklungs- und Arbeitsplan' – als der konkreteste und dynamischste Teil des Schulprogramms – in jeder Arbeitsperiode (unterschiedliche Länder sehen dafür unterschiedliche Zeiträume zwischen ein bis drei Jahren vor) neu ausgehandelt und geschrieben wird, werden ‚Leitideen' meist einen deutlich längeren Gültigkeitshorizont haben. Ähnliches gilt auch für das Schulprofil.
Der *Umfang* eines Schulprogramms wird entsprechend der unterschiedlichen Vorgaben in den einzelnen Ländern variieren, sollte aber – damit es wirklich zu einem Arbeitsinstrument der Schule werden kann – nicht aufgebläht werden (etwa durch allerlei Beilagen und ein-

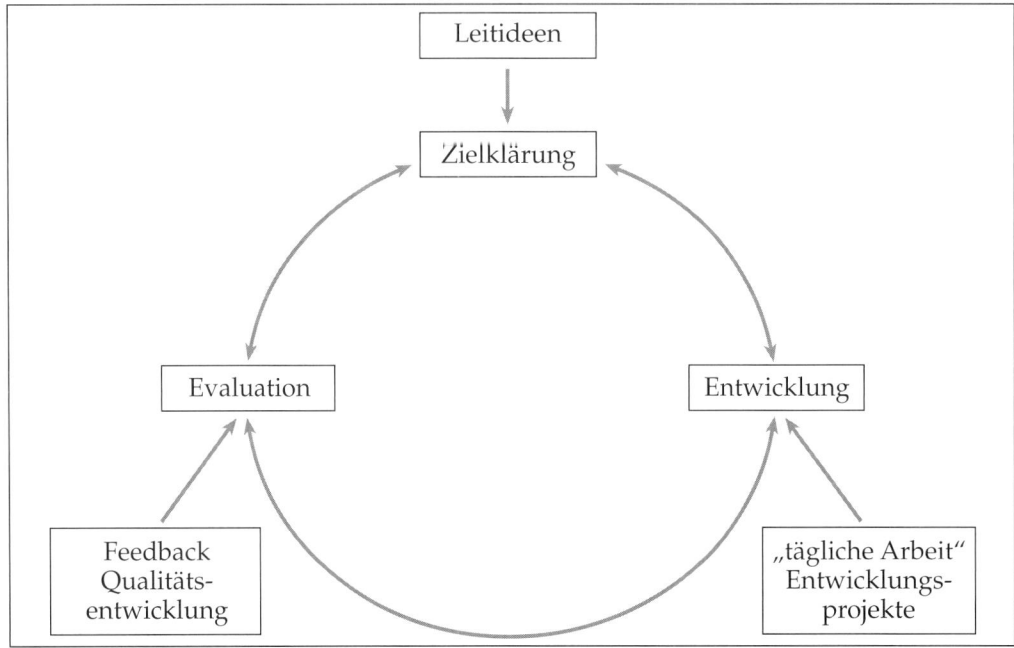

Abb. 7: Schulentwicklung im Aktions-Reflexions-Kreislauf

kopierte Textteile). Die notwendigen Informationen eines ‚Entwicklungsplanes' lassen sich z. B. in der Regel auf nicht mehr als fünf bis fünfzehn Seiten wiedergeben, wobei diese Zahl je nach Größe der Schule und Zahl der ausgewählten Entwicklungsthemen variieren wird. Unserer Meinung nach sollten die Angaben zu *einem* Entwicklungsthema (siehe oben) nicht mehr als ein bis zwei Seiten umfassen. Die Zahl der Entwicklungsthemen wird je nach Größe der Schule variieren. In einer kleinen Schule werden es vielleicht nur ein bis zwei Themen sein. In einer großen Schule können es ein bis zwei unterrichtsbezogene Themen jeder Fachgruppe und einige schulbezogene Themen fachübergreifender Arbeitsgruppen sein.

3.1.4 Gründe für das bildungspolitische Interesse an Schulprogrammen

Warum propagieren Bildungspolitiker in verschiedenen Ländern gegenwärtig Schulprogramme?

- *Einzelschule als Handlungseinheit der Schulreform:* Einerseits wurden die Grenzen einer *top-down*-Schulreform erkannt, bei der die von oben angeordneten ‚guten Ideen' in sehr unterschiedlichem Maße ‚unten' – d. h. bei den Lernenden – ankamen. Die Einzelschule wurde als ‚Handlungseinheit' (wieder-)entdeckt und sollte mehr Spielräume zur Gestaltung ihrer Planungs- und Entwicklungsprozesse sowie zur eigenständigen Prioritätensetzung (manchmal auch „Schulautonomie" genannt) bekommen. Wenn Schulen in finanzieller, inhaltlicher (Lehrplan, Bildungsstandards) oder personeller Hinsicht die Möglichkeit erhalten, selbst Entwicklungsinitiativen zu ergreifen, gewinnen sie dadurch zwar Entscheidungsspielräume, gleichzeitig müssen sie auch dessen gewärtig sein, dass von ihnen Rechenschaft darüber verlangt wird, wie sie mit den Spielräumen umgehen und was dabei herauskommt. Das Schulprogramm soll aussprechen, was die Schule anstrebt und was sie verspricht; und es soll klar machen, an welchen Maßstäben sie sich selbst messen will. Im Vordergrund stehen dabei ihre Initiativen zur Erhaltung und Weiterentwicklung der Qualität des Unterrichts.

- *Notwendigkeit der Weiterentwicklung der schulischen Lernkultur:* Nachdem der erste Schock über nicht-zufriedenstellende Ergebnisse in den internationalen Leistungsvergleichsstudien verdaut ist, wird mehr und mehr bewusst, dass die Probleme nicht allein durch mehr Leistungsmessung zu bewältigen sind, sondern auch eine Weiterentwicklung der schulischen Lernkultur erfordern: Die Befunde von PISA und PISA-E haben gezeigt, dass Schwächen insbesondere bei Aufgaben bestehen, „die ein qualitatives Verständnis der Sachverhalte verlangen und nicht im Rückgriff auf reproduzierbares Routinewissen gelöst werden können" (Kultusministerkonferenz 2002, 3). Gegenüber dem stoffzentrierten Lernen unverbundener Wissensblöcke aus verschiedenen Disziplinen werden die Orientierung an Schülerkompetenzen, das Erlernen von Schlüsselqualifikationen und dynamischen Qualifikationen, von Problemerkennungs- und -lösungsfähigkeiten, von methodischen Fertigkeiten sowie die Vernetzung von Gegenständen betont. Gegen die Überfrachtung der Lehrpläne werden Konzepte der Balance von Vertiefung und Überblick, von Kern und Erweiterung aufgeboten und z. T. in Form von Bildungsstandards und beispielhaften Aufgaben konkretisiert.

- *Stimulierung curricularer und didaktischer Planungsprozesse auf Schulebene:* Gleichzeitig mit der Erkenntnis der Probleme der *top-down*-Schulreform wurde auch die geringe Steuerungskraft der zentralen Curricula bewusst. Das heißt man muss damit rechnen, dass sich die erforderlichen didaktischen und curricularen Innovationen über zentrale neue

Lehrpläne nur sehr schwerfällig und mit sehr unterschiedlichen Erfolgen anregen lassen. In dieser Situation lassen sich zwei Entwicklungen feststellen: Erstens entstand in verschiedenen Ländern eine *neue Generation von Rahmenlehrplänen*, die weniger detailliert bezüglich der durchzunehmenden Stoffe sind. Sie geben einige Leitorientierungen für die Bildungsziele und die Gestaltung von Lernsituationen vor, delegieren aber die curricularen Feinplanungsprozesse an die Schule. Sie definieren Lernplanung auch nicht als Aufgabe einzelner Lehrer, sondern als solche der Schule, um dadurch innerschulische Abstimmung, Koordination, und Weiterentwicklung zu stimulieren: Solche Rahmenlehrpläne sollen eine „generative Funktion" für das innerschulische pädagogische Gespräch und für eine überlegte, standortbezogene Planung haben.

Zweitens sollen durch die *Vorgabe von Bildungsstandards* die erwarteten (Basis-)Kompetenzen der Schüler in einzelnen Fächern genauer definiert werden (vgl. Klieme et al. 2003; Haider et al. 2003; Eder 2003). In der aktuellen wissenschaftlichen Diskussion sind mit dem Standardbegriff üblicherweise folgende *Merkmale* verbunden:

- Orientiert an *Bildungszielen* (nicht an Fachinhalten) sollen Standards
- möglichst *präzise*
- wesentliche *Basis-Ziele* (also nicht alle denkbaren Ziele) der pädagogischen Arbeit benennen, und zwar
- in Form von *Kompetenzen* bzw. erwünschten Lernergebnissen der Schülerinnen und Schüler.
- Diese Basis-Kompetenzen sollen durch fachdidaktisch und erziehungswissenschaftlich abgesicherte *Kompetenzmodelle,* die „Grunddimensionen der Lernentwicklung in einem Gegenstandsbereich" (Klieme et al. 2003, 15) darstellen, begründet sein und
- mit veranschaulichenden *Aufgaben* und *Tests,* die eine schulübergreifend vergleichbare Evaluation erlauben, verknüpft sein.

Durch solche Bildungsstandards können die Planungsprozesse in den Einzelschulen eine verbindliche Orientierung erhalten und die Leistungsüberprüfungen erleichtert werden. Gemeinsam erstellte standardbezogene Arbeitspläne der fachlichen und überfachlichen Gruppierungen in der Schule sollen ein Gegengewicht zu einer einseitig individualistischen Sichtweise von Lehrerarbeit bilden. Wenn Bildungsstandards nicht nur eine weitere curriculare Vorgabe darstellen sollen, müssen sie sich mit einer intensiven Ziel- und Bildungsdiskussion sowohl auf der Ebene der Einzelschule als auch auf gesellschaftlicher Ebene verbinden sowie mit Initiativen und Entwicklungsansätzen zur Verbesserung von Schule und Unterricht.

Wie Bildungsstandards einzuschätzen sind und welchen Einfluss sie auf die Entwicklung des Schulsystems haben werden, hängt von der *Rolle* ab, die sie *in einem Gesamtkonzept* schulischer Entwicklung und Steuerung spielen. Die bildungspolitische Umsetzung dieser Standards und ihre Implementierung in die Schulen sind zum Zeitpunkt, zu dem das Manuskript dieses Buches abgeschlossen wurde, noch nicht absehbar (vgl. die Diskussion im Themenheft 4/2004 des journals für schulentwicklung). Auf Beschluss der Kultusministerkonferenz vom 4.12.2003 sollen jedenfalls in allen deutschen Bundesländern ab dem Schuljahr 2004/2005 die Fächer Mathematik, Deutsch und erste Fremdsprache (Englisch/Französisch) mit dem Ziel des mittleren Schulabschlusses auf der Basis der verabschiedenden Bildungsstandards unterrichtet werden. Bei der Umsetzung der Standards in die Bildungspraxis sind jedoch sehr unterschiedliche Versionen vorstellbar (vgl. Demmer 2003), wie folgende Gegenüberstellung zeigt:

- In einem *angelsächsischen Marktmodell* sind Bildungsstandards und darauf fußende Tests zentrales Element, das Konkurrenz zwischen Schulen und Konsumentenwahl fördern soll. Die standardbezogenen Tests erlauben national vergleichbare Informationen, die entsprechend veröffentlicht (Ranking, league tables) die Eltern-Konsumenten zu gezielten Schulwahlen veranlassen sollen: Der verringerte Markterfolg der nicht gewählten Schulen soll zur Vermehrung ihrer Anstrengungen bzw. zu deren Verschwinden vom Markt führen.

- In der *Selektions-Tradition der deutschsprachigen Schulsysteme* könnten Bildungsstandards „die *frühe und permanente Selektion ‚vervollkommnen'* [gerechter machen; d. Verf.]. In diesem Konzept werden für die ‚Gelenkstellen' des Schulsystems Bildungsstandards als Hürden konzipiert, die Schülerinnen und Schüler zu überwinden haben, um die Versetzung, den Übergang auf bestimmte Schulformen oder Schulabschlüsse zu erreichen." (Demmer 2003, 8)

- Entsprechend einem *skandinavischen Förderungs-Modell* könnten Bildungsstandards auch die Basis einer Selbstverpflichtung der Schulen zu einer individuellen diagnose-basierten Förderung der Schüler bilden. „In diesem Fall sind Bildungsstandards *Orientierungsmarken*, für deren Erreichen die Gesellschaft bzw. die *Schulen mit den jungen Menschen einen Lernkontrakt eingehen*." (Demmer 2003, 8)

Die Sympathien von Pädagogen und Schulentwicklern werden in aller Regel dem dritten Modell zuneigen. Klar ist auch, dass die Umsetzung von Lehrern und Schulen curriculare Entwicklungsarbeit und professionelles Lernen erfordern wird: Die Diskussion der Ziele, die hinter den Kompetenzmodellen stehen sowie deren Verbindung mit den in den Schulprogrammen vereinbarten Zielen der Einzelschule; die Verknüpfung von geforderten Basiskompetenzen mit Unterrichtsarrangements, durch die sie gefördert werden können; Initiativen zur Diagnose und differenzierenden Förderung dieser Kompetenzen; und nicht zuletzt: Evaluation und Weiterentwicklung der diesbezüglichen Unterrichtsangebote der Schule.

Für die Realisierung von Bildungsstandards empfiehlt sich eine Strategie, die von Transparenz und Beteiligung möglichst vieler Schulen und Lehrkräfte geprägt ist. Nicht nur die Leistungen von Schülerinnen und Schülern, nicht nur die Leistungen von Schulen, sondern auch die Bildungsstandards selbst, die ihnen zugrunde liegenden Kompetenzmodelle, die Beispielaufgaben und Testverfahren sollten in ihrer praktischen Umsetzung eingehend evaluiert und weiterentwickelt werden. In diesem Zusammenhang wird beispielsweise in Deutschland eine nationale Evaluationsagentur mit Sitz in Berlin gegründet.

• *Qualitätssicherung und -entwicklung:* Die Kultusministerkonferenz hat sich im Jahre 2002 auf sieben vorrangige Handlungsfelder verständigt, von denen eine Verbesserung der vor allem durch PISA und PISA-E aufgedeckten Mängel erwartet wird. Als Handlungsfeld 5 werden „Maßnahmen zur konsequenten Weiterentwicklung und Sicherung der Qualität von Unterricht und Schule auf der Grundlage von verbindlichen Standards sowie eine ergebnisorientierte Evaluation" genannt (Kultusministerkonferenz 2002, 7). In mehr und mehr Ländern wird durch den Staat oder durch sich als ‚kritische Konsumenten' verstehende Eltern verlangt, dass Schulen ‚Rechenschaft' über ihre Bemühungen und Leistungen legen sowie dass sie sich kontinuierlich um die Sicherung und Weiterentwicklung der Qualität ihres Unterrichts und ihrer sonstigen Angebote kümmern. Schulen haben in dieser Perspektive gleichsam einen ‚Vertrag mit der Gesellschaft' abgeschlossen: Sie verpflichten sich, bestimmte (in Zukunft teilweise durch Bildungsstandards definierte) Leistungen zu erbringen. Schulprogramme werden dabei zu Entwicklungsinstrumenten der Schulen, mit deren Hilfe sie an der kontinuierlichen Verbesserung des Unterrichts und anderer zentraler Tätigkeitsbereiche arbeiten und darüber – unter Beachtung der vorgegebenen Standards – auch Rechenschaft ablegen.

3.2 Das Konzept des Qualitätsprogramms in Rheinland-Pfalz

Im Jahr 2002 wurde vom rheinland-pfälzischen Ministerium für Bildung, Frauen und Jugend das Konzept „Qualitätsentwicklung an Schulen in Rheinland-Pfalz" veröffentlicht. Sein zentraler Punkt ist „die Erarbeitung eines Qualitätsprogramms durch jede Schule" (MBFJ 2002a, 2). Dieses ‚Qualitätsprogramm' ist eine moderne Version des Schulprogrammkonzepts. Wie Schulprogramme allgemein soll es folgende Merkmale aufweisen:
- Es geht darum, „einen *innerschulischen Konsens* über einige wesentliche pädagogische und fachlich-didaktische *Ziele* der unterrichtsbezogenen Qualitätsentwicklung kurz und präzise zu beschreiben" (MBFJ 2002a, 2).
- Es formuliert den Bereich der Qualitätssicherung und Qualitätsentwicklung als verbindliche „Aufgabe *aller* Schulen und *aller* an Schule Beteiligten" (ebda.). „Die *Schulleitung* setzt diesen Prozess in Gang, koordiniert und begleitet ihn, nach Möglichkeit unterstützt durch Steuergruppen." (a. a. O., 3).
- Es beginnt mit einer Bestandsaufnahme und internen Analyse von Stärken und Schwächen und mit der „Festlegung von Zielvorstellungen für die Entwicklung der Schule in den nächsten Jahren" (a. a. O., 4).

Durch die spezielle Bezeichnung ‚*Qualitäts*programm' soll Folgendes betont werden:
- *Im Zentrum Unterrichtsentwicklung:* Im Zentrum der Aufmerksamkeit steht die Unterrichtsentwicklung, die „von Personal- und Organisationsentwicklung begleitet sein" muss (ebd.). „Qualitätsprogramme sind in diesem Sinne besonders auf die Lehr- und Lernprozesse, den Unterricht und seine Ergebnisse gerichtet – im Kontext von Personal- und Organisationsentwicklung der Schule." (Goldstein et al. 2003, III) Bildungsstandards werden in der vorliegenden Fassung noch nicht erwähnt, sollen aber ein zentraler Orientierungspunkt für die Fortschreibung der Qualitätsprogramme werden (vgl. Priebe 2004).
- *Konkretes Arbeitsprogramm zur Realisierung der Entwicklungsziele:* „Es ist empfehlenswert, auf der Basis des Qualitätsprogramms ein schulinternes Arbeitsprogramm zu entwickeln, das die Realisierungsschritte im Einzelnen enthält" (MBFJ 2002a, 3).
- *Verbindung von Entwicklung und Evaluation:* „In Zukunft ist das Qualitätsprogramm alle zwei Jahre fortzuschreiben und um einen Bericht (Evaluationsergebnisse) über die vorangehenden zwei Jahre zu ergänzen. … Ab dem Schuljahr 2004/05 verabschiedet die Gesamtkonferenz alle zwei Jahre den jeweiligen Bericht über die Aktivitäten des schulinternen Qualitätsmanagements (Maßnahmen und Ergebnisse der internen Evaluation, Fortschreibung des Qualitätsprogramms) und legt diesen der Schulaufsicht vor." (a. a. O., 3 f.)
- *Obligatorische inhaltliche Bestandteile jedes Qualitätsprogramms:* Der Text des MBFJ (2002a, 4 f.) enthält 10 Punkte, die als obligatorische Bestandteile jedes Schulprogramms gelten.

Obligatorische inhaltliche Bestandteile jedes Qualitätsprogramms

Qualitätsprogramme sollen Aussagen und Entwicklungsvorhaben in folgenden Feldern enthalten:

- *Kooperation von Lehrerinnen und Lehrern:* „Maßnahmen zur Stärkung der Kooperation in den Kollegien und Fachgruppen (bei Unterrichtsvorbereitung, Unterrichtsdurchführung, Leistungsmessung, Problembewältigung etc.)."[8]

- *Kooperation mit Eltern:* „Maßnahmen zur Intensivierung der Zusammenarbeit mit den Eltern, also Maßnahmen, die den Blick verstärkt auf die Bedeutung der Mitarbeit der Eltern für den schulischen Erfolg der Kinder und Jugendlichen lenken; dazu gehört auch die Zusammenarbeit mit den Personen, die Schülerinnen und Schüler im Rahmen von Maßnahmen der Familien- und Erziehungshilfe betreuen."

- *Leseerziehung und mathematisch-naturwissenschaftliche Grundbildung:* „Maßnahmen zur Stärkung des Leseverständnisses als Basiskompetenz aller Schülerinnen und Schüler – nicht nur als Aufgabe des Deutschunterrichts – sowie Maßnahmen zur Stärkung der grundlegenden Kompetenzen im mathematisch-naturwissenschaftlichen Bereich."

- *Konsequenzen aus Leistungsvergleichen und anderen Modellversuchen ziehen:* „Überlegungen, wie weitere Ergebnisse der Studien TIMSS, MARKUS und PISA (später auch IGLU/IGLU-E für Grundschulen, DESI und PISA 2003) sowie der Modellversuche, z. B. im Bereich der berufsbildenden Schulen und SINUS … zur Gestaltung von Schule und Unterricht genutzt werden sollen."

- *Diagnose, Differenzierung und produktives Umgehen mit Heterogenität:* „Maßnahmen, die das in erfolgreichen PISA-Teilnehmerstaaten deutlich erkennbare Prinzip des Umgangs mit Heterogenität und des individuellen Förderns stärker in den Vordergrund rücken und im Schulalltag verankern; dazu gehören: Maßnahmen zur frühzeitigen Erkennung von Lernrückständen und Lernschwierigkeiten einzelner Schülerinnen oder Schüler verbunden mit Maßnahmen zu deren individueller Förderung – auch mit dem Ziel, der Gefahr des Nichtversetzens rechtzeitig entgegen zu steuern, sowie Maßnahmen zur Erkennung besonders begabter Schülerinnen und Schüler und Maßnahmen zu deren individueller Förderung."

- *Sonderpädagogische Förderung und integrative Arbeit:* „Maßnahmen zur Sicherung der Qualität der sonderpädagogischen Förderung sowohl an Sonderschulen als auch in der integrativen Arbeit (angesprochen sind hier auch Maßnahmen der Kooperation mit vor- und nachschulischen Einrichtungen inklusive der verstärkten Kooperation zur Vorbereitung der Berufsintegration beeinträchtigter Jugendlicher)."

- *Spezielle Maßnahmen für Grundschulen:* „Maßnahmen der Kooperation mit den Kindergärten und Kindertagesstätten, Maßnahmen zur Umsetzung der neuen Rahmenlehrpläne und Maßnahmen zur Steigerung des Lese-Interesses sowie zur Förderung naturwissenschaftlicher Neugier von Schülerinnen und Schülern."

---

8 Alle Zitate in diesem Kasten aus MBFJ (2002a, 4 f.)

- *Spezielle Maßnahmen für Grundschulen und weiterführende Schulen:* „Maßnahmen zur ver-stärkten Kooperation beim Übergang in die Orientierungsstufe der weiterführenden Schulen."
- *Evaluation:* „Erste (oder weitere) Maßnahmen zur Erreichung der jeweils gesteck-ten Ziele sowie Überlegungen, Vorgaben und Methoden zur regelmäßigen Über-prüfung des Erfolgs bzw. des Grades des Erfolgs der durchgeführten Maßnahmen – in der Regel unter Beteiligung von Schülerinnen und Schülern und Eltern (inter-ne Evaluation); dies schließt einen Zeitplan ein, aus dem hervorgeht, welche der vor-gesehenen Maßnahmen bis zum Ende des Schuljahres 2003/04 oder früher und wel-che bis zu bestimmten Zeitpunkten des Schuljahres 2004/05 auf ihren Erfolg überprüft werden sollen."
- *Fortbildungsplanung:* „Eine zielgerichtete, auf die Einzelschule bezogene Fortbildung der Lehrkräfte ist im Prozess der Qualitätsentwicklung wichtig. Das Qualitätsprogramm muss daher auch eine kurz- und mittelfristige Fortbildungsplanung in Hinblick auf die festgelegten Schwerpunkte für die jeweilige Schule enthalten. Fortbildung soll ver-stärkt nachfrageorientiert und schulintern erfolgen."

Quelle: gekürzt nach MBFJ 2002a, 4 f.

Dadurch sollen aktuelle, bildungspolitisch für wichtig gehaltene Entwicklungsaufgaben formuliert werden (vgl. Kasten 7).

Als fakultative Punkte, die im Qualitätsprogramm verankert werden können, werden einige *weitere Entwicklungsthemen* genannt:

- „*Nutzung der neuen Medien* sowohl zur Unterstützung des Unterrichts als auch zur Kom-munikation, […]
- Verankerung der *Partizipation im Schulalltag* (beteiligen, Beteiligung zulassen, sich ein-mischen, …),
- Verstärkung der *Zusammenarbeit zwischen den Partnern im dualen Berufsbildungssystem,*
- Maßnahmen zur verstärkten unterrichtlichen Kooperation (,*Öffnung von Schule*') mit außer-schulischen Partnern, z. B. Betrieben, einer Zeitung oder Experten im regionalen Raum,
- *Unterrichtliche Präventionskonzepte* (z. B. gegen Fremdenfeindlichkeit, Gewalt, Sucht)." (a. a. O., 6; Hervorheb. durch d. Verf.)

Folgende *methodische Zugänge* werden vorgeschlagen:

- „*Wechselseitige Unterrichtsbesuche* von Lehrkräften gleicher und verschiedener Unter-richtsfächer und regelmäßige Auswertung der gemeinsamen Beobachtungen und Er-fahrungen,
- *kollegialer Austausch* über schulinterne Regelungen oder Gegebenheiten für Einzelne oder das Kollegium als Ganzes zur Erhöhung der Arbeitszufriedenheit im Lehrberuf, […]
- *Externe Überprüfung* der selbst gesteckten Ziele und deren Realisierung sowie der bei der internen Evaluation eingesetzten Verfahren" (ebd.).
- *Einsatz von Parallel- und Vergleichsarbeiten* über die verpflichtenden Vorgaben hinaus, die da sind:

– Alle allgemein bildenden Schulen der *Sekundarstufe I* (mit Ausnahme des Bildungs-
   gangs „Schule mit dem Förderschwerpunkt ganzheitlicher Entwicklung") führen „regelmäßig eine der zu schreibenden Klassenarbeiten als Parallelarbeit durch. Diese Parallelarbeiten sollen pro Schuljahr mindestens einmal im zweiten Schulhalbjahr der
   5. und der 7. Jahrgangsstufe geschrieben werden." (a. a. O., 7) In *Grundschulen* sind
   Vergleichsarbeiten in Deutsch und Mathematik geplant.
– „Die Parallelarbeiten werden von der jeweiligen Fachkonferenz gemeinsam konzipiert, und nach vorher abgestimmten Kriterien durch die betroffenen Lehrkräfte ausgewertet und bewertet." (ebd.) „Die Parallelarbeiten sind einschließlich ihrer Ergebnisse
   schulintern gesondert zu dokumentieren." (a. a. O., 8)

Aus diesen Vorgaben wird deutlich, dass das Qualitätsprogramm-Konzept des Landes
Rheinland-Pfalz die *Weiterentwicklung der Unterrichtsqualität* in den Mittelpunkt der ein-
zelschulischen Qualitätsinitiativen stellt. Ein wesentliches Instrument für den Entwicklungsprozess sollen *schulinterne Arbeitspläne* sein, für deren Zustandekommen den Fach-
konferenzen und Fachkonferenzleitungen an den Schulen – in Abstimmung mit Schulleitung
und Steuergruppe – eine zentrale Rolle zukommen wird (vgl. Priebe 2004).

Als *Unterstützungssystem* für die Schulprogrammarbeit der Einzelschulen werden genannt
(vgl. MBFJ 2002a, 9 f.):

• *Schulaufsicht*: Sie „gibt Impulse und berät im Prozess der Programmentwicklung, [...]
   nimmt die Qualitätsprogramme entgegen" und regelt die Zusammenarbeit zwischen
   Schulen und Moderatoren bzw. Beratern (vgl. a. a. O., 9).
• *Moderatoren/Berater* für Schulentwicklung: Im Kontext des Modellversuch QuiSS wurden in Rheinland-Pfalz z. B. Schulentwicklungs- und Fachmoderatoren qualifiziert, die
   Schulen bei der Erstellung, Durchführung und Evaluation von Qualitätsprogrammen
   unterstützen.
• *Pädagogische Serviceeinrichtungen,* wie das Institut für schulische Fortbildung und schul-
   psychologische Beratung des Landes Rheinland-Pfalz usw., „beraten und unterstützen
   die Schulen bei ihrer schulspezifischen Fortbildungsplanung und entwickeln Strukturen, Methoden, thematische Module, die den durch die Einzelschule formulierten Nachfragen gerecht werden" (a. a. O., 10).

Das in Rheinland-Pfalz verwendete ‚Qualitätsprogramm' entspricht in seinen Grundinten-
tionen den in der Literatur schon länger diskutierten ‚Schulprogrammen' und gibt ihnen
einen spezifischen Akzent. Es ist ein Rahmenkonzept, das verpflichtende Anforderungen
stellt, ohne alle Inhalte des Qualitätsprogramms oder die Schritte zu seiner Erstellung zu
normieren.

Wenn wir im Folgenden auf der Basis eigener Beratungs- und Forschungserfahrung einige detailliertere Vorschläge für inhaltliche Elemente und Schritte der Schulprogrammarbeit formulieren, so ist dies als Anregung für jene, die Schulprogrammprozesse durchführen und betreuen, und nicht als Aufzählung unbedingt notwendiger weiterer
Bestimmungselemente gedacht.

3.3 Die Grundfragen der Arbeit an Qualitätsprogrammen

Wir haben die Arbeit an Qualitäts- oder Schulprogrammen weiter oben dadurch charakterisiert, dass im Entwicklungsplan, dem Kernstück des Qualitätsprogramms, Ziele, Entwicklungsvorhaben und Evaluation in einen verständlichen Zusammenhang gebracht werden. Eine etwas detailliertere Darstellung des Aktions-Reflexions-Kreislaufs soll die in solchen Prozessen auftauchenden Grundfragen klarer machen (vgl. Abb. 8).

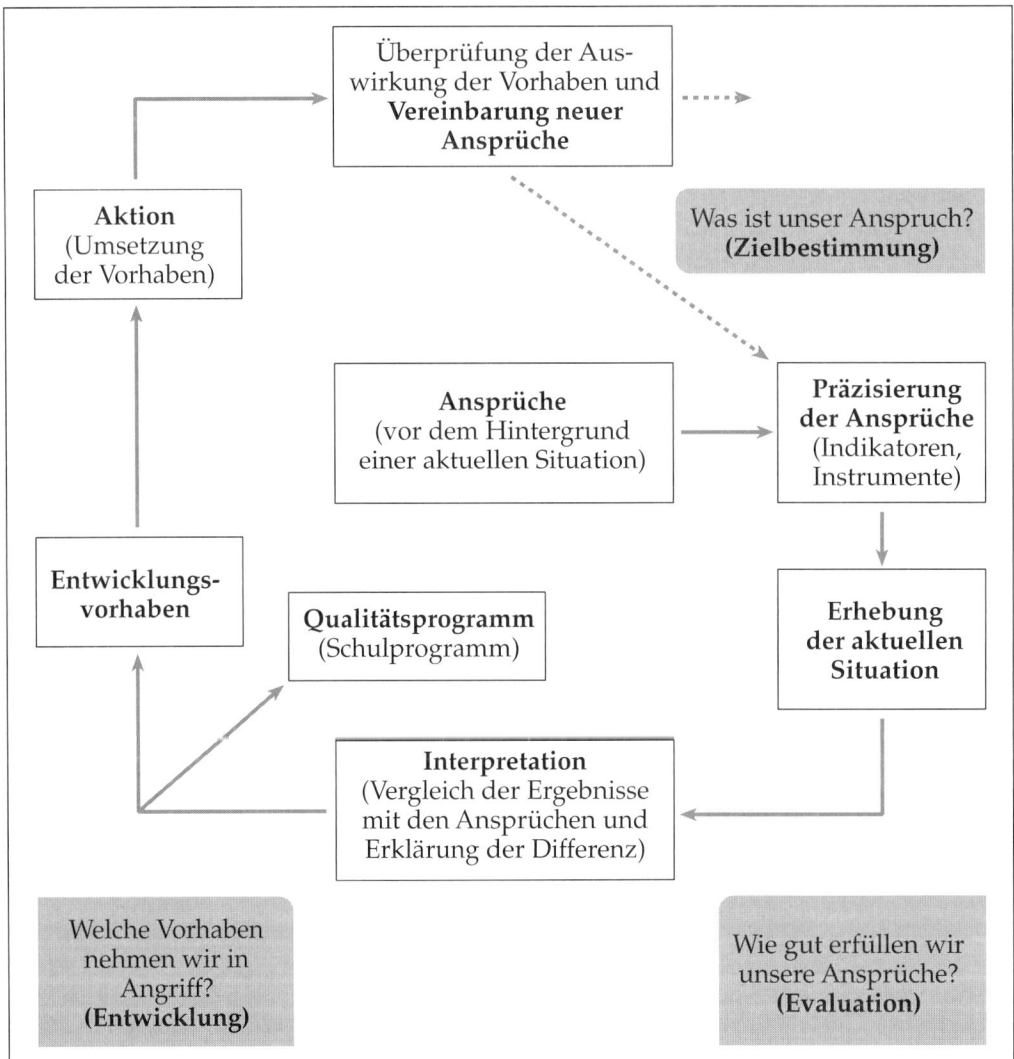

Abb. 8: Verbindung von Zielbestimmungen, Entwicklung und Evaluation bei der Arbeit am Entwicklungsplan des Schulprogramms

Bei der Erarbeitung eines Qualitätsprogramms bzw. seines Kernstücks, des Arbeitsplans, geht es um die *Beantwortung dreier Fragen*, die sich eine einzelne Person, ein Team, ein Kollegium oder eine ganze Schulgemeinschaft im Prinzip in gleicher Weise stellen müssen:

(1) *Was ist mein bzw. unser Anspruch?*
(2) *Wie gut erfülle ich bzw. erfüllen wir diesen Anspruch?*
(3) *Welche Entwicklungsvorhaben gehe ich bzw. gehen wir an?*

Die Arbeit an Schul- und Qualitätsprogrammen kann unserer Erfahrung nach bei jeder dieser drei Fragen *beginnen*.

(1) *Was ist der Anspruch? – Zielperspektiven und ‚Visionen' entwickeln:* Wenn die Arbeit am Entwicklungsplan bei der ersten Frage ansetzt, steht zunächst die Reflexion über leitende Ziele und Werte im Vordergrund. Es wird versucht, diese so weit zu konkretisieren, dass festgestellt werden kann, inwieweit die jeweilige Schulrealität ihnen entspricht und welche Entwicklungsvorhaben zweckmäßig erscheinen (vgl. Kap. 4.4).

Darin liegt gleichzeitig die Schwierigkeit dieses Einstiegs in Qualitätsprogrammprozesse: Über abstrakte Zielformulierungen zu diskutieren, kann für manche Mitglieder der Schulgemeinschaft eine herausfordernde intellektuelle Aufgabe sein, für die sie viel Zeit verwenden wollen. Wenn sich dann herausstellt, dass diese Aufgabe noch allemal leichter war, als die allgemeinen Zielperspektiven zu Entwicklungsprojekten zu konkretisieren und über Indikatoren für deren Evaluation Einigkeit zu erzielen, kann manchem die Geduld ausgehen. Durch die Vorgabe von Standards erhält diese Konkretisierung – soweit es um die Weiterentwicklung des Unterrichts geht – eine gewisse Orientierung. Allerdings sind die erstrebten Kompetenzen das Ergebnis von Prozessen, an denen Lehrer und Schüler gemeinsam beteiligt sind.

Ein Beispiel: Eine Schule strebt im Leitbild ein Schulklima an, „in dem sich Schüler und Lehrer wohl fühlen und das sie zu hohen Leistungen anregt". Diese allgemeine Formulierung wird zwar problemlos Zustimmung erhalten, ohne dass damit klar ist, woran wir merken, ob und inwieweit dieser Anspruch eingelöst wird. Es ist daher erforderlich, konkreter zu sagen, woran – d. h. an welchen „Indikatoren" – man erkennen kann, ob und inwieweit das Klima den Erwartungen entspricht. Wenn versucht wird, allgemeine Zielperspektiven zu evaluierbaren Indikatoren zu konkretisieren, kann es schon vorkommen, dass die Auffassungen jener, die sich knapp zuvor über das abstrakte Leitziel einig waren, weit auseinander gehen.

Ein Schule hat z. B. das oben genannte Leitziel folgendermaßen konkretisiert: Ein wichtiger Indikator für gutes Klima ist gegenseitiger Respekt und das Fehlen von Abwertungen. Sie hat anschließend Informationen zu diesem Indikator mithilfe von Beobachtungen, Gesprächen und Befragungen erhoben (= Antwort auf die 2. Frage nach den „Evaluationsindikatoren") und aus der Analyse der Ergebnisse mehrere Konsequenzen (= Antwort auf die 3. Frage nach den „Entwicklungsmaßnahmen") gezogen, u. a. die sorgfältige Aushandlung von Verhaltensregeln mit den Schülern.

(2) *Wie gut wird der Anspruch erfüllt? – Evaluation der bisherigen Praxis oder von Neuerungen durchführen:* Wenn der Prozess der Entwicklung bei der zweiten Frage beginnt, erfolgt zunächst eine Bestandsaufnahme der aktuellen Situation mit – von anderswo übernommenen oder selbst entwickelten – Instrumenten. Bei der Interpretation bzw. Bewertung der Ergebnisse muss allerdings eine Reflexion über Ziele erfolgen (= Antwort auf die 1.

Frage), damit aus den Befunden auch Konsequenzen gezogen werden können (= Antwort auf die 3. Frage).

Evaluation tritt in Schulentwicklungsprozessen in vielerlei Gewand auf. Gleichgültig, ob es sich um eine *Bestandsaufnahme, Ist-Analyse oder Eingangsdiagnose* (oder wie die Bezeichnungen alle lauten) handelt, die üblicherweise *vor* neuen Entwicklungsmaßnahmen zu deren Orientierung und Vorbereitung durchgeführt werden, oder um *Evaluationen, Untersuchungen, Feedbackeinholung* (usw.) *während und nach* solchen Entwicklungsprozessen, alle diese Maßnahmen zur Einholung, Einschätzung und Verarbeitung von Informationen werden von uns mit dem *Überbegriff Evaluation* bezeichnet und folgen einem gemeinsamen *Grundmuster*, das wir in den Kapiteln 4 bis 7 genauer beschreiben wollen.

Es ist inzwischen „Allgemein gut", dass *Evaluation* – sowohl im Sinne systematischer und gezielter Erhebung und Auswertung zusätzlicher Daten als auch im Sinne ‚informeller professioneller Einschätzung' – zu Entwicklungsprozessen dazu gehört. Das heißt aber nicht, dass Evaluation immer der beste Einstieg in Schulentwicklungsprozesse ist. Bei der Bestandsaufnahme anzufangen (vgl. genauer in Kap. 6), verspricht die Informationsbasis der Arbeit an einem Entwicklungsvorhaben zu verbessern. Allerdings sind Evaluationen gelegentlich mit ‚emotionalem Tiefgang' verbunden (vgl. Kap. 2.7), der Konflikte mit sich bringen kann, die am Beginn von Entwicklungsprozessen nicht unbedingt wünschenswert sind. Außerdem benutzen anfängliche Ist-Stands-Erhebungen oft „Breitband-Instrumente", die – da ja noch keine Konzentration auf Entwicklungsschwerpunkte erfolgt ist – oft sehr viele Themenbereiche parallel untersuchen. Der Nachteil besteht dabei in der Fülle von Daten, die die gemeinsame Interpretation im Kollegium überfordern und in vielen Fällen „dünne" Informationen liefern können, die nur auf einer oberflächlichen Ebene interpretierbar sind. Wenn sich die Evaluation jedoch auf einige wenige Entwicklungsbereiche und dort auf konkrete Erfolgskriterien konzentriert, kann sie ein sinnvoller Einstieg in Schulentwicklungsprozesse sein.

(3) *Welche Vorhaben werden realisiert? – Entwicklungsschritte setzen und überprüfen:* Schulprogrammarbeit kann aber auch mit konkreten bereits laufenden oder neuen Vorhaben beginnen. Der Anfang besteht dann aus einem oder mehreren Themen, die an der Schule Priorität genießen und zu denen Entwicklungsvorhaben formuliert und umgesetzt werden: Initiativen zur Weiterentwicklung von Unterricht, zur Gestaltung der Beziehungen zu den Eltern und zum Umfeld der Schule etc. Auch in diesem Fall ist eine Reflexion über die mit den Themen bzw. Vorhaben angestrebten Ziele und über Erfolgskriterien erforderlich (= Antwort auf Frage 1) sowie nach einiger Zeit eine Überprüfung des Erfolgs (= Antwort auf die 2. Frage).

Ein Beispiel: An einem ‚pädagogischen Tag' wurden Stärken und Schwächen einer Schule aus der Sicht der Lehrer erhoben und gemeinsam sechs Themen identifiziert, die als wichtige Entwicklungsbereiche angesehen wurden. Zu diesen Themenbereichen wurden – teilweise unter Beteiligung von Schüler- und Elternvertretern – Arbeitsgruppen eingerichtet, die jeweils Entwicklungsziele festlegten, eine Bestandsaufnahme der Situation durchführten, konkrete Vorhaben und Erfolgskriterien ausarbeiteten, den Entwicklungsprozess begleitend evaluierten und dann über die Ergebnisse berichteten.

Der Vorteil des Einstiegs in Qualitätsentwicklungsprozesse über neue Entwicklungsvorhaben besteht in der Überschaubarkeit und – in Schulen mit einer gewissen Erfahrung mit Schulentwicklung – in der Möglichkeit des Rückgriffs auf Kompetenzen mit projektartigem Arbeiten. Die Konzentration auf konkrete Themen bzw. Vorhaben erleichtert sowohl die Konkretisierung der Erfolgskriterien (bzw. die Berücksichtigung vorgegebener Standards) als auch die Evaluation und erhöht damit die Erfolgswahrscheinlichkeit der Bemühungen um die Verbindung von Entwicklung und Evaluation. Eine weitere Stärke des Starts bei dieser dritten Frage besteht auch darin, dass das Qualitätsprogramm (und im Besonderen der Arbeitsplan) nicht als „schon wieder eine neue Verpflichtung" gesehen wird, die zur Fülle der bestehenden Aktivitäten hinzu kommt, weil deutlich wird, dass es eine unterstützende Struktur für z. T. ohnehin laufende Bemühungen darstellt, Qualität professioneller zu gestalten und zu überprüfen.
Der Einstieg bei dieser Frage kann allerdings zu einer gewissen Beliebigkeit bei der Wahl der Themen und zur Umgehung von „kritischen" Fragen führen: das sind in erster Linie Themen, die mit der Entwicklung der Unterrichtsqualität zusammen hängen und die Kern der Entwicklungsplanung sein müssten.

Qualitätsprogrammarbeit und reflektierte Entwicklungsprojekte *brauchen längerfristig alle drei Elemente* – die Umsetzung einzelner Vorhaben (Frage 3), die Reflexion der eigenen Praxis (Frage 2) – sei es jener, die sich aus der Umsetzung von Innovationsideen ergeben hat, oder der ‚laufenden Alltagspraxis' – sowie eine Vergewisserung darüber, welche Ziele und Werte hinter der eigenen Praxis stehen und durch sie gefördert werden sollen (Frage 1). Wir haben keinen Anhaltspunkt dafür, dass einer dieser Einstiegspunkte generell im Vergleich zu den anderen zu favorisieren wäre – z. B. dass erfolgreiche Projekte immer mit einer Ist-Zustands-Erhebung beginnen müssen. Unserer Erfahrung nach passen verschiedene Einstiege unterschiedlich gut für unterschiedliche Personen und Organisationen. Es ist nicht so wichtig, an einem bestimmten Punkt zu beginnen. Es ist allerdings sehr wichtig, sich alle diese Fragen, die mit den drei Einstiegspunkten verbunden sind, im längerfristigen Verlauf von Entwicklungsprozessen zu stellen. Wenn ein Land die Entwicklungsstrategie über Qualitäts- oder Schulprogramme wählt, dann ist für die Umsetzung auf der einen Seite ein langer Atem notwendig. Schulen brauchen Vertrauen in die Innovationsstrategie, sie darf nicht als Eintagsfliege erlebt werden. Und Schulen brauchen Zeit, sich mit den neuen Aufgaben vertraut zu machen, sie in kleinen Schritten anzugehen, dabei auch Fehler machen und diese korrigieren zu können. Auf der anderen Seite muss diese generelle Strategie auch anschlussfähig sein für neuere Entwicklungen (wie z. B. die Ausrichtung auf und das Arbeiten mit Bildungsstandards). Ein weiteres Spannungsfeld wird im nächsten Abschnitt beleuchtet. Wie viele Vorgaben sollen gemacht werden? Auf der einen Seite sollen die Gestaltungsspielräume von Schulen nicht sofort durch Vorgaben wieder eingeengt werden und doch zeigen die ersten Erfahrungen mit Schulprogrammen, dass es hilfreich ist, Leitlinien vorzugeben, die den schulischen Lerngemeinschaften Orientierung und Unterstützung geben.

3.4 Die Vorgabe von verpflichtenden Entwicklungsthemen

Die Förderung erhöhter Gestaltungsspielräume von Schulen war zunächst mit der Idee verbunden, eigenständige Schwerpunktsetzung und Profilierung von Schulen zu fördern – und zu fordern. Schulen konnten in der ersten „autonomiebetonten Phase der Schulentwicklung" jene Entwicklungsthemen frei wählen, die sie für ihre weitere Entwicklung und Profilierung als strategisch angemessen erachteten. Das Schulprogramm war dabei primär ein Instrument der innerschulischen Prioritätensetzung und Koordinierung der Entwicklungsarbeit.

Auch unter dem Eindruck der internationalen Leistungsvergleichsstudien suchten die Bildungsverwaltungen verschiedener Länder nach neuen Einflussmöglichkeiten auf die Entwicklung der ‚autonomer' gewordenen Schulen (vgl. Schweizerische Konferenz der Erziehungsdirektoren 2000): Qualitätsevaluation und ‚neues Steuerungsmodell' für das Bildungswesen wurden die neuen *buzz words* (vgl. Halasz/Altrichter 2000). In diesem Kontext wurde das Schul- oder Qualitätsprogramm auch zu einem Instrument, mit dem die Bildungsverwaltungen versuchten, Einfluss auf die Richtung der Entwicklung der Einzelschulen zu nehmen. Das Schulprogramm sollte nicht nur zur Steuerung der innerschulischen Entwicklung, sondern auch zur ‚Systemsteuerung' taugen, indem neben formalen und prozessualen Vorgaben bestimmte Ansprüche an die *Inhalte der Entwicklungsarbeit* gestellt wurden. Einige Länder, so auch Rheinland-Pfalz (vgl. Kap. 3.2), verlangen daher die Berücksichtigung von bestimmten Entwicklungsthemen (z. B. „Unterricht").

Im Vorschlag des österreichischen Bildungsministeriums (vgl. www.qis.at) werden fünf Bereiche vorgegeben. Der Bereich „Qualität des Unterrichts" *muss* Gegenstand jedes Schulprogramms sein, alle anderen sollen im Laufe der Zeit jeweils in den Mittelpunkt der Schulprogrammarbeit gestellt werden. Diese fünf Bereiche werden folgendermaßen umschrieben:

- *Qualität des Unterrichts:* Lehren und Lernen, Schülerleistungen, Förderung von Schülern, curriculare Entwicklungsarbeit usw.;
- *Qualität des Lebensraums Klasse/Schule:* „Klima" an der Schule, Beziehung zwischen Lehrern, Schülern und Schulleitung usw.;
- *Qualität des Schulmanagements:* Organisation, Ressourcenbewirtschaftung, Führung,
- *Qualität der Schulpartnerschaft und der Außenbeziehungen der Schule:* Beziehungen zu den Eltern, zu öffentlichen und privaten, kulturellen, wirtschaftlichen und anderen außerschulischen Institutionen usw.;
- *Qualität der Professionalisierung und Personalentwicklung:* „Fortbildungspolitik" der Schule.

In den meisten Fällen sind diese Vorgaben so breit formuliert und in gesellschaftlich wichtigen Themenbereichen angesiedelt, dass sie für die innerschulische Entwicklungsarbeit akzeptabel sein müssten. Es hat sich auch herausgestellt (vgl. Krainz-Dürr et al. 2002), dass fast jedes wichtige Thema mehrere dieser Bereiche betrifft (Themen mit dem Fokus auf Unterrichtsentwicklung betreffen z. B. in vielen Fällen auch das Klima und organisatorische Fragen). Eine zu enge inhaltliche Definition von Vorgaben könnte sich negativ auswirken, weil die tatsächlichen Problemzonen einer Schule, die einer sorgfältigen Bearbeitung bedürfen, ganz woanders liegen können und weil die Motivation von Lehrern, die eigenständige Entwicklungsarbeit gewohnt waren, darunter leiden könnte (vgl. Heinrich 2001/02).

II. Leitfaden zur Selbstevaluation an Schulen

Nach der Einführung in allgemeine Gesichtspunkte von Schulevaluationen und Qualitätsprogrammen in Abschnitt I sollen in den folgenden Kapiteln einige Fragen der praktischen Gestaltung von schulischen Selbstevaluationen angesprochen und einige Vorschläge für konkrete Arbeitsprozesse formuliert werden.

4. Ziele klären

Wenn an einer Schule ein Entwicklungs- und Evaluationsvorhaben in Gang gebracht werden soll, so sind mindestens die folgenden *zentralen Fragen* zu klären, die mit *typischen Aktivitäten* in der Anfangsphase von Entwicklungsprojekten korrespondieren:

Fragen	typische Aktivitäten
Was? Welche Aspekte der gegenwärtigen schulischen Arbeit und welche in die zukünftige Arbeit weisende „Entwicklungsthemen" sollen genau evaluiert werden?	*Herausarbeitung von Themen*, denen sich der Schulentwicklungsprozess widmen soll (z. B. Leseerziehung, Kommunikation in der Schule, Schulklima, Entwicklung erweiterter Lernformen, organisatorische Verbesserungen bei Vertretungsregelung und Stundenplangestaltung usw.);
Warum? Aus welchen Gründen soll eine schulische Selbstevaluation durchgeführt werden und welche Erwartungen soll sie erfüllen? Wohin soll das Ganze führen?	*Gewinnung gemeinsamer Zielperspektiven*, die der weiteren Arbeit Orientierung geben sollen;
Die Zielfrage muss bei *Evaluationsprojekten* gleichsam eine Stufe konkreter bearbeitet werden: *Welche Evaluationskriterien?* Nach welchen Kriterien sollen die – zu den einzelnen ‚Evaluationsthemen' erhobenen – Informationen bewertet werden?	*Entwicklung konkreter Evaluationskriterien* und in der Folge einer Strategie für die Gewinnung, Auswertung und Nutzung von Evaluationsinformationen;
Wie? In welchen Schritten wollen wir das Entwicklungs- und Evaluationsvorhaben durchführen? Wer ist wofür verantwortlich? Welche Strategien und Methoden wollen wir einsetzen?	*Aufbau einer sozialen und organisatorischen Struktur für die weitere Arbeit*, z. B. die Bildung von Arbeitsgruppen und die Einrichtung einer Koordinationsgruppe (Steuergruppe), die für operationelle Entscheidungen und für die Organisation des Informationsflusses zuständig ist.

Abb. 9: Fragen und Aktivitäten am Beginn von Entwicklungs- und Evaluationsprojekten

Die erste Frage kann auf verschiedenen Ebenen und Konkretisierungsstufen diskutiert werden, wie wir in den Abschnitten 4.2 und 4.3 zeigen. Die dritte Frage, die eine entscheidende strategische Funktion für die Gestaltung von Evaluationsprozessen hat, wird in Abschnitt 4.4 angesprochen. Die vierte Frage nach dem *Wie?* wird ausführlich in den Kapiteln 5 bis 8 behandelt. Wir beginnen mit der Grundfrage nach dem *Warum?*

4.1 Motive zur Beteiligung an Entwicklung und Evaluation

Sind wir so schlecht, dass wir uns evaluieren müssen? Wozu denn das? Was kann uns das bringen? Was sind denn die Ziele dieser Evaluation? Welche Zeit wird das in Anspruch nehmen? Welche Aufgaben und Arbeiten für wen fallen an? Inwieweit können wir mitbestimmen? Inwiefern betrifft die Evaluation meine Tätigkeit? Welche Berichte müssen wir schreiben? Was geschieht mit den Ergebnissen? Wer erhält die erhobenen Informationen? Kann es Sanktionen geben?

Dies sind einige der Fragen, die am Beginn von schulischen Selbstevaluationsvorhaben auftauchen und die das verständliche Begehren von Mitgliedern der Schulgemeinschaft ausdrücken, den Sinn des Unternehmens und mögliche Auswirkungen auf die eigene Tätigkeit und Position besser zu verstehen. Zweck, Nutzen, geplanter Verlauf und Verwendung der Evaluation sollten in aller Klarheit im Kollegium und mit den Schulpartnern thematisiert werden.

In Kapitel 2.5 haben wir schon einige der Funktionen und Zwecke genannt, die in der bildungspolitischen Diskussion mit Schulevaluationen verbunden werden. Diese müssen aber nicht unbedingt für die Lehrer in ihrem speziellen Schulkontext motivierende Kraft haben. Unter welchen Bedingungen sind Lehrer bereit, ihre Arbeit selbst zu überprüfen? Warum beteiligen sie sich an längerfristigen Entwicklungsvorhaben? Es lohnt sich, einen Blick auf das Spektrum der förderlichen und hinderlichen Bedingungen zu werfen, von denen die Bereitschaft zur Beteiligung an Entwicklungsinitiativen an einer Schule abhängt. Der Schweizer Schulentwicklungsexperte Anton Strittmatter (2001) hat versucht, diese Bedingungen systematisch zu erfassen. Dabei hat er drei Gruppen von Bedingungen unterschieden: solche des ‚Müssens', des ‚Wollens' und des ‚Könnens'. Dieses Konzept bietet einen geeigneten Rahmen für Überlegungen, unter welchen Voraussetzungen ein breites Engagement von Lehrern für Entwicklung und Evaluation erwartet werden kann und wie solche Bedingungen gepflegt und entwickelt werden können (vgl. Abb. 10, S. 56).

Bedingungen des *Müssens*

(1) Bedrohungen
Ein zentrales Motiv für die Beteiligung an Entwicklungsvorhaben besteht im *Interesse, Bedrohungen auszuweichen* (Überlebensmotiv). Wenn Entwicklungsprozesse als Ausweg gesehen werden, Gefahren zu entgehen, kann mit erheblichem Einsatz von Energie gerechnet werden. Solche Bedrohungen können sich aus der Konkurrenz anderer Schulen und der Gefahr des Rückgangs der Schülerzahlen ergeben. Diese können für Lehrer den Verlust oder den Wechsel des Arbeitsplatzes nach sich ziehen. Auch das Interesse, einer Fremdevaluation zuvorzukommen, kann Initiativen auslösen. Bedrohungen können auch (zu-

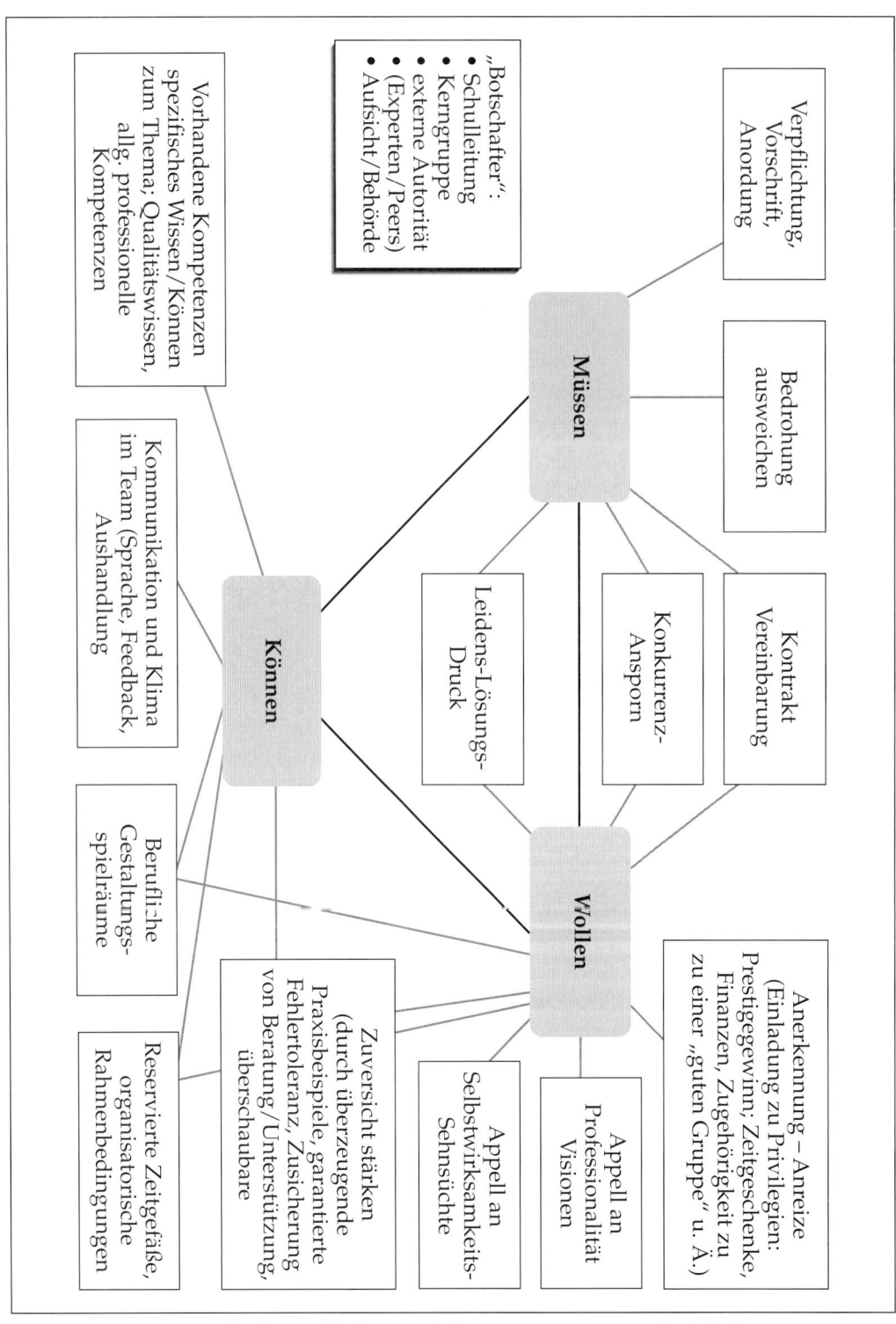

Müssen

Können

Wollen

Verpflichtung, Vorschrift, Anordnung

Bedrohung ausweichen

Kontrakt Vereinbarung

Konkurrenz-Ansporn

Leidens-Lösungs-Druck

„Botschafter":
• Schulleitung
• Kerngruppe
• externe Autorität
• (Experten/Peers)
• Aufsicht/Behörde

Vorhandene Kompetenzen spezifisches Wissen/Können zum Thema; Qualitätswissen, allg. professionelle Kompetenzen

Kommunikation und Klima im Team (Sprache, Feedback, Aushandlung

Berufliche Gestaltungs-spielräume

Zuversicht stärken (durch überzeugende Praxisbeispiele, garantierte Fehlertoleranz, Zusicherung von Beratung/Unterstützung, überschaubare

Reservierte Zeitgefäße, organisatorische Rahmenbedingungen

Appell an Selbstwirksamkeits-Sehnsüchte

Appell an Professionalität Visionen

Anerkennung – Anreize (Einladung zu Privilegien: Prestigegewinn; Zeitgeschenke, Finanzen, Zugehörigkeit zu zu einer „guten Gruppe" u. Ä.)

Abb. 10: Bedingungen für die nachhaltige Aufnahme von Neuerungen in Schulen (nach Strittmatter 2001)

mindest für einzelne Gruppen von Lehrern und für die Leitung einer Schule) aus einer starken Unzufriedenheit mit Merkmalen der derzeitigen Situation (z. B. Schwierigkeiten mit Schülern) erwachsen, sofern diese mit realistischen Lösungsoptionen verbunden wird (der bloße Leidensdruck und Burnout-Symptome reichen oft nicht aus, selbst aktiv zu werden).

(2) Verpflichtungen

Ein weiteres Motiv des Müssens entsteht durch *direkte oder indirekte Verpflichtungen*, wie z. B. durch die gesetzliche Auflage zur Beteiligung an der Weiterentwicklung und Evaluation der eigenen Arbeit und der Institution. Solche Verpflichtungen bringen nicht unbedingt sofort entsprechende Entwicklungsvorhaben in Gang, ändern aber die Legitimationsverhältnisse und stärken jene, die sich für die Weiterentwicklung engagieren. Die Umkehr der Begründungspflicht durch gesetzliche Legitimation ist wesentlich für den Energiehaushalt in einem sozialen Spannungsfeld. Zu den Verpflichtungen gehören auch ‚Standesregeln‘, die sich der Berufsstand selbst gibt.[9]

Eine der wichtigsten allgemeinen Verpflichtungen ergibt sich aus der mit der wachsenden Autonomisierung der Schulen verbundenen *Rechenschaftspflicht*. Mit der teilweisen Verselbstständigung wird den Schulen einerseits die Verantwortung zugewiesen, selbst für ihre Weiterentwicklung zu sorgen und es wird andererseits der Nachweis verlangt, dass die gewonnenen Spielräume auch tatsächlich im Sinne gesellschaftlicher Erwartungen genutzt werden. Dies erzeugt Druck in Richtung auf Innovation und Evaluation im Sinne einer Selbstvergewisserung über die eigenen Leistungen und Möglichkeiten.

Starke *Erwartungshaltungen von Seiten gesellschaftlicher Gruppen oder Institutionen* können ebenfalls Bedingungen des Müssens schaffen. Sie können durch Untersuchungsergebnisse (z. B. TIMSS, PISA), Meinungsumfragen (z. B. Berichte über die relative Attraktivität von Schultypen) oder durch mediale Berichte ausgelöst werden. Die daraus entstehenden Erwartungshaltungen sind zwar inhaltlich nicht selten diffus, anlassbezogen und manchmal sogar widersprüchlich, können aber dennoch vor allem dann erheblichen Handlungsdruck erzeugen, wenn sie über die Medien entsprechend umgesetzt werden.

Bedingungen des *Wollens*

„Qualität lässt sich nicht befehlen!" Dies gilt vor allem für komplexe Tätigkeiten, deren Qualität meist erst im Hinblick auf vielfach bedingte, veränderliche Situationen definiert werden kann. Bedingungen des *Wollens* sind daher von zentraler Bedeutung für das Entstehen einer Entwicklungsdynamik im Lehrerberuf.

Motive des Wollens können auf recht vielfältige Weise zum Ausdruck kommen, wie z. B.:
„Ich mache bei dem Entwicklungsvorhaben mit, …
… weil ich gerne Neues ausprobieren möchte;
… weil ich nicht allein im Regen stehen bleiben wollte;
… um den Direktor nicht zu enttäuschen;
… um Neuerungen die Chance zu geben, wohlwollend, sachlich und kritisch diskutiert und erprobt zu werden."

---

9 Vgl. z. B. das Berufsleitbild und die Standesregeln des Dachverbandes Schweizer Lehrerinnen und Lehrer (vgl. www.lch.ch).

Die Rolle der Motive des Wollens bei der Entscheidung zur Mitarbeit wird in dem in Kap. 1 wiedergegebenen Beispiel deutlich. Die zitierte Schulleiterin spricht von ihren Träumen und die ‚begeisterte' Lehrerin erwähnt Herausforderung, Abwechslung und Neugierde als Motive.

(3) Professionelles Bewusstsein

Das *Bewusstsein, dass die eigene Arbeit einen Sinn hat und dass mit der Tätigkeit gesellschaftliche Verantwortung verbunden ist,* dürfte für das Bemühen, qualitativ hochwertige Arbeit zu leisten, von großer Bedeutung sein. Ein unverzichtbares Element dürfte die Erfahrung sein, durch Entwicklung und Evaluation *an beruflicher Souveränität zu gewinnen* und dadurch sich selbst etwas Gutes zu tun. Dazu gehört auch das Bewusstsein, dass Entwicklung und Evaluation nicht notwendig mit ‚Verbesserung' verbunden sein muss, sondern dass sie unter veränderlichen Umfeldbedingungen auch notwendig sind, um ‚gut' zu bleiben.

(4) ‚Selbstwirksamkeits-Sehnsüchte'

Manche Personen sind durch den Wunsch, *gestaltenden Einfluss* auf die eigenen Lebens- und Arbeitsbedingungen zu gewinnen und *neue Herausforderungen* zu bewältigen, für Entwicklungstätigkeit ansprechbar.

(5) Anerkennung – Anreize

Anerkennung für die eigene Arbeit und für die Beteiligung an Innovationen ist ein weiterer Faktor, der ‚Wollen' auslösen kann. Anerkennung kann durch materielle Gratifikationen und Ressourcen, die für spezielle Entwicklungsvorhaben zur Verfügung gestellt werden, gezeigt werden, aber auch durch immaterielle Anreize, vor allem durch die grundlegende Respektierung der Tätigkeit von Lehrern, die Wertschätzung von Entwicklungsinitiativen, die Bestätigung, dass das Engagement für Qualität als bedeutsam erachtet wird, das Gefühl, zu einer Gruppe zu gehören, die etwas bewegt und dies auch nachweisen kann.

(6) Konkurrenz – Ansporn

Das Bedürfnis, vor vergleichbaren Schulen zu bestehen, kann Motive des Wollens und des Müssens auslösen. Im Vordergrund steht hier nicht das Überlebensmotiv, sondern eher der *Wettbewerb*, der Schulen anspornt, es anderen Schulen, mit denen man sich vergleichen möchte, zumindest gleich zu tun. Voraussetzung dazu sind Vergleichsmöglichkeiten. Allerdings sind derartige Balancebewegungen (wegen ihres extrinsischen Charakters) meist nicht sehr nachhaltig.

(7) Leidens-Lösungsdruck

Leidensdruck führt oft zu Klagen über die eigene Situation, aber nicht notwendigerweise zum Ergreifen von Initiativen, an dieser Situation etwas zu ändern. Im Leiden kann man sich auch recht gut einrichten, sodass einem geradezu etwas abgeht, wenn die Leiden aufhören und sich die Anlässe für diverse Schuldzuweisungen verflüchtigen. Um sich auf die Suche nach Alternativen zu machen, muss daher zum Leidensdruck eine Lösungsperspektive dazukommen.

(8) Kontrakte, Vereinbarungen
Kontrakte, Vereinbarungen und Beauftragungen (vgl. Kap. 5.3), die schulintern für bestimmte Phasen der Schulentwicklung abgeschlossen werden, stehen als ‚gewollte‘ Selbst-Verpflichtungen zwischen den Müssens- und Wollens-Motiven.

Bedingungen des *Könnens*
Wenn man meint, etwas nicht zu ‚können‘, dann ist es kein Wunder, wenn es nicht getan wird. So sind Bedingungen des Könnens eine wesentliche Voraussetzung für die Verankerung von Entwicklung und Evaluation in der Schule.

(9) Gestaltungsmöglichkeiten
Von besonderer Bedeutung für das Wollen sind *Gestaltungsmöglichkeiten*, d. h. Möglichkeiten, im beruflichen Umfeld etwas bewegen zu können. Die Erfahrung, die eigene Tätigkeit und die Arbeitsbedingungen (mit-)gestalten zu können und damit als Person wirksam zu werden, dürfte zu den wichtigsten ‚Energiespendern‘ für berufliches Engagement gehören und auch für die Bereitschaft, darüber auf glaubwürdige Weise Rechenschaft abzulegen. Man könnte diese Bedingung sogar als ein eigenes ‚Motiv des Dürfens‘ bezeichnen. Ohne Handlungsspielräume, die es erlauben, ‚Spuren‘ zu hinterlassen und zu erleben, dass man nicht nur EmpfängerIn von Ansprüchen ist, sondern auch als Gestalter von Ansprüchen sichtbar werden kann, ist dauerhaftes Engagement nicht zu erwarten. Hinter dem Widerstand vieler Lehrer, sich auf Entwicklungsinitiativen einzulassen, steht nicht selten die Erfahrung, dass in der Vergangenheit Bemühungen im Sande verlaufen sind und sich die eingesetzte Energie nicht gelohnt hat. Ein Gefühl von Ohnmacht kann Leistungsbereitschaft erheblich beeinträchtigen.

(10) Kommunikation und Klima im Kollegium
Wichtige Voraussetzungen für das Engagement bei Entwicklungs- und Evaluationsmaßnahmen liegen im Klima einer Schule: Lehrer werden sich dann längerfristig an Entwicklungsvorhaben beteiligen, wenn sie sich (sprachlich und menschlich) im Kollegium ‚verstanden‘ fühlen, wenn *die Qualität der zwischenmenschlichen Beziehungen im Kollegium* so gut ist, dass Kontakte in den Entwicklungsgruppen nicht vermieden werden, und wenn *Leistungen innerhalb der Lehrerschaft,* auf denen Entwicklungsvorhaben ja aufbauen, grundsätzlich anerkannt und nicht diskreditiert werden. Solche klimatischen Qualitäten drücken sich in der Sprache und in den Umgangsformen aus, in der Art, wie Vereinbarungen getroffen und ernst genommen werden, in der Art, wie Rückmeldung über die Arbeit gegeben wird. Umgekehrt: Wenn ‚Eiszeit‘ herrscht und Lehrer, die sich an Entwicklungsinitiativen beteiligen, sofort und mit negativer Konnotation persönliches Profilierungsinteresse unterstellt wird, sind weder Entwicklung noch seriöse Selbstevaluation zu erwarten.

(11) ‚Zeitgefäße‘ und andere organisatorische Rahmenbedingungen
Eine Entwicklungsgruppe ‚kann‘ nicht aktiv werden, wenn ihr beispielsweise die ‚Zeitgefäße‘, in denen sie sich treffen kann, fehlen. Von erheblicher Bedeutung sind daher *strukturelle und organisatorische Voraussetzungen*, wie eine faire Aufgaben- und Verantwortungsverteilung, transparente Information, für die Arbeit notwendige materielle Ressourcen,

zeitliche Rahmenbedingungen und verbindliche Zeitvereinbarungen (z. B. die ‚unterrichtsfreie Stunde'), um gemeinsame Initiativen zur Weiterentwicklung und Evaluation zu ermöglichen.

(12) Kompetenzen

Das Engagement bei Entwicklungsprojekten ist eine Herausforderung für professionelles Wissen und Fähigkeiten der beteiligten Lehrer. So ist ein angemessenes Niveau *professioneller (fachlicher, fachdidaktischer und pädagogischer) Kompetenzen* und deren laufende Pflege durch schulinterne und überschulische Weiterbildung eine wesentliche Voraussetzung für das Engagement bei Schulentwicklung. Je höher dieses Niveau ist, desto leichter fallen Initiativen zur Weiterentwicklung und Evaluation.

Daneben sind gerade für schulische Selbstevaluation und Qualitätsentwicklung auch *spezielle entwicklungs- und evaluationsbezogene Kompetenzen* (z. B. Projektmanagement, Datenerhebung und -analyse, Moderation, Durchführung von Hospitationen) erforderlich, die nicht von allen Lehrern aufgrund ihrer Lehrerbildung erwartet werden können. Dieses ‚Handwerkszeug' lässt sich jedoch erfahrungsgemäß leichter kurzfristig erwerben als die vorhin genannten professionellen Kompetenzen.

(13) Erfolgszuversicht

Eine Verbindung von Wollens- und Könnens-Motiven besteht in der Zuversicht, dass – evtl. trotz früherer Enttäuschungen – das Engagement diesmal erfolgreich sein wird. Solche „Zuversicht kann entstehen durch die gemeinsame Anschauung überzeugender Praxisbeispiele an anderen Schulen, durch eine vereinbarte, garantierte Fehlertoleranz, durch die Zusicherung ausreichender externer Beratung/Unterstützung, durch Etappierung des Projekts und Vereinbarung gemeinsamer Evaluation" (Strittmatter 2001, 5).

Diese drei Gruppen von Motiven zeigen, wie vielfältig die Gründe sein können, die Personen veranlassen, sich an einem Projekt zur Entwicklung und Evaluation an der Schule zu beteiligen. Das Zusammenspiel dieser Faktoren und ihre Beziehungen zueinander sind komplex. Nach Strittmatter stehen diese drei Gruppen von Bedingungen in einer ‚multiplikativen Beziehung'. Daraus folgt, dass, wenn auch nur eine ‚Bedingungsgruppe' völlig fehlt, das Ergebnis ‚Null' ist. Wenn das Wollen fehlt, nützen auch Müssen und Können nichts. Wenn das Können fehlt, sind auch Wollen und Müssen vergeblich. Was aber nicht so selbstverständlich ist: Wenn das Müssen fehlt, reichen auch Wollen und Können nicht aus, um in ausreichendem Maße Energien zu mobilisieren. Eine Kenntnis dieser Bedingungen kann Anregungen bieten, auf gezielte Weise entsprechende Voraussetzungen zu schaffen.

Die Übersicht soll zwei Funktionen erfüllen: Sie kann helfen, an einer Schule die *Motivlage zu klären und ‚energetische Defizitbereiche' zu entdecken*. Und sie soll deutlich machen, dass für eine erfolgreiche Entwicklungs- und Evaluationstätigkeit eine *‚kritische Masse' engagierter Personen erforderlich* ist. Die Schulaufsicht allein oder eine begeisterte kleine Kerngruppe in einem sonst lethargischen Kollegium werden nicht in der Lage sein, die notwendige Innovationsenergie aufzubauen und aufrechtzuerhalten. Strittmatter meint, dass ein klug orchestriertes *Zusammenspiel von mindestens vier ‚Botschaftern'* nötig ist:

- Von der *Schulleitung*, die aktiv Führung wahrnimmt.
- Von einer tragenden *Kerngruppe im Kollegium*, die dem Anliegen Kraft und Kontinuität gibt.
- Von anerkannten Fachleuten oder Kollegen aus anderen innovativen Schulen, die als externe *‚Autoritäten'* vor allem im Bereich der Sinngebung tätig sein können.
- Von der *Schulaufsicht*, die Anforderungen und Rahmen vorgibt sowie Unterstützung und Wertschätzung vermittelt.

METHODE 1

Analyse von Entwicklungsbedingungen und -motiven

Die Übersicht, wie sie in Abb. 10 enthalten ist, kann auch zur Analyse der Motivlage für die Beteiligung an Evaluations- und Entwicklungsprojekten in einer Schule verwendet werden (nach Strittmatter 2001). Diese Analyse kann von Einzelpersonen, aber auch von Kleingruppen oder von einem ganzen Kollegium (das dann in mehreren parallelen Kleingruppen arbeitet) durchgeführt werden.

Vorgehensweise

Schritt 1
Alle Beteiligten erhalten eine Kopie von Abb. 10. Ihre Aufgabe ist es, (in Einzel- oder Partnerarbeit) eine *Landkarte der Entwicklungsbedingungen und -motive* zu erstellen, indem sie jene Bedingungen einschätzen, die aktuell für die spezielle, beabsichtigte Entwicklung in der jeweiligen Schule vorherrschen. Jeden Faktor von Abb. 10 markieren sie mit

+ wenn sie meinen, dass diese Bedingung von einem relevanten Teil des Kollegiums als förderlicher Faktor für die Beteiligung an den speziellen geplanten Entwicklungs-/Evaluationsmaßnahmen eingeschätzt wird;
− wenn diese Bedingung von einem relevanten Teil des Kollegiums als hinderlicher Faktor für die Beteiligung an den Entwicklungs-/Evaluationsmaßnahmen eingeschätzt wird;
± wenn dieser Faktor von verschiedenen Gruppen im Kollegium unterschiedlich eingeschätzt wird;
? wenn sie in der Einschätzung unsicher sind und mehr Informationen benötigten;
~ wenn dieser Bereich gegenwärtig in der Schule ‚Brachland' darstellt, d. h. nicht vorhanden ist bzw. nicht als ‚motivierender Faktor' wahrgenommen wird.

Schritt 2
Wo in verschiedenen Gruppen gearbeitet wurde, werden die *Einzellösungen verglichen* und unterschiedliche Einschätzungen argumentiert.

Schritt 3

Ausgehend von der (evtl. durch Schritt 2) ergänzten Landkarte werden (in Einzel- oder Partnerarbeit) Vorschläge entwickelt, durch welche *Maßnahmen und ‚Botschafter'* die Bedingungen für Entwicklung an der jeweiligen Schulen gepflegt und in eine positive Richtung weiterentwickelt werden könnten. Dafür kommen v. a. Maßnahmen in Frage, durch die

- *bereits vorhandene, positive Bedingungen* gepflegt, erhalten und im Kollegium bewusster gemacht werden können und
- *‚Brachländer'* entwickelt und bearbeitet werden können, indem günstige Bedingungen für Entwicklung aufgebaut und den Mitgliedern der Organisation klar kommuniziert werden.

Schwieriger ist es üblicherweise,

- *bereits vorhandene, negative Bedingungen* zum Positiven zu verändern oder
- *unterschiedlich eingeschätzte Bedingungen* in Richtung einer einhellig positiven Bewertung weiterzuentwickeln.

Schritt 4

Ergebnisse dieser Überlegungen werden *verglichen* und als Ideenreservoir für eine *Strategie zur Entwicklung förderlicher Bedingungen für Entwicklungsprojekte* genutzt.

4.2   Ebenen der Evaluation

Worauf sollte sich eine schulische Selbstevaluation beziehen: auf die Unterrichtstätigkeit der einzelnen Lehrer oder auf Merkmale der Schule (oder einzelner ihrer organisatorischen Untereinheiten)? Einerseits wird häufig die These vertreten, dass die Qualität der Lehrer entscheidend wäre („Eine Schule ist so gut wie ihre Lehrer"), andererseits hat Schulqualitätsforschung gezeigt, dass es in manchen Schulen wesentlich leichter ist, eine gute Lehrerin/ein guter Lehrer zu sein als in anderen (vgl. Rutter et al. 1979, 139). Es ist nicht bloß die lasche Ausrede eines ‚Sowohl als auch', wenn man anerkennt, dass Qualität von Schule eben auf verschiedenen Ebenen gemacht wird, die weder aufeinander reduzierbar sind noch vollkommen unabhängig voneinander sind. Schule ist ein *Mehr-Ebenen-Phänomen* (vgl. Abb. 11), dessen spezifische Struktur auch bei der Konzeption von Evaluationsvorhaben beachtet werden muss (vgl. Sirotnik 1994, 2832).

Es wird in der Regel sinnvoll sein, dass unterrichtsbezogene und organisationsbezogene Untersuchungs- und Entwicklungsvorhaben eng miteinander verschränkt werden und sich gegenseitig ergänzen. Eine Beschränkung auf Unterrichtsentwicklung läuft Gefahr, die Rahmenbedingungen von Qualität zu vernachlässigen und bleibt oft eine isolierte Initiative besonders engagierter Minderheiten. Eine Beschränkung auf Organisationsentwicklung läuft Gefahr, sich vom Kern schulischer Tätigkeit, vom Unterricht und dem Lernen der Schüler, zu entfernen und die Beschäftigung mit organisatorischen Fragen zum Selbstzweck werden zu lassen. Solche Überlegungen stehen wohl auch hinter der Zwei-Ebenen-Struktur des „Formativen Qualitätsevaluations-Systems" des Schweizerischen Lehrerverbandes LCH (vgl.

Strittmatter 1996a; vgl. auch Kap. 5.1). Dort wird argumentiert, dass es gerade Stärke der deutschsprachigen Länder wäre, „dass sich die einzelne Lehrperson in hohem … Maß für den Lernerfolg ihrer Schüler zuständig fühlt" (Strittmatter 1997b, 23). Diese Stärke dürfe man bei der neuen Aufmerksamkeit auf die ‚Einzelschule' nicht verlieren. Daher wird eine Balance zwischen folgenden Arbeitsrichtungen angestrebt:

- *Individualfeedback:* Einzelne Lehrer holen sich auf verschiedenen Wegen Feedback zu ihrer eigenen Unterrichtstätigkeit. Diese Rückmeldungen werden in kleinen selbstgewählten Lehrergruppen unter Einhaltung von Vertraulichkeitsvereinbarungen besprochen und interpretiert. Konsequenzen für die Weiterentwicklung werden erarbeitet. Aus diesen Qualitätsteams müssen keine Einzelergebnisse an das Kollegium oder die Schulleitung berichtet werden, wohl aber aggregierte Daten und Weiterentwicklungsabsichten.
- *Schulqualitäts-Recherchen:* In diesen werden übergreifende Aspekte des schulischen Angebots untersucht. Solche Recherchen können von der Steuergruppe der Schulentwicklung, speziell dafür eingerichtete *task forces* oder der Schulleitung betrieben werden.

Ebenen	Beispielhafte Evaluationsaktivitäten
Personen	• *Die einzelnen Lehrer* sollen sich Feedback über selbstgewählte Aspekte ihrer Unterrichtstätigkeit holen und soweit erforderlich daraus Konsequenzen für die Weiterentwicklung ziehen.
Klassen	• *In den 5. Klassen* sollen die Schülerleistungen in Mathematik erhoben, miteinander verglichen, Unterschiede von den beteiligten Lehrern besprochen und allfällige Konsequenzen für die Unterrichtsgestaltung gezogen werden.
Teams	• Atmosphäre und Effektivität der *Fachgruppen* sollen von ihren Mitgliedern beurteilt und die Ergebnisse besprochen werden.
Schule	• Das *Klima der Schule* soll von den verschiedenen Mitgliedern der Schulgemeinschaft mithilfe eines Schulklimatests eingeschätzt werden. • Die außerunterrichtlichen *Angebote der Schule* sollen von den Schülern und Eltern eingeschätzt werden. • *Schulinterne Kommunikation und Arbeitsorganisation* sollen von den Lehrern beurteilt werden.
Umfeld	• Die Erfahrungen der Absolventen in *weiterführenden Schulen und Berufsausbildungsstätten* sollen in einer brieflichen Befragung erhoben werden.

Abb. 11: Mögliche Ebenen der Evaluation

4.3 Evaluationsthemen bestimmen

Man kann *zwei typische Situationen* am Ausgangspunkt von schulischen Evaluationsprojekten, die mehr als einzelne Lehrer betreffen, unterscheiden (vgl. Kap. 2.3):

- *fokussierte Evaluationen:* Hier werden spezielle Fragestellungen untersucht, die sich z. B. aus spezifischen Zielen und Entwicklungsmaßnahmen im Rahmen eines Schulentwicklungsprozesses, aus einzelnen Programmpunkten eines Schul- oder Qualitätsprogramms usw. ergeben. Auch *Entwicklungsmaßnahmen, die als Konsequenz früherer Evaluationen durchgeführt* wurden, bieten sich als Evaluationsgegenstand an. Im Rahmen der Schulprogrammarbeit werden vornehmlich solche fokussierten Evaluationen eingesetzt, weil hier ein sehr enger Zusammenhang zwischen Entwicklungsinitiativen und Evaluation hergestellt wird und Evaluation unmittelbar in deren Dienst gestellt wird. Wenn beispielsweise Initiativen zur Verbesserung der Elternarbeit ergriffen werden, können ihre Qualität und Akzeptanz durch eine Elternbefragung und durch eine moderierte Gruppendiskussion im Kollegium untersucht und verbesserungswürdige Aspekte erhoben werden. Die Reichweite der Evaluation ist jedoch begrenzt, eben ‚fokussiert' auf bestimmte Entwicklungsaspekte, ohne dass der Anspruch besteht, *alle* Stärken und Schwächen einer Schule in einem umfassenderen Sinn zu überprüfen.
- *umfassendere Evaluationen, die sich auf eine größere Zahl von Sachbereichen beziehen:* Hier sollen mehrere, für die Leistungen der Schule aussagekräftige Aspekte einer Schule gleichzeitig evaluiert werden, um einen Überblick über ihre Stärken und Schwächen und dadurch Gesichtspunkte für ihre Weiterentwicklung, Argumente für ihre Außendarstellung usw. zu bekommen.

4.3.1 Quellen für Evaluationsthemen

Woher kommen nun die Themen einer schulischen Selbstevaluation? Im Fall der ‚fokussierten' Evaluation einer Entwicklungsmaßnahme scheint die Sache ziemlich klar: Aus den Zielen des Entwicklungsprojekts werden die Fragestellungen für die Evaluation abgeleitet, die sich auf die verschiedenen Aspekte des Umsetzungsprozesses, seiner Rahmenbedingungen und Voraussetzungen beziehen können.

Im Fall umfassender Evaluationen ist die Sache etwas komplizierter, weil Fragen wie die Folgenden auftauchen: Welche sind die wesentlichen, charakteristischen und notwendigen Leistungen einer Schule? Welche Daten sind aussagekräftig für die Qualität einer so verstandenen Schule?

4.3.2 Gesichtspunkte bei der Auswahl von Evaluationsthemen

Evaluationsthemen liegen jedenfalls ‚auf der Straße' – wie Abb. 12 deutlich macht. Die Frage ist nur: Wo ansetzen und welche Prioritäten setzen? In manchen Ländern werden diese Fragen auf staatlicher Ebene vorgeklärt: staatliche Rahmenvorgaben, verpflichtende Evaluationsbereiche oder Qualitätsstandards werden formuliert, die für alle Schulen gültig sind und an denen sich Selbstevaluationen orientieren sollen (vgl. Kap. 3.2 und 3.4 sowie z. B. The Scottish Office 1992a, b). In den meisten deutschsprachigen Schulsystemen liegt die Hauptverantwortung für die Beantwortung dieser Fragen gegenwärtig jedoch bei den Lehrern und der Einzelschule.

Abb. 12: Mögliche Quellen für die Wahl von Evaluationsthemen

Wenn einzelne Lehrer sich Rückmeldung (Individual-Feedback) zu ihrem Unterricht holen wollen, können die folgenden Überlegungen bei der Entscheidung zwischen der Vielzahl möglicher Themen helfen (vgl. Kasten 8).

Bei der Auswahl von Evaluationsfeldern für umfassendere Evaluationen, die über den Arbeitsbereich einzelner Lehrer hinausgehen (Schulqualitätsrecherchen), sollten folgende Überlegungen berücksichtigt werden: Evaluationen werden üblicherweise wegen ihrer ,nachfolgenden' Wirkungen gemacht: Das heißt man hofft, dass die Ergebnisse einer Evaluation zu Maßnahmen führen, welche die Qualität der Arbeit positiv beeinflussen. Evaluationen können jedoch auch ,vorausgehende' Wirkungen haben. Ebenso wie Lernende ihr Lernverhalten an den erwarteten Zielen, Inhalten und Verfahrensweisen einer Prüfung ausrichten, strengen sich oft auch Schulen und Personengruppen in jenen Bereichen besonders an, in

> 8
>
> **Gesichtspunkte zur Auswahl von Evaluationsthemen für Individual-Feedback**
> - *Handlungsspielraum:* Stammt das Evaluationsthema tatsächlich aus meinem Handlungsfeld? Kann ich in dieser Sache etwas tun oder bin ich von anderen Personen oder Instanzen abhängig?
> - *Bedeutsamkeit:* Hat dieses Thema für mich, für die Weiterentwicklung meiner Praxis und meiner beruflichen Kompetenzen ‚strategische Bedeutung‘? Betrifft es wichtige pädagogische Intentionen?
> - *Bearbeitbarkeit:* Schaffe ich es zeitlich, dieses Vorhaben anzugehen? Wie weit ist das Thema mit meiner sonstigen Arbeit verträglich? Kann ich einzelne Evaluationsaktivitäten direkt in den Unterricht einbauen?
> - *Schulstrategie:* Inwiefern passt mein Evaluationsvorhaben zu den Entwicklungszielen und ‚Versprechungen‘ der Schule (z. B. im Schulprogramm)?
>
> Das Ergebnis wird nicht immer eindeutig sein, sondern oft in einer Abwägung von Vor- und Nachteilen bestimmter Themen bestehen (vgl. Altrichter/Posch 1998, 58 ff.).

denen sie evaluiert werden. Bereits die Ziele einer Evaluation können also Wirkungen auf die Ziele einer Schule und das Verhalten ihrer Mitglieder haben. Wenn die Evaluation z. B. ausschließlich auf die Erhebung kognitiver Ergebnisse der Lernenden abzielt (auch wenn behauptet wird, dass die soziale und persönliche Entwicklung der Schüler ein mindestens ebenso wichtiges Ziel darstellt), dann ist zu erwarten, dass die evaluierten Schulen längerfristig sich auf das Erzielen guter Werte in den kognitiven Dimensionen konzentrieren und anderen Aufgaben weniger Aufmerksamkeit schenken. Dieser Effekt ist besonders beim Aufbau von Qualitätssicherungssystemen, die in kontinuierlichen Abständen immer wieder ähnliche Aspekte der schulischen Tätigkeit erheben, zu beachten (vgl. Posch/Altrichter 1997). Eine Konsequenz aus diesen Überlegungen ist die sorgfältige Auswahl von Evaluationsthemen. Es klingt wie eine Trivialität und ist es in der Praxis oft doch nicht. Gelegentlich richten sich Evaluationen nach der Verfügbarkeit von Datensammlungsmethoden *(Hatte da die Nachbarschule nicht einen Fragebogen verwendet?)* oder nach den Einzelinteressen besonders durchsetzungskräftiger Kollegen. Evaluationsgesichtspunkte müssen in einem argumentierbaren und durchschaubaren *Bezug zu den Zielen der Schule* stehen, wie sie in den *verschiedenen Planungsdokumenten der schulischen Arbeit* dokumentiert sind, z. B.

- in *schulübergreifenden Planungsdokumenten,* wie dem Lehrplan, den entsprechenden Schulgesetzen, und
- in den *schulinternen Planungsdokumenten* (wie z. B. im Leitbild der Schule, im Schul- oder Qualitätsprogramm, im Jahresarbeitsplan usw.) bzw. in den Zielbeschreibungen spezifischer Entwicklungsmaßnahmen (wie z. B. in einem schulinternen Projekt mit dem Ziel „Wir wollen die Orientierungssicherheit der Schüler bei der Leistungsbeurteilung erhöhen!"). Die *Schul- oder Qualitätsprogramme,* die viele Schulen in den letzten Jahren formuliert haben, bringen jedenfalls schulspezifische Qualitätsstandards und Entwicklungsvorhaben zum Ausdruck und stellen damit eine der wesentlichsten Quellen für Evaluationsfragestellungen dar (vgl. Kap. 3).

Wichtig sind in diesem Zusammenhang auch *kleine, aufeinander abgestimmte Schritte bei der Wahl von Evaluationsthemen*: Der Versuch, alles gleichzeitig zu evaluieren, führt oft aus Überforderung und mangelnder Tiefe in die Irre. Das spricht für einen mit kleinen Schritten beginnenden, schrittweisen Aufbau von Qualitätsevaluationsvorhaben. Diese können sich dann wieder dem Vorwurf ausgesetzt sehen, zu eng zu sein oder ‚wichtige Evaluationsbereiche zu vergessen'. Dieser wiegt u. E. nicht besonders schwer, wenn längerfristig durch folgende *Ausgleichsmaßnahmen* gegengesteuert werden:

- *Nicht immer das Gleiche* untersuchen!
- Bewusste *Definition von Schwerpunktbereichen*, die eingehender untersucht werden, und relativ globale Evaluation anderer Aspekte.
- *Ausgleich zwischen verschiedenen Jahren:* Unterschiedliche Aspekte der Schulqualität werden in verschiedenen Jahren untersucht, die sich in einem bestimmten Zyklus zu einem umfassenderen Bild ergänzen.
- *Ausgleich zwischen verschiedenen Personen und Substrukturen der Organisation:* Verschiedene Evaluationsbereiche können auf verschiedene Personen, Fachgruppen oder Abteilungen verteilt werden, sodass individuelle Vertiefungen ermöglicht werden, jedoch wesentliche Evaluationsbereiche in der gesamten Organisation bearbeitet werden. Diese Strategie sollte jedoch mit jener des ‚Ausgleichs zwischen den Jahren' kombiniert werden, um das Entstehen von ‚Rückmeldungsspezialisierungen' zu vermeiden (z. B. „Kollege X hat schon zum 7. Mal die Verständlichkeit seines Unterricht mit großem Erfolg untersucht.").

Auch die *soziale und mikropolitische Bedeutung bestimmter Evaluationsthemen* verdient Beachtung (vgl. Altrichter/Posch 1996): Jemandem eine Evaluation ‚verordnen' und sich selbst davon ausnehmen zu können, ist eine Zeichen institutioneller Macht. Wenn Evaluation tatsächlich ein längerfristiger Beitrag zum Aufbau einer Feedbackkultur in der Institution und keine Strafaktion für die Widersetzlichen sein soll, dann sollten die *formellen und informellen Machtträger* mit gutem Beispiel vorangehen und ihre eigene Praxis einer Evaluation nach Kriterien, die in der Institution verstanden werden, unterziehen.

Schließlich können manche Themen für die Weiterentwicklung der Schule zwar interessant und bedeutsam erscheinen, doch bestimmte Personen oder Gruppen in den Brennpunkt der Aufmerksamkeit bringen, während sie andere unberührt lassen. Gerade bei ersten Evaluationsversuchen sollte auf deren *potenzielle Auswirkungen auf die innerinstitutionelle Machtbalance* geachtet werden. Manchen, vielleicht den wichtigsten Themen (und zwar nicht nur den Schwachstellen, sondern oft auch besonders beispielhafter Praxis) kann man sich erst auf der Grundlage eines schon erprobten, tragfähigen Vertrauens zwischen den Beteiligten nähern (vgl. Messner/Huber-Söllner 1989, 226). Wenn dieses noch nicht vorhanden ist, spricht manches dafür, die ‚allerwichtigsten Fragen' der Schule nicht sofort, sondern erst bei einem weiteren Evaluationsdurchgang anzugehen.

Gerade die ersten Schritte eines Evaluationsprozesses sollten sehr sorgsam angegangen werden: Zeitdruck, Informationsmangel und Oktroy einzelner Projektelemente (vgl. Horstkemper 1997, 778 f.) sind wiederkehrende Merkmale von Anfangsphasen. Gerade sie bilden aber kein gutes Fundament, wenn längerfristig der Aufbau einer offenen Feedback- und Reflexionskultur in einer Schule angestrebt wird. In die Klärung von Erwartungen, Rollen, Prozessen, Ziele und Verantwortlichkeiten und in ihre kontraktartige Offenlegung (vgl. Kap. 5; Strittmatter 1998) unter Beteiligung des gesamten Kollegiums und bedeutsamer Schulpartner sollte genug Zeit investiert werden.

4.3.3 Merkmale der Unterrichts- und Schulqualität

Ein wichtiges Feld, aus dem Anregungen für die Erarbeitung von Zielen und Kriterien für Entwicklung und Evaluation bezogen werden können, sind die *Ergebnisse der Unterrichts- und Schulqualitätsforschung*. Andreas Helmke (2003) hat kürzlich eine ausgezeichnete und auf Fragen der Unterrichtsqualität fokussierte Zusammenfassung aktueller Unterrichtsforschung vorgelegt (vgl. auch Kasten 9). In Aurin (1991), Specht (1994), Sammons et al. (1994) und Fend (1998) finden sich Zusammenfassungen der wesentlichen Ergebnisse der Schulqualitätsforschung (vgl. auch Kasten 10).

9

Merkmale guten Unterrichts

Unterricht ist eine komplexe Tätigkeit. Es gibt kaum eine einzelne Handlung, die mit Sicherheit als unverzichtbares Merkmal qualitätsvollen Unterrichts identifiziert werden kann. Guter Unterricht erfordert ein konstruktives Umgehen mit unterschiedlichen Ansprüchen und ein Ausbalancieren von Handlungsoptionen in Spannungsfeldern. Die folgenden Merkmale guten Unterrichts sollten unter diesem Gesichtspunkt gesehen werden:

1. *Sinn stiften:* Neben der Vertretung selbstverständlicher Ansprüche werden Ziele des Unterrichts und Aufgaben den Schülern sorgfältig erläutert, damit diese den Sinn von Lernanstrengungen erkennen.

2. *Lernen in den Mittelpunkt stellen:* Neben der Vermittlung von Inhalten wird die im Unterricht verfügbare Zeit vor allem für Aktivitäten genutzt, in denen Lernende Probleme bearbeiten und sich mit fachlichen Fragen und Inhalten auseinander setzen.

3. *Lernvoraussetzungen beachten:* Beim Erwerb neuer Kompetenzen werden die Schüler veranlasst, ihr bereits verfügbares Wissen und die damit verbundenen Gefühle und Werte in hohem Maße zu nutzen und mit den neuen Informationen zu verbinden.

4. *Selbstständigkeit fördern:* Neben der Vorgabe von Ansprüchen werden die Schüler auch veranlasst, sich selbst Ziele zu setzen und Lernaktivitäten zu gestalten.

5. *Ansprüche stellen:* Neben dem Aufbau routinemäßig und rasch verfügbaren Wissens werden auch komplexe Aufgaben gestellt, die Schüler zum Nachdenken, Problemlösen und zur Reflexion über die eigene Arbeit veranlassen.

6. *Alltagsbezüge herstellen:* Neben der begrifflichen Verarbeitung von Inhalten (Theoriebezug) wird auch der Auseinandersetzung mit Phänomenen (Praxisbezug) Zeit gewidmet.

7. *Zusammenarbeit erleichtern:* Neben Informationsvermittlung und individueller Arbeit erhalten die Schüler auch Anregungen und Zeit, gemeinsam an Problemen zu arbeiten und sich gegenseitig zu unterstützen.

8. *Evaluieren und weiter entwickeln:* Lehren und Lernen wird unter Beteiligung der Schüler periodisch überprüft, über die Ergebnisse reflektiert und erforderliche Konsequenzen gezogen.

4.3.4 Entscheidungsbereiche im Bildungswesen

Abb. 13 gibt eine gängige Unterscheidung von verschiedenen Bereichen wieder, in denen Handlungen und Entscheidungen, die den Verlauf von Bildungsprozessen und damit deren Qualität beeinflussen, fallen. Diese Abbildung kann als Suchschema zur Entdeckung von wichtigen Entscheidungs- und Handlungsfeldern verwendet werden, die zur Qualität einer zu evaluierenden Maßnahme beitragen und daher als ‚Evaluationsthemen' berücksichtigt werden müssen. Sie kann aber auch später (wie wir das in Methode 3 tun werden) als Analyseschema benutzt werden, mit dem etwaige Einseitigkeiten von Evaluationen entdeckt werden können.

Was sind gute Schulen? Ergebnisse der Schulqualitätsforschung

Welche Merkmale tragen dazu bei, dass Schülerinnen und Schüler anregende Bildungserfahrungen machen? In seiner bahnbrechende Studie *Fünfzehntausend Stunden* argumentiert der englische Schulforscher Michael Rutter (1979), dass folgende Merkmale mit Schulqualität zusammenhängen:

- eine deutliche und in der Schule für jeden spürbare Wertschätzung des Lernens und guter schulischer Leistungen,
- klar strukturierter Unterricht, in dem wenig Zeit für sachfremde Tätigkeiten aufgewendet wird,
- eine schülerzentrierte Atmosphäre, in der eher Lob als Tadel Verwendung findet und in der sich Schüler akzeptiert fühlen,
- Möglichkeiten der Mitsprache und der Übernahme der Verantwortung für Schüler,
- geringe Fluktuation sowohl im Lehrkörper als auch in der Zusammensetzung der Lerngruppen,
- enge Zusammenarbeit und Wertkonsens im Kollegium.

Die Ergebnisse weiterer Untersuchungen der Schulqualitätsforschung werden oft in Kriterienlisten wie der Folgenden zusammengefasst:

- positive Leistungserwartung und intellektuelle Herausforderung
- transparente, stimmige und ‚berechenbare' Regeln
- positives Schulklima mit Engagement für Schüler
- Mitsprache und Verantwortungsübernahme durch Schüler
- Zusammenarbeit und pädagogischer Konsens im Lehrkörper
- wenig Fluktuation von Lehrern und Schülern
- zielbewusste, kommunikations- und konsensorientierte Schulleitung
- reichhaltiges Schulleben
- schulinterne Lehrerfortbildung
- Einbeziehung der Eltern
- Unterstützung durch die Schulbehörde

Quellen: Rutter et al. 1979; OECD 1989; Aurin 1991; Specht 1994.

INPUT	PROZESS	OUTPUT (PRODUKT)
Die Aufmerksamkeit von Evaluationen richtet sich hier auf die Faktoren, die in das System eingehen: Dazu gehören u. a. die Qualifikation der Lehrer, die räumliche Ausstattung der Schulen, die verfügbaren Materialien (wie Lehrbücher), Ressourcen sowie Gesetze und Regelungen (z. B. Hausordnung), die das Verhalten in den Institutionen normieren sollen.	Diese Merkmale beziehen sich auf die Interaktionen zwischen Lehrer und Schüler, zwischen Lehrer und Lehrer, auf die Aktivitäten der Schüler im Unterricht, auf ihre Auseinandersetzung mit Aufgaben, auf das Schulleben und seine Kultur usw. Beispiele für Prozess-Merkmale sind:	Als ‚Output' werden die Ergebnisse schulischer Arbeit beschrieben, z. B. Leistungen von Schülern nach einem gewissen Zeitraum; Lehrerleistungen; Ergebnisse der schulischen Betriebsführung; das öffentliche Image der Schule; Zufriedenheit von Schülern, Lehrern, Eltern usw.
Input-Merkmale beschreiben im Wesentlichen die Voraussetzungen, die in die schulischen Prozesse eingehen. Sie sind im Allgemeinen an der Einzelschule nicht leicht und schnell beeinflussbar. Außerdem weiß man aus der Schulqualitätsforschung, dass Input-Merkmale üblicherweise nicht direkt zu höherer Qualität der Ergebnisse führen, wenn nicht die dazwischen geschalteten Prozesse bewusst verändert werden.	• Einbeziehung von Schülern in die Entscheidung über Ziele und Lernaktivitäten; • Merkmale von Unterrichtssituationen (wie z. B. Sachverhalte erklärt werden oder wie sich die Schüler mit Sachverhalten auseinander setzen); • Merkmale, die das Niveau der Auseinandersetzung mit Inhalten, etwa in einer Diskussion, betreffen (z. B. dass Behauptungen begründet, dass Minderheitenmeinungen angehört, dass Informationen geprüft werden usw.).	Wenn Output-Merkmale in den Vordergrund rücken, werden Unterricht und Schule primär als Orte der Produktion von Ergebnissen betrachtet. Schlüsselbegriffe dieser Art von Merkmalen sind Effektivität und Effizienz. Von Schulen wird verlangt, dass ein ‚Mehrwert' an Leistungsfähigkeit im Hinblick auf Zielkriterien ‚produziert' wird und dass dies mit einem möglichst geringen Ressourcenaufwand geschieht.
Wenn Input-Merkmale bei Evaluationen stark in den Vordergrund rücken, wird Qualität von Unterricht und Schule oft primär als Problem der Ressourcenbeschaffung und des ‚richtigen Angebots' gesehen.	Wenn Prozess-Merkmale in den Vordergrund rücken, wird der Unterricht primär als Lerngelegenheit bzw. als Kontext für Schüleraktivitäten gesehen, denen ein Eigenwert zugeschrieben wird.	

Kontext
Kontextmerkmale sind Faktoren, die im Umfeld der Schule wirken und einen indirekten Einfluss auf die schulischen Prozesse haben. Normalerweise nimmt man nicht an, diese Merkmale durch Schulentwicklungsprozesse beeinflussen zu können. Da sie jedoch das ‚Umfeld-Klima', in dem die jeweilige Schulentwicklung geschieht, widerspiegeln und da aus ihnen gelegentlich zukünftige Chancen und Gefahren extrapoliert werden können, erscheinen sie in manchen Evaluationsstrategien berücksichtigenswert. Beispiele für Kontextmerkmale, die für Schulentwicklung potenziell relevant sind: Migrationsbewegungen, Entwicklung sozialer und bildungsmäßiger Ansprüche, Veränderung der Berufsstruktur, Jugendarbeitslosigkeit, Merkmale der Jugendkulturen usw.

Abb. 13: Entscheidungsbereiche im Bildungswesen

4.4 Die Konkretisierung von Zielen und Evaluationsindikatoren

Wenn einmal die Entscheidung für ein Evaluationsthema (Evaluationsgegenstand) gefallen ist, ... dann braucht es weitere Entscheidungen. Man kann nicht das ‚ganze Thema' evaluieren, sondern es muss entschieden werden, welche Aspekte des Evaluationsgegenstandes als zentral in den Blick genommen werden sollen und welche allenfalls als Randbedingungen mitberücksichtigt werden können, an welchen Maßstäben diese Aspekte des Gegenstandes gemessen werden sollen, welche Art von Informationen erhoben werden sollen, die für die vorgesehene Nutzung der Evaluation sinnvolle Hinweise erbringen sollen (vgl. Kromrey 2003, 13 f.; vgl. die begrifflichen Klärungen in den Kästen 11 und 12). Kurz: Das zunächst einmal global in den Blick genommene Evaluationsthema muss angesichts bestimmter Ziele (des zu evaluierenden Themas/Programms) und bestimmter Informationsbedürfnisse (der ‚Nutzer' der Evaluation) zu einem *Evaluationskonzept* (Evaluationsdesign) *konkretisiert* werden. Dieses besteht aus einem konkret ausformulierten und argumentierten Zusammenhang von

- Evaluationsthema,
- Zielen/Kriterien/Indikatoren (die ihrerseits wieder sowohl den Zielen des zu evaluierenden Programms als auch den Informationsbedürfnissen der Nutzer der Evaluation gerecht werden sollen),
- Verfahren (der Datensammlung, -interpretation, Formulierung von Konsequenzen, Berichterstattung; siehe dazu Kap. 6 und 7) sowie der
- Projektorganisation (konkrete Aufteilung der Verantwortlichkeiten für die einzelnen Schritte, Zuweisung von Ressourcen usw.; vgl. dazu Kap. 5).

Die Entscheidung über und Konkretisierung von Evaluationszielen, -inhalten und -kriterien gehört zu den kritischsten Phasen von Evaluationsvorhaben. So fasst Strittmatter (1997a, 18) seine Erfahrungen aus einem Qualitätsprojekt folgendermaßen zusammen: *„Die Erarbeitung von evaluierbaren Qualitätsansprüchen hat sich als die fachlich schwierigste Angelegenheit ... erwiesen. Vage Themen oder das bloße Kopieren vorhandener Befragungsraster haben sich als*

Ziele – Kriterien – Indikatoren – Standards

Für die Beschreibung der zu evaluierenden Qualität wird in der Evaluationsdiskussion eine Reihe von unterschiedlichen Begriffen benutzt:

- Einesteils werden – gleichsam auf der ‚obersten Ebene‘ von Zielbeschreibungen – Begriffe wie *Ziele, Leitideen oder Normen* verwendet, die in eher allgemeiner Form Werte beschreiben, die in einzelnen Bereichen schulischer Arbeit realisiert werden sollen. Manchmal werden diese Ziele auch in Form von kurzen eingängigen Sätzen als ‚Leitideen‘ in einem ‚Leitbild‘ an den Beginn von Schul- oder Qualitätsprogrammen gestellt (vgl. Kap. 3.1).

- Solche Zielbeschreibungen lassen üblicherweise viel Interpretationsspielraum, wenn geklärt werden soll, ob nun ein Phänomen als ‚gut‘ oder ‚schlecht‘, ‚zufriedenstellend oder nicht‘ usw. eingeschätzt werden soll, wie z. B. folgende Fragen zeigen: *Welche Lernleistungen der Kinder und welches Klassenklima wollen wir als ‚akzeptabel‘ in Hinblick auf unsere Erwartungen an ‚offenen Unterricht‘ ansehen, welche als ‚gut‘? Wann sollen Differenzierungsmaßnahmen als ‚wirksam‘ angesehen werden? Welche Merkmale muss die Lehrer/Schüler-Interaktion haben, um sie als ‚gelungen‘ zu bezeichnen?*
  Um solche Fragen beantworten zu können, müssen *Kriterien der Evaluation* formuliert werden. Dabei muss einesteils das Zielverhalten, das in einem Ziel oder einer Leitidee in breiten Begriffen umschrieben wird, genauer gefasst und als ‚beobachtbares Verhalten‘ beschrieben werden. Andererseits muss ein eindeutiger ‚Maßstab‘ genannt werden, ab wann dieses beobachtete Verhalten als ‚Hinweis auf eine befriedigende Realisierung des Ziels‘ gelten soll.

- Weiter taucht im Zusammenhang von Evaluationen der – in der Sozialforschung übliche – Begriff *Indikator (Erfolgs-, Evaluationsindikator)* auf, mit dem – noch konkreter – ‚operationalisierte‘ und beobachtbare Merkmale verstanden werden, die als ‚Hinweise‘ auf allgemeinere Verhaltensdimensionen gelten.

- Schließlich wird neuerdings der Begriff *Standard* bedeutsam. Diese benennen nach Klieme et al. (2003, 4) „präzise, verständlich und fokussiert die wesentlichen Ziele der pädagogischen Arbeit, ausgedrückt als erwünschte Lernergebnisse der Schülerinnen und Schüler. Damit konkretisieren sie den Bildungsauftrag, den Schulen zu erfüllen haben.“ Sie sollen sich an Bildungszielen (nicht an Fachinhalten) orientieren, auf die Lernergebnisse der Schüler fokussieren und mit Aufgaben und Tests verknüpft sein. Aber auch dieser neue Begriff wird in der bildungspolitischen Debatte kontrovers diskutiert und ist gegenwärtig noch weit von einem einheitlichen Gebrauch entfernt.

Diese Begriffe werden in bildungspolitischen und -praktischen Diskussionen etwas schillernd gebraucht; sie sind aber auch beim besten Willen *nicht wirklich trennscharf* zu fassen, wie man z. B. an folgenden Definitionsversuchen erahnen kann:
„*Evaluationskriterien* beschreiben Merkmale, an denen die Umsetzung von Leitzielen in der Schul- und Unterrichtspraxis festgemacht werden kann.“ (Burkard/Eikenbusch 2000, 93)

> „*Qualitätsindikatoren* sind die ‚Anzeiger' oder die ‚Messgrößen', mit deren Hilfe man feststellen kann, inwieweit Kriterien in der Praxis tatsächlich erreicht wurden." (Burkard/Eikenbusch 2000, 93)
>
> „*Qualitätsstandards* beschreiben die Voraussetzungen, die erfüllt sein müssen, damit die Schulqualität in einem bestimmten Arbeitsbereich allgemeinverbindlichen Ansprüchen, insbesondere definierten Mindestanforderungen (Mindeststandards) entspricht." (ebd.)
>
> Wir haben bei der Beratung von Selbstevaluation in Fortbildung und Schulentwicklung die Erfahrung gemacht, dass dies für die Verständigung in schulischen Selbstevaluationsprojekten *zu viele* und *zu wenig leicht unterscheidbare Begriffe* sind. Da uns die Idee des *Konkretisierungszusammenhangs* (und der Notwendigkeit, Ziele für Evaluation – wie partiell auch immer – zu konkretisieren) wichtig ist, arbeiten wir in der Praxis nur mit dessen ‚oberen' und ‚unteren Ende':
>
> Also einerseits mit dem Begriff *Ziel*, hier als sehr breite orientierende Ziele oder Leitideen verstanden, wie sie in den entsprechenden Passagen von Schulprogrammen auftauchen könnten.
>
> Und andererseits mit dem Begriff *Indikator*, formuliert als konkret beobachtbarer Sachverhalt, der als Hinweis auf die jeweiligen allgemeineren Ziele interpretiert wird. Für die Zwecke der Evaluation versehen wir den Indikator jeweils noch mit einer Bestimmung, die angibt, *ab wann das jeweilige – durch den Indikator indizierte – Ziel als in befriedigender Weise realisiert* gilt. In Methode 2 auf Seite 75 f. werden konkrete Beispiele für diesen Begriffsgebrauch gegeben.

wenig ergiebig erwiesen. Für die Erarbeitung konkreter, evaluierbarer Qualitätsstandards fehlen aber oft die pädagogischen und didaktischen Kompetenzen, fehlt zumindest die gemeinsame Sprache, häufig auch einfach die Zeit. Andererseits geschieht gerade hier lohnende, nachhaltige Fortbildung."

Schuleigene Programme und schulübergreifende Lehrpläne enthalten genauso wie Entwicklungskonzepte meist relativ abstrakte Zielformulierungen. Nicht selten bleibt offen, an welchen Situationen (z. B. in wessen Unterricht) man nun genau erkennen kann, ob diese Leitmotive tatsächlich in die Praxis umgesetzt werden oder nicht. *„Es ist unzureichend, pauschal zu sagen, wir evaluieren unseren offenen Unterricht, wenn diese Entscheidung nicht einhergeht mit einer Beantwortung z. B. folgender Fragen: Interessiert uns am offenen Unterricht das didaktische Konzept und/oder die Lehrer/Schüler-Interaktion und/oder das Klassenklima und/oder die Lernleistungen der Kinder und/oder die Wirksamkeit von Differenzierungsmaßnahmen usw.?"* (Senator o. J., 15) Bei der Vorbereitung einer Evaluation dürfen solche Fragen nicht ausgespart werden. Daher setzen Evaluationsvorhaben Prozesse der *Zielklärung und -konkretisierung* voraus oder ‚schieben' sie gleichsam vor sich her, wenn sie in den Anfangsphasen des Evaluationsprojekts unterblieben sind. Diese Prozesse bergen oft eine beträchtliche soziale Brisanz, weil in ihnen direkt oder indirekt besprochen wird, was Wert hat in einer Schule und was als peripher angesehen wird, welche ‚Elemente' eines Schulprogramms realisiert werden und welche nicht, und schließlich wessen Tätigkeit untersucht wird und wer sich vielleicht davon ausnehmen kann.

Dass konkrete Versionen der Ziele besser vor der Erhebung und Auswertung der Daten fest- und offengelegt werden als hinterher, ist intuitiv einsichtig. Das heißt aber nicht, dass Evaluationsziele und -kriterien auf ewig festgemauert bleiben und auch aufgrund von Erfahrungen nicht mehr veränderbar sein sollten. Begründete Änderungen müssen möglich sein, wenn sie argumentiert werden können (z. B. Wir haben unsere Ansprüche an diese neue Unterrichtsform zu hoch gesteckt.).

4.4.1 Ein Verfahren zur Konkretisierung von Zielen und Erfolgsindikatoren

Unserer Erfahrung nach zahlt es sich aus, der Präzisierung von Evaluationszielen genug Zeit zu widmen und dafür u. U. auch Beratung in Anspruch zu nehmen. Einen Vorschlag dafür, wie solche Zielklärungsprozesse konkret gestaltet werden könnten, bietet Methode 2, die auf Ideen von Toni Strittmatter zurückgeht.

Minimal- und andere Kriterien

Wenn man Maßstäbe, die die befriedigende Erreichung eines Zieles angeben sollen (und Namen, wie Kriterium, Indikator oder Standard tragen können), formuliert, kann man dabei recht unterschiedlich vorgehen und diese auf unterschiedlichen Niveaus festlegen: Sollen diese Maßstäbe

- auf die Beobachtung und Sicherung von *Minimalleistungen,*
- auf in aller *Regel* zu erbringende Leistungen oder
- auf die Förderung von *Leistungen hoher Qualität (‚excellence')* zielen?

Mindest- oder Minimalkriterien sollen helfen, z. B. „die gröbsten Abweichungen vom Lehrplan, offenkundiges Versagen von Lehrpersonen, auffällige Störungen eines ordentlichen Schulbetriebs oder gröbste Verstöße gegen das Chancengleichheitspostulat" (Strittmatter 1997b, 24) zu erkennen und zu beheben. ‚Regelkriterien' formulieren Maßstäbe, die ,in aller Regel' – z. B. von Klassen unter normalen Bedingungen (was selbst konkretisierungsbedürftig ist) – erbracht werden müssten. ,Excellence'-orientierte Qualitätskriterien wollen anspruchsvolle Praktiken stimulieren. Alle genannten Perspektiven können zweckmäßig sein, sie können aber auch einander leicht in die Quere kommen. Die starke Betonung von Minimalstandards kann zu einer Nivellierung nach unten führen, und durch ihre ,Defizit-Orientierung' gerade jene Personen demoralisieren, die viel Einsatz zeigen. Wenn die Aufmerksamkeit einseitig auf die Förderung exzellenter Leistungen gerichtet wird, können leicht jene Bereiche übersehen werden, in denen unter dem Minimalstandard gearbeitet wird.

Zur Verständigung in einem schulischen Selbstevaluationsprojekt ist es daher wichtig, dass nicht verschiedene Betroffene unausgesprochenerweise mit unterschiedlichen Typen von Erfolgsindikatoren arbeiten.

Ziele konkretisieren und Erfolgsindikatoren formulieren

Das Problem
In Evaluationen soll bestehende Praxis untersucht und in Hinblick auf Ziele bewertet werden, um Perspektiven für die Weiterentwicklung zu erkennen. Diese Ziele liegen in Schulen oft nicht in einer Form vor, wie sie in Evaluationsvorhaben benötigt werden,

- weil staatliche Vorgaben und eigene Schulprogramme im Allgemeinen breit formulierte Zielbestimmungen enthalten,
- die von verschiedenen Mitgliedern der Schule unterschiedlich interpretiert werden (können).

Evaluationsprojekte ‚treiben‘ daher typischerweise *Zieldiskussionen und Versuche der Zielkonkretisierung* vor sich her.

Auf welche Weise können Ziele konkretisiert und Qualitätsindikatoren formuliert werden? Der folgende Vorschlag zeigt einige wichtige Schritte auf: Wenn eine Schule die Ist-Situation in einem Bereich überprüfen will, muss sie

- Zielperspektiven und Wertvorstellungen erarbeiten *(Stichwort ‚Ziele‘)*,
- sich darüber klar werden, welche Merkmale des schulischen Lebens den Zielperspektiven entsprechen (würden) *(Stichwort ‚Realisierungen‘)*,
- festlegen, woran man erkennen kann, dass und inwieweit diese Merkmale tatsächlich vorhanden sind *(Stichwort ‚Indikatoren‘)*,
- Instrumente kennen, mit denen dies festgestellt werden kann *(Stichwort ‚Instrumente‘)*.

Im Folgenden wird der Prozess, in dem sich eine Schule mit den einzelnen Qualitätsbereichen auseinander setzen könnte, am *Beispiel des Themas „Klassen- und Schulklima"* illustriert.

1. Schritt (Ziele)
Worin bestehen unsere Zielsetzungen?
Hier geht es um die Formulierungen wesentlicher Zielsetzungen, die die schulische Arbeit leiten sollen. Solche Zielsetzungen finden sich oft in den Leitzielen oder Leitideen von Schul- oder Qualitätsprogrammen. Im Hinblick auf das Thema „Klassen- und Schulklima" könnte die Zielsetzung folgendermaßen lauten:

- *Wir bemühen uns um ein Schulklima, in dem sich Lehrer und Schüler wohlfühlen und zu hohen Leistungen angeregt werden.*

2. Schritt (Realisierungen)
Was wird getan bzw. was muss geschehen, um diesem Ziel zu entsprechen?
Solche Leitziele sollen oft für die ‚gesamte‘ schulische Arbeit Orientierungscharakter haben. Auf der anderen Seite werden üblicherweise konkrete Maßnahmen – hier ‚Realisierungen‘ genannt – entworfen, die spezielle Potenziale für die angestrebten Ziele haben sollen – beispielsweise ‚curriculare Angebote‘ (z. B. ein Informa-

tik-Schwerpunkt, zusätzliche Förderangebote usw.), ‚außercurriculare Angebote'
(z. B. eine von einer Schülergruppe kuratierte Vortragsreihe zur politischen Bildung,
eine Schulgalerie usw.) oder bestimmte ‚Regeln', die das Verhalten in zielrelevanten
Situationen (z. B. Prüfungen, inhaltsreiche Rückmeldungen für Schülerarbeiten usw.)
orientieren sollen.

Im 2. Schritt werden jene ‚Realisierungen' genannt, die die Schulgemeinschaft wegen
ihres speziellen Potenzials für die Ziele festgelegt hat. In unserem Beispiel könnten beispielsweise folgende Realisierungsmöglichkeiten erarbeitet werden:

1. Lehrer und Schüler begegnen einander mit Respekt und Wertschätzung.

2. Die Regeln für die Arbeit in der Schule werden gemeinsam erstellt und getragen.

3. Fehler werden auch als Lernchancen gesehen.

*4. Die Schulräume werden unter Mitarbeit der Schüler sorgfältig gestaltet und in ge-
meinsamer Verantwortung betreut.*

3. Schritt (Erfolgsindikatoren)
Woran erkennen wir, dass die Zielsetzungen verwirklicht werden?

Sodann werden konkrete und beobachtbare Merkmale gesucht, aus denen abge-
lesen werden kann, ob die angestrebten Ziele auch verwirklicht wurden. Einige
Beispiele dafür:

*0.1 Die Schule hat ein – verglichen mit Schulen ihres Typs – überdurchschnittlich hohes
Schulklima.*

0.2 Schüler zeigen bei Leistungsüberprüfungen überdurchschnittlich hohe Werte.

*1.1 Im Umgang zwischen Lehrern und Schülern gibt es – in der Wahrnehmung der Be-
troffenen – keine Abwertungen.*

*1.2 Es gibt in der Schule allgemein bekannte Verfahrensweisen, mit denen Konflikte zwi-
schen Lehrern und Schülern auf eine Weise gelöst werden, die die Würde aller Beteiligten wahrt.*

2.1 Die Hausordnung wurde in einem demokratischen Prozess formuliert.

2.2 Die schulischen Regeln gelten für alle Gruppen in gleicher Weise.

*3.1 Es gibt schriftliche Arbeiten, die von den Lehrenden kommentiert und von den Schü-
lern weiterbearbeitet werden.*

4.1 Jede Klasse hat ein eigenes ästhetisches Ambiente.

Bei der Konkretisierung von Zielen ist die Gewinnung geeigneter Indikatoren der
schwierigste Teil. Je präziser die Erfolgsindikatoren sind, desto einfacher sind Auswahl und Einsatz geeigneter Evaluationsverfahren und desto größer ist die Chance auf verwertbare Ergebnisse der Evaluation. Allerdings: Je präziser (und damit
besser messbar) der Erfolgsindikator ist, desto weniger vom Inhalt des ursprünglichen Ziels deckt er zumeist ab (d. h. in der technischen Sprache der Evaluation: desto weniger ‚Validität' – Gültigkeit für das eigentlich zu messende Phänomen – kommt ihm zu). Da Validität aber zu den wichtigsten Qualitätsmerkmalen
eines Indikators gehört und ein Indikator, der wesentliche Aspekte des Ziels nicht
zum Ausdruck bringt, wertlos ist, muss ein vernünftiger Mittelweg zwischen Validität und Präzision gefunden werden.

Nach Schritt 3 kann auch mit *Methode 3* (siehe unten) fortgesetzt werden, die Vorschläge zur genaueren Überprüfung und Weiterentwicklung von Evaluationsindikatoren macht.

4. Schritt (Instrumente)
Mit welchen Instrumenten können wir das feststellen?
Im letzten Schritt wird schließlich festgelegt, mit welchen Instrumenten der Datensammlung relevante Informationen für die gewünschten Indikatoren erhoben werden können. Als Methoden zur Beobachtung dieser Indikatoren kommen in unserem Beispiel die folgenden in Frage:
zu 0.1 Schulklima-Test
zu 0.2. TIMSS-Vergleichsaufgaben
zu 1.1 und 1.2 Gespräche mit Schülern und Lehrern
zu 2.1 Gespräch mit den Schülervertretern
zu 2.2 Beobachtungen
zu 3.1 Umfrage bei den Schülern
zu 4.1 Besuch der Klassen

Diese Vorgangsweise soll zwei wichtige *Botschaften* signalisieren:
Bei derartigen Analysen geht es um nicht mehr und nicht weniger als um die *Erarbeitung eines Qualitätsbegriffs*, der die Auseinandersetzung mit den Zielen der Beteiligten und der Schule erfordert. Dies ist ein dynamischer Prozess, bei dem jeder der vier Schritte jeden anderen Schritt beeinflussen kann. Die Diskussion von Indikatoren (3. Schritt) kann z. B. durchaus Rückwirkungen auf die Formulierung und das Verständnis der ‚Realisierungen' (2. Schritt) oder der Ziele (1. Schritt) haben. Der bei dieser Auseinandersetzung erfolgende Bewusstseinsbildungsprozess ist dabei nicht weniger wichtig als das Ergebnis, das von Schule zu Schule durchaus verschieden sein kann.
Zweitens signalisiert die Vorgangsweise, dass Evaluationsüberlegungen bei einer Konkretisierung der Ziele und *nicht bei der Beschaffung von Erhebungsinstrumenten beginnen* sollten. Unserer Erfahrung nach trägt das Zurückverschieben der Methodenfrage insofern Früchte, als viele Methodenentscheidungen angesichts gut präzisierter Erfolgsindikatoren recht leicht zu treffen sind.

Was dabei herauskommen kann, zeigen folgende Beispiele schulinterner Verständigungen über Qualitätsansprüche und deren Konkretisierung zu Evaluationszwecken:

Qualitätsthema „Binnendifferenzierung"

Ziel

Wir betrachten es als normal und unsere Aufgabe, mit den unterschiedlichen Fähigkeiten und Neigungen unserer Schüler zu arbeiten. Wir versuchen, den Schülern optimale Chancen für ein „Lernen auf eigenen Wegen" zu geben, ohne die Kernansprüche des Lehrplans aufzugeben und ohne uns selbst zu überfordern.

Realisierung	*Indikatoren (Woran „ablesen"? – Instrumente)*
1. Die Kernanforderungen des Bildungsgangs (stofflich und bezüglich Lehr- und Lernmethoden) sind den Lernenden vor Eintritt klar.	a) Unter 10 % der Anmeldungen müssen wegen Nichteignung abgelehnt werden (Statistik). b) Geringe Dropout-Rate in der Bewährungszeit (Statistik unter 5 %).
2. Es herrscht bei Lehrenden und Lernenden hohe Klarheit über die Minimalziele („musts").	a) Die Minimallernziele jeder Einheit wurden den Lernenden bekannt gegeben (Unterrichtsbeobachtung). b) Die Lernenden können darüber Auskunft geben, wo sie stehen (Lernjournal/Befragung).
3. Im Rahmen des Kerncurriculums können die Lernenden individuelle Schwerpunkte bzw. Neigungsbereiche wählen.	a) Es liegen entsprechende individuelle Kontrakte vor (Lernjournal). b) Die Lernenden legen in den Wahlbereichen einen Leistungsnachweis vor (Erhebung).
4. Die Lernenden erhalten häufige Rückmeldungen für ihre persönliche Lernsteuerung.	a) Die Lernkontrollen sind lernzielbezogen aussagekräftig (Unterrichtsbeobachtung). b) Defizite können behoben werden („zweiter Versuch") (Unterrichtsbeobachtung/Lernjournal).
5. Im Unterricht werden die Lehr- und Lernformen auf dem Weg zum Lernziel bewusst variiert.	a) In einer Unterrichtseinheit werden mindestens drei verschiedene methodische Zugänge zum Stoff/Lernziel geboten (Unterrichtsbeobachtung). b) Es wird mit Werkstatt- und Wochenplan-Ansätzen gearbeitet (Unterrichtsbeobachtung/Erhebung).

6. Die Lernenden lernen, ihre Bedürfnisse bezüglich Lernzielen und Lernwegen zu formulieren und selbstständig eigene Wege zu beschreiten.

a) Die Lernenden melden im Unterricht Interessen und methodische Schwierigkeiten bzw. Vorschläge an (Unterrichtsbeobachtung).

b) Die Lernenden kompensieren unterrichtliche Einseitigkeiten durch individuell passende Anlage der Hausaufgaben (Lernjournal).

7. Die Aufwendungen für binnendifferenzierende Unterrichtsweisen halten sich in vertretbarem Rahmen.

a) Es existieren allen zugängliche Unterrichtsmaterialien (Erhebung).

b) Die Lehrpersonen fühlen sich durch Binnendifferenzierung nicht überlastet (Befragung).

Quelle: A. Strittmatter

13

14

Qualitätsthema „Schülerzentrierter Unterricht"

Ziel
Im schülerzentrierten Unterricht sollen die Schüler entsprechend ihren individuellen Begabungen, Fähigkeiten, Neigungen, Bedürfnissen und Interessen bestmöglich gefördert werden. Das Lehrerteam trägt dem durch entsprechende Planung und konkrete Umsetzung des Unterrichtes in allen Fachgegenständen Rechnung.

Realisierungen

1. Es gibt regelmäßig leistungsdifferenzierte Angebote.

Indikatoren

- Schüler können von einfachen bis zu komplexen Aufgabenstellungen auswählen
- Schüler haben die Möglichkeit, eine quantitative Auswahl zu treffen.
- Schüler stehen zur Erreichung ihrer Lernziele individuelle Zeitgefäße zur Verfügung (Analyse von Unterrichtsmaterialien; Schüler-Interviews).

2. Lehrer geben genau die Minimal-(Hauptschule, 3. Leistungsgruppe) und Gymnasial-Anforderungen bekannt.

- Schüler können darüber Auskunft geben, wo sie leistungsmäßig stehen.
- Schüler wissen, welche Leistung sie für welche Note erbringen müssen (Schüler-Interviews).

3. Es gibt interessensdifferenzierte Angebote.

- Die Interessen und Anliegen der Schüler werden fallweise zum Thema des Unterrichts.
- Schüler planen und gestalten den Unterricht mit.
- Schüler bringen in den Unterricht eigenes Material ein (Unterrichtsbeobachtung; Schüler-Interviews).

4. Im Unterricht werden die Lehr-, Lern- und Sozialformen bewusst variiert.

- Schüler verfügen über eine Palette von Kompetenzen und Methoden, die sie einsetzen und anwenden können, z. B.:
  – Feedback geben an Mitschüler
  – Diskussionen moderieren und leiten
  – […] (Unterrichtsbeobachtung)

5. Lehrer treten aus ihrer Rolle der reinen „Wissensvermittler" und sind Lernorganisatoren und -helfer.

- Schüler gehen selbstbewusst an ihre Aufgaben.
- Schüler können ihre Arbeit selbstständig organisieren und durchführen.
- Schüler verwenden verschiedene Informationsquellen.
- Es gibt eine positive und lustbetonte Arbeitsatmosphäre (Unterrichtsbeobachtung).

Quelle: Gekürzt und ergänzt nach Hiebler et al. 2001, 104–109.

14

4.4.2 Weiterentwicklung von Erfolgsindikatoren

Sofern bei der Suche nach ‚Erfolgsindikatoren' nicht ganz eng in eingefahrenen Bahnen gedacht wird, lassen sich jedem Leitziel unzählige Indikatoren zuordnen. Sich hier – im Sinne eines ‚Brainstormings' – keine Schranken aufzuerlegen, bietet die Chance auf neue und originelle Lösungen. Andererseits kann es vorkommen, dass auch die gutwilligsten Neo-Evaluatoren angesichts der Vielzahl möglicher Indikatoren ermüden und den Überblick verlieren. Strategien – wie z. B. Methode 3 weiter unten – sind also gesucht, die einesteils die Produktion von guten Ideen für Erfolgsindikatoren stimulieren, dann aber auch helfen, diesen Ideenpool wieder auf ein realistisches Maß zu reduzieren. Andererseits sollen sie auch Unterstützung bieten, die zunächst intuitiv gefunden Evaluationsindikatoren zu ordnen und in Hinblick auf etwaige Einseitigkeiten zu überprüfen.

Für den zweiten Zweck verwenden wir in Methode 3 eine Differenzierung von Erfolgsindikatoren, die wir aus der Analyse verschiedener Evaluationsdesigns gewonnen haben. Unser Ordnungsversuch von Erfolgsindikatoren kann als Weiterentwicklung des Schemas in Abb. 13 (in Kap. 4.3.4) und auch einer grundlegenden Kategorisierung verstanden wer-

den, die von einem der ‚Urväter' der Qualitätsevaluation im Bereich öffentlicher Dienstleistungen vorgeschlagen worden war: Donabedian (1980) hatte *drei Qualitätsbereiche* unterschieden, nämlich Input (Struktur), Prozess, Outcome (Ergebnis). Und er hatte diese drei Bereiche durch eine *Wirkungshypothese* verknüpft: „Die *Strukturqualität* (personelle, finanzielle und materielle Ressourcen, physische und organisatorische Rahmenbedingungen, physische und soziale Umwelt) ist die Bedingung für *Prozessqualität* (Erbringung der Dienstleistung, Interaktionsbeziehungen zwischen Anbietern und Klienten); diese wiederum ist eine Voraussetzung für *Ergebnisqualität* (Zustandsveränderungen der Klienten im Hinblick auf den Zweck der Dienstleistung, Zufriedenheit der Klienten)." (Kromrey 2003, 25)
Unsere eigene Unterscheidung in Abb. 14 differenziert demgegenüber den ‚Outcome' in *kurzfristige Produkte* und *längerfristige Wirkungen*, weil es eines der Grundprobleme von Bildungsprozessen ist, dass Lernergebnisse, die im unmittelbaren Kontext einer Lerneinheit erworben und in deren Leistungsbeurteilung auch dokumentiert wurden, nicht unbedingt in späteren Lerneinheiten aktiviert und auf andere Anwendungssituationen transferiert werden können. *Akzeptanz* haben wir deshalb als speziellen Typus von Erfolgsindikatoren formuliert, weil das subjektive Erleben und die Bewertung durch Nutzer einer Bildungsgelegenheit und durch andere Betroffene meistens ein wichtiges Element für die Gesamteinschätzung eines Evaluationsgegenstandes sind. Wir haben Akzeptanz aber auch als eigene Kategorie herausgehoben, um darauf aufmerksam zu machen, dass solche „Akzeptanzaussagen" zu oft – weil sie eben relativ einfach zu erheben sind – als Belege für andere Erfolgsindikatoren genommen werden, für die sie eben nur schwache und subjektiv gefärbte Hinweise bieten (vgl. Kromrey 2003, 20 ff.): Das typische Beispiel ist die Erhebung von Produkt- oder Wirkungsindikatoren (wie z. B. Kompetenzzuwachs) durch subjektive Berichte der Lernenden. Die Kategorie *Sinn und pädagogischer Wert* soll schließlich darauf hinweisen, dass sich auch die gebräuchlichsten und am besten durch gängige Instrumente abgedeckten Erfolgsindikatoren hin und wieder darauf befragen lassen sollten, welche pädagogische Logik und Begründung hinter ihnen steht.

METHODE 3

Weiterentwicklung von Evaluationsindikatoren

Intentionen
Die folgende Vorgangsweise soll
- einesteils eine Anregung für die *Überprüfung von intuitiv gefunden Evaluationsindikatoren* in Hinblick auf etwaige Einseitigkeiten und ihre eventuelle Ergänzung bieten,
- zweitens zur *Reduzierung* auf eine machbare Zahl von Evaluationsindikatoren anleiten
- und schließlich zur *Auswahl von Erhebungsinstrumenten*, die auf die Evaluationsindikatoren abgestimmt sind, hinführen.

Vorgangsweise

1. *Schritte 1 bis 3 von Methode 2* werden durchgeführt. Dabei wird betont, dass es sich um ein ‚Brainstorming' handelt, das ‚zu viele' und ‚auch auf den ersten Blick ungewöhnlich wirkende' Evaluationsindikatoren enthalten dürfte. Die Ergebnisse von parallel arbeitenden Kleingruppen werden – z. B. in der grafischen Form von Kasten 13 oder 14 – auf einem Plakat festgehalten.

2. Die linke Spalte von Abb. 14 wird von dem/der ModeratorIn erläutert. Die Teilnehmer werden gebeten, ihre bisherigen Ergebnisse nach folgenden Fragen zu analysieren:

   – Welche *Typen von Erfolgsindikatoren* bevorzugen wir intuitiv?

   – *„Stimmt" die Gewichtung* verschiedener Erfolgsindikatoren für unsere Ziele und unseren Kontext?

   Wenn die Teilnehmer bei ihrem bisherigen ‚Indikatorenvorschlag' das Fehlen eines oder mehrerer Indikatorentypen oder eine ‚Ungewichtigkeit' zwischen verschiedenen Typen feststellen, werden sie gebeten, ihre *Liste von Erfolgsindikatoren entsprechend zu ergänzen*.

Typische Arten von Erfolgsindikatoren	Typische Instrumente
Input • Wurden die erforderlichen materiellen und kompetenzmäßigen Voraussetzungen für die Realisierung geschaffen? • Wurde das Vorhaben in geplanter Weise realisiert?	• Checkliste • Checkliste
Prozess • Entspricht der Prozess der ‚Realisierung' in seinem Ablauf den Erwartungen? Welche Besonderheiten treten auf? • Entspricht der Prozess der ‚Realisierung' in seiner Qualität den Erwartungen?	• Beobachtung [Interview, Fragebogen][10] • Beobachtung und Bewertung durch Experten • Interview/Gespräch, Fragebogen mit Nutzern

10 Eckige Klammern deuten an, dass diese Methoden – obwohl sie für den angestrebten Typ von Beobachtungsdaten nicht gut geeignet sind – aus Kostengründen häufig eingesetzt werden und ‚subjektive Wahrnehmungen' der Beteiligten erheben; bei diesen muss man damit rechnen, dass in die angestrebten ‚Beobachtungen' auch ‚Akzeptanzeinschätzungen' der Betroffenen hereinspielen.

Produkt (oder: Output; meint hier das Ergebnis von Prozessen knapp nach ihrer ‚Beendigung‘) • Entspricht die Qualität des Produkts (bzw. des Ergebnisses) den Erwartungen?	• Tests, Prüfungen • Beobachtung von Leistungssituationen (z. B. der Präsentation von Ergebnissen, Besuch einer Schule nach einem Schulentwicklungsprozess), Analyse von Ergebnissen (z. B. Schülerarbeiten) durch Experten • [Interview/Gespräch, Fragebogen]
Wirkung (meint hier das Ergebnis von Prozessen in den angestrebten ‚Anwendungskontexten‘ und damit oft auch länger nach ihrer ‚Beendigung‘ – z. B. Praxisbewährung schulischer Kompetenzen) • Welche längerfristigen Wirkungen treten auf? Lassen sich die erzielten Ergebnisse auch in späteren Anwendungssituationen beobachten?	• Nachtest • Beobachtung in Anwendungssituationen (z. B. von Absolventen in der Praxis) • [Interview/Gespräch, Fragebogen]
Akzeptanz • Werden Prozess bzw. Produkt von den relevanten Bezugsgruppen akzeptiert? Wie sinnvoll erscheint ihnen das Vorhaben? Welche Aspekte schätzen sie, welche lehnen sie ab?	• Einzel- bzw. Gruppeninterview, Fragebogen
Sinn, pädagogischer Wert • Lässt sich das Vorhaben (mit seinen Zielen in dem spezifischen Kontext) vor pädagogischen und gesellschaftlichen Kriterien rechtfertigen?	• Argumentation

Abb. 14: Typen von Erfolgsindikatoren und dafür passende Erhebungsinstrumente

Einige Erfahrungen mit der Zuordnung zu den ‚Indikatortypen':
- Lehrer, die sich mit der Entwicklung von Neuerungen beschäftigen, neigen dazu, zunächst intuitiv *‚Bausteine' des Entwicklungsprojekts* (meist Input- oder Prozessindikatoren) als Erfolgsmerkmale anzusehen, und formulieren seltener explizit ergebnisbezogene Erfolgsindikatoren.
  Beispielsweise kann es in einem Projekt, das durch ein Methodentraining das Ziel „Die Schüler sollen lernen, selbstständig zu arbeiten" anstrebt, wichtig sein, dass
  - das Methodentraining tatsächlich in der geplanten Form durchgeführt wird,
  - Vereinbarungen über Arbeitsformen und -bedingungen zwischen Lehrern und Schülern erfolgen,
  - Lehrer sich in bestimmten Abständen zu Reflexionssitzungen treffen, in denen sie den Verlauf der bisherigen Arbeit einschätzen und ev. neue Schwerpunkte setzen,
  - diagnostische Hilfsmittel entwickelt werden, die erlauben, Schülern konkrete und anschauliche Rückmeldungen in Hinblick auf ihren Lernstil zu geben.
  Alle diese Dinge sind wichtige ‚Bausteine der Innovation', die (wahrscheinlich) die Voraussetzung dafür bilden, dass das Projekt seine Wirkungen entfalten kann. Auf der anderen Seite ist in den meisten Fällen die Realisierung dieser ‚Bausteine' (z. B. es gibt diagnostische Hilfsmittel und Lehrerkoordinationssitzungen) noch nicht identisch mit der Erzielung der erhofften Ergebnisse und Wirkungen (z. B.: Die Schüler realisieren im Fachunterricht und in anderen Leistungssituationen Verfahren des selbstständigen Arbeitens auch ohne spezifische Aufforderung durch Lehrer). Wir schlagen in solchen Situationen Folgendes vor:
- Es kann unserer Meinung in schulischen Evaluationen nach *durchaus sinnvoll sein, zu beobachten (zu evaluieren), ob wichtige ‚Bausteine' der Innovation auch tatsächlich realisiert wurden* (wissen wir doch aus der Innovationsforschung, dass es keineswegs selbstverständlich ist, dass geplante Innovationsbausteine auch tatsächlich umgesetzt werden). Meist genügen dafür sehr einfache Beobachtungsmethoden, wie z. B. Checklisten (Finden die geplanten Lehrertreffen tatsächlich zu den vereinbarten Terminen im geplanten Zeitumfang statt?).
- Schwieriger wird es, wenn uns nicht nur die ‚bloße Realisierung' einer geplanten Maßnahme interessiert, sondern auch die Frage, ob sie denn *in der erwünschten Qualität umgesetzt* wurde (z. B.: Haben die geplanten diagnostischen Hilfen auch die projektierte Qualität und Praktikabilität? Werden die Lehrertreffen nicht nur durchgeführt, sondern erlauben sie auch inhaltsreiche Gespräche und führen sie zu unterrichtsrelevanten Konsequenzen?). Damit werden Indikatoren der Prozessqualität angesprochen, die oft das Instrument der Beobachtung erfordern oder durch eine Analyse von Arbeitsprodukten (z. B. der Diagnosematerialien) erschlossen werden können.
- Manchmal werden *materielle ‚Zwischenergebnisse' der Innovationsarbeit* (z. B. Diagnosematerialien, eine Vereinbarung mit Schülern) als ‚Produktindikator' verstanden. Hier ist zu sagen, dass nicht alles, was alltagssprachlich ein ‚Arbeitsergebnis' oder Produkt ist, auch einen ‚Produktindikator' im Sinne des

Evaluationsvorhabens darstellt. Hier hilft, explizit zum Ziel zurückzugehen: Wenn die orientierende Zielbestimmung lautet „Die Schüler sollen lernen, selbstständig zu arbeiten", dann mögen Methodentrainings für Schüler, die Erstellung von Vereinbarungen oder diagnostische Hilfen wichtige Zwischenschritte sein, auf deren Umsetzung man stolz sein kann, sie sind aber *nicht das Ergebnis/Produkt/Wirkung* im Sinne des aufgestellten Zieles, welches offensichtlich *Kompetenzen bei Schülern* verspricht.

- In der Beratung von schulischen Evaluationsprojekten versuchen wir also die Beobachtung von Bausteinen und Zwischenschritten der Innovation selbst nicht zu entmutigen (weil sie wichtig ist und weil die Innovatoren daraus auch Stolz ableiten), empfehlen aber, sie – wo notwendig – *durch Prozess- und Produkt/Ergebnis-Indikatoren* zu ergänzen.

3. Evaluieren erfordert, *aus der Vielzahl möglicher Erfolgsindikatoren einige wenige auszuwählen*, die als gute Hinweise auf das zu evaluierende Ziel angesehen werden können: Wählen Sie nun aus Ihrer Liste mit Erfolgsindikatoren einige wenige aus.[11] Begründen Sie Ihre Auswahl in Hinblick auf folgende (und ev. zusätzliche) Kriterien:
   - Aussagekraft für Ziele (Validität)
   - Nützlichkeit für Weiterentwicklung
   - Plausibilität für Bezugsgruppen
   - Praktikabilität angesichts vorhandener Ressourcen (und sonstiger Aufgaben)

4. Der letzte Schritt entspricht *Schritt 4 von Methode 2*. Die Teilnehmer sollen – mithilfe von Abb. 14, deren rechte Spalte Indikatorentypen jeweils Erhebungsinstrumente zuordnet, die zur Feststellung des Indikators am geeignetsten erscheinen – für die verbliebenen Erfolgsindikatoren angemessene *Erhebungsinstrumente nennen* (vgl. genauer Kap. 6).

Für die Evaluation eines Schul- oder Qualitätsprogramms muss sinngemäß für jedes Evaluationsthema, dem im Programm ein zentraler Stellenwert eingeräumt wird, eine derartige Konkretisierung geleistet werden. Abbildung 15 gibt beispielhaft an, wie eine solche Planung ausschauen kann. Die Komplexität der Abbildung legt jedenfalls noch einmal nahe, dass Evaluation besser an einigen zentralen Entwicklungsschwerpunkten des Schul- oder Qualitätsprogramms geschieht, als sich mit zu vielen Einzelthemen zu überfordern.

---

11 In Übungssituationen in Fortbildungskursen empfehlen wir drei Indikatoren auszuwählen; für die Erstellung eines Designs für eine schulische Selbstevaluation lässt sich natürlich keine genaue Zahl angeben. Es ist jedoch meist sinnvoll, nicht zu viele Erhebungsinstrumente parallel einzusetzen (vgl. Kap. 6).

| Arbeitsfelder des Qualitätsprogramms | Ziele

Worin bestehen unsere Zielsetzungen? | Realisierungen, vereinbarte Maßnahmen

Was wird getan bzw. was muss geschehen, um diesem Ziel zu entsprechen? | Erfolgsindikatoren

Woran erkennen wir, dass die Zielsetzungen verwirklicht werden? | Instrumente, Methoden zur Evaluation

Mit welchen Instrumenten können wir das feststellen? |
|---|---|---|---|---|
| Unterricht: fachliche Konzepte | | | | |
| Unterricht: überfachliche Konzepte | | | | |
| Erziehungsarbeit | | | | |
| Schulleben | | | | |
| Elternarbeit | | | | |
| Öffnung der Schule | | | | |

Quelle: modifiziert nach MSWWF 1999, 28

Abb. 15: Raster zur Planung der Evaluation von Qualitäts- und Schulprogrammschwerpunkten

5. Evaluationsvorhaben organisieren und Spielregeln klären

An einer Schule herrscht schon längere Zeit der Eindruck, dass der Projektunterricht – der doch zu den Aushängeschildern der Schule zählen sollte – nicht wirklich so umgesetzt wird, wie es den internen Vereinbarungen des Kollegiums entspricht. Eine Lehrergruppe überlegt, wie man die gegenwärtige Praxis des Projektunterrichts weiterentwickeln könnte. Sie erkennt bald, dass sich ihre Diskussion nur auf Vermutungen stützt. Was ist wirklich so schwierig am Projektunterricht? Der Unterricht selbst? Die organisatorischen Rahmenbedingungen? Die Kooperation der Lehrer? Die vermutete Geringschätzung dieser Art von Unterricht durch die Schüler? Man will die Sache genauer recherchieren.

Dem Lehrerteam ist bewusst, dass es in diesem Fall einen klaren Auftrag des Kollegiums braucht, den sie in einer Konferenz auch bekommt. Man entwickelt gemeinsame Ziele und Erfolgsindikatoren zum Thema Projektunterricht. Eine Untersuchung wird mit Feedbackinstrumenten, die in einer Konferenz vereinbart werden, durchgeführt. Ein wesentlicher Punkt der Vereinbarung ist die Rückmeldung der Daten, die die Projektgruppe erhebt. Wer interpretiert sie? Wer fasst Beschlüsse über mögliche Konsequenzen? Die Gruppe wird zwar mit der Grobauswertung der Schüler- und Lehrerfeedbacks beauftragt, die Hoheit über die genaue Interpretation und Handlungskonsequenzen behält sich das Kollegium jedoch vor. Die Projektgruppe wird gebeten, die Auswertungsergebnisse bei einer Konferenz zur Diskussion zu stellen. Sie soll diese Konferenz auch vorbereiten und moderieren – und zwar so, dass man Interpretationen austauschen und Handlungskonsequenzen gemeinsam beschließen kann.

Diese Schule hat offenbar eine differenzierte Logistik für ihre Schulrecherche entwickelt. Diskussionen, Beauftragungen und gemeinsame Beschlüsse in Plenarsituationen wechseln mit klar umrissenen Arbeitsphasen einer Kleingruppe ab. Deren Ergebnisse werden immer wieder der Schulgemeinschaft vorgelegt – sowohl der Einsatz von Untersuchungsinstrumenten als auch die Art der Rückmeldung von Daten an das Plenum wird von ihr beschlossen. Schließlich wird eine Verständigung über die gewonnenen Daten herbeigeführt, damit die Kollegen sinnvoll mit diesen umgehen und Konsequenzen ziehen können.

Ein Vorhaben schulischer Selbstevaluation erfordert die Beteiligung und das Zusammenspiel unterschiedlicher Personengruppen über einen längeren Zeitraum. Damit wird es ein sozial komplexes Unternehmen, wie Abb. 16 andeuten soll, die eine schematische Übersicht über ein mögliches Zusammenspiel zwischen Schulleitung, Kollegium, Arbeitsgruppen und einzelnen Lehrern in einem Evaluationsprojekt bietet (dabei die soziale Komplexität aber deutlich reduziert, als sie sich v. a. auf Lehrerbeteiligung konzentriert und die Beteiligung von Schülern und Externen nur am Rande erwähnt).

In Projekten wird versucht, diese soziale Komplexität etwas überschaubarer zu machen: Die Klärung von Art, Orten und Zeitpunkten unterschiedlicher Beteiligungsformen und -möglichkeiten soll den Beteiligten eine gewisse Orientierungssicherheit bieten. Sie erfolgt einesteils durch die Ausformulierung einer Organisationsstruktur oder ‚sozialen Architektur' des Projekts (vgl. Kap. 5.2), die anderenteils durch *Kontrakte oder Beauftragungen* explizit und verbindlich gemacht werden soll (vgl. Kap. 5.3). Know-how aus

Tätigkeit	Akteure
Ziele und Zwecke klären Ziele, Interessen und Zweck der Evaluation auf breiter Ebene klären	Gesamtkollegium, vorbereitet und moderiert z. B. durch Schulleitung, Initiativgruppe oder Steuergruppe
Arbeitsrahmen abstecken Information über mögliche Arbeitsstrukturen, Diskussion von Verantwortungsbereichen und zeitlichen Dimensionen	Gesamtkollegium, vorbereitet und moderiert durch Schulleitung, Initiativgruppe oder Steuergruppe
Grundsatzbeschluss treffen Allgemeiner Beschluss zur Durchführung der Evaluation und Beauftragung einer Arbeitsgruppe mit der Vorbereitung eines konkreteren Konzepts	Gesamtkollegium, vorbereitet und moderiert durch Schulleitung, Initiativgruppe oder Steuergruppe
Evaluationsthemen bestimmen Was wollen wir untersuchen? Wo setzen wir unsere Prioritäten?	Gesamtkollegium
Arbeitsstrukturen einrichten Wer arbeitet woran mit wem?	Gesamtkollegium
Qualitätsziele und -indikatoren formulieren Ziele, Kriterien und Indikatoren der gewählten Evaluationsthemen ausarbeiten	Evaluationsarbeitsgruppe
Untersuchungsfragen präzisieren Was genau in unserem Evaluationsfeld wollen wir wissen? Einengung des Feldes, um eventuelle ‚Informationsflut' zu verhindern	Evaluationsarbeitsgruppe
Kooperationsspielregeln vereinbaren Von wem werden Daten erhoben? Wer erhält die Daten? Wie wird schulintern mit den Ergebnissen umgegangen? Wer soll über die Befragung informiert werden? Wie wird Datenschutz gewährleistet?	Evaluationsarbeitsgruppen, Gesamtkollegium

Evaluationsvorhaben planen Wie führen wir unsere Evaluation durch? Adaption oder Ausarbeitung von Verfahren, Instrumenten und Vorgangsweisen	Evaluationsarbeitsgruppe, Einzelarbeit
Letztentscheidung treffen Ist uns alles klar? Wollen wir es wie geplant angehen?	Gesamtkollegium
Daten sammeln Ev. Entwicklung und Einsatz von Instrumenten, Einholen von Feedback, laufende Information des Gesamtkollegiums über den Stand der Arbeiten	Evaluationsarbeitsgruppe, Einzelarbeit
Daten interpretieren Kommunikative Analyse der Ergebnisse z. B. in einer Feedback-Konferenz, evtl. Diskussion der Ergebnisse mit verschiedenen Gruppen (Schüler, Eltern, Lehrer anderer Schulen usw.), um „Betriebsblindheit" zu vermeiden	Gesamtkollegium (vorbereitet durch Arbeitsgruppe) Evtl. Arbeitsgruppe, ‚externe Gruppen', Schulleitung, interessierte Lehrer
Konsequenzen ziehen Ausarbeitung konkreter Konsequenzen, Grundzüge der Planung weiterer Entwicklungsschritte	Gesamtkollegium
Konsequenzen umsetzen Feinplanung und Realisierung der Arbeitsplanung	Kleine Arbeitsgruppen, einzelne Lehrer, Schulleitung, Fach- und Projektgruppen

Abb. 16: Zusammenspiel von Gesamtkollegium, Arbeitsgruppe und Einzelarbeit in einem Evaluationsvorhaben

Moderation und *Projektmanagement* (vgl. Kap. 5.4.) soll bei der Durchführung des Projekts helfen. In Kap. 5.5 werden schließlich einige *Methoden der Situationsklärung* vorgestellt, die in dieser Phase zur Informationsbeschaffung für Planungsüberlegungen Einsatz finden können.

Natürlich lassen sich nicht alle Eventualitäten eines Projektverlaufes vorhersehen und durch entsprechende Planungen vorbereiten. Natürlich lässt sich Komplexität nicht wegplanen. Dennoch macht es unserer Meinung nach Sinn, jene ‚kritischen Punkte', die aus der Erfahrung anderer Schulen bekannt sind, zu antizipieren und in der eigenen Vorgangsweise zu berücksichtigen. Die ‚Checkliste für Strategieüberlegungen' (Kasten 15) kann vielleicht helfen, sich solcher ‚kritischer Punkte' in der Startphase eines Evaluationsvorhabens bewusst zu werden.

15

„Ist alles klar?"
Checkliste für Strategieüberlegungen bei einem Evaluationsprojekt
Ein erster Entwurf für ein Evaluationsvorhaben gibt im Idealfall Auskunft zu folgenden Fragen, die Gegenstand von Aushandlungen sind:

Auftrag:	Wer erteilt den Auftrag wem?
Anlass:	Warum soll evaluiert werden?
Ziel:	Zu welchem praktischen Zweck wird evaluiert?
Evaluationsgegenstand:	Was soll evaluiert werden?
Erfolgskriterien:	Woran merken wir, dass etwas gut ist?
Instrumente:	Wie soll es evaluiert werden?
Auskunftgeber:	Wer oder was liefert Daten?
Betroffene:	Wer ist mittel- oder langfristig davon betroffen?
Prozessgestaltung:	Welche Schritte können gesetzt werden?
	Wie werden Daten gesammelt, interpretiert, geschützt und kommuniziert?
	Wer erhält die Ergebnisse?
Zeit:	Wann soll begonnen werden?
	Wie lange dauert das Vorhaben?
Kosten:	Was muss veranschlagt werden an Zeit, Personal- oder Sachkosten, für Fortbildung und die Bereitstellung technischer Voraussetzungen?

Beendet werden die Aushandlungen durch den ‚Kontrakt':

Was kann ein Kontrakt bedeuten?
Was soll er enthalten?
Wer soll ihn unterzeichnen?

Quelle: E. Messner nach N. Maritzen

5.1   Ein Konzept für die soziale Organisation von Projekten zur Qualitätsevaluation

Das Konzept „Fördernde Qualitätsevaluation an Schulen" (FQS), das von Anton Strittmatter (1996a) für den Schweizerischen Lehrer/innenverband (LCH) entwickelt und mehrfach erprobt wurde, soll einen ersten Eindruck der Möglichkeiten zur sozialen Organisation von Evaluationsprojekten bieten (vgl. Abb. 17).

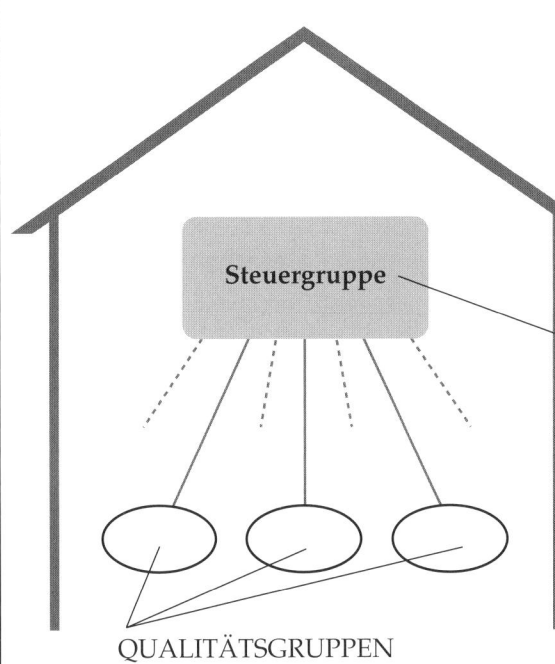

Steuergruppe

STEUERGRUPPE

Mitglieder
Schulleitung und je eine/n VertreterIn jeder Qualitätsgruppe.

Aufgaben
- Koordination/Austausch und Unterstützung der Arbeit der Qualitätsgruppen
- Untersuchung von Leistungen der gesamten Schule („Schulrecherchen")
  - Auswertung anfallender Daten (Statistiken etc.)
  - Erhebungen bei Schülern, Eltern, Absolventen etc.
  - Einholen von Expertengutachten
- Verwertung der Ergebnisse der Schulrecherchen und der Berichte der Qualitätsgruppen zur Einleitung von Entwicklungsmaßnahmen:
  - Fortbildungsaktivitäten
  - Verbesserung organisatorischer Rahmenbedingungen
- Vorbereitung der Berichte, die nach außen gehen (Schulprogramm):
  - für die Öffentlichkeit
  - für die Schulaufsicht

QUALITÄTSGRUPPEN

Mitglieder
jeweils 4–7 Lehrer

Aufgaben
- Einholen von Individual-Feedback:
  - Hospitationen
  - Rückmeldung von Schülern
  - Rückmeldung von Eltern
- Besprechung des Feedbacks und Entwicklung individueller Initiativen zur Verbesserung der Qualität des Lehrens und Lernens
- Periodische Berichte an die Steuergruppe über die Durchführung des Feedbacks
  - über Vorhaben, die sich aus der Evaluation ergeben
  - über Verbesserungsvorschläge, die die schulischen Rahmenbedingungen betreffen.

Abb. 17: Fördernde Qualitätsevaluation für Schulen (nach Strittmatter 1996a)

Grundidee der sozialen Organisation dieses Modells ist die Unterscheidung zwischen kleinen *Qualitätsgruppen*, in denen Lehrer Selbstevaluation und Weiterentwicklung bezüglich selbst gewählter Evaluationsthemen aus dem eigenen Wirkungsbereich (‚Individualfeedback') betreiben, und einer *Steuergruppe*, die einesteils den Fortgang des Gesamtprojekts koordiniert und nach außen vertritt sowie anderenteils Evaluationsaufgaben übernimmt, die den Wirkungsbereich einzelner Lehrer übersteigen („Schulqualitätsrecherchen"). Jeweils vier bis sieben Lehrer schließen sich in einer Qualitätsgruppe zusammen und unterstützen einander bei der Durchführung von Individualfeedback. Jede Qualitätsgruppe delegiert eine/n VertreterIn in die „Steuergruppe" der Schule. Zum Schutz der einzelnen Person wird eine Vertraulichkeitsvereinbarung getroffen, die sicherstellen soll, dass keine Information, die einzelne Lehrer betrifft, ohne deren Zustimmung nach außen gelangt. Ein Beispiel für eine solche Vertraulichkeitsvereinbarung bietet Kasten 16.

5.2 Die „soziale Architektur" von Entwicklungs- und Evaluationsprojekten

Im Folgenden werden die Grundbausteine der ‚sozialen Architektur' eines Entwicklungs- und Evaluationsprojekts vorgestellt – zusammen mit einigen Überlegungen zur organisatorischen Realisierung dieser Funktionen. Diese werden jeweils durch Beispiele eines Pilotprojekts zur Schulprogrammentwicklung illustriert. In Abschnitt 5.2.2 wird ein zentrales neues Element, das die Projektorganisation in die Schule trägt, ausführlicher besprochen: die Steuergruppe.

5.2.1 Funktionen in Entwicklungs- und Evaluationsprojekten

(1) Die Leitung des Schulentwicklungsprozesses
Sie wird durchwegs von der/vom SchulleiterIn wahrgenommen und umfasst vor allem folgende Aufgaben:
- Festlegung und Organisation der Rahmenbedingungen an der Schule:
    - Initiierung des Prozesses,
    - Aufgabenverteilung und Beauftragungen,
    - Schaffung der ‚Zeitfenster' für die gemeinsame Arbeit,
    - Bereitstellung der erforderlichen Ressourcen,
    - Stimulierung der Kommunikation im Lehrerkollegium, mit den Eltern und Schülern sowie mit dem nicht-unterrichtenden Personal
- Periodische Absprachen mit dem/der/den Qualitätsverantwortlichen
- Periodische Information der Schulpartnerschaftsgremien über den Fortschritt der Arbeiten
- Entscheidung über das Schulprogramm/Qualitätsprogramm in Abstimmung mit dem Lehrerkollegium und dem Schulpartnerschaftsgremium
- Konfliktmanagement

Wie kann sich diese Funktion in Schulen realisieren?
In den meisten Schulen eines Pilotprojekts zur Schulprogrammentwicklung an berufs-

16

Muster einer Vertraulichkeitsvereinbarung in einer Lehrergruppe zur kollegialen Reflexion in einem Qualitätssicherungsprojekt

Die Mitglieder der Qualitätsgruppe vereinbaren für ihre Zusammenarbeit

von _____   bis _____

folgende Vertraulichkeits- und Zusammenarbeitsregeln:

1. Für die Zusammenarbeit im Team üben die Mitglieder *größtmögliche Offenheit* nach innen und *absolute Diskretion* nach außen.
2. Der/die einzelne Lehrer/in bestimmt den Grad der Diskretion in allen sie betreffenden Angelegenheiten. Dieser wird von den übrigen Mitgliedern *ausnahmslos respektiert*.
3. Die Qualitätsgruppe legt im Voraus *einvernehmlich* die Evaluationsthemen und die Verfahren der Untersuchung und des Kollegialfeedbacks fest. Diese können für die ganze Gruppe Gültigkeit haben oder auf die Bedürfnisse einzelner Lehrer ausgerichtet sein.
4. Die Berichte der Qualitätsgruppe an die Steuergruppe sind grundsätzlich *anonymisiert* und setzen das *ausdrückliche Einverständnis* aller Mitglieder voraus. Im Verlaufsbericht wird festgehalten, was wie von wem untersucht wurde, und im Ergebnisbericht wird beschrieben, welche Aspekte bzw. Problematiken ermittelt wurden, die für die ganze Schule von Bedeutung sein könnten, ohne Namen zu nennen.
5. Falls es im Laufe der Arbeit zu *unüberwindbaren* Problemen in der Zusammenarbeit kommt, wird über einen möglichen Austritt eines Lehrers aus der Gruppe gemeinsam beraten und eine gute Lösung angestrebt.
6. Die *Diskretionspflicht* erlischt nicht mit dem Austritt aus einer Gruppe oder der Auflösung der Gruppe (keine üble Nachrede!).
7. Die Qualitätsgruppe reflektiert und beurteilt regelmäßig die *Teamqualität* ihrer Zusammenarbeit.

Unterschriften

Quelle: nach Anton Strittmatter 1996

bildenden Schulen (vgl. Krainz-Dürr et al. 2002) war die Schulleitung Mitglied der Steuergruppe. Dies erschien den meisten Beteiligten in einer retrospektiven Befragung auch sinnvoll, weil die Schulleitung eine wesentliche Rolle für die Entwicklung von Schulprogrammen spielt: einerseits als Experten für Schulrecht und Administration (*„bei vielen Diskussionen und Beschlüssen (sind) die Kenntnisse der Schulleitung in den Bereichen Recht, Administration und Finanzen von großem Vorteil"*[12]), andererseits als die Instanz, die die Rahmenbedingungen für eine erfolgreiche Umsetzung der Schulprogramme schaffen muss (*„Schulprogrammarbeit ist Chefsache"*). Wenn die Schulleitung nicht der Steuergruppe angehörte, so wurde die Verbindung von der Projektleitung aufrechterhalten. Sie informierte die Schulleitung über alle Vorhaben und Schritte und leistete eine *Vermittlungsaufgabe*. Ohne Einbeziehung der Schulleitung in die Steuergruppe oder entsprechende Vermittlungsarbeit war Schulprogrammarbeit – wie das Beispiel einer Schule zeigte – nicht möglich.

(2) Die Steuerung des Entwicklungs- und Evaluationsprozesses

Die Steuerung des Entwicklungs- und Evaluationsprozesses erfolgt zumeist durch eine „Steuergruppe"[13]. *Wenn man an Widersprüchlichem Gefallen findet, könnte man Steuergruppen als ‚eingeschränkte und erweiterte Schulleitung' bezeichnen. Sie sind – personell – ‚erweitert', weil sie sich darum bemühen, mehr Mitglieder der Organisation für die Mitarbeit bei Leitungsaufgaben, nämlich für die Steuerung und Koordination von Entwicklungsprojekten, zu gewinnen. Sie sind – thematisch – ‚eingeschränkt', weil sich ihre ‚entwicklungsbezogene' Steuerungs- und Leitungsfunktion nicht auf alle schulischen Fragen bezieht, sondern auf bestimmte Entwicklungsprojekte eingeschränkt ist und am besten durch eine explizite Beauftragung umschrieben wird (vgl. Kap. 5.3). Weitere Hinweise zu Aufgaben, Zusammensetzung und Arbeitsweise von Steuergruppen finden sich in Kap. 5.2.2.*

Wie kann sich diese Funktion in Schulen realisieren?
Diese Gruppen waren von Schule zu Schule im Pilotprojekt unterschiedlich besetzt und unterschiedlich groß (3–12 Mitglieder). Die Mitglieder waren teils Funktionsträger der Schule und/oder Personen, die verschiedene Gruppierungen im Kollegium repräsentierten (alt – jung, Fachgruppen, Lehrer und nicht-lehrendes Personal, konservativ – progressiv, direktornah – direktorfern usw.). Die Vertretung unterschiedlicher Fach-Gruppen schien den meisten Kollegien wichtig. Wichtig war, *„dass nicht alle aus einer Ecke kommen"*. In den meisten Fällen gehörte auch die Schulleitung dieser Gruppe an, was von etlichen Projektleitern als wesentliche Erfolgsbedingung angesehen wurde.
Die Bildung der Steuergruppen erfolgte von Schule zu Schule unterschiedlich. Manchmal fanden sich in der Steuergruppe Personen, die sich freiwillig in diese Gruppe gemeldet hatten, manchmal wurden die Mitglieder vom Schulleiter angesprochen und nominiert; eine Gruppe wurde auch in einem Plenarprozess gebildet, in dem das gesamte Kollegium eingebunden war. In einer Schule wurde diese – extern moderierte – Vorgangsweise bei der Bildung der Steuergruppe als ein „Highlight" des gesamten Prozesses der Schulprogrammarbeit beschrieben: *„Die Anwärter für die Gruppe setzten sich auf vorbereitete Stühle,*

---

12 Bei allen Zitaten in diesem Abschnitt handelt es sich um Interviewausschnitte mit TeilnehmerInnen an Schulprogrammprojekten, die in Krainz-Dürr et al. (2002) gesammelt und analysiert wurden.
13 Andere vorkommende Bezeichnungen waren „Schulprogrammarbeitsgruppe" und „Koordinationsgruppe".

die im Halbkreis mit Blick zum Plenum aufgestellt waren. Es konnten die darauf Sitzenden erfahren und kundtun, wie sich der Platz für sie anfühlte, als auch konnte das Plenum schauen, ob es sich durch die dort sitzenden Personen vertreten fühlte. Der Prozess wurde zur Zufriedenheit aller mit der endgültigen Bildung der Steuergruppe abgeschlossen."

An allen Pilotschulen wurde eine offizielle Bestätigung der Steuergruppe durch das Kollegium eingeholt, d. h. sie wurde mit einem „Mandat" des Kollegiums ausgestattet.

(3) Die Gesamtkoordination der Schulprogrammentwicklung

An manchen Schulen, v. a. dort wo eine große Steuergruppe tätig ist, wird eine Person (die Mitglied der Steuergruppe ist und dort oft eine Koordinations- oder Sprecherfunktion erfüllt) oder eine sehr kleine Teilgruppe der Steuergruppe damit beauftragt, die laufende Koordination des Gesamtprojekts zu übernehmen. Häufig werden diese Personen als ‚Qualitätsverantwortliche', ‚Projektleiter' oder ‚Koordinator' bezeichnet. Zu den wichtigsten Aufgaben gehören:

- Leitung der Sitzungen der Steuergruppe und Sorge für den schulinternen Austausch zwischen den Qualitätsgruppen
- Betreuung der Koordinatoren der Qualitätsgruppen
- Organisation externer Unterstützung und Fortbildung
- Leitung einer Gesamterhebung (sofern eine solche geplant ist)
- Regelmäßige Information des/der SchulleiterIn über den Fortgang der Arbeit
- Berichterstattung im Lehrerkollegium und im Schulpartnerschaftsgremium über die Ergebnisse der Entwicklung und Evaluation
- Endredaktion des Schulprogramms (Qualitätsprogramms)

Wie kann sich diese Funktion in Schulen realisieren?

Einige Projektleiter wurden im genannten Pilotprojekt von der Steuergruppe gewählt und dann vom Kollegium bestätigt, andere wurden vom Schulleiter bestellt, wieder andere erhielten ihre Funktion aufgrund einer internen Aufgabenverteilung innerhalb einer kleinen Gruppe von Freiwilligen, die die Schulprogrammentwicklung koordinieren wollten, oder ‚schlitterten' in die Funktion hinein, weil sie z. B. den Schulleiter im Krankheitsfall vertreten mussten.

Die Art der Bestellung hatte Auswirkungen. Wer vom Schulleiter bestellt wurde, musste in Kauf nehmen, dass *„unter der Hand von einigen von geheimen oder verdeckten Hierarchien gemunkelt wird"*; wer in seine Funktion nur „hineinrutschte", blieb in dieser Rolle unsicher (*„Ich würde mich also nicht so direkt als Projektleiter bezeichnen."*) und wer von der Steuergruppe gewählt wurde, musste sich auch um eine Legitimation durch die Schulleitung bemühen. So unterschiedlich die Art der Bestellung der Projektleitung an den einzelnen Schulen auch verlaufen war, so zeigten sich doch einige Gemeinsamkeiten: Projektleiter wurden jene Lehrer, die

- sich freiwillig dazu bereit erklärt hatten:
  „… dann habe ich halt aufgezeigt"; *„… wir drei haben uns in der Konferenz spontan bereit erklärt."*
- ein gewisses Know-how für Projektmanagement und Evaluation mitbrachten:
  „Ich habe bereits in der Vergangenheit eine Evaluierung mittels Fragebogen koordiniert"; *„… komme eigentlich aus der Unternehmensberatung"*; *„der frühere Projektleiter hat Projektmanagement an der Schule unterrichtet."*

- hohe Akzeptanz im Kollegium genossen
- der Schulleitung soweit nahe standen, dass sie eine gute Gesprächsbasis mit dieser unterhalten konnten:

  „Ich bin der Ansprechpartner des Direktors, ich halte immer Kontakt zur Schulleitung, wenn es nötig ist."

Die Projektleiter hatten eine wichtige Managementfunktion für die Schulprogrammentwicklung. Obwohl alle Lehrer, die in den Projekten Leitungsfunktionen übernommen hatten, offensichtlich hohe Akzeptanz im Kollegium genossen, war die Übernahme dieser Funktion nicht einfach. Eine funktionale Differenzierung wird in einem Kollegium, das aus hierarchisch gleich gestellten Personen besteht, als Störfaktor angesehen. Lehrer, die sich besonders für Schulentwicklung interessieren, kommen daher leicht in den Geruch, *„zweite Chefin sein zu wollen"* und die enge Zusammenarbeit mit der Schulleitung schürt Fantasien, man könne aus dieser Rolle *„Vorteile"* schlagen. Eine Strategie, diesen Fantasien den Boden zu entziehen, ist größtmögliche Transparenz (öffentlich ausgelegte Protokolle, Informationstafeln, regelmäßige Berichte): *„Alle Sitzungsprotokolle, Zwischenergebnisse und Beschlüsse wurden öffentlich ausgelegt und für jeden einsichtig gemacht … wichtige Themen … Hausordnung … Erziehungsfragen … wurden in einem Plenumsprozess diskutiert und entschieden … was unter der Decke brodelte, wurde nun angesprochen."*

(4) Durchführung der Entwicklungs- und Evaluationstätigkeit zu einzelnen Themenbereichen
Diese Tätigkeit erfolgt fast durchwegs in Arbeitsgruppen (Qualitäts-, Entwicklungs- oder Themengruppen genannt) von meist drei bis zehn Personen. Solche Gruppen wählen zumeist eine/n *SprecherIn*, der/die die organisatorischen (und oft auch wichtige inhaltliche) Aufgaben für die Gruppe übernimmt und diese u. U. auch in der Steuergruppe vertritt. Zu seinen/ihren Aufgaben gehören meist
- die Moderation der Gruppenbesprechungen
- die Koordination der Arbeit der Entwicklungsgruppe
- die Organisation externer Unterstützung, u. U. auch der Fortbildung der Gruppe
- die Teilnahme an den Sitzungen der Steuergruppe
- die Präsentation der Zwischenergebnisse und des Endberichts bei Konferenzen und Pädagogischen (Halb-)Tagen
- die redaktionelle Bearbeitung des Entwicklungsplans der Gruppe.

Für den Erfolg der Arbeiten ist die Integration der ‚neuen' Strukturen in die bestehende Kultur der Schule von großer Bedeutung. Es empfiehlt sich daher, beim Aufbau der Projektstruktur nicht zu rasch vorzugehen, möglichst großen Konsens in der Schulgemeinschaft anzustreben und nach einiger Zeit die Struktur auf ihre Praktikabilität zu überprüfen. In jedem Fall ist es zweckmäßig, kein Einheitsmodell allen Schulen überzustülpen, sondern diesen große Spielräume für die Organisation des Prozesses zu lassen.

Wie kann sich diese Funktion in Schulen realisieren?
Die eigentliche Entwicklungsarbeit an den Pilotschulen wurde von Arbeitsgruppen geleistet, die sich um bestimmte Themen und Aufgaben bildeten. In vielen Fällen (und abhängig von der Thematik) arbeiteten auch Schüler und Eltern (in manchen Fällen auch das nicht-unterrichtende Personal der Schule) in diesen Gruppen mit. Dass deren Beteiligung als Gewinn betrachtet wird, zeigte sich fast überall, sobald eine gewisse Hemm-

schwelle auf Seiten der Lehrer überwunden war, die meist die Hauptlast der Entwicklungsarbeit trugen.

Die Vorgangsweise bei der Themenfindung war von Schule zu Schule unterschiedlich, erfolgte jedoch im Prinzip nach einem der beiden folgenden Muster:
- Themenfindung unter Beteiligung des gesamten Kollegiums
- Themenvorschlag der Schulleitung bzw. einzelner Lehrer wird durch das Kollegium bestätigt.

Schulen mit „wenig Erfahrung in systematischer Schulentwicklung" gingen eher den ersten Weg, Schulen „mit Erfahrung" knüpften an bereits Erarbeitetes an. Eine besondere Form der Themenfindung unter Einbeziehung aller Schulpartner sowie des gesamten Umfelds erfolgte an einer Schule im Rahmen einer ‚Zukunftskonferenz' (vgl. Burow 1998). Die Arbeitsgruppen arbeiteten im Wesentlichen autonom. Die Terminplanung war durchwegs schwierig, da im schulischen Alltag kaum Arbeitszeit für Planungs- und Entwicklungsarbeit vorgesehen ist. Die Ergebnisse wurden schriftlich festgehalten und meist als Protokolle öffentlich ausgelegt. Es war Aufgabe der Projektleitung, die Arbeitsgruppen zu koordinieren.

Gelegentlich kam es vor, dass bei der Schulprogrammarbeit einzelne Gruppen zueinander in Konkurrenz gerieten, etwa wenn Ergebnisse unterschiedlicher Gruppen aufeinander abgestimmt werden mussten, um dem Gesamtprofil der Schule zu entsprechen. Diese Aufgabe des „Abgleichens" und Vernetzens kam der Steuergruppe bzw. dem Projektleiter zu und war schon aus der Natur der Sache konfliktträchtig.

Die Funktion des Sprechers war nicht immer einfach. Manche Lehrer hatten ein sehr ambivalentes Verhältnis zum Thema ‚Leitung' und reagierten sensibel auf jemanden, der entsprechende Aufgaben übernehmen wollte. Auf der anderen – komplementären – Seite wurden Leitungsfunktionen häufig recht zögernd übernommen, wobei vermieden wurde, Verbindlichkeiten einzufordern oder Aufgaben zu delegieren.

„Für manche Gruppenleiter war es anfangs unangenehm, Kollegen für Aufgaben einzuteilen, was teilweise als ‚diktatorisch' empfunden wurde."

Die Notwendigkeit, der Arbeitsorganisation und Rollenklärung besondere Aufmerksamkeit zu widmen, kam in der zitierten Studie recht deutlich zum Ausdruck. Als Resümee der Arbeit in den Arbeitsgruppen wurde etwa von einem Lehrer vermerkt:

„Auch auf dieser Ebene zeigt sich, dass vor Beginn der inhaltlichen Arbeit die Rollen und Zuständigkeiten innerhalb der Gruppe klar strukturiert und definiert sein müssen, um ein effizientes Weiterkommen zu gewährleisten."

5.2.2 Steuergruppen – Zusammensetzung und Aufgaben

Nach welchen Gesichtspunkten soll die *Zusammensetzung von Steuergruppen* erfolgen? (Vgl. zum Folgenden Hanzer 1997) Ihrer Idee nach ist die Steuergruppe eine ‚Vorwegnahme' des in vielen deutschsprachigen Schulsystemen fehlenden *mittleren Managements* durch die Konstituierung einer arbeitsfähigen Mikroversion der Schulgemeinschaft. In ihr sollen die wesentlichsten Strömungen der Schule – real oder ideell – so repräsentiert sein, dass die Steuergruppe in der Lage ist, selbst Entscheidungen vorzubereiten (oder operative Entscheidungen im Verlaufe von beauftragten Entwicklungsprozessen selbst zu fallen), denen gegenüber sich die größere Schulgemeinschaft mit hoher Wahrscheinlichkeit loyal verhalten wird. Weiters soll sie jene Punkte erkennen, in denen Meinungsbildung und

Entscheidung durch die größere Schulgemeinschaft angemessen sind. Üblicherweise werden folgende *Gesichtspunkte für die Zusammensetzung einer Steuergruppe* genannt (vgl. auch Kap. 8.3.2):

- *Formelle Entscheidungsträger:* Schulleitung, Administrator, Abteilungsvorstände, Personalvertreter, Vertreter von bestehenden Gremien der Schule und von evtl. eingerichteten ‚Substrukturen' (z. B. Jahrgangsteams, Abteilungen, Fachgruppen, ‚Qualitätsteams') usw.
- *Informelle Einflussträger:* ‚einflussreiche Persönlichkeiten', Meinungsmacher, Vertreter von Interessengruppen usw.
- *Vielfalt und Repräsentativität:* Eine Gefahr besteht darin, *nur* die ‚Gleichgesinnten' – die ‚Engagierten', die ‚Fortschrittlichen', die der Schulentwicklung oder der Schulleitung gewogenen Kollegen – in diese Steuergruppe einzuladen. Dadurch gehen erstens Energien für den Entwicklungsprozess verloren. Zweitens finden Ausgeschlossene ohnehin früher oder später ihre Wege, auf die eine oder andere Weise mitzumischen.
- *Gruppengröße:* Diese sollte – je nach Größe der Schule – etwa 5–10 Personen betragen, um *face-to-face*-Interaktionen und Arbeitsfähigkeit zu gewährleisten.
- *Vertreter verschiedener Entwicklungsgruppen:* Zur Koordination der Entwicklungstätigkeit und zur Früherkennung etwaiger Probleme ist es sinnvoll, Vertreter jener Qualitäts- oder Entwicklungsgruppen einzubinden, in denen die Entwicklungs- und Evaluationstätigkeit erfolgt.
- *Bereitschaft zur Übernahme von Verantwortung und zur konkreten Mitarbeit*

Es ist klar, dass diese zahlreichen Gesichtspunkte nicht jeweils durch eigene Personen vertreten werden können, sondern dass auch Personen gefunden werden müssen, die in der Lage sind, mehrere unterschiedliche Prinzipien glaubhaft für die Schulgemeinschaft zu repräsentieren. Die Delegation von Mitentscheidungsrechten an einen „Vertreter" fällt in manchen Kollegien, in denen die Autonomie einzelner Lehrer sehr hoch geschätzt wird, übrigens gar nicht so leicht (vgl. Altrichter/Eder 2004).

Die Steuergruppe trifft sich in einer gewissen Regelmäßigkeit zu vereinbarten Zeitpunkten und hat üblicherweise u. a. folgende *Aufgaben:*

- *Animation und Beteiligung der Betroffenen:* Am Anfang müssen Impulse gesetzt werden, die eine Meinungsbildung unter den Betroffenen der Schule über die Richtung der beabsichtigten Entwicklung und Evaluation sowie das Entstehen von Energie dafür erlauben. Durch realistische Zielsetzungen, Zwischenbilanzen sowie durch das Öffentlichmachen und Feiern von Erfolgen soll ein Bewusstsein über die Fortschritte und das noch zu Leistende aufrechterhalten werden.
- *Koordination und Management des laufenden Entwicklungsprozesses:* Dazu gehören zunächst einmal alle Aktivitäten und Entscheidungen, die dafür sorgen, dass die einmal beschlossenen Entwicklungs- und Evaluationsaktivitäten auch ihren Intentionen gemäß umgesetzt werden (vgl. Kap. 5.4) – durch Koordination der verschiedenen Tätigkeiten, durch verschiedene Art von Unterstützung für die operativ an Entwicklungs- und Evaluationsvorhaben tätigen Arbeitsgruppen und Einzelpersonen (z. B. die Vernetzung von Wissen und Ressourcen), aber auch durch die Beobachtung ihres Fortschritts (‚Projekt-Controlling'). Dazu gehört auch die Entscheidung, zu welchem Zeitpunkt und auf welche Weise die Schulgemeinschaft, die Gesamtgruppe des Kollegiums und evtl. andere

Bezugsgruppen, in die Entscheidungsfindung über die weitere Umsetzung von einzelnen Projekten und die Richtung des Schulentwicklungsprozesses eingebunden werden sollen, aber auch oft die organisatorische und didaktische Vorbereitung solcher Gelegenheiten der Meinungsbildung und Entscheidungsfindung.

- *Aufbau eines verlässlichen und transparenten Informationsflusses:* Wie können die Mitglieder der Schulgemeinschaft, des Kollegiums und andere Bezugsgruppen in einer ökonomischen Form von den Vorgängen der Schulentwicklung auf dem Laufenden gehalten werden? In Schulen wird oft über mangelnde Information geklagt. Gerüchte entstehen manchmal überraschend leicht. Wenn Veränderungen anstehen, ist die Möglichkeit, Zugang zu den wichtigen Informationen zu erhalten, noch bedeutsamer. Am schwarzen Brett, auf einer eigenen ‚Schulentwicklungs-Litfasssäule‘ oder im Konferenzzimmer können ‚Zwischenberichte‘ aufgehängt werden, in einer Konferenz können Gruppenberichte präsentiert werden (vgl. Kap. 8.1).

- *Eventuell: Übernahme ‚übergreifender‘ Aufgaben:* Gerade bei Evaluationsprojekten kommt es nicht selten vor, dass die Steuergruppe nicht nur steuert und koordiniert, sondern auch selbst ‚operative‘ Entwicklungs- oder Evaluations-Aufgaben übernimmt, die einen ‚übergreifenderen‘ Charakter haben als die Vorhaben der einzelnen Qualitätsgruppen, z. B. eine ‚Schulqualitätsrecherche‘, die sich auf klassenübergreifende Fragestellungen bezieht, während sich einzelne Qualitätsgruppen mit enger klassenbezogenen Fragen oder ‚Individualfeedback‘ befassen. Hier ist aber darauf zu achten, dass die Steuergruppe nicht durch ihr eigenes Entwicklungs- oder Evaluationsthema selbst zu einem Mitspieler unter anderem in der schulischen Mikropolitik wird und dadurch ihr steuerndes und koordinierendes Potenzial einbüßt.

5.2.3 Erfahrungen mit Steuergruppen in Schulentwicklungsprozessen

Steuergruppen irritieren[14]

„Und plötzlich kam's mir vor, als stünde ich auf der anderen Seite einer Glaswand. Begrüßungen, wie ‚Guten Morgen Frau Direktor‘ und Gerüchte, wie ‚Du willst wohl was werden?‘ waren ja noch auszuhalten. Davon konnte ich mich innerlich distanzieren, obwohl es schmerzte. Schlimm war aber diese emotionale Distanz, die ich täglich spürte, diese verunsicherten Blicke der Kollegen und die verhaltenen Gespräche mit mir. Da war etwas, das mich ohnmächtig machte. Man ‚schnitt‘ mich, und ich konnte mich nicht wehren. Das machte mich zornig und traurig gleichzeitig, und es hat mir fast den Mut genommen. Glücklicherweise hab ich's durchgestanden. Das war am Anfang, heute ist die Steuergruppe schon gewohnter geworden."[15]

Diese Schilderung stammt von einer Lehrerin, die sich in einer Steuergruppe eines Schulentwicklungsprojektes engagiert hatte, und sie steht für manche, durchaus vergleichbare Erlebnisse. Führung ist ein tabuisiertes Thema in Schulen. Die Veränderung von Führungskonstellationen, wie sie mit der Einrichtung von Arbeitsstrukturen für Schulentwicklung, z. B. durch Steuergruppen einhergeht, ruft meist reflexartige Abwehrreaktionen hervor. Zwar sind Schulleiterbestellungen oft machtlustbesetzte Entscheidungen in schulpolitischen Gre-

---

14 Die Argumentation dieses Abschnittes folgt Messner/Altrichter (1998).
15 Dieses und die folgenden, nicht anders gekennzeichneten Zitate stammen aus Gedächtnisprotokollen über Reflexionssitzungen von Steuergruppen und über Gespräche mit Lehrern.

mien, das Gespräch über Fragen der Führung an den Schulen selbst findet jedoch meist an nicht-öffentlichen Orten statt, im Kaffeezimmer, wenn nicht gar außerhalb der Schulmauern und – wie oben geschildert – ‚unterschwellig direkt' im Gespräch mit Betroffenen. Über Prinzipien, Zusammensetzung und Arbeitsweise von Steuergruppen ist in der Schulentwicklungsliteratur schon viel geschrieben worden. In der Praxis ‚irritieren' Steuergruppen jedoch sehr. Die Betroffenen werden von Energien, Gefühlen und ‚wie von selbst entstehenden' Beziehungskonstellationen im Kollegium hin- und hergeworfen. Wodurch entstehen diese Irritationen?

Mentale ‚Berufsbarrieren'

Aus den Arbeiten des amerikanischen Bildungssoziologen Dan Lortie (1975) lässt sich ein plausibler Erklärungsansatz ableiten (vgl. Altrichter/Soukup-Altrichter 1998): Schulen weisen traditionell eine segmentierte, zellulare Struktur und entsprechende Kräfteverhältnisse auf. Lehrer arbeiten während des Großteils ihres Arbeitstages in ‚selbstgenügsamen Zellen' ohne explizite Koordination mit anderen Lehrern. Ein Organisationsprinzip, das in der Metapher vom Lehrer als ‚Einzelkämpfer' längst zum pädagogischen Gemeinplatz geworden ist. Dieser zellularen Arbeitsorganisation entspricht nach Lortie eine Berufskultur von Lehrern, die durch zwei informelle Normen charakterisiert ist, durch das sog. *‚Autonomie-Paritäts-Muster'* (vgl. auch Kap. 8.3.2): Kein Erwachsener (auch keine Kollege) darf in den Unterricht des Lehrers eingreifen (‚Autonomie'). Und: Alle Lehrer müssen als gleichberechtigt betrachtet und behandelt werden (‚Parität'). Anders ausgedrückt: *Man kann Lehrern nicht wirklich in ihre Arbeit ‚dreinreden', und man soll, trotz aller Unterschiedlichkeit, alle gleich behandeln* (vgl. Sertl et al. 2001). Unterschiedliche Qualifikationsniveaus, unterschiedlicher Einsatz und unterschiedliches Engagement können vielleicht auf informeller Ebene thematisiert werden, dürfen aber keine Rolle auf der formellen Ebene spielen. Von derart sozialisierten Lehrern ist ein ‚gebrochenes Verhältnis' zum Thema ‚Autorität' zu erwarten, ein Widerstand gegen jegliche Koordination, die leicht als Eingriff und Kontrolle erlebt wird, und die Auffassung, dass die zentralen beruflichen Probleme (‚Unterricht') individuell gelöst werden müssen.

Noch ein weiteres Organisationsprinzip kennzeichnet traditionell Schulen: die Trennung von ‚Unterrichts'- und ‚Verwaltungs'-Aufgaben (vgl. Marx/van Ojen 1992, 113 f.). Die Funktion ‚Verwaltung' hat wenige eigene Strukturen (z. B. Sekretariat): Sie wird einerseits als ‚ungeliebtes Kind' von den Lehrern miterledigt, jedoch nicht als Teil ihrer professionellen Verpflichtung angesehen, sondern als ‚zusätzliche Aufgabe', die meist weder ideell noch finanziell honoriert wird. Andererseits wird Verwaltung als ‚Spezialaufgabe' der Schulleitung verstanden. Schulleitungen, die nach traditionellen Mustern agieren, nehmen diesen Ball gerne auf und konzentrieren ihr Interesse eher auf verwaltungsmäßige denn auf pädagogische Leitung. Unter diesen Umständen bauen Lehrer eher organisationsskeptische bis -feindliche Einstellungen auf. Kooperative und organisationsbezogene Aktivitäten erleben sie tendenziell als schmerzlichen Diebstahl von Zeit, die den wirklich wichtigen Tätigkeiten, d. h. dem individuell erteilten Unterricht, entzogen wird.

Im Widerspruch zum System

Die Einrichtung einer Steuergruppe bedroht das ‚Autonomie-Paritäts-Gebot': Sie gibt formell gleichgestellten Lehrern Steuerungsaufgaben und stellt Kollegen ‚über' Kollegen. So eröffnet sie den einen die Möglichkeit zur Verletzung der unterrichtlichen Autonomie der anderen. Traditionelle Leitungsstrukturen, die einen Leiter über formell gleiche, aber individuelle Autonomie beanspruchende Lehrer stellen, erscheinen offenbar als umso akzeptabler, je mehr sich die Schulleitung auf ‚Verwaltungsaufgaben' beschränkt und die unterrichtliche Autonomie unangetastet lässt.[16]

Schließlich bedroht eine einigermaßen effiziente Zusammenarbeit zwischen Lehrern und der Schulleitung in einer Steuergruppe die traditionelle Segmentierung zwischen ‚Unterricht' und ‚Verwaltung': Lehrer in einer Steuergruppe lassen sich üblicherweise nicht auf ‚Verwaltungs'-Aufgaben beschränken (vgl. Soukup 1997). Es wird wahrscheinlicher, dass sie – oft erstmals – auch Führungsfunktionen in Hinblick auf ‚Unterricht' beanspruchen.

Unserer Erfahrung nach verändert die Einrichtung der Steuergruppen tendenziell Informationsfluss und Machtverteilung in Schulen (vgl. Altrichter/Posch 1996). Wird eine Steuergruppe aktiv, verletzt sie sowohl das Gleichheits- als auch das Autonomieprinzip und ist zunächst sowohl für die Lehrer als auch für die Schulleitung eine potenzielle Bedrohung. Widerstände gibt es, selbst wenn die Steuergruppe auf demokratische Weise zustande kommt (z. B. durch Delegation gewählter Vertreter der Arbeitsgruppen in die Steuergruppe) oder wenn das Kollegium die Steuergruppe formell mit der Steuerung des Entwicklungsprozesses beauftragt. Es ist so, als ob es Führung und Steuerung in einer traditionellen Schule nicht geben dürfe, selbst wenn sie demokratisch legitimiert ist. Leitung darf in Schulen offenbar nur dann sein, wenn sie entweder gesetzlich legitimiert, von außen zugewiesen und diskret (d. h. auf ‚Verwaltung' beschränkt) ausgeübt wird oder wenn sie auf einer informellen Ebene ‚heimlich-unheimlich' stattfindet. Für eine offene und transparente Selbststeuerung ist der Boden in auf traditionelle Weise arbeitenden Schulen noch kaum bereitet.

5.2.4 Beispiele für die Stellung von Steuergruppen in Entwicklungsprozessen

Wie also lebt man in und mit Steuergruppen in der Praxis? Die folgenden Situationen entstammen unserer Tätigkeit als interne Schulentwicklerin und externe Berater, aus Seminaren und längerfristigen Schulentwicklungsprojekten in Österreich. Während unterschiedlicher Entwicklungsprozesse konnten wir einige bemerkenswerte Konstellationen im Verhältnis zwischen Schulleitung, Steuergruppe und Kollegium beobachten. Im Folgenden sollen einige mögliche – und von uns beobachtete – Konstellationen der Dreiecksbeziehung zwischen Schulleitung, Steuergruppe und Kollegium beschrieben und interpretiert werden.

Die Alibi-Einrichtung

An einer Schule kristallisierte sich eine relativ enge „Kooperation" zwischen Schulleitung und den einzelnen Mitgliedern der Steuergruppe heraus, wobei allerdings die Distanz zum Kollegium wuchs. Der Schulleiter arbeitete sehr aktiv in der Gruppe mit, bemühte sich um ein gutes Verhältnis zur ihr, vor allem zu einzelnen Mitgliedern, und benützte sie als ‚Resonanzgruppe', an der er seine eigenen Ziele einem ersten Test unterziehen konnte.

Die Handlungen (in) der Steuergruppe drückten unbewusst eine Ablehnung des Zusammenarbeitsprinzips aus. Obwohl die Kooperation häufig verbal beschworen wurde, war

---

16 Vgl. die aktive Abwehr gegen den Versuch eines neuen Schulleiters, unterrichtliche Führungsfunktionen zu übernehmen, in dem Beispiel von Hirner et al. (1996).

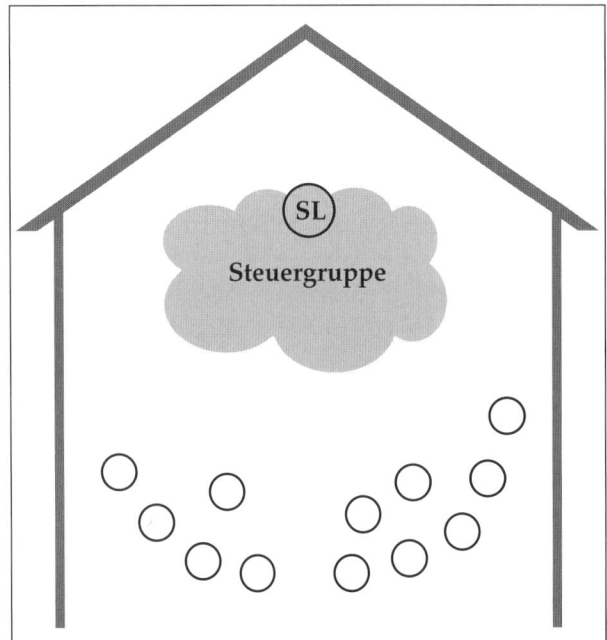

Abb. 18: Steuergruppe als Alibi-Einrichtung

letztlich meist individuelles Vorgehen an der Tagesordnung. Die Nähe in der Steuergruppe beschränkte sich auf gegenseitige emotionale Stärkung. Die Zusammenarbeit geschah vor allem in Form von Pausengesprächen. Nur wenige Sitzungen kamen tatsächlich zustande, in denen dann ‚Geschichten‘ ausgetauscht oder ‚Grundsätzliches‘ diskutiert wurde. Man traf kaum gemeinsame Entscheidungen, betrieb keine Informationspolitik und setzte keine Entwicklungsinitiativen. Die Steuergruppe gab es zwar, aber sie war in der schulischen Öffentlichkeit nicht wirklich präsent und fassbar. Sie hatte sogar ein Aufgabenprofil für ihre Tätigkeit erarbeitet, doch wurde dieses den Lehrern nie bekannt gemacht. Die Arbeit schien der unausgesprochenen Vereinbarung zu folgen, dass eine Steuergruppe in Entwicklungsprojekten zwar nötig wäre, aber alle recht zufrieden damit sein könnten, wenn diese nicht sehr sichtbar und aktiv würde. Die Steuergruppe wagte nicht, die Autonomie der einzelnen Lehrer anzutasten, da sie Konflikte befürchtete – eine Erfahrung, die tief in die Geschichte dieser Schule eingegraben war.

Nach einiger Zeit äußerten jene Mitglieder der Steuergruppe, die eine aktivere Rolle für sich erhofft hatten, Frustrationen. Diese wurden aber – vor allem vom Schulleiter – nicht ernst genommen, personalisiert oder ‚wegdiskutiert‘. Immer sichtbarer wurde, dass es auch unter der ‚neuen Leitungsstruktur‘ nur dem Schulleiter ‚gestattet‘ war, Entscheidungen zu treffen und Initiativen zu setzen. Zunehmend wurde klarer, dass die Legitimation der Steuergruppe trotz allgemeiner Wahl durch das Lehrerkollegium nur durch den Schulleiter gegeben war. Dadurch entstand in der Steuergruppe ein hoher Grad der Abhängigkeit von seinen Handlungen oder ‚Nichthandlungen‘. Denn auch der Schulleiter agierte recht vorsichtig und zurückhaltend. Vielleicht auch ein Grund, warum ihm zugestanden wurde, *für* das System zu handeln. Sein Führungsstil war bekannt; man wusste, dass nichts Bedrohliches zu erwarten war.

Für die meisten Lehrer schien alles in Ordnung zu sein. Man merkte nicht viel von der Arbeit der Steuergruppe, ein gemeinsamer gezielter Entwicklungsprozess fand nicht statt. Interessanterweise zeigte sich aber, dass viele Lehrpersonen Entwicklungsarbeit betrieben – wie sie das auch schon vorher getan hatten, nämlich engagiert, individuell und unkoordiniert. Die Sorge um Weiterentwicklung war vorhanden, aber diese sollte eben vornehmlich einzeln oder höchstens in kleinen Freundschafts- oder in den bestehenden Fachgruppen geschehen. Eine Zusammenführung, die sich mit den Unterschieden im Lehrerkollegium hätte auseinander setzen müssen, erschien aus Erfahrung bedrohlich. So wie in der Steuergruppe äußerten auch im Kollegium einzelne Lehrer Bedenken wegen der spürbaren Orientierungs- und Verbindungslosigkeit unterschiedlicher pädagogischer Philosophien. Aber auch sie wurden verworfen, denn auch sie fanden lediglich in Vieraugengesprächen oder informellen Kleingruppen statt.

Die Konstellation ‚Steuergruppe als Alibi–Einrichtung' illustriert, dass es einem System gelingen kann, trotz verbaler Beschwörung des Ganzen, auf der Handlungsebene bei der tradierten Norm der Vereinzelung zu bleiben. In dieser Konstellation ist die Übernahme von Verantwortung für das Ganze nur dem Schulleiter gestattet, wenn er diese ‚diskret' handhabt. Gleichgestellte Kollegen dürfen das nicht tun. Das garantiert klare Macht- und Gestaltungsverhältnisse. Zusammenarbeit wird zwar postuliert, Gruppen werden eingerichtet, jedoch nicht zur Funktionsfähigkeit gebracht. Eindrucksmanagement mit modernen Formen, die leer bleiben und in deren Schatten das Gegenteil getan wird. Nach außen scheint sich die Strategie zu bewähren: die Schule ist bekannt für ihre Teamarbeit. Im Inneren verschleißt ‚So-tun-als-ob' Energien, die vielleicht tatsächlich besser in individuellen Unterricht fließen – womit wiederum die traditionellen Prinzipien der Trennung von Verwaltung und Unterricht sowie der individuellen Unterrichts-Autonomie eine Bestätigung erfahren.

Steuergruppe im umkämpften *Terrain*

An einer Schule führte die Einrichtung einer Steuergruppe zu einer Machtverschiebung innerhalb der Schule und gefährdete damit die Position anderer starker Gruppen. Im Kollegium wurden Themen für Entwicklungsprojekte gesammelt. Die Steuergruppe beschloss gemeinsam mit dem Schulleiter, eine schulinterne Fortbildungsveranstaltung an einem für Lehrer freien Tag zu organisieren. Dahinter steckte die Absicht, eine Klärung über Kommunikations- und Kooperationsmuster sowie über die Rollen der Funktionsträger an dieser Schule herbeizuführen – und zwar in einer Atmosphäre, die genügend Zeit und Raum für Gespräche bieten sollte, wurde doch allgemein die schlechte Soziodynamik im Lehrerkollegium beklagt.

In der Zwischenzeit war es in der bildungspolitischen Öffentlichkeit zu einer brisanten Diskussion über Einsparungen im Bildungswesen gekommen. Ein regionales Aktionskomitee forderte die Personalvertretungen der Schulen auf, in Versammlungen zu einer Demonstration gegen die Sparpolitik der Regierung aufzurufen. Die Personalvertretung (PV) der Schule vereinbarte mit der Schulleitung eine

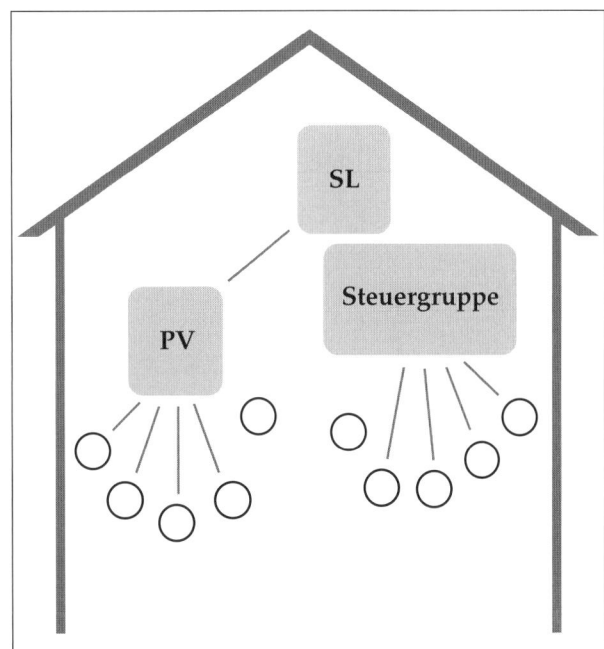

Abb. 19: Steuergruppe im umkämpften Terrain

„Dienststellenversammlung" des gesamten Kollegiums. Gleichzeitig wollte sie das Kollegium befragen, ob die von der Steuergruppe geplante schulinterne Fortbildungsveranstaltung überhaupt gewünscht wäre. In der Abstimmung kommt es zur Ablehnung der Fortbildungsveranstaltung und zu lautstarken Auseinandersetzungen zwischen Personalvertretern und Mitgliedern der Steuergruppe (Stgr): Der Vorwurf der Personalvertretung lautete, die Fortbildungsveranstaltung ohne Abstimmung im Kollegium geplant zu haben. Die Steuergruppe warf ihrerseits der Personalvertretung vor, schon gefasste Beschlüsse zu ignorieren und ‚strategische' Befragungen ohne Vereinbarung mit der Leitungsstruktur ‚Steuergruppe' durchzuführen. Schlimmer war jedoch, dass sich die Steuergruppe vom Schulleiter (SL) *„verraten"* fühlte. Der Grund: Sein unabgesprochenes Abrücken von der gemeinsam beschlossenen Fortbildungsveranstaltung und seine Zustimmung zur Fragestellung der Personalvertretung für die Abstimmung (*„Wollt ihr eine Fortbildungsveranstaltung oder frei?"*), die den meisten Mitgliedern der Steuergruppe als suggestiv erschien.

Die Steuergruppe beschloss daraufhin, nicht mehr zu tagen. Der Schulleiter hoffte auf Beruhigung durch ‚Nichtdiskussion'. Viele Lehrer hatten einen Großteil der beschriebenen Vorgänge nicht direkt miterlebt und waren, da wenige Informationen öffentlich zugänglich waren, auch nicht in der Lage, die Zusammenhänge zu erkennen. Das Thema ‚Führung/Steuerung/Entscheidungsfindung' wurde nicht öffentlich diskutiert. Dass ein Machtkampf um Vorschlags-, Entscheidungs- und Leitungsrechte zwischen Personalvertretung, Steuergruppe und Schulleitung entbrannt war, wurde in Abrede gestellt. Und einige Mitglieder der Steuergruppe sahen sich im Dilemma zwischen Loyalität (zu der Steuerungsaufgabe, die sie übernommen hatten, personifiziert im Schuleiter) und Ohnmacht (aufgrund der mangelnden sozialen Verankerung und Anerkennung dieser Aufgabe).

Beide Gremien sahen sich im Recht und hielten ihre Vorgangsweise – jeweils aufgrund von Einzelvereinbarungen mit der Schulleitung – für legitim. Die Personalvertretung nahm ihre rechtlichen Möglichkeiten wahr, die Steuergruppe die ihr erst neu übertragenen Steuerungs- und Koordinationsaufgaben für die Schulentwicklung. Die Steuergruppe handelte im Vertrauen auf interne Vereinbarungen und Unterstützung der Schulleitung. Erst im Konfliktfall wurde bewusst, dass nicht geklärt war, ob sie ein *„nur beratendes"* oder auch ein *„Entscheidungen treffendes"* Gremium war. Genau diese Unklarheit erwies sich jedoch bei Meinungsunterschieden zwischen der Schulleitung und den Mitgliedern der Steuergruppe als hinderlich.

Die beiden Gremien Steuergruppe und Personalvertretung, wie sie hier auftreten, symbolisieren zwei verschiedene Kulturen von schulischer Entscheidungsfindung: eine der Aushandlung, die Verantwortungsübernahme und Selbstbindung durch die Individuen erfordert, und eine der formellen Abstimmung. Die letztere hat offensichtliche Vorteile in der Defensive, weil ‚Zumutungen' von oben, außen, aber auch innen leichter abgewehrt werden können, ohne dass einzelne die Verantwortung dafür übernehmen müssen. Sie hat aber auch einige Nachteile, wenn es um konstruktive Weiterführung geht, weil die Individuen nach dem Abstimmungsvorgang wieder in der amorphen Gruppe der Einzelnen aufgehen und nicht unbedingt Verantwortung für die Konsequenzen des Abstimmungsergebnisses übernehmen müssen.

Die Steuergruppe verlor in diesem Machtkampf ihre Funktion, Schulentwicklung voranzutreiben. In öffentlichen Gremien bemühte man sich um ‚Versachlichung' der gespannten Situation, was – da weiterhin abgelehnt wurde, einen sozialen Ort zu schaffen, in dem Konflikte offen und in konstruktiver Weise bearbeitet werden konnten – wiederum das Zudecken der Konflikte förderte. Informell nahmen – gleichsam als Ventil – Missverständnisse, Tratsch und Denunziation (und damit die Personalisierung der ‚versachlichten‘ Konflikte) zu. Diese Konstellation verweist darauf, dass ohne Klärung von Funktion und Auftrag, von Entscheidungs- und damit letztlich Machtverhältnissen (wie vorläufig und ausgehandelt diese auch sein mögen) ein demokratisches Wachstum und Verbreiterung der Verantwortungsübernahme kaum möglich ist.

Der Aufsichtsrat: Prozessmanagement durch die Steuergruppe

An einer weiteren Schule fungierte die Steuergruppe als eine Art Aufsichtsrat. Sie sah ihre Aufgabe in der Unterstützung, Bewertung und Hilfestellung bei Managementaufgaben sowie in der Loyalität zum Schulleiter – trotz des Wissens um seine Schwächen in diesem Bereich. Die Steuergruppe forderte vom Schulleiter die Herbeiführung von Beschlüssen und deren Einhaltung. Insofern übte sie Druck aus, den der Schulleiter durchaus als Belastung betrachtete. Beispielsweise gab es streng vereinbarte Regelungen für Steuergruppensitzungen, die mit gründlicher Vorbereitung und Moderation abgehalten wurden. Das Resultat in den Augen der Lehrer der Steuergruppe war *„äußerst produktives Arbeiten, das zufrieden macht, weil nur so etwas weitergeht“*. Dem Schulleiter war diese Arbeitsweise manchmal *„zu streng“*, denn sie ließ wenig Spielraum und Flexibilität offen. Dies bedeutete eine Kulturveränderung für die Schule; bis dahin konnte er alleine handeln, musste nichts abstimmen und konnte spontane Veränderungen (wie z. B. Terminverschiebungen) vornehmen, ohne sich dafür rechtfertigen zu müssen. Die Sorge der Steuergruppe um Genauigkeit spiegelte sich auch in sorgfältig geführten Protokollen wider, die wiederum zu Instrumenten der Einforderung von Verbindlichkeit wurden. Auch das gefiel dem Schulleiter nicht wirklich, doch hielt er sich daran. Bekam er doch – gleichsam im Austausch – gute Beratung und Unterstützung, vor allem für das Management des Entwicklungsprozesses.

Die Steuergruppe bedachte und diskutierte Stimmungen, Vorhaben und mögliche Auswirkungen, beschloss Impulse und plante sie. Der Schulleiter holte sich Hilfe für die Gestaltung von Informationen und die Durchführung von Konferenzen. Vor allem bei letzteren ließ er sich genauestens beraten. Denn auch die Konferenzen hatten ein neues Gesicht erhalten. Be-

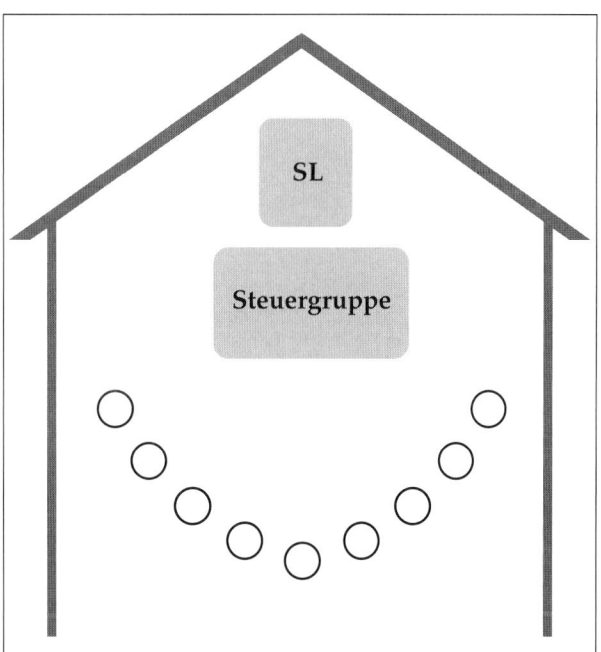

Abb. 20: Steuergruppe als Aufsichtsrat

schränkten sich die Tagesordnungen vorher meist auf Verwaltungsaufgaben, wurden nun auch Austausch, Diskussionen und Entscheidungsvorgänge eingebaut. Die Moderation solcher Phasen gab der Schulleiter gern an Mitglieder der Steuergruppe ab, denn *„dieses Getue mag ich nicht"*, wie er selbst meinte, *„aber ich lass' sie halt, weil das können sie wirklich"*. Ihre Beziehung zum Kollegium wurde von der Steuergruppe als *„durchaus spannungsgeladen"* beschrieben. Eine deutlich sichtbare Machtverschiebung hatte stattgefunden: Vor der Einrichtung der Steuergruppe gab es eine informelle Gruppe von Lehrern, die das Geschehen an der Schule stark beeinflusste und in Opposition zum Schulleiter stand. Nach anfänglichen Auseinandersetzungen und der klaren Vereinbarung, dass diese Gruppe sich nicht aktiv am Entwicklungsprozess beteiligen musste, hatte sie an Einfluss verloren – vielleicht gerade dadurch, dass durch die Stärkung der Steuerung und deren explizitere ‚schulöffentliche' Verhandlung ihren bis dahin bedeutsamen ‚informellen Steuerungsangeboten' der Boden entzogen worden war. Zu anderen Lehrern hatte sich die Beziehung *„verbessert"*. Die Steuergruppe war darauf bedacht, ihre starke – durch eine Wahl beschlossene – Stellung zu halten und dabei auf den Merkmalen der Kulturveränderung zu beharren. Immer wieder forderte sie gemeinsame Entscheidungsfindungsprozesse und die Verbindlichkeit von deren Ergebnissen ein. Denn auch das Kollegium wurde durch die Entwicklungsschritte in hohem Maße *„herausgefordert"* (in der Diktion der Steuergruppe) oder *„gefordert"*, wie es von einigen Lehrern bezeichnet wurde. Obwohl es auch in diesem Fall eine grundsätzliche Zustimmung von 80 % des Kollegiums zur Teilnahme am Entwicklungsprozess gab, wurden die Vorschläge der Steuergruppe oft eher widerwillig, letztlich aber doch akzeptiert. Das Argument, keine Zeit für Entwicklung zu haben, und jenes, Entwicklungsarbeit als unbezahlte Mehrarbeit zu leisten, tauchten als Widerspruch auf und beeinflussten die Überlegungen der Steuergruppe.

Brachte man den Einwand vor, dass das Prinzip des Forderns nach allen Seiten hin langfristig kontraproduktiv sein könnte, dann stellte die Steuergruppe dem ‚hohes Arbeitsethos' entgegen: *„Wir haben da ein ständiges Dilemma. Wir wollen eine breitere Verantwortungsübernahme, aber wir sind nicht sicher, ob das auch angenommen wird. Auf keinen Fall wollen wir, dass das, was wir bis jetzt erreicht haben, verloren geht. Denn dann würden wir um Jahrhunderte zurückfallen. Wir haben schon vorgeschlagen, unsere Funktionen zur Verfügung zu stellen. Das heißt es wird sich bald beweisen, ob unsere Annahme, dass niemand anderer im Kollegium bereit ist, diese Form der Verantwortung zu übernehmen, richtig ist. Aber wir haben uns entschlossen, dieses Risiko einzugehen."*

Ein weiterer Impuls der Steuergruppe versuchte dieses Dilemma konstruktiv auszubalancieren. Sie organisierte eine schulinterne Fortbildungsveranstaltung zum Thema Konfliktmanagement, die von einer externen Referentin moderiert wurde: Ein Tag, an dem die Machtverhältnisse an der Schule bearbeitet wurden, was vom Kollegium im Nachhinein begeistert kommentiert wurde: *„Stellt´ Euch vor, alle sind bis zum Schluss geblieben, sogar unseren ‚Nichtmitarbeitern' scheint das gefallen zu haben"*, erzählte ein Steuergruppenmitglied. Nur der Schulleiter blieb skeptisch. Er ließ jedoch – auf Druck der Steuergruppe – über eine Fortführung abstimmen, die akzeptiert wurde. Das Kollegium hatte durch diesen Impuls eine gute Erfahrung gemacht; mehr Nähe zwischen den Polen Steuergruppe und Kollegium entstand.

Die Konstellation macht deutlich, dass eine Steuergruppe Machtverschiebungen in die Organisation bringt, dass diese den – damit unweigerlich einhergehenden – Druck (gestützt durch ihre Kompetenz und interne Kohärenz) aushalten kann und so zu einem Tragenetz für Leitungsfunktionen in der Schule werden kann. Die Situation ist jedoch zerbrechlich: Wie lange kann so ein Netz halten? Wie lange ist genug Energie da, um Druck zu erzeugen und Druck auszuhalten?

Die kooperative Führung

In einer anderen Konstellation bemühte sich der Schulleiter aktiv darum, die Veränderung der Machtverteilung, die durch die Einrichtung der Steuergruppe zu erwarten war, mit deren Mitgliedern auszuhandeln. Durch die Verbreiterung der Entscheidungsfindung im Team, die daraus resultierte, hatte er, wie ihm von den Steuergruppenmitgliedern attestiert wurde, seine *„Führungskompetenzen erhöht und Respekt bei den Lehrern"* dazu gewonnen. Er hatte zwar ,alte' Macht abgegeben, aber ,neue' hinzu gewonnen. Damit gewann dieser Schulleiter eine Steuergruppe, die beriet, Entscheidungen über Entwicklungsmaßnahmen an der Schule fällte und so Mitverantwortung trug. In der Steuergruppe gab es kontinuierliches Bemühen um Klarheit der Aufgaben und Zusammenhalt in der Kooperation, bei dem die Mitglieder *„ihre Stärken einbringen"* konnten. Der Informationsfluss vom Zentrum in die Arbeitsgruppen und umgekehrt wurde *„sauber"* moderiert.

Der Schulleiter selbst thematisierte dieses neue, ,strategischere' Leitungsverständnis, bei dem er Mentor seiner Steuergruppe wurde und dennoch nach wie vor Letztverantwortung trug: *„Steuern im Sinne von ,etwas in Bewegung setzen', den Prozess der Schule hilfestellend zu begleiten, damit es auch in die richtige Richtung geht, ist eine Qualität effizienter Schulleitung. Meine Schulleitungsaufgaben werden zunehmend von der Steuergruppe wahrgenommen. Eine Art kollektive Schulleitung durch eine Steuergruppe im Gegensatz zu einem einsam agierenden Steuermann deckt sich durchaus mit meinen Vorstellungen von effizienter Schulleitung."*

Dass die Steuergruppe nicht undifferenziert alle Schulleitungsaufgaben übernahm, zeigte sich im Falle einer schwerwiegenden Personalentscheidung. Diese wurde nicht in der Steuergruppe gefällt. *„Das kann ich ihnen nicht antun"*, meinte der Schulleiter, *„da muss ich sie schützen. Da können sie mich beraten, aber diese Verantwortung muss ich alleine tragen."* Er führte Einzelgespräche mit den betroffenen Lehrern, machte in einer Konferenz seine Entscheidung und deren Kriterien öffentlich, und stellte sich einer Diskussion. Ein klares Vorgehen, das offenbar manche überraschte, weil es bis dahin zu selten erlebt worden war: *„Das hat er wirklich ganz toll*

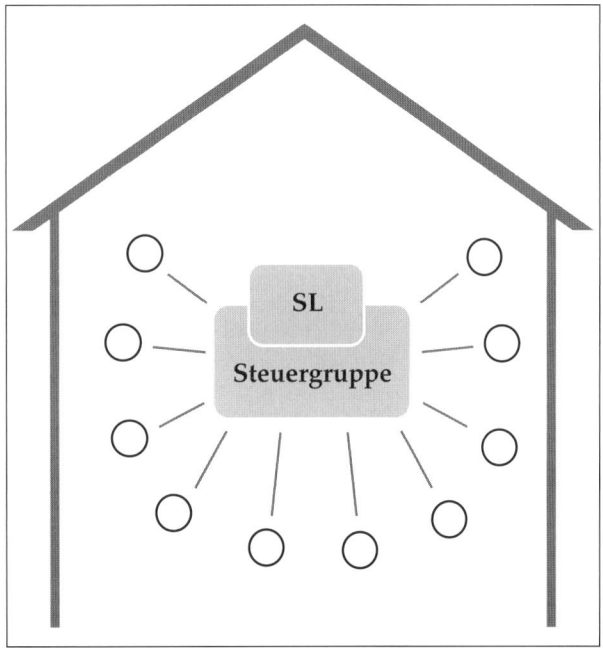

Abb. 21: Steuergruppe als kooperative Führung

gemacht. So habe ich ihn eigentlich noch nie erlebt", erzählte eine Lehrerin der Steuergruppe. Diese Klarheit darüber, welche Entscheidungen der Schulleiter und welche die Steuergruppe zu treffen hatte, war allerdings nicht von allem Anfang da, sondern musste sich erst im Laufe der Arbeit herauskristallisieren und ausgehandelt werden – einesteils weil anfangs nicht alles in der Aufgabenverteilung vorhergesehen werden konnte, anderenteils aber auch, weil das Vertrauen in die Entscheidungsfähigkeit der Gruppenmitglieder und in die Bereitschaft des Schulleiters, Kompetenzen abzugeben, anhand praktischer Erfahrungen wachsen musste. Offene Reflexion, mutiges Feedback und genaues Hinschauen ermöglichten diesen Lernprozess.

In der Steuergruppe wurde zudem darauf geachtet, den Kontakt zu den anderen Lehrern aufrecht zu erhalten und keine *„Insidergruppe"* zu werden. Das zeigte sich z. B. daran, wie mit Skeptikern des gemeinsamen Entwicklungsprojekts umgegangen wurde: In der Anfangsphase wurde das gemeinsame Entwicklungsprojekt nach und nach hörbarer von einer Arbeitsgruppe kritisiert. Diese begann die Arbeit abzuwerten, sich gegen sie zu wehren und sie öffentlich abzulehnen. Ärger und Verbitterung traten zutage. Die Steuergruppe griff diese Kritik nach längerem verdeckten Ausharren auf und bemühte sich, den *„Widerstand"* als konstruktive Energie zu behandeln. In einer Konferenz bot der Schulleiter der skeptischen Arbeitsgruppe an, bei ihr mitzuarbeiten und so bei der Klärung des Sinns der Arbeit mitzuwirken. Das wurde von den skeptischen Lehrern wohl als Akzeptanz ihrer Kritik interpretiert. Der Schulleiter besuchte die Sitzung der Arbeitsgruppe und ließ sich auf eine weitere Aushandlung über die Mitarbeit der Gruppe im Gesamtprojekt unter folgender Perspektive ein: *„Den Grundsatzbeschluss* [dass die ganze Schule den Entwicklungsprozess betreibt] *gibt es. Ihr habt selbst zugestimmt. Aber was genau wollt ihr eigentlich machen? Wie können wir Euer Einzelinteresse als Gruppe mit dem Gesamtinteresse der Schule zusammenbringen?"* Die Arbeitsgruppe konnte eine – für sich und für die Schule – konstruktive Arbeitsperspektive finden. Der Schulleiter arbeitete auch weiterhin mit. Die offensichtlichen Energien der Gruppe *„verzetteln sich nicht im diffusen Boykott"*. Und der Schulleitung wurde nachgesagt, dass sie führen gelernt hatte: *„Ich habe früher immer gedacht, sie* [die Lehrer] *wollen einen autoritären Direktor. Scheint's, dass ich ‚Entscheidungen treffen' mit ‚autoritär sein müssen' verwechselt habe. Aber so* [wie wir die Kompetenzen zwischen Schulleitung, Steuergruppe und Kollegium derzeit geregelt haben] *geht's eigentlich. Irgendwie erlaubt man uns* [in der Steuergruppe] *nun zu entscheiden, ohne dass uns der Geruch des ‚von oben Anschaffens' verfolgt."*

So wie der Schulleiter meinten auch die Mitglieder der Steuergruppe einen Lernprozess in Sachen ‚Zusammenarbeit und Führung' durchlaufen zu haben. Anlässlich einer Präsentation ihrer Arbeit stellten sie sich die Frage nach den Bedingungen für das Funktionieren der Steuergruppe an ihrer Schule und kamen dabei auf folgende Ergebnisse:

- Jede Arbeitsgruppe ist in der Steuergruppe durch Wahl vertreten.
- Die Vertretungsfunktion und damit die Kollegen werden ernst genommen.
- Informationen werden sorgfältig behandelt.
- Impulse in Form von Fortbildungsveranstaltungen oder gut moderierten Konferenzen werden gesetzt.
- Erfahrungen werden in einem ständigen Austausch im Kollegium weitergegeben.
- Von der Steuergruppe wird auch eine Art Blitzableiterfunktion übernommen, wenn es Lehrern schwierig erscheint, Probleme vor Konferenz oder Schulleiter anzusprechen.

So kann die Steuergruppe kontinuierlich den Entwicklungsstand der Schule reflektieren, sinnvolle Strategien zur Erreichung selbst gesteckter Ziele überlegen und konkrete Initiativen in diesem Prozess setzen.

Diese Konstellation lässt erkennen, dass Ringen um Rollenklarheit, transparente Kontraktarbeit, Konfliktmanagement und öffentliche Zieldiskussionen in Verbindung mit Kontinuität und Ernsthaftigkeit verantwortungsvolle Führung ermöglichen. Hier schafft es nicht nur der Schulleiter Mitverantwortung zu fördern, sondern auch die Steuergruppe das Netz von Verantwortungsübernahme weit über sich selbst auszudehnen. Sie trägt dafür Sorge, dass alle Lehrer Verantwortung übernehmen können: Sie agiert als ‚Verhandlungsteam mitten im Kollegium‘, das viele Kollegen in einen Prozess der Verantwortungsübernahme für Entwicklung einbindet.

Auf den ersten Blick erscheinen die Beispielsituationen als jeweils sehr idiosynkratische, standortspezifische Variationen der Irritation des eingespielten Verhältnisses von Leitung und Kollegium. Auf den zweiten Blick spiegeln sie, so meinen wir, allgemeinere Möglichkeiten wider, die Irritation ‚Steuergruppe‘ zu verarbeiten. Eine der wichtigsten Erkenntnisse war, dass der Grad der Funktionalität von Steuergruppen eng mit der Dreiecksbeziehung zwischen Schulleiter, Steuergruppe und Kollegium verbunden ist. Welche Haltungen werden eingenommen, welche Absichten bestehen und welche Kooperationsformen entwickeln sich?

Wichtige *Voraussetzungen für eine konstruktive Entwicklung dieser Konstellation* scheinen uns zu sein:

- Ziele sollten unter Einbindung möglichst vieler Personen definiert und in bestimmten Abständen überprüft und neu vereinbart werden
- Die Beteiligung an Aufgaben sollte durch Vereinbarungen erfolgen.
- Das Ringen um Rollenklarheit ist eine immer wieder zu leistende Aufgabe.
- Vereinbarungen mit dem Kollegium sollten periodisch erneuert werden.
- Ein vertretbares Konfliktmanagement (und geeignete Strategien für das Umgehen mit Konflikten) sind zentrale Funktionen.

5.3 Kontrakte, Beauftragungen und Vereinbarungen

Wann immer mehrere Menschen und Gruppen in nicht-routinehaften Situationen zusammenarbeiten, ist es günstig, die Spielregeln zu klären und festzuhalten. Der Sinn und die Zielrichtung der Arbeit und die Verantwortlichkeiten der einzelnen beteiligten Personen und Strukturen sollten ebenso explizit festgelegt werden wie die Kriterien, denen die verschiedenen Prozesse (z. B. Informationsweitergabe, Antragsrechte, Datenerhebung, -analyse und -einsicht, Veröffentlichung) genügen müssen. Obwohl in der oft von Handschlagqualität, beamteter Versorgungserwartung oder pädagogischem Altruismus geprägten Kultur vieler Schulen eine Abneigung gegen umständliche Aushandlungsprozesse und deren Verschriftlichung besteht, haben sich solche Übereinkünfte auch in Schulentwicklungsprozessen als sinnvoll erwiesen (vgl. Strittmatter 1998).

- Dies gilt nicht nur für die Vereinbarungen zwischen externen Beratern und einer Schule, oft *Kontrakte* genannt,

- sondern auch für *Vereinbarungen,* die Verantwortlichkeiten und Regeln des Umgehens zwischen den Mitgliedern der Schulgemeinschaft festhalten.[17]
- Ganz besonders wichtig – und der expliziten Aushandlung bedürftig – erscheinen uns jene Situationen, in denen Personen und Teilgruppen des Kollegiums Aufgaben für die Schulgemeinschaft übernehmen. Diese sollten in einer *Beauftragung* (auch *Mandat, Mandatierung* genannt) explizit umschrieben und von der zuständig Instanz (Schulgemeinschaftsgremium, Kollegium, Schulleitung) offiziell beschlossen und übertragen werden.

5.3.1 Funktionen von Kontrakten und Beauftragungen

Vereinbarungen in Schulentwicklungsprozessen haben selten den Charakter rechtlich bindender Verträge[18], denn „gerade die wichtigen Teile von Kontrakten in Schulentwicklungsprojekten [sind] nicht vertragsfähig im juristischen Sinne, weil der ‚Vertragsgegenstand' selbst unscharf ist und die Vereinbarung gewollt ‚weich' gestaltet wird, [damit sie] laufend und unkompliziert dem Lernprozess im Projekt angepasst" werden können (Strittmatter 1998, 220). Dennoch können solche Kontrakte einige wichtige *Funktionen* in Schulentwicklungsprozessen erfüllen:

Klärung der Ziele und gegenseitigen Erwartungen
Wo eine Aufbruchsstimmung zu Projektbeginn herrscht, scheinen Themen, Ziele und Aufgaben klar, doch stellt sich oft nach gar nicht so langer Zeit heraus, dass unter manchen gemeinsamen Zielen Unterschiedliches verstanden wird und bisher nicht Bedachtes Priorität gewinnt. Die Aushandlung eines Kontrakts bietet die Gelegenheit, sich über Ziele und wechselseitige Verhaltens- und Ergebniserwartungen klarer zu werden, was besonders für jene essenziell ist, die wie Berater oder Steuergruppenmitglieder herausgehobene Positionen *für* das Projekt übernehmen. Für die Zusammenarbeit zwischen externen Beratern und einer Schule bietet die Phase der Aushandlung eines Kontrakts auch eine Gelegenheit ‚sich zu beschnuppern', ob Arbeits- und Umgangsweise der Partner zueinander passen.

Schaffung von Rahmenbedingungen und Strukturen
Ein Kontrakt oder Mandat dient auch dazu, die Eckpunkte eines Projekts, auf die sich die Partner verlassen können, explizit zu machen: Dauer des Projekts, wichtige Etappen und Meilensteine, Projektleitung, Zuständigkeiten und ‚Dienstwege', Ressourcen, die für bestimmte Aufgaben und Funktionen zur Verfügung stehen und dergleichen. Wo Geldmittel für das Projekt verwendet werden, z. B. für die Entlohnung von Beratern oder die Organisation von Klausurtagen usw., dient ein Kontrakt auch dazu, *ökonomische Berechenbarkeit* für die Beteiligten herzustellen.

Entlastung durch Regelhaftigkeit und Orientierungsmarken bei Konflikten
Die Vereinbarung von Verhaltensregeln (z. B. Informationsfluss) kostet zwar Zeit, sie zielt aber letztlich auf Entlastung: Es soll vermieden werden, „in *jeder* Situation immer wieder in Grundsatzdiskussionen über Ziele und Wege bzw. Beziehungsformen [zu] verfallen"

---

17 Arbeitspläne in Schul- oder Qualitätsprogrammen sind ein schon in Kap. 3.1.3 besprochenes Beispiel schulinterner Vereinbarungen.
18 Obwohl dies auch manchmal, vor allem wenn größere Geldbeträge in Pilotprojekten im Spiel sind, der Fall sein kann.

(Strittmatter 1998, 221). Wenn dennoch später wieder Konflikte im Entwicklungsprojekt auftauchen, dann bietet ein gut ausgehandelter Kontrakt die Chance, sich auf eine gemeinsam ausgehandelte Basis zurückzubesinnen und von der aus „den gemeinsamen Nenner wiederzuerkennen oder neu zu definieren" (a. a. O., 222).

Klärung der Loyalitäten und Spezialinteressen
Bei der Arbeit in komplexen Organisationen mit unterschiedlichen Gruppen gibt es immer wieder Bindungen, Interessenkoalitionen und -konflikte, echte und vermeintliche Abhängigkeiten usw. Insbesondere die beteiligten Leitungspersonen und Berater sollten „offenlegen, wie sie mit allfälligen Befangenheiten und Loyalitätskonflikten umzugehen gedenken" (ebd.).

Legitimation nach außen
Ausformulierte Kontrakte bilden auch eine gute Basis in jenen Fällen, in denen Schulen ihre Tätigkeit Dritten gegenüber (z. B. der Schulaufsicht, den Eltern in der Gemeinde, der ‚Öffentlichkeit') rechtfertigen müssen.

Alle diese Funktionen deuten schon darauf hin, dass Kontrakte und Beauftragungen in Schulentwicklungsprozessen weniger der Endpunkt eines Prozesses als Instrumente in einem laufenden Prozess sind: Sie sollen zwar eine gewisse Orientierungssicherheit aufbauen, doch es wäre töricht, mit dem Fuß aufzustampfen und auf ihnen zu insistieren, wenn es dem Großteil der Schulgemeinschaft schwer fällt, zu den Vereinbarungen zu stehen. Wohl aber sind sie ein *Instrument,* das es erleichtern soll, solche Schwierigkeiten zu erkennen und zu thematisieren. Insofern ist grundsätzliche *Revidierbarkeit* ein Merkmal solcher Kontrakte: Sie sollten von Fall zu Fall überprüft und eventuell erneuert werden, nicht leichtfertig und andauernd, aber doch hin und wieder an speziellen ‚Meilensteinen' des Projekts.

5.3.2 Inhalte von Kontrakten
Was gehört nun in einen Kontrakt mit externen Beratern bzw. in eine Beauftragung interner Organisationsmitglieder mit spezifischen Aufgaben? Kasten 17 auf der folgenden Seite bietet dazu ein Gerüst, das für die Situation eines Kontrakts zwischen externen Beratern und einer Schule formuliert ist und bei der Beauftragung schulinterner Projektgruppen entsprechend angepasst werden muss.

5.3.3 Beispiele für Kontrakte
Im Folgenden werden drei Dokumente vorgestellt, die Gestaltung und Inhalte solcher Kontrakte veranschaulichen sollen und dadurch vielleicht auch bei der *Entscheidung für externe Beratung* und bei der *Auswahl von Beratern* nützlich sein können. Das erste Dokument (Kasten 18 auf Seite 113) ist wahrscheinlich die Kürzestform eines Kontrakts zwischen Berater und einer Schule: Ein *Ausschnitt aus einem Brief,* in dem die Berater, die Bedingungen und Erwartungen der Zusammenarbeit mit einem Gymnasium zusammenfassen, so wie sie sie in einem Erstgespräch mit Schulleitung und Delegierten des Kollegiums verstanden haben. Kasten 19 enthält eine ziemlich *ausführliche Version eines Kontraktes* zwischen externen Beratern und einem Verbund von fünf Schulen, die in einem längerfristigen Projekt der Qualitätsevaluation zusammenarbeiten wollten. In diesem

Was gehört in einen Kontrakt?

Ziel/Thema/Problembeschreibung des Vorhabens
Manchmal können klare, operationalisierte Ziele vom Typ „In drei Jahren wollen wir da und da sein" oder „In einem Jahr soll das und das vorliegen" formuliert werden; mindestens sollte eine saubere *Themen- bzw. Problembeschreibung* erfolgen.

Gegenseitige Erwartungen
Es wird festgehalten, welche *Leistungen* die Partner *voneinander* erwarten. Minimal werden die von der Beratung erwarteten Leistungen formuliert, wenn möglich aber auch die Leistungen der Partner im Klientensystem. Manchmal macht es Sinn, gewisse Leistungen auch ausdrücklich *auszuschließen*.

Verfahrensspielregeln
Hier werden *Grundsätze* und *Regeln* über den Umgang mit Informationen und „Dienstwege", über das Verhalten in Konflikten, über Offenheit und Vertraulichkeitsprobleme, über zu vermeidende Situationen und Effekte, über Konkurrenz- bzw. Interessenkonflikte und dergleichen aufgestellt. Es kann auch wichtig sein festzuhalten, wer in welchen Fällen die *Initiative* ergreift.

Zeitliche und örtliche Festlegungen
Unbedingt sind die *zeitlichen* Rahmenbedingungen zu klären, das zeitliche Maximal- (und eventuell auch Minimal-)Volumen der Beratungsleistungen (z. B. in Stunden oder Anzahl von Tagen) sowie der *Beginn* und das vorgesehene *Ende* der Beziehung. Es kann überdies sinnvoll sein, die *Orte* der *Leistungserbringung* (Wer kommt in welcher Situation zu wem bzw. wohin?) zu umschreiben.

Finanzielle Regelungen
Dazu gehören der *Beratungstarif*, eventuelle *Rahmenkredite* (mit allfälligen zeitlichen Etappen), die Modalitäten der *Rechnungsstellung* und *Auszahlung*, die Spesenregelung.

Quelle: Strittmatter 1998, 225

Dokument werden im Detail die Leistungen beschrieben, die die Vertragspartner Berater, Schule (Schuleiter, Projektleiter, Steuergruppe und Kollegium) und die Schulaufsicht in das Projekt einbringen. Obwohl (oder gerade weil) sich dieser Kontrakt auf die sehr spezielle und komplexe Situation eines Schulverbundes von fünf Schulen bezieht und daher Festlegungen enthält, die für Projekte an Einzelschulen als überdifferenziert erscheinen mögen, zeigt er eine Vielzahl von Themen auf, deren Überlegung bei der Projektkonzeption in Selbstevaluationsprojekten lohnt. Das dritte Dokument (Kasten 20) enthält Grundsätze, nach denen der Berater seine Beratungsaufgaben wahrnehmen will und die Teil des Kontrakts sind.

18

**Erwartungen und Bedingungen der Zusammenarbeit
zwischen dem Gymnasium xxx und zwei Schulentwicklungsberatern**
(Auszug aus einem Brief der Berater)

1. Als *Auftraggeber des Gymnasiums xxx* tritt eine namentlich zu nennende *Entwicklungsgruppe* auf, die aus dem Direktor und etwa 4–6 Lehrern besteht. Die Mitglieder dieser Gruppe erklären sich bereit, für ein Jahr die Koordination und Betreuung des Schulentwicklungsprozesses des Gymnasiums xxx zu übernehmen. Die Gruppe sollte verschiedene Interessen und Strömungen der Schule (insbesondere auch ‚skeptische‘) repräsentieren (Im Falle eines die Zahl 7 übersteigenden Interesses an einer Mitarbeit in dieser Gruppe werden ihre Mitglieder durch den Lehrkörper in geheimer, freier Wahl gewählt.).

2. Die Berater verstehen sich als externe Beratungsgruppe für die interne ‚Entwicklungsgruppe‘ des Gymnasiums xxx. Sie erkennen an, dass der Schulentwicklungsprozess einen Beitrag zur Weiterentwicklung der pädagogischen Qualität des Gymnasiums xxx im Sinne der Allgemeinen Bildungs- und Lehraufgabe der Österreichischen Schule anstrebt sowie dass die Verantwortung und Kontrolle über Beginn, Richtung, Intensität, inhaltliche Gestaltung und Beendigung des Schulentwicklungsprozesses bei der schulinternen ‚Entwicklungsgruppe‘ verbleibt. Sie verpflichten sich:

   2.1 ein Konzept für den pädagogischen Tag am 30. 11. (und evtl. Folgeaktivitäten) nach den Vorgesprächen vom 31. 10. zu erstellen,

   2.2 dieses Konzept den Vertretern des Gymnasiums xxx vorzulegen, aufgrund der Rückmeldungen weiterzuentwickeln sowie eine Moderatoren-Einschulung auf dieser Basis (etwa Mitte November) durchzuführen,

   2.3 bei dem pädagogischen Tag entsprechend dem ausgehandelten Plan als Vortragende, Moderatoren und Gruppenleiter gemeinsam mit den schulischen Moderatoren tätig zu werden,

   2.4 auf Anfrage der Entwicklungsgruppe maximal alle sechs Wochen einen Halbtag für Aussprachen oder Veranstaltungen zur Verfügung zu stehen, sowie

   2.5 auf Anfrage der Entwicklungsgruppe bei der Vorbereitung und Gestaltung einer Präsentation der Ergebnisse der Arbeit der *Projektgruppen* am Ende des Schuljahres mitzuwirken.

   2.6 auf Anfrage der Entwicklungsgruppe einen Strukturvorschlag für die Arbeit der Projektgruppen sowie der Entwicklungsgruppe zur Verfügung zu stellen,

   2.7 auf Anfrage der Projektgruppen unterstützende Angebote bereitzustellen (Ausmaß ist abhängig von der Entwicklung der Ressourcen und muss später ausgehandelt werden), z. B. in folgenden Bereichen: Moderationsunterstützung; Gesprächspartner für die Moderatoren der Projektgruppen; Beratung bei Informationsbedarf in Hinblick auf Schulentwicklung; Unterstutzung von Prozessreflexion.

3. Es besteht Übereinstimmung, dass angestrebt werden sollte,

    3.1   dass *Projektgruppen* Gelegenheit erhalten, im laufenden Schuljahr an Themen weiterzuarbeiten, die im Zuge der Beratungen des Pädagogischen Tages als wichtig erachteten werden,

    3.2   dass deren Arbeit durch die *Entwicklungsgruppe* koordiniert und unterstützt werden soll (dazu wird sich dieses Team z. B. etwa einmal im Monat zu einer gut strukturierten Kurzbesprechung, in der der Stand der Projektgruppen und etwaige offene Fragen besprochen werden, treffen oder vergleichbare Formen der Koordination finden müssen),

    3.3   dass die Ergebnisse der Arbeit der *Projektgruppen* erforderlichenfalls in Zwischenberichten, jedenfalls aber am Ende des Schuljahres in geeigneter Form (pädagogische Konferenz, pädagogischer Tag) dem Gesamtkollegium vorgestellt und deren Umsetzung ebenso wie weitere Entwicklungsschritte ebendort besprochen werden.

4. Die *Honorierung* der Berater für ihre fortbildende Tätigkeit erfolgt nach den Sätzen des Pädagogischen Instituts; für fortbildende Tätigkeit von Mitgliedern des Gymnasiums xxx wird eine vergleichbare Honorierung angestrebt. Es besteht eine Zusatzabsprache mit dem Geschäftsführer des Arbeitskreises Schule und Wirtschaft, Herrn Mag. yyy, für eine Abgeltung von nicht als Fortbildung honorierten Leistungen (z. B. Projektbesprechungen). Dafür übernimmt das Gymnasium xxx keine Verantwortung.

5. Eine etwaige *Veröffentlichung* über die Erfahrungen, Methoden und Ergebnisse des pädagogischen Tages, der ihm vorhergehenden und nachfolgenden Beratungen sowie etwaiger weiterer, in diesem Zusammenhang stattfindender Veranstaltungen erfolgt nur nach Vorlage des entsprechenden Textes etc. und mit Zustimmung beider Partner dieses Kontrakts.

Quelle: H. Altrichter, G. Salzgeber

18

Kontrakt für die Zusammenarbeit in einem längerfristigen Qualitätsevaluationsprojekt

(1) Zielsetzung

Die Lehrerschaft, die Schulleitung und die Schulaufsicht wollen mithilfe eines Pilotprojekts die Selbstevaluation an der Schule erweitern und vertiefen. Sie tun dies in erster Linie zum Nutzen für die persönliche berufliche Entwicklung und für die Entwicklung der Schule, berücksichtigen jedoch auch die Interessen des Landes und des Ministeriums an der Erprobung lehrer- und schulgerechter Modelle der Qualitätsevaluation. Das schließt insbesondere folgende *Tätigkeiten* ein:

- Die Entwicklung eines vielfältigen und hochwertigen *Feedbacks für die einzelne Lehrperson* (Schüler- und Elternfeedback sowie kollegiales Feedback in kleinen Teams) mit dem Zweck, dem Lehrer Bestätigung und Wissen über Stärken und Entwicklungsbedürfnisse zu geben und über Perspektiven einer kontinuierlichen Weiterentwicklung der Qualität des Lehrens und Lernens.
- Die Entwicklung von Formen der *Schulqualitätsrecherche*, in denen einzelne Aspekte der Qualität der ganzen Schule untersucht werden.
- Die *Umsetzung* gewonnener Erkenntnisse in Fortbildung und Schulentwicklungsinitiativen.
- Die Entwicklung geeigneter *Berichtsformen* für die Information der Behörden und anderer Schulpartner.
- Die *Überprüfung und Weiterentwicklung der Qualität der Evaluation* selbst (Meta-Evaluation).

(2) Grundsätze für die Entwicklungsarbeit

- Die Arbeit am Pilotprojekt soll im Geiste einer *offenen Aushandlung* mit Platz für Meinungsunterschiede, Ängste und Widerstände erfolgen. Wir suchen den *Konsens* und vermeiden Mehrheitsabstimmungen. Wenn dies im Einzelfall nicht gelingt, suchen wir Lösungen, welche nicht das unerwünschte Diktat einer Mehrheit über eine Minderheit ins Gegenteil verkehren, sondern ein *Abweichen in Würde* ermöglichen.
- Wir nutzen für die Arbeit nach Möglichkeit *bestehende Zeit- und Gruppen-Strukturen*, um unsere Kräfte nicht zu überfordern.
- Wir sind *an einer ehrlichen Qualitätsüberprüfung interessiert*, am Finden von Stärken und an Verbesserungshinweisen, welche uns weiterbringen. Voraussetzung dafür ist, dass wir jegliche Prangereffekte ausschließen. Zu diesem Zwecke unterziehen wir uns der diesem Kontrakt beigefügten *Vertraulichkeitsvereinbarung*[19].
- *Die Projektleitung liegt bei der Steuergruppe.* Diese besteht aus Vertretern der Qualitätsgruppen und der Schulleitung.

---

19 Ein Beispiel für eine solche Vertraulichkeitsvereinbarung findet sich in Kasten 16 in Kap. 5.1.

- Die Arbeit soll nicht nur Selbstevaluation hervorbringen. Sie soll so angelegt sein, dass dabei *gleichzeitig auch unsere Fähigkeit zur Zusammenarbeit*, zur Problemlösung und Gesprächsführung *gestärkt* wird.
- Wir verstehen die Arbeit an Selbstevaluation nicht als einmalige „Übung", sondern wollen sie als *ständigen Bestandteil unserer Schulkultur* einrichten. Wir wollen uns daher Gedanken darüber machen, wie die Selbstevaluation nach Abschluss der offiziellen Versuchsphase weitergehen und neuen Kollegen nahegebracht werden kann.

(3) Verlauf und Dauer des Projekts

(a) *Vorbereitungs- und Kontraktphase*

- Die fünf teilnehmenden Schulen des Schulverbunds werden über das Evaluationskonzept informiert. Sie fassen einen Eintretensbeschluss (Zustimmung durch mindestens 80 % der Lehrer). Danach wird der Musterkontrakt den besonderen Bedürfnissen der einzelnen Schule angepasst und von den Kontraktpartnern unterzeichnet.

(b) *Phase der inneren Organisation der Schule*

- Das Kollegium wählt die Steuergruppe (schulinterne Projektleitung). Die Schulleitung muss in der Steuergruppe vertreten sein. Die Steuergruppe organisiert ihre Leitung selbst.
- Die Lehrer schließen sich in „Qualitätsgruppen" (oder „Feedbackgruppen") zusammen, welche je vier bis acht Personen umfassen. Dafür können bestehende Gruppenstrukturen (z. B. Stufen- oder Fachteams) genutzt werden.
- Diese beiden Organisationsprozesse sind dann stark miteinander verbunden, wenn die Steuergruppe aus je einer Vertretung jeder Qualitätsgruppe zusammengesetzt wird. Für die allfällige Durchführung von Qualitätsrecherchen zu einem die ganze Schule betreffenden Thema kann die Steuergruppe oder eine besondere Arbeitsgruppe bestellt werden.

(c) *Erprobungs- und Schulungsphase*

- Die Steuergruppen aller beteiligten Schulen erhalten eine Einführung in die Handhabung der „Werkzeugkästen" (Erhebungsmethoden v. a. für Schüler- und Elternfeedback), in die Durchführung und Auswertung des kollegialen Hospitierens (inkl. kollegiale Praxisberatung) und in die Regeln des Gebens und Nehmens von Feedback. Die Mitglieder der Steuergruppen geben ihr Wissen und die Instrumente an die Kollegen an der Schule weiter. Die Schulen haben die Möglichkeit, zu bestimmten Themen und im Rahmen der Mittel des Schulverbundes bzw. der Angebote des Lehrerfortbildungsinstituts ergänzende Beratung oder schulinterne Fortbildungskurse anzufordern.
- Gleichzeitig beginnen die Projektorgane (Steuergruppe und Qualitätsgruppen) mit der Evaluationsarbeit. Aus den dabei gemachten Erfahrungen können sich neue Schulungsbedürfnisse ergeben.

19

(d) *Austausch und Meta-Evaluation*
Periodisch (z. B. jedes Semester) werden „Qualitäts-Konferenzen" dem Austausch zwischen den Qualitätsgruppen und der kritischen Beurteilung der Evaluationserfahrungen gewidmet.

(e) *Berichterstattung*
Einmal jährlich wertet die Steuergruppe die Berichte der Qualitätsgruppen aus und verfasst Berichte an Projektleitung, Schüler und Eltern, Beirat, Inspektorat/Landesschulrat, Ministerium und Öffentlichkeit.

(f) *Auswertung und Abschluss der Pilotphase*
Die beim Pilotversuch gewonnenen Erkenntnisse sollen es den teilnehmenden Schulen erlauben, geeignete Evaluationspraktiken als ständige Elemente der Schulentwicklung fest einzurichten.

(4) Leistungen der Beteiligten
Wir achten im Projekt auf eine Balance von Geben und Nehmen. Das Projekt wird gelingen, wenn alle Beteiligten ihre Aufgaben/Rollen wahrnehmen.

(a) *Die Lehrerschaft*
Die folgenden Erwartungen gehören teilweise zu den Zielen des Projekts, können also nicht alle von Beginn weg eingefordert werden. Entscheidend und eine wesentliche Bedingung für das Gelingen des Projekts ist das *redliche Bemühen* um diese Ansprüche.
- Die teilnehmenden Lehrerinnen und Lehrer sind an der Zielsetzung des Projekts und an entsprechenden Fortschritten interessiert.
- Sie stellen einander ihr Wissen und ihre Praxiserfahrungen zur Verfügung.
- Sie vereinbaren in den Feedbackteams gegenseitige Einblicke in ihre persönlichen Feedbacks (Schüler- und Elternfeedbacks) und ihren Unterricht; Voraussetzungen dafür sind vorausgehende Bemühungen um grundlegende Feedbacktechniken und -haltungen sowie der Abschluss von Vertraulichkeitsvereinbarungen.
- Sie setzen dafür im Rahmen des Projektplans Arbeitszeit ein.
- Sie geben neuen, ungewohnten Ideen die Chance, wohlwollend, sachlich und kritisch diskutiert und erprobt zu werden.
- Sie gehen davon aus, dass auf dem Weg zu den Zielen Probleme auftauchen werden, die gemeinschaftlich und im Rahmen dieses Kontrakts gelöst werden sollen.
- Sie begreifen Selbstevaluation als Wahrnehmung von Verantwortung sich selbst, den anvertrauten Schülerinnen und Schülern, den Eltern, den Behörden und den Kolleginnen und Kollegen gegenüber, welche durch Überprüfen der eigenen Wirkungen und das Aushandeln von Veränderungen eingelöst wird. Selbstevaluation soll nicht etwas Neues, Belastendes „aufladen", sondern in erster Linie mehr Sicherheit und Befriedigung in der Aufgabenerfüllung bringen.

- Sie erwarten vom Projekt Anregungen und Hilfen für das eigene berufliche Selbstverständnis, für die eigene Unterrichtsführung, für die Bildungsarbeit mit Kindern und Jugendlichen und die Zusammenarbeit mit deren Eltern, für die Zusammenarbeit mit der Behörde sowie für die kollegialen Beziehungen innerhalb der Schule.
- Sie beteiligen sich im Rahmen des Schulverbundes an Untersuchungen über Erfolgsbedingungen und auftretende Schwierigkeiten bei der Anlage von Selbstevaluation, soweit dies der Pilotcharakter des Projekts (z. B. Interesse des Bildungsministeriums an verallgemeinerbaren Erfahrungen) erforderlich macht.
- Sie halten alle geltenden Schulvorschriften ein. Sind zur Erreichung der Projektziele Abweichungen nötig, werden diese offengelegt und gemeinschaftlich und in Absprache mit den zuständigen Schulbehörden durchgeführt.

(b) *Die Steuergruppe der Schule*
- Die Steuergruppe besteht aus Vertreterinnen und Vertretern der Lehrerschaft (Qualitätsgruppen) und der Schulleitung. Sie organisiert ihre Leitung (und im Falle großer Schulen eventuelle Substrukturen) selbst.
- Sie plant und moderiert auf Schulebene die Evaluationsprozesse im Rahmen des Projektplans/des vorliegenden Kontrakts und der Beschlüsse von Lehrerschaft und Behörde und leitet allenfalls notwendige Änderungsbeschlüsse ein.
- Sie sorgt für gute Informationsflüsse innerhalb der Schule (Lehrerschaft, Schüler) und nach außen (Eltern, Öffentlichkeit). Vor der Weitergabe von Berichten für die Eltern (und Schüler) und die breitere Öffentlichkeit erhält die gesamte Lehrerschaft Gelegenheit zur Stellungnahme.
- Die Steuergruppe macht rechtzeitig (zu Händen der Lehrerschaft und der Schulleitung) auf zu klärende Fragen und Entscheidungspunkte bei der Planung, Durchführung und Evaluation des Projekts aufmerksam.
- Sie schlägt für Evaluationsvorhaben auf Schulebene geeignete Themen und Arbeitsformen vor.
- Sie erhält von der Lehrerschaft und der Schulleitung das Vertrauen und die hier umschriebenen Kompetenzen. Die Lehrerschaft macht die Steuergruppe rechtzeitig darauf aufmerksam, wenn sie Probleme mit dem Verhalten der Steuergruppe wahrnimmt.
- Die Mitglieder der Steuergruppe verstehen ihre Mitarbeit auch als eine Lerngelegenheit für kollegiale Zusammenarbeit und für die Anlage von Schulentwicklungsprozessen.
- Die Steuergruppe kann für die Erfüllung ihres Auftrags Unterstützung durch externe Beraterinnen und Berater anfordern.

(c) *Die Schulleitung*
- Sie unterstützt das Projekt mit den ihr zur Verfügung stehenden Mitteln.
- Sie nimmt – durch ihre Mitgliedschaft in der Steuergruppe – aktiv an der Projektgestaltung teil und macht die Steuergruppe auf Probleme aufmerksam, die sie aus ihrer besonderen Warte erkennt.

19

- Sie hilft namentlich mit, die Beziehungen zu „externen" Stellen (Behörden, Schulaufsicht, Öffentlichkeit) positiv zu gestalten.
- Sie hilft mit, in allfälligen auftretenden Konflikten im Rahmen des Projekts zu vermitteln.
- Sie nutzt das Projekt als Gelegenheit, die Kultur der kollegialen Zusammenarbeit, der Schulentwicklung und Selbstführung der Schule weiterzuentwickeln und dabei die Rolle der Schulleitung klarer zu erkennen.

(d) *Die Schulbehörde*
- Die Behörde unterstützt die Projektziele und erteilt die zur Durchführung des Projekts erforderlichen Bewilligungen im Rahmen ihrer Kompetenzen.
- Sie entsendet einen Vertreter in den Beirat des Pilotprojekts.
- Sie nimmt ihre übliche Aufsichts- und Kriseninterventionsfunktion wahr, trennt diese jedoch klar ab vom Pilotprojekt. Daten bzw. Erkenntnisse aus der Selbstevaluation der Lehrer (Kollegen-, Schüler- und Eltern-Feedback) sind der Behörde generell nicht zugänglich. Im Konfliktfall oder wenn sie ein Arbeitszeugnis benötigt, entscheidet die betroffene Lehrperson darüber, wieweit Befunde aus der Selbstevaluation einbezogen werden sollen.
- Die Behörde selbst nutzt das Projekt als Lernfeld für das Erkennen ihrer Rolle in der Unterstützung von Entwicklungen und Qualitätsevaluation an der Schule und für die Weiterentwicklung ihrer Funktionen.

(e) *Die externen Beraterinnen und Berater*
- Ihr Einsatz erfolgt auf Veranlassung der Steuergruppe.
- Sie stellen ihr methodisches Wissen und ihre Erfahrungen mit solchen Schulentwicklungsprojekten zur Verfügung.
- Sie beraten in erster Linie die Steuergruppe in der Erfüllung ihres Auftrags. Sie stehen in zweiter Linie und im Rahmen der zeitlichen/finanziellen Möglichkeiten den anderen Partnern für Beratung und Information zur Verfügung.
- Sie unterstützen auf deren Anfrage (und meist indirekt über telefonische oder schriftliche Beratungen) die Vorsitzenden der Steuergruppe bei der Vorbereitung und Leitung der Sitzungen.
- Sie nehmen (schriftlich oder mündlich) zu Entwürfen und vorgelegten Fragen Stellung.
- Sie informieren selbstständig die Projektleitung über relevante Vorgänge „in der Szene", über Literatur, andere ähnliche Projekte usw.
- Sie liefern Argumente zu vorgelegten Fragen.
- Sie moderieren in Absprache mit der Projektleitung Schulungsteile und Klausuren der Steuergruppenkonferenz.
- Sie helfen mit bei der Moderation von auftretenden Konflikten.
- Sie unterstützen die Öffentlichkeitsarbeit im Projekt und insbesondere die Abfassung von Berichten zu Händen der Schulbehörde und des Bildungsministeriums.

- Sie schlagen Begleituntersuchungen zur kritischen Evaluation des ganzen Projekts (Meta-Evaluation) vor und nehmen an deren Durchführung und Auswertung teil.
- Sie erwarten von den Beteiligten, dass sie Rückmeldungen über die erlebte Beratung geben und dadurch den Beratern helfen, sich selbst weiterzuentwickeln.
- Die beigefügten Beratungsgrundsätze sind integrierter Bestandteil dieses Kontrakts.
- Die finanzielle Entschädigung der Berater wird in einer besonderen Vereinbarung geregelt.

Ort: _____

Datum: _____

Für die Lehrerschaft: _____

Für die Schulleitung: _____

Für die Behörde: _____

Für die Berater: _____

Quelle: leicht modifiziert nach A. Strittmatter/Schulverbund Graz-West

19

20

Grundsätze für meine Beratungsarbeit

1. Ich bringe Methoden, Techniken, Konzepte und Erfahrungswissen etc. ein, um Ihnen – den Verantwortlichen für die Schulentwicklung – zu helfen, Ihre Ziele zu erreichen, Probleme besser zu verstehen und zu bearbeiten. Sie sorgen für die Energie und die intensive Mitwirkung und übernehmen Ihren Teil der Verantwortung für den Erfolg. Die Führung Ihres Entwicklungsprozesses liegt ganz eindeutig bei Ihnen selbst.
2. Ein Teil meiner Arbeit ist es, heikle Themen aufzunehmen und Sie damit zu konfrontieren. Sie haben das Recht, nein zu sagen zu allem, mit dem Sie sich nicht befassen wollen. Wenn Sie sich frei fühlen, nein zu sagen, dann kann ich mich auch frei fühlen, manchmal zu „drängen".
3. Teil meiner Arbeit ist es auch, Ihnen bewusst zu machen, was Sie tun und was die möglichen Konsequenzen für Sie selbst, für die Menschen um Sie herum, für Ihre Organisation und für mich sind. Das geschieht mit dem Zweck, Ihre Freiheit zu bewahren und Sie zu bestärken, selbst zu entscheiden, was Sie tun wollen.

4. Ein mir wertvolles Ziel der Arbeit mit Organisationen ist die Entwicklung in Richtung eines offeneren Systems. Bewährtes zu pflegen, der Einsatz von Routinen und die effiziente, pragmatische Problemlösung sind zwar auch wichtige Ansprüche; erfolgreiche Organisationen sind aber ebenso sehr geprägt von Neugier, Lernwillen, Offenheit für Feedback und neue Ideen aus den eigenen Reihen und aus der Umgebung. Ich lehne deshalb Kontrakte ab, in denen Offenheit nicht geschätzt wird.

5. Meine Klientin ist die ganze Organisation. Das bedeutet, dass ich nicht vorhabe, den Advokaten für die Lieblingsideen von irgendjemandem zu spielen. Dagegen vertrete ich einen partizipativen Ansatz in der Problemlösung und ich weiß (und akzeptiere das Risiko), dass einige Leute damit Mühe haben.

6. Sagen Sie mir rechtzeitig, wenn ich etwas tue, was Sie verwundert oder irritiert, und ermutigen Sie mich, das Gleiche Ihnen gegenüber zu tun.

7. Oft wird die Information, die ich sammle und präsentiere, anonym bzw. anonymisiert sein. Ich spiele jedoch nicht den Briefträger für Botschaften, welche die Direktbetroffenen selbst austauschen sollten, und ich will keine vertraulichen Informationen, von denen die Informanten glauben, dass damit nicht gearbeitet werden soll. Es gilt insgesamt der Grundsatz, dass alle Daten den Leuten gehören, die sie liefern. Ich werde sie an niemanden ohne ihre Genehmigung weitergeben.

8. Wir werden die im Kontrakt vereinbarten Ziele, Leistungen und Grundsätze periodisch überprüfen. Ich stelle dafür mein Verhalten im Projekt zur Disposition, sie investieren dafür Zeit und Offenheit.

9. Wenn „nichts mehr geht", wenn wir uns an der Aufgabenerfüllung hindern: Jeder von uns kann den Vertrag auf den nächsten Tag hin kündigen, ohne Rücksicht auf die vorgesehene Dauer des Kontrakts – vorausgesetzt, dass wir davor noch ein klärendes Gespräch gehabt haben.

10. Manchmal fällt es mir nicht leicht, mich an diese eigenen Grundsätze zu halten, denn ich bin nicht bloß ein professionell-nüchterner Berater, sondern auch ein Mensch mit Gefühlen, pädagogischen Überzeugungen und Anliegen. Sagen Sie es mir, wenn diese Seiten mal so dominant werden, dass sie meine im Kontrakt vereinbarte Rolle beeinträchtigen.

Quelle: leicht modifiziert nach Strittmatter 1998, 237 f.

5.4   Moderation und Projektmanagement in Evaluationsprojekten

5.4.1 Projektmanagement

Schulische Selbstevaluation ist eine komplexe Tätigkeit, bei der sich die Nutzung von Wissen über die effektive und ökonomische Durchführung von Projekten lohnt. Neben dem Wissen über den Aufbau einer adäquaten „Projektarchitektur" (vgl. Kap. 5.2) sind Wissen und Techniken für die *Projektdurchführung* gefragt (vgl. auch Heintel/Krainz 2000; Rolff 1999; Patzak/Rattay 1998; Heitger/Boos 1995), um Schritte wie die Folgenden zu bewältigen:

- *sorgfältige Projektabgrenzung:*
  Was gehört zum Evaluationsprojekt, was nicht? Bis wann muss was erledigt werden? (vgl. das Arbeitspapier in Abb. 22).
- *Rollenklärung:*
  Welche Kompetenzen hat die Projektleitung? Wie ist das Verhältnis Projektleitung – Schulleitung definiert? Welche Aufgaben übernehmen Arbeitsgruppenleiter? Welche Rolle hat die Schulaufsicht?
- *Beachtung des „magischen Dreiecks" Leistung – Termine – Ressourcen:*
  Kann das angestrebte Ziel in der vorgesehenen Zeit mit den vorhandenen Ressourcen erreicht werden? Was tun, wenn Ressourcen knapp werden?
- *Projektstrukturplan (Meilensteinplan):*
  Was muss wann gemacht werden? Welche zeitlich vorher bestimmbaren Ereignisse („Meilensteine") müssen eingeplant werden? (Abb. 23 zeigt eine Version der dafür gebräuchlichen Schemata)

Solches Wissen, das z. B. durch schulischen Projektunterricht (vgl. z. B. Frey 2002), Weiterbildungskurse oder eigene Fortbildungstätigkeit erworben wurde, ist gar nicht so selten bei Mitgliedern des Kollegiums vorhanden, wird aber nicht immer systematisch genutzt (auch weil es nicht immer leicht fällt, an ‚gleichgestellte' Kollegen Leitungsverantwortung zu delegieren). Dies gilt auch für Fähigkeiten der Moderation und des Zeitmanagements, die wir im Folgenden besprechen.

Sachliche Ebene Projektbezeichnung/Titel _____

Ausgangssituation Problemstellung _____

Rahmenbedingung _____

Anlass _____

Zielsetzung Was soll erreicht werden? _____

Wie ist Erfolg erkennbar? _____

Hauptaufgaben Wichtigste Tätigkeiten? _____

Was ist nicht zu tun? _____

Methoden Entwicklung _____

Evaluation _____

Ressourcen Benötigte Sachmittel _____

Benötigte Personen extern _____ intern _____

Zeitliche Ebene Erste Aktivität _____

Anfangstermin _____

Wichtige Ereignisse _____

Letzte Aktivität _____

Endtermin _____

Soziale Ebene Auftraggeber _____

Auftragnehmer _____

Projektteam _____

Spätere Anwender _____

Abb. 22: Projektabgrenzung

Nr.	Was? (Tätigkeiten/Entwick- lungsmaßnahmen)	(Evaluationsmaßnahmen)	Wer? (Kontakte/Helfer)	Welche Voraussetzungen?	Womit? (Materialien)	Wann, wie lange? (Zeitplan)	Wo? (Ort)

Abb. 23: Projektplanung

5.4.2 Die Arbeitsfähigkeit von Gruppen durch Moderation unterstützen

Wenn man weiß, wie viel Energie und guter Wille von Kollegen, die durchaus an konstruktiver Mitarbeit an einem Evaluations- und Entwicklungsprojekt interessiert sind, durch schlecht vorbereitete Treffen und Sitzungen verschlissen werden kann, dann lohnt es sich, in die Kultur der Vorbereitung und Gestaltung von Arbeitstreffen zu investieren. Damit eine Gruppe arbeitsfähig wird, sind meist folgende Vorbedingungen notwendig:

- dass die Teilnehmer ungefähr wissen, mit wem sie es zu tun haben *(Kennenlernen der Mitarbeiter)*,
- dass die ‚Spielregeln‘ der Zusammenarbeit bekannt und akzeptiert sind *(Vereinbarung von Arbeitsregeln)*,
- dass die verschiedenen Gruppenfunktionen in bewusster und akzeptierter Weise wahrgenommen werden *(Vereinbarung von Gruppenfunktionen)*, sowie
- dass Übereinkunft über Ziele und Abfolge der Gruppenarbeit besteht *(Vereinbarung einer Tagesordnung)*.

Manche Gruppen lösen die damit angesprochenen Entscheidungsprobleme in sehr formaler Weise, indem sie (wie z. B. Vereine) Personen durch Wahl für längere Zeiträume mit bestimmten Gruppenfunktionen betrauen, ihnen weitgehendes Pouvoir für die Sitzungsvorbereitung und -führung geben und feststehende Verfahrensregeln in ihren Satzungen haben. Gerade kollegiale Gruppen scheuen sich jedoch manchmal, derartige strukturierende Entscheidungen zu fällen, weil sich keiner der Gleichgestellten durch die Übernahme von Verantwortung für die Vorbereitung und Moderation von Arbeitsgruppen hervortun will. Dann laufen Arbeitstreffen nach der ‚Naturmethode‘ ab und stehen in Gefahr, die verschiedenen Gruppenfunktionen in diffuser und wenig effektiver Weise zu erfüllen.

Die folgenden Methoden 4–10 sollen einige Anregungen für Schlüsselstellen der Gruppenmoderation geben. Weiterführende Hinweise finden Sie beispielsweise bei Klebert et al. (1987) und Philipp (1992). Methode 4 fasst die wichtigsten Gesichtspunkte in Form einer Checkliste zusammen.

METHODE 4

Checkliste für die Sitzungsmoderation

Vorbereitung
❑ Moderationskarten, Plakate, Stifte
❑ notwendige Unterlagen für die Sitzung
(z. B. Protokoll der vorangegangenen Sitzung)
❑ Teilnehmerliste, Tagesordnung, Raum

Beginn der Sitzung
❑ Klären von „Wer ist wofür verantwortlich?" Bitte überlegen Sie, welche der untenstehenden Funktionen in die Rolle der Moderation übernommen oder welche ausgegliedert werden sollen.
- *Moderator*: schaut, dass alle mitmachen und dass die Gruppe beim Thema bleibt. Trägt Verantwortung für einen Aktionsplan am Schluss der Sitzung.

- *Zeitnehmer*: teilt die Zeit ein und passt auf, dass die Zeit auch von den anderen Gruppenmitgliedern eingehalten wird und alle Punkte abgehandelt werden können.
- *Schriftführer*: schreibt die Hauptergebnisse auf Flipchartpapier/Plakate auf bzw. führt das Protokoll der Gruppe.
- *Reporter/Präsentator*: präsentiert die Gruppenergebnisse im Plenum (falls notwendig).

❏ Zielklärung
- Was ist das Ziel der heutigen Sitzung?
- Was wollen wir bis zum Schluss erreichen?
- Wie schaut ein akzeptables Ergebnis aus?

❏ Zeitrahmen
- Wie viel Zeit haben wir zur Verfügung? Wie teilen wir sie ein?
- Brauchen wir eine Pause?

Fragen zum Schluss der Sitzung
❏ Feedbackrunde: Was gibt es noch zu sagen? Was ist offen geblieben?
❏ Nächster Termin für weitere Sitzung? Ort, Datum, Zeit …
❏ Tagesordnungspunkte
❏ Wer wird eingeladen?
❏ Was geschieht mit den heute angefertigten Plakaten und Arbeitspapieren?

Quelle: Unv. Arbeitspapier von Ender (1996)

METHODE 5

Vereinbarung von Gruppenfunktionen

Intention
Vereinbarung von Gruppenfunktionen – In einer Gruppe sollen die verschiedenen Gruppenfunktionen in bewusster Weise wahrgenommen werden.

Vorgehen
1. Es wird überlegt, welche Gruppenfunktionen für das Erreichen des Ziels der Arbeitsgruppen notwendig sind, z. B.
   - *Moderator:* Er konzentriert sich auf die Beobachtung des Gruppenprozesses und verzichtet meist auf eigene inhaltliche Beiträge zum Thema. Durch seine prozessbezogenen Bemerkungen, Zusammenfassungen, Visualisierungen usw. versucht er die anderen Gruppenmitglieder bei der Erreichung des Arbeitszieles zu unterstützen und sie zur Beachtung der Tagesordnung (gegenüber ,Abschweifungen‘), der abgemachten Arbeitszeit und der Arbeitsregeln zu bringen.

- *Schriftführer:* Er hat die Aufgabe, ein Verlaufs- oder Ergebnisprotokoll der Gruppenberatungen anzufertigen. Dieses ‚Gedächtnis‘ der Gruppe hilft ihr, zu späteren Zeitpunkten weiterzuarbeiten und sich einmal getroffene Entscheidungen, von Einzelpersonen übernommene Arbeitsaufträge usw. bewusst zu halten.

  Längerfristig zusammenarbeitende Gruppen sichern die *Kontinuität der Arbeit* oft, indem sie einen neuen Sitzungstermin damit beginnen, dass sie das Protokoll der letzten Sitzung durchgehen, sich offene Fragen für die Weiterarbeit bewusst machen und überprüfen, ob die Aufträge seit der letzten Sitzung erfüllt wurden.

- *Präsentator:* Wenn Teilgruppen eines größeren Verbandes Bericht in einem Plenum erstatten, beginnt oft ein längeres Gerangel darum, wer diese Funktion übernimmt. Wenn diese Funktion gleich zu Beginn der Gruppenarbeit festgelegt wird, kann sich die Person auf diese Aufgabe vorbereiten.

2. Die Zuordnung der Funktionen zu Personen erfolgt durch freiwillige Meldung oder Wahl.

3. Bei längerfristig zusammenarbeitenden Gruppen kann durch Rotation dieser Aufgaben unter allen Gruppenmitgliedern, die schon bei der ersten Sitzung in den Arbeitskalender eingetragen wird, signalisiert werden, dass alle Gruppenmitglieder zur Gesamtaufgabe beitragen sollen und dürfen und dass die Moderationsaufgabe nicht immer an den ‚Leithirschen‘ und die Schriftführung nicht immer an eine Frau fallen soll.

METHODE 6

Erstellung einer Tagesordnung

Intention

Vereinbarung einer Tagesordnung – In einer Gruppe, die nicht aufgrund eines vorher vereinbarten Arbeitszieles zusammengekommen ist, soll eine Vorgehensweise für die Arbeit gefunden werden, die den Interessen und Anliegen der Teilnehmer entspricht.

Vorgehen

Bei der Erstellung der *gemeinsamen Tagesordnung* geht man davon aus, dass eine von möglichst vielen Teilnehmern / Mitgliedern einer Gruppe gemeinsam erstellte „Agenda“ die einfachste Form ist, einen gemeinsamen „roten Faden“ zu finden.

Dabei wird zunächst das folgende Plakat aufgehängt (vgl. Klebert et al. 1987, 135):

Gemeinsame Tagesordnung			
Thema	Wer	Zeit	Bemerkung

Der Gruppenleiter sammelt mit allen Teilnehmern die anstehenden Punkte. Er/sie notiert in der „Wer"-Spalte, welche Person(en) für das Thema verantwortlich ist (sind). Die Arbeitsgruppe verständigt sich dann über den Zeitanteil, den jedes Thema einnehmen soll. Anschließend wird gemeinsam eine logische und zeitliche Reihenfolge der Bearbeitung festgelegt. In der Spalte „Bemerkung" werden Diskussionsergebnisse, die nächsten Bearbeitungsschritte und auch mögliche Entscheidungen dokumentiert (vgl. Philipp 1992, 42 f.).

METHODE 7

Themenspeicher

Intention
Sammlung von Themen und Erstellen einer Abfolge für die Arbeit.

Vorgehen
1. Im Verlauf einer längeren Arbeitsphase oder gezielt durch ein Brainstorming werden Themen, Probleme, Anliegen usw. gesammelt, die die Teilnehmer bearbeiten wollen, und auf einem vorbereiteten Plakat in die einzelnen Zeilen eingetragen. Die Themen sollen als *Fragestellungen* oder in einer anderen Form formuliert sein, die die Tendenz, in der sie bearbeitet werden sollen, ausdrückt (z. B. lösungsorientiert, analyseorientiert).

Themenspeicher			
Nr.	Thema	•	R
A			
B			
C			
D			
E			
F			
G			

2. Nachdem derart eine Übersicht über die ‚in der Gruppe vorhandenen Themen' gewonnen wurde, wird in einem zweiten Schritt die Sequenz ihrer Bearbeitung abgesprochen. Jeder Teilnehmer erhält Selbstklebepunkte (und zwar die Hälfte der Anzahl der gesammelten Themen). Diese Punkte werden je nach persönlichen Prioritäten in die Spalte mit dem Punkt auf dem Plakat geklebt, wobei es den Teilnehmern frei steht, alle ihre Punkte auf ein Thema zu ‚setzen' oder sie mehr oder minder breit zu verteilen.

3. Aus der Auszählung der Punkte ergibt sich eine Rangordnung der Themen, die in der Spalte R vermerkt wird (vgl. Klebert et al. 1987, 139).

Variation

Manche Arbeitsgruppen haben die Tendenz, den ‚drängenden' Aufgaben hohe Priorität (gleichgültig, ob sie längerfristig wichtig sind oder nicht) zu geben. Viel Zeit und Energie wird dann am Beginn der Gruppenarbeit auf deren Diskussion verwendet und für die vielleicht weniger drängenden, dafür aber längerfristig wichtigen Punkte bleibt keine Zeit mehr, was das Gefühl der Unproduktivität hervorruft. Dieser Tendenz kann entgegen gearbeitet werden, indem

- *entweder* vor der Prioritätensetzung eine Bewertung der Themen nach den Kategorien
  A „sehr wichtige Aufgaben"
  B „weniger wichtige Aufgaben"
  C „delegierbare und unwichtige Aufgaben" vorgenommen wird
- *oder* drängende, aber nicht wichtige Probleme an Untergruppen oder Einzelpersonen delegiert werden
- *oder* Zeitlimits für deren Bearbeitung gesetzt werden.

METHODE 8

Vereinbarung von Arbeitsregeln

Die Arbeit in Gruppen läuft nach bestimmten Mustern und – unausgesprochenen oder ausgesprochenen – Regeln ab. Für Zufriedenheit und Effizienz in der Arbeitsgruppe ist es sinnvoll, einige Basisregeln zu vereinbaren, die konstruktive Minimal-Arbeitsbedingungen für alle Teilnehmer herstellen.

Intention
Explizites Vereinbaren von Arbeitsregeln, die produktive Arbeitsbedingungen für alle Teilnehmer ermöglichen sollen.

Vorgehen
1. Einzelarbeit: Die Teilnehmer werden gebeten, an frühere produktive und nicht-produktive Erfahrungen in Arbeitsgruppen zu denken:
   • Welche Arbeitsbedingungen und welches Verhalten der Kollegen helfen mir, produktiv an diesem Arbeitsprozess mitzuwirken?
   • Was darf auf keinen Fall geschehen, weil ich sonst nicht produktiv an der Arbeit mitwirken kann?
   • Für welche produktiven Arbeitsbedingungen will ich selbst sorgen?
2. Sammlung der Arbeitsregeln auf einem Plakat. Nach etwaigen Klärungsfragen fragt der Moderator jeweils nach, ob die anderen Teilnehmer „mit dieser Regel leben können". Fallweise werden die „Regel-Bringer" gebeten, eine besondere Beobachtungsfunktion im Hinblick auf diese Regel für die ganze Gruppe zu übernehmen (z. B. Arbeitsregel: „Die Gespräche müssen jeweils konkret bleiben und dürfen sich nicht in abstrakte Höhen erheben." Oder: „Es sind regelmäßige Pausen einzuhalten.")
3. Die Moderatoren können von sich aus einige Arbeitsregeln vorschlagen, z. B.:
   • Es ist erlaubt, nach Beispielen zu fragen.
   • Es ist erlaubt zu fragen, woran würdest Du erkennen, dass Du unrecht hast.
   • Es ist erlaubt, direkte und persönliche Fragen zu stellen. Es ist erlaubt, auf solche Fragen zu sagen: „Das weiß ich im Augenblick nicht." Oder: „Darauf will ich nicht antworten."
   • Heiße Kartoffel auf den Tisch, bevor sie kalt sind.

Aufgabencheck zu Sitzungsbeginn

Bei ergebnisorientierten Arbeitsgruppen, die an einem längerfristigen Projekt arbeiten, oder in Gremien, die regelmäßig tagen, werden üblicherweise Aufgaben formuliert, die von Einzelpersonen oder Teilgruppen innerhalb eines bestimmten Zeitraumes zu erledigen sind. Es hat sich als sinnvoll herausgestellt,

1. diese *Aufgaben im Sitzungsprotokoll besonders zu kennzeichnen* (evtl. durch Zusammenfassung zu Beginn oder am Ende des Protokolls oder durch besondere Zeichen, z. B. ❏) und mit ‚Fertigstellungsdatum' zu versehen
2. dass der Sitzungsleiter *zu Beginn jeder folgenden Sitzung* (nach den sonstigen, Regularien') regelmäßig *einen Aufgabencheck* durchführt: Er verliest die noch offenen Aufgaben. Wenn im Zuge der Bearbeitung laufender Aufgaben Probleme aufgetreten sind oder wenn Aufgaben nicht rechtzeitig erbracht wurden, wird nach Abhilfe gesucht, ohne in Schuldzuweisungsdiskussionen zu verfallen.

Reflexion des Arbeitsprozesses und Meta-Kommunikation

Um zufriedenstellendes und effektives Arbeiten zu erzielen und die Fähigkeiten dazu weiterzuentwickeln, sollten regelmäßig, z. B. am Ende von Arbeitsgruppensitzungen, kurze Rückmeldungs- und Reflexionsphasen eingeschoben werden. Auch in Konfliktsituationen empfiehlt es sich, explizit von der Arbeit auf der Sachebene auf die Reflexion des Arbeitsprozesses (Meta-Kommunikation) umzuschalten.
Methoden zur Reflexion des Arbeitsprozesses sind z. B.:
- *Blitzlicht:* kann am Ende einer Arbeitsphase oder in Konfliktsituationen eingesetzt werden. Alle Teilnehmer formulieren einen Satz (maximal drei Sätze) zu ihrem Befinden in der Arbeitsgruppe, zu ihrer Einschätzung des Arbeitsprozesses usw. (z. B. „Am Ende dieser ersten Arbeitssitzung …"). Blitzlichtäußerungen dürfen von anderen Teilnehmern nicht unterbrochen oder kommentiert werden.
- *Gruppenthermometer:* Rückmeldung zu verschiedenen Dimensionen der Gruppenarbeit, z. B. Effizienz der Arbeit, Wohlfühlen in der Gruppe.
- *Kurze Feedback-Bögen* (vgl. genauer in Kap. 6.2.2) werden in kopierter Form den Teilnehmern ausgehändigt. Nach dem Ausfüllen kann – durch die individuelle Beschäftigung mit den Bögen stimuliert – ein kurzes Rückmeldungsgespräch stattfinden. Eine andere Möglichkeit ist, eine Auswertung der Bögen bei der nächsten Sitzung als Gesprachsanlass zu verwenden.

Die *Moderation von Großgruppen* (z. B. ein ganzes Kollegium) unterliegt eigenen Gesetzen, auf die wir hier nicht eingehen können (vgl. z. B. Königswieser/Keil 2000; Burow 1998; Krainz-Dürr 2000). Hinweise zur Gestaltung pädagogischer Tage und pädagogischer Konferenzen finden sich beispielsweise bei Altrichter/Rasch (1997a, 1997b).

METHODE 11

Checkliste für Pädagogische Konferenzen (PK)

Anfangsüberlegungen
- ❏ Worum geht's?
- ❏ Was soll erreicht werden?
- ❏ Zielgruppe? Wessen Teilnahme ist zur Erreichung des Ziels notwendig? Lehrer (alle?, eine bestimmte Gruppe?, Teilnahme freiwillig/verpflichtend?), Schüler (welche?), Eltern (welche?), Vertreter der Schülbehörde (wer?), Vertreter der Öffentlichkeit (wer?)
- ❏ Ist eine PK für dieses Ziel der geeignete Weg? Wenn nein, was sonst?
- ❏ Wenn ja, wer soll in der Vorbereitungsphase mitarbeiten? Mit welcher Aufgabenverteilung?
- ❏ Wer muss informiert werden?
- ❏ Mit welchen Hindernissen ist zu rechnen? Wie kann man sie vermeiden, minimieren, überwinden?
- ❏ Welche Ressourcen stehen zur Verfügung?
- ❏ Wie wird Mitarbeit honoriert?
- ❏ Welche organisatorischen Maßnahmen sind zu treffen, damit die Vorbereitungsarbeiten stattfinden können?
- ❏ Wie soll das Ziel nach der Pädagogischen Konferenz weiter verfolgt werden?
- ❏ Welche Art von Ergebnissen ist dafur notwendig?
- ❏ Wann, wo und von wem soll die Nachbereitung/Weiterarbeit erfolgen?
- ❏ Welche Rolle/Funktion übernimmt die Schulleitung?
- ❏ Erfolgen Vorinformationen sowie Einladung rechtzeitig? Ist die Einladung attraktiv gestaltet und informativ (Ort, Zeit, Tagesordnung, Ziele ohne Leerformeln dargestellt?) Signalisiert die Einladung ,Offenheit' für die Mitarbeit der Teilnehmer oder erscheint die Arbeit vorbestimmt? Gehen etwaige Unterlagen den Teilnehmern rechtzeitig zu?

Leitung und Moderation
- ❏ Wer übernimmt die Leitung der Veranstaltung? (Mitglied der Schulleitung?, Mitglied des Kollegiums?)
- ❏ Wer übernimmt die Moderation der Veranstaltung? (Mitglieder der Schule?, externe Fachleute?)
- ❏ Soll mit externen Beratern zusammengearbeitet werden?
- ❏ Wenn ja, ab wann werden sie eingebunden?

❏ Wie lautet der Moderations- bzw. Beratungsauftrag?

❏ Wer ist der Auftraggeber (Schulleitung? Kollegiumsvertretung?…)

❏ Fallen Honorare an?

Durchführung

❏ Was geschieht vor der offiziellen Eröffnung der Pädagogischen Konferenz? (z. B. Dekoration des Raumes mit Plakaten mit themenbezogenen Statements, Einstiegsfragen oder Karikaturen; Projektion von Overhead-Folien, Musik, Kaffee vor Beginn?)

❏ Wie erfolgt die Eröffnung?

❏ Welche Informationen brauchen die Teilnehmer, um sich orientieren und mitarbeiten zu können?

❏ Welche Arbeitsschritte sind für die Zielerreichung notwendig? Sind für die Schulleitung teilweise andere Arbeitsschritte sinnvoll?

❏ Sind unterschiedliche Arbeitsformen vorgesehen? Sind den Aufgaben entsprechende, evtl. unterschiedliche Gruppenzusammensetzungen vorgesehen? Sind unterschiedliche Moderatoren vorgesehen?

❏ Wann sind Pausen notwendig? (Bereitstellung von Getränken, Verpflegung?, Raucher?, angemessene Mittagpause?)

❏ Wie erfolgt der Abschluss?

❏ In welcher Form wird Feedback eingeholt?

Information und Dokumentation

❏ Wie kann man – schon im Vorfeld – Transparenz und Beteiligung sicherstellen, Informationsmonopole vermeiden? (Laufende Information über Anliegen, Ziele, Vorgangsweise, Produkte, mögliche Veränderungen, Arbeitsanfall …)

❏ Welche Unterlagen erhalten die Teilnehmer (Informationen, Programm, Arbeitsblätter, Handouts, …)?

❏ Wie wird die Pädagogische Konferenz, ihre Ergebnisse und Abmachungen dokumentiert?

❏ Wenn Beschlüsse gefasst werden: Werden sie konkret formuliert (Wer – was – womit?) und mit realistischen Fristen (bis wann?) versehen?

❏ Gibt es ein Protokoll? Wenn ja, in welcher Form? Wer ist dafür verantwortlich?

❏ Wie werden Nicht-Anwesende (z. B. Krankenstand) informiert?

❏ Welche Form von Öffentlichkeitsarbeit ist notwendig? (Eltern, Schüler, Behörde, Medien, andere, …)

❏ Wer übernimmt dabei welche Aufgaben?

Organisation

❏ Termin? (Gibt es Termine, die bestimmte Gruppen benachteiligen/ausschließen? Ist die Anfangszeit so festgelegt, dass für alle Teilnehmer Anreise und ein pünktlicher Beginn möglich ist? Wurden Vereinbarungen mit Referenten/Moderatoren rechtzeitig getroffen? Unterrichtsentfall?)

❏ Dauer? (eher großzügig planen, lieber früher schließen als überziehen)

❑ Welche Räumlichkeiten sind nötig?
Wie müssen sie beschaffen sein? (Plenarraum, Gruppenräume, Anzahl?)
Wie müssen die Räume ausgestattet sein? (Sitzordnung? Tische? Geräte und Materialien?)
Ist die Abschirmung vor Störungen (z. B. durch Telefon) möglich?
Müssen die Räume in bestimmter Weise vorbereitet oder dekoriert werden?

❑ Ort (Schule?, außerhalb?)

❑ Wenn außerhalb: Entstehen dadurch Kosten? Wer ist für den Transport von Materialien verantwortlich?

❑ Wer übernimmt Vorbereitungs- und Aufräumarbeiten?

❑ Mittagessen? Kaffeepausen? Erfrischungen? Kosten?

Geräte, Moderationsmaterial

❑ Overhead, Folien, Folienstifte

❑ Beamer

❑ Flipchart

❑ Moderationstafeln

❑ Papier für Plakate, Flipcharts

❑ Plakatstifte

❑ Moderationskarten

❑ Klebepunkte

❑ Pinnadeln

❑ Scheren

❑ Klebstoff

❑ Videokamera, Kassetten, Monitor

❑ Musikanlage

❑ Lautsprecher, Mikrofone

❑ Kopiermöglichkeit

❑ Fotoapparat, Film

❑ Stromanschlüsse

❑ Transport?

❑ Kosten?

❑ Wer ist für Logistik verantwortlich?

Finanzierung

❑ Moderation, Beratung, Referenten

❑ Raummiete

❑ Gerätemiete

❑ Transport

❑ Verpflegung, Getränke

❑ Materialien

❑ Unterlagen, Kopien

❑ Sponsoring?

Abschluss, Nachbereitung, Weiterarbeit

❏ Wie werden Vereinbarungen festgehalten?

❏ Wie wird die Einhaltung von Abmachungen sichergestellt?

❏ Wann, wo, wie, von wem erfolgt der nächste Schritt?

❏ Wer übernimmt Verantwortung wofür?

❏ Welche Aufgaben übernimmt die Schulleitung?

❏ Wie wird der Erfolg kontrolliert/evaluiert?

❏ *Wie wird der Erfolg gefeiert?*

Quelle: Altrichter/Rasch (1997b)

5.4.3 Zeitmanagement

Mangelnde Professionalität im Umgang mit der Zeit ist eines der größten Hindernisse bei Entwicklungs- und Evaluationsprojekten. Zeit wird fast ausschließlich als *Zeitmangel* thematisiert. Dies hängt sicherlich damit zusammen, dass es für neue Anforderungen an die Schule noch kaum institutionalisierte ,Zeitfenster' gibt und dass es selten eingespielte und akzeptierte Praktiken in Kollegien für einen kollektiven Umgang mit Zeit gibt, die über die individuellen Zeitmanagementpraktiken der Einzellehrer hinausgehen.

Das Problem dürfte allerdings noch tiefer liegen. Schulen sind in erster Linie auf Handlung, auf Aktivität angelegt. Zeiten, in denen keine sichtbare Aktivität stattfindet, werden oft als „Leerläufe" oder „Zeitverschwendung" angesehen. Dazu kommt, dass Beiträge zur Weiterentwicklung ihrer Schule von vielen Lehrern nicht als Teil ihrer ,eigentlichen' Dienstverpflichtung, sondern als ,Zusatzengagement' angesehen werden. Wer sich daher über die Unterrichtätigkeit hinaus für die Schule einsetzt, möchte wenigstens möglichst rasch zu konkreten Ergebnissen kommen. Entwicklungsprozesse benötigen jedoch Zeit und können nicht immer folgenlos beschleunigt werden. Die Analyse der Erfahrungen von Pilotschulen eines Schulprogrammprojekts (vgl. Krainz-Dürr et al. 2002) machte deutlich, dass Zeit, die in der Projektanfangsphase für Diskussionen und Klärungen verwendet wurde, später meist relativ leicht einzuholen war, während vermeintlich gewonnene Zeit (,Zeitbeschleunigungen') in diesen Bereichen die Entwicklung deutlich hemmen können bzw. zum vollständigen Stillstand führen können. Die Fähigkeit, mit Zeitdruck gelassen und produktiv umzugehen, ist wahrscheinlich eine der wichtigsten Kompetenzen für die Durchführung von Entwicklungs- und Evaluationsprojekten.

5.5 Methoden zur Situationsklärung

Vor der Sammlung von Daten empfiehlt es sich oft, sich das eigene Vorverständnis der untersuchten Situation ins Bewusstsein zu rufen und die bereits verfügbaren Erfahrungen und Informationen für eine Situationsklärung zu nutzen. Die beiden folgenden Methoden können dabei eine Hilfe sein.

METHODE 12

Projektumfeldanalyse

Intentionen

In jeder Schule gibt es, wie auch in anderen Organisationen, eine Reihe von Gruppierungen. Auch in ihrem Umfeld gibt es Bezugsgruppen, die Interesse an der Schule haben und die auf sie Einfluss nehmen können. Ein schulisches Entwicklungsvorhaben bedeutet auch eine potenzielle Veränderung dieses Bezugsnetzes. Daher sollten Entwicklungsstrategien die spezifische Vernetztheit einer sozialen Organisation, deren einschränkenden, aber auch ermöglichenden Charakter bewusst machen. Die Projektumfeldanalyse (vgl. Heitger/Boos 1995) soll helfen, das relevante Umfeld eines Entwicklungs- oder Evaluationsvorhaben an einer Schule abzuklären. Wichtige Funktionen der Projektumfeldanalyse sind dabei:

- die Innen- und Aufgabenorientierung von Projekten in einer frühen Projektphase durch eine Außensicht zu ergänzen;
- ein Bewusstsein für die soziale Vernetzung des Vorhabens zu schaffen;
- die Sinnhaftigkeit einer klaren Projektorganisation (Rollenverteilung, Art und Intensität der Kommunikation, usw.) lässt sich manchmal erst erkennen, wenn ihre Funktionalität für die Beziehung zu Elementen des Umfelds deutlich wird.

Vorgangsweise

Eine Projektumfeldanalyse kann in folgenden Schritten erfolgen:

1. *Auflisten aller ‚relevanter Umwelten‘* für das jeweilige Projekt, d. h. Personen(-gruppen) und Institutionen innerhalb und außerhalb der Schule, die für das Projekt wichtig sind, die den Fortgang des Projekts entscheidend fördern oder behindern können:
   Welche internen und externen Bezugsgruppen gibt es für das Projekt? Wer aller kann/soll zum Projekt beitragen? Wer hat an ihm Interesse? Von wem aller ist der Erfolg abhängig? (z. B. wichtige Institutionen, Konkurrenten, Förderer, Gruppen, Abteilungen usw.)

2. *Nähere Charakterisierung der ‚relevanten Umwelten‘:*
   Versuchen Sie eine *grafische Darstellung* der für das Vorhaben relevanten Umwelten und ihrer Beziehungen zum Projekt. Analog Abb. 24 stellen Sie das Vorhaben, für das eine Umfeldanalyse durchgeführt wird, in den Mittelpunkt der Grafik. Um diesen Begriff herum werden nun die relevanten Umwelten (jeweils in einem Kreis) eingezeichnet und charakterisiert und zwar
   - nach ihrer *Bedeutung* für das Vorhaben: Je größer die Bedeutung (d. h. die Macht, das Projekt zu fördern oder zu behindern), desto größer der Kreis in der grafischen Darstellung);
   - nach ihrer *Nähe* zum Vorhaben: Je näher die Bezugsgruppe (d. h. je häufiger Interaktionen zu erwarten sind), desto geringer die Distanz zum Mittelpunkt der grafischen Darstellung, in dem das Vorhaben lokalisiert ist.
   - nach ihrer *Beziehung zum Vorhaben:* Zentrale Erwartungen und Befürchtungen der jeweiligen Bezugsgruppe lassen sich auf einfache Weise symbolisch

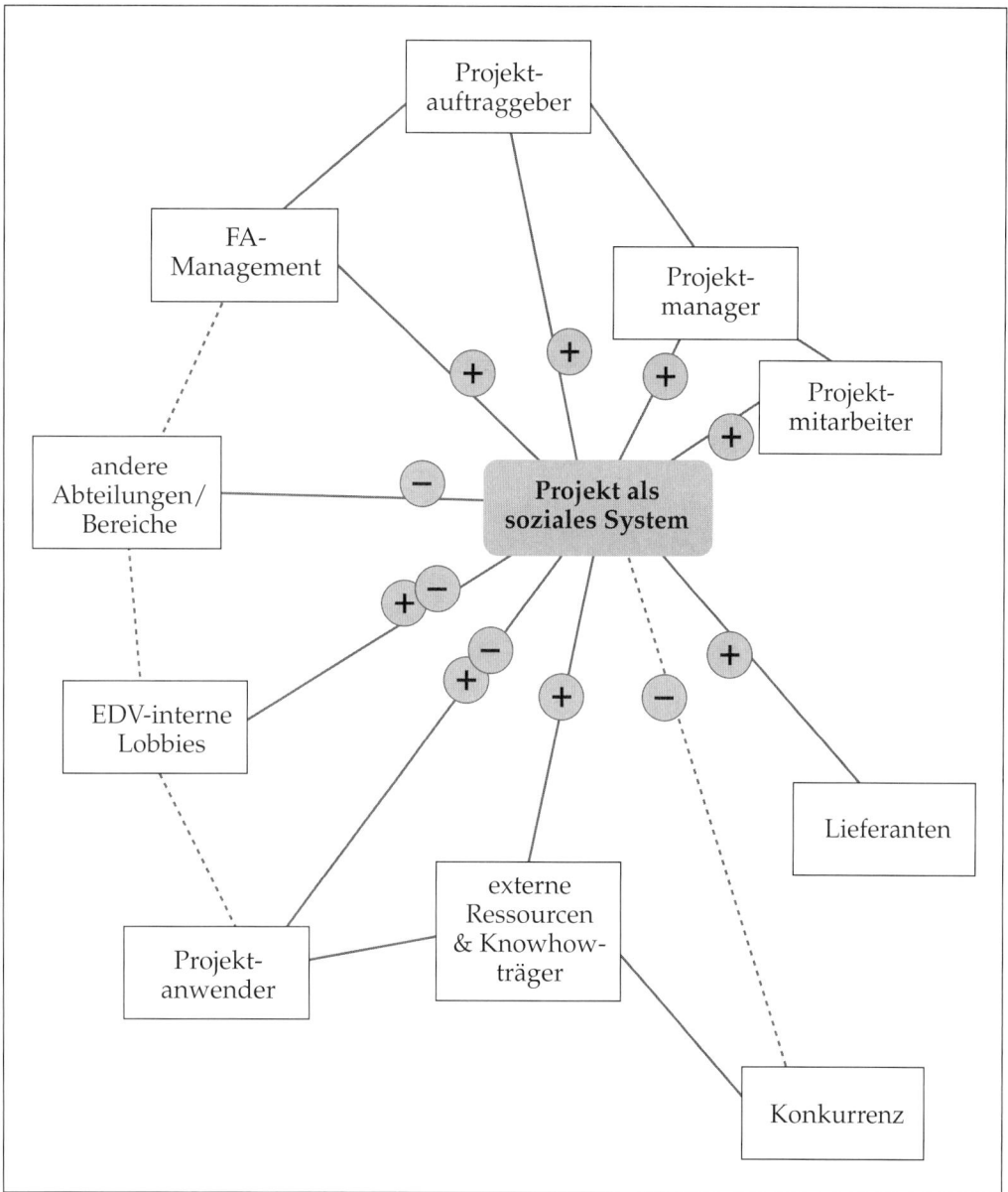

Abb. 24: Beispiel einer Projektumfeldanalyse

kennzeichnen: positive Erwartung an das Projekt aus der Sicht der jeweiligen Bezugsgruppe (+), Befürchtungen (–), ambivalente Beziehung (+/–), undifferenzierte Erwartungen (≈). Wo möglich, sollten diese Erwartungen auch inhaltlich benannt werden.

3. In einem weiteren Schritt (der bei Zeitmangel auch weggelassen werden kann) wird versucht, die *spezifischen Beziehungen der (internen und externen) Umwelten zum Projekt genauer zu analysieren* sowie einige in Hinblick auf die *Weiterent-*

wicklung der Organisation bedeutsame Einschätzungen zu treffen, z. B. mithilfe der folgenden Fragen (vgl. Abb. 25):

(1) *relevante Umwelten:* Welche internen und externen Bezugsgruppen (Umwelten) gibt es für ihr Projekt?

(2) *Erfolgskriterien, Interessen, Erwartungen und Befürchtungen:* Durch welche Interessen sind diese Gruppierungen gekennzeichnet? Wann ist das Projekt aus der Sicht der jeweiligen Bezugsgruppe erfolgreich/nicht erfolgreich? Welche zentralen Erwartungen und Befürchtungen hat die Bezugsgruppe gegenüber dem Projekt?

(3) *Potenziale/Ressourcen:* Welche Stärken/Potenziale/Ressourcen haben die verschiedenen Bezugsgruppen? Welchen Beitrag könnten sie zum Gelingen eines Projekts leisten? Was brauchen sie dazu? Was haben sie davon?

(4) *Art der Einflussnahme:* Welche davon nehmen in welcher Form Einfluss? Häufigkeit und Sichtbarkeit der Einflussnahme?

Dabei erscheint es wichtig, auch den *positiven Beitrag* von manchen Gruppen, die vielleicht lax bis bremsend erscheinen, und ihre vielleicht bisher nicht voll ausgeschöpften Potenziale zu sehen. Eine Organisation lebt vom Beitrag aller Organisationsmitglieder: Vielleicht sorgt eine ‚Bremser-Gruppe' für das Bewahren wichtiger traditioneller Stärken einer Schule, die beim Blick auf die Veränderung verloren zu gehen drohen. Vielleicht sorgt eine Gruppe von chronischen Neuerern dafür, dass immer wieder der Blick auf neue Herausforderungen gelenkt wird. Vielleicht erinnert eine Gruppe von ‚lästigen Eltern' daran, dass der Kontakt zur Umwelt immer wieder gepflegt werden muss?

(5) *Akzeptanz/Widerstand:* Auf welche Art von Weiterentwicklung werden die Bezugsgruppen akzeptierend oder mit Widerstand reagieren? Welchen Nutzen/welche Nachteile haben spezifische Veränderungsprojekte aus der Sicht der jeweiligen Bezugsgruppe?

(6) *Einbindung spezifischer Interessen und Ressourcen.* Auf welche Weise können unterschiedliche Bezugsgruppen mit ihren Interessen und Ressourcen in den Entwicklungsprozess eingebunden werden? Wie müsste z. B. eine ‚Steuergruppe, ausschauen, um verschiedene Interessen und Stärken zu repräsentieren?

4. Die Übung schließt mit der *Entwicklung von Strategien und Maßnahmen (aus Projektsicht) zur Gestaltung der Beziehung zu den Elementen des Umfeldes.*

Arbeitsblatt für das Entwicklungsprojekt ——————— **in der Organisation** ———————

relevante Umwelt	Erfolgskriterien, Interessen, Erwartungen, Befürchtungen	Potenziale und Ressourcen	Art, Häufigkeit und Sichtbarkeit der Einflussnahme	Akzeptanz und/ oder Widerstand	Einbindung spezifischer Interessen und Ressourcen

Abb. 25: Arbeitsblatt für die Projektumfeldanalyse (Schritt 3)

139

METHODE 13

Kräftefeld-Analyse

Intentionen

Eine Kräftefeld-Analyse soll das Spannungsfeld von Kräften und Energien verdeutlichen, in dem ein Projekt durchgeführt wird (vgl. Schmuck et al. 1977; Strittmatter 1996d). Die Grundannahmen der Kräftefeld-Analyse bestehen in folgenden Thesen: Situationen sind Ergebnisse von Spannungsfeldern, in denen Kräfte wirksam werden, die sich für die Ziele der agierenden Personen förderlich oder hemmend auswirken. Eine Situation kann im Hinblick auf Zielvorstellungen desto eher verändert werden, je besser das Spannungsfeld von Kräften, das die Situation bestimmt, verstanden wird. Voraussetzungen für die Kräftefeldanalyse sind allerdings relativ klare Zielvorstellungen und einschlägige Erfahrungen mit der Situation, die untersucht werden soll.

Vorgangsweise

1. Zunächst werden *förderliche und hemmende Kräfte*, die – nach den bereits verfügbaren Erfahrungen – in der Situation, in der das Entwicklungs- oder Evaluationsprojekt begonnen werden soll, wirksam sind, identifiziert.
   Beispiele:
   - *Engagement im Team (Bereitschaft im Team, Zeit zu investieren)*
   - *Aufforderungscharakter des bereits Erreichten (z. B. die Qualität des schulischen Ambiente)*
   - *gegenseitige Toleranz*
   - *Bedürfnis des Schulwarts, eine wichtige Rolle zu spielen*
   - *aufgewendete Mühe wird nicht anerkannt*

2. Anschließend werden die Kräfte – analog zu Abb. 26 – *grafisch dargestellt*. Dabei werden hemmende Kräfte in Richtung auf den schlechtest möglichen Zustand ausgerichtet und förderliche Kräfte in Richtung auf den bestmöglichen Zustand hin ausgerichtet. Die Linie dazwischen kennzeichnet den „Stand der Dinge" (kann aber auch eine Zeitschiene darstellen). Die Stärke der Kräfte wird durch die Dicke der Pfeile zum Ausdruck gebracht (Je dicker die Pfeile, desto stärker die Kraft.). Die grafische Darstellung erleichtert Übersicht und Diskussion der verschiedenen Kräfte und soll helfen, ein klareres Bild und vielleicht einen Konsens über die Stärke und Richtung der Kräfte zu gewinnen.

3. Im dritten Schritt erfolgt die *sprachliche Formulierung der Kräfte*. Die Kräfte (z. B. das Engagement für …, die Angst vor …, der Aufforderungscharakter von …) sollten sprachlich möglichst klar formuliert werden. Es genügt nicht, nur einzelne Faktoren (z. B. Gruppe, Person X usw.) zu benennen, von denen Kräfte ausgehen.

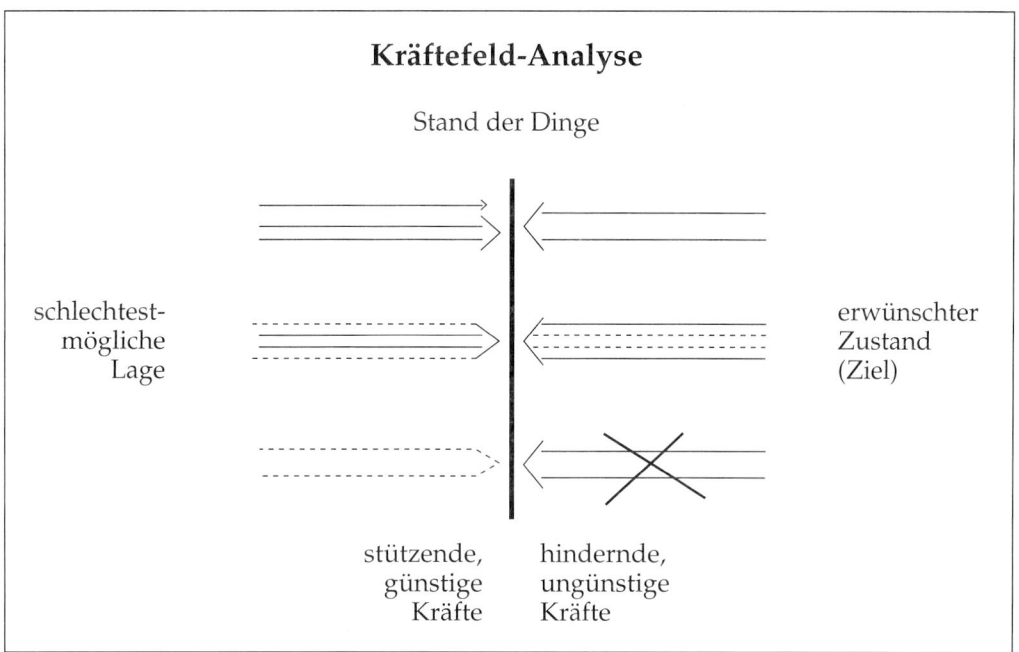

Abb. 26: Beispiel einer Kräftefeld-Analyse

4. Im vierten Schritt kann die *nähere Auseinandersetzung mit der Bedeutung der Kräfte* erfolgen. Dabei sollte Folgendes beachtet werden:
Manche Kräfte sind ambivalent (d. h. sie werden je nach Perspektive positiv oder negativ eingeschätzt). Kräfte können im Hinblick auf ein Ziel positiv und im Hinblick auf ein anderes negativ eingeschätzt werden. Es ist daher wichtig, vorher klar zu machen, welches Ziel in der Kräftefeldanalyse thematisiert wird.
Es sollte überlegt werden, welche förderlichen Kräfte in der Vergangenheit bereits mobilisiert werden konnten, und zwar wie und mit welchem Erfolg. Auch mögliche gegenseitige Abhängigkeiten förderlicher und hemmender Kräfte sollten bedacht werden.

5. Im fünften Schritt lassen sich Möglichkeiten der Einflussnahme auf die Situation diskutieren. Grundsätzlich gibt es vier *Möglichkeiten der Veränderung des Spannungsfeldes* (Gewünschte Veränderungen lassen sich dabei durch strichlierte Ergänzungen an den grafisch dargestellten Kräften eintragen.):

   (a) Man kann versuchen, *bestehende hemmende Kräfte zu mindern bzw. zu schwächen.* Dies geschieht z. B.,
   • indem Initiativen als Experiment dargestellt werden mit klarem Anfang und Ende, mit Evaluation und Entscheidungsprozess über Weiterführung (um Ängste vor bedrohlich erscheinenden Entwicklungen zu vermindern)
   • indem die öffentliche Information verstärkt wird (um Fantasien und Gerüchte einzubremsen)

141

(b) Man kann versuchen, *hemmende Kräfte zu entfernen*. Dies geschieht z. B., indem hemmende Regelungen außer Kraft gesetzt werden.

(c) Man kann versuchen, *bestehende förderliche Kräfte zu verstärken* bzw. *latente Kräfte zu aktivieren*,
- indem Erreichtes sichtbarer gemacht und vielen „Müttern und Vätern" zugeschrieben wird
- indem für geleistete Arbeit glaubwürdige Anerkennung gegeben wird.

(d) Man kann versuchen, *neue förderliche Kräfte einzuführen*,
- indem potenziell unterstützende Personen (z. B. Eltern) über die Initiative informiert und zur Mitarbeit eingeladen werden,
- indem Zusammenhänge zwischen Initiativen und externen Erwartungen bzw. Legitimationsmöglichkeiten hergestellt werden.

Einige *Faustregeln für den Umgang mit hemmenden und förderlichen Kräften* sind:
- Es ist meist erfolgversprechender, an förderlichen Kräften anzusetzen als zu versuchen, hemmende Kräfte zu eliminieren (die letzteren haben oft eine hohe Regenerationsfähigkeit).
- Besonders erfolgversprechend ist die Aktivierung latent vorhandener, aber noch kaum aktivierter Kräfte (z. B. das Bedürfnis des Schulwarts eine wichtige Rolle zu spielen).
- Zweckmäßigerweise sollte bei jenen Kräften angesetzt werden, bei denen der eigene Einflussbereich möglichst groß ist.
- Interventionen haben meist Nebenwirkungen: Welche Interventionen werden voraussichtlich weitere förderliche Kräfte auslösen bzw. verstärken? Welche Interventionen führen dazu, dass hemmende Kräfte stimuliert werden oder sich organisieren etc.?

6. Im sechsten Schritt können *strategische Interventionen* entworfen und beschlossen werden: Was ist zu tun, um förderliche Kräfte zu stärken und hemmende zu schwächen?

7. Im siebten Schritt wird ein *Aktionsplan* (vgl. z. B. Abb. 23 in Kap. 5.4.1) erstellt: Wer unternimmt was zu welcher Zeit mit welchen Ressourcen bzw. mit welcher Unterstützung?
Es empfiehlt sich, den Aktionsplan vor der Realisierung noch einer kritischen Analyse zu unterziehen: Wie realistisch sind die geplanten Interventionen? Gibt es Synergiemöglichkeiten? Wurden die individuellen Spielräume der Akteure ausreichend genutzt?

6. Feedback einholen und Evaluationsdaten sammeln

Wenn Sie Ihr Evaluationsprojekt in den Schritten, die wir in Methode 2 vorgeschlagen haben, entwickelt haben, dann steht nun die Frage an, wie Feedback eingeholt werden soll, oder allgemeiner: mit welchen Instrumenten oder „Datensammlungsmethoden" die gewünschten Informationen für die zuvor konkretisierten Fragestellungen und Erfolgsindikatoren erhoben werden können.

6.1 Worauf achten beim Einholen von Evaluationsdaten?

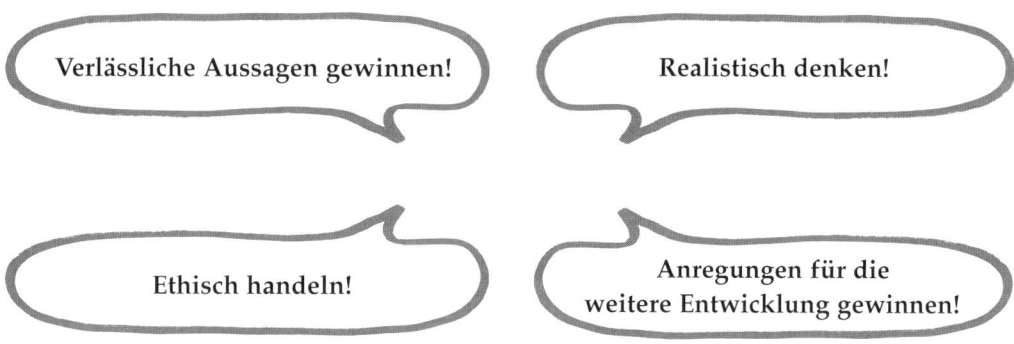

Die Wahl der Datensammlungsmethoden in einem Schulentwicklungs- und -evaluationsprojekt hängt von *vier Gesichtspunkten* ab:

- *Verlässliche Aussagen gewinnen!* Erstens hängt die Entscheidung von ‚Gütekriterien der Erkenntnis' ab, die die Angemessenheit der jeweiligen Verfahren in Hinblick auf den zu untersuchenden *Gegenstandsbereich* und auf die *Informationsbedürfnisse* beurteilen: Mit welchen Verfahren (d. h. mit welcher Evaluationsstrategie im Großen und mit welchen einzelnen Datensammlungsmethoden im Kleinen) sind möglichst verlässliche Aussagen zu unseren Fragen bzw. Erfolgsindikatoren erreichbar?
- *Realistisch denken!* Zweitens wird die Auswahl von den zur Verfügung stehenden *Ressourcen und anderen Ökonomie- und Praktikabilitätserwägungen* geleitet sein. Solche *pragmatischen Qualitätskriterien* fragen z. B. danach, ob die Evaluationsstrategie und die einzelnen Instrumente praktikabel und pragmatisch-zeitökonomisch mit dem Unterricht und den schulischen Arbeitsbedingungen von Lehrern verträglich sind: Welche Verfahren sind mit den verfügbaren Qualifikationen und mit den zeitlichen und finanziellen Ressourcen handhabbar? Welche Verfahren werden die primären Aufgaben der Schule fördern oder möglichst wenig behindern? Wie viel Information ist für unsere Zwecke notwendig und im gegebenen Zeitraum verarbeitbar?
- *Ethisch handeln!* Drittens genügt es nicht, dass Evaluation interessante Ergebnisse bringt und realistisch machbar ist: *Ethische Gütekriterien* beurteilen die Herangehensweise

143

in Hinblick auf ihre Verträglichkeit mit den *pädagogischen und ethischen Ansprüchen* der evaluierten Situation. Weil eine tiefergehende und nachhaltige Veränderung von Praxis letztlich nur in Zusammenarbeit mit den von dieser Praxis Betroffenen und nicht gegen ihren Willen geschehen kann, fragen solche Gütekriterien (vgl. Kap. 2.7), ob die Evaluationsstrategie selbst auf demokratischen und kooperativen menschlichen Beziehungen aufbaut und zu ihrer Weiterentwicklung beiträgt und sich jedenfalls nicht durch unüberlegte Konfrontationen mit Interaktionspartnern blockiert, mit denen ja in der Organisation weitergearbeitet werden soll: Welche Verfahren sind den schulischen Leitzielen und der Menschenwürde aller Betroffenen angemessen? Welche Verfahren sichern längerfristig die Mitarbeitsbereitschaft der Betroffenen bei Evaluation und Weiterentwicklung der Schule?

- *Anregungen für die weitere Entwicklung gewinnen!* Schließlich werden Evaluationen ja durchgeführt, um die Informationsbasis für die Entwicklung von Unterricht und Schule zu verbessern. Daher werden im Zweifelsfall – im Sinne *entwicklungsbezogener Qualitätskriterien* – jene Verfahren vorzuziehen sein, die größeres *Anregungspotenzial für den Entwicklungsprozess* haben und bei denen klar ist, wie ihre Informationen von den Betroffenen für die Entwicklungsziele verarbeitet werden können: Welche Verfahren werden die Reflexion der Praxis, die Auseinandersetzung darüber sowie Initiativen zur Weiterentwicklung bei den Betroffenen stimulieren?

Die *Qualität einer Evaluation* schöpft unserer Erfahrung nach aus dem *Zusammenspiel dieser vier Kriteriensätze*, die oft in einem spannungsreichen Zusammenhang stehen: Beispielsweise kann eine Datenanalysetechnik auf den ersten Blick reichen *Erkenntnis*ertrag versprechen. Wenn sich dann herausstellt, dass sie wegen ihrer hohen Zeiterfordernisse für Lehrer aus *pragmatischen Gründen* problematisch ist, wird sie auch *erkenntnismäßig* problematisch: die Möglichkeiten, durch sie Einsichten zu gewinnen, diese zu überprüfen und zu kritisieren, können wegen der Zeitprobleme nur in einem geringen Maße realisiert werden. Zusätzlich besteht die Gefahr, dass sie auch *ethische* Probleme hervorruft: Wenn andere betroffene Personen die Ergebnisse dieser Analysetechnik nicht ohne großen Energie- und Zeitaufwand verstehen können, wird dadurch ein Anreiz geschaffen, ihnen ‚fertige Ergebnisse' vorzusetzen, ohne dass sie diese nachvollziehen können. Dies wiederum kann sich hinderlich auf ihre Bereitschaft auswirken, diese Informationen in ihren Entwicklungsinitiativen zu berücksichtigen.

Letztlich wird es bei Evaluationen immer um gute Kompromisse zwischen den genannten Qualitätsgesichtspunkten gehen. Die technischen Verfeinerungen, z. B. zur Erhöhung der Validität, können nicht endlos weiter getrieben werden, weil in beschränkter Zeit mit den verfügbaren Ressourcen brauchbare Rückmeldungen erzielt werden sollen. Bei Evaluationen, die für Schulentwicklung anregend sein sollen, geht es in diesem Sinne eben *nicht nur um die ‚technische Qualität' einer einzelnen Erhebung*, sondern auch darum, wieweit durch eine Evaluation das Nachdenken, Neudenken und Weiterentwickeln der Betroffenen in einer Organisation angeregt werden kann; es geht auch um das *Stimulationspotenzial der Evaluation für den umfassenderen Prozess der weiteren Entwicklung und für weitere Evaluationen*. Im Zweifelsfall werden daher oft einfachere Instrumente perfekter ausgetüftelten vorzuziehen sein, wenn die Letzteren zeitaufwändiger oder schwerer verständlich sind und dadurch in Gefahr stehen, keine anregende Kraft für die Betroffenen zu haben. Und noch etwas: Misstrauen Sie jedem, der behauptet ‚objektive' oder ‚gültige' Ergebnisse zu haben (vgl. z. B. Zeller 1985). Auch wenn Ihnen jemand – wie wir im Folgenden – die konkreten Maßregeln aufzählt, mit denen er oder sie die Objektivität seiner oder ihrer Untersuchung zu verbessern sucht, bleiben Sie besser bei allen Qualitätsbehauptungen skeptisch: als Evaluator gehört das zu Ihrem Geschäft!

Im Folgenden wollen wir einige allgemeine *Tipps für die Konzeption von Evaluationsstrategien und die Auswahl von Datensammlungsmethoden* vorstellen, bevor wir uns in Kap. 6.2 verschiedenen Datensammlungsmethoden zuwenden. Die Tipps kombinieren meist Erkenntnis-, Praktikabilitäts- und Entwicklungsüberlegungen für die Auswahl von Verfahren; ethische Gesichtspunkte haben wir schon in Kap. 2.7 angesprochen.

Auf vorhandenen Kompetenzen aufbauen

Wenn man schulinterne Evaluationen betreibt, sieht man sich gelegentlich mit folgenden extremen Reaktionen konfrontiert: Der *Nichts-gilt-mehr-und-Alles-muss-neu-gelernt-werden-Fraktion* im Kollegium ist nicht bewusst, dass Praktiker schon über Evaluationskompetenzen verfügen, dass sie wichtige Evaluationsmethoden schon aus ihrer Praxis (z. B. durch das Einholen von Feedback in ihrem Unterricht) kennen und dass nicht alle anlässlich von Selbstevaluation unbedingt zu Fragebogenexperten mutieren müssen. Auf der anderen Seite will die *Alles-Heil-kommt-von-außen-Fraktion* die Evaluationsaufgabe gern an Externe delegieren, weil sie sich dadurch Arbeitsentlastung und ‚harte Daten‘ durch verlässliche Instrumente erhofft – und sich vielleicht auch die Chance der späteren Ablehnung ‚praxisfremder Untersuchungen‘ offen halten will.

Unserer Meinung nach muss Selbstevaluation auf den vorhandenen Kompetenzen des Kollegiums aufbauen, wenn sie praktikabel und anregungsreich für die Entwicklung sein will. Das heißt nicht, dass nicht die eine oder andere Rückmeldung oder Evaluationsinformation von Externen beigestellt werden kann oder dass nicht längerfristig Weiterbildung und Beratung in Hinblick auf Evaluation in Anspruch genommen werden soll. Das heißt aber sehr wohl, dass man keine Evaluationskonzepte entwerfen soll, die vielleicht gut ausschauen, Externe beeindrucken oder schon bei der Nachbarschule zum Erfolg geführt haben, aber an der eigenen Schule nicht verstanden und gehandhabt werden können.

Verstehbare Instrumente und Prozesse, rasche Rückmeldung
und genug Zeit für Aushandlung der Vorgangsweise und für Auswertung

Noch so gute Daten nützen nichts, wenn sich niemand mit ihnen beschäftigt und wenn niemand Konsequenzen aus ihnen zieht. Offenbar hängen die Folgen und Wirkungen einer Evaluation „weniger von der methodischen Perfektion einer Datensammlung als von dem möglichst intensiven Umgang mit den Ergebnissen innerhalb der Institution oder Schule ab. Datensammlung und Datenkommunikation sind deshalb gleichwertige und unverzichtbare Bestandteile einer Evaluation im Rahmen von Schulentwicklungsprozessen" (Burkard 1995a, 4).

Wenn Evaluationen für Entwicklung wirksam werden sollen, dann müssen die verwendeten Instrumente und Prozesse zu *anschaulichen Ergebnissen* führen, die *relativ rasch rückgemeldet* werden können. Sie müssen realistische Ansprüche in Hinblick auf den notwendigen *Aufwand an Ressourcen und Zeit* der Beteiligten stellen (vgl. Eikenbusch 1997b, 30). Und sie müssen für alle Beteiligten *verstehbar* und im Prinzip für sie selbst auch *durchführ- und auswertbar* sein.

Mit der letzten Forderung ist gemeint, dass die verwendeten Verfahren und die dadurch erhobenen Informationen sowohl *intellektuell durchschaubar* als auch *emotional verarbeitbar* sein müssen. So kann es bei ersten Evaluationsprojekten durchaus sinnvoll sein, die einfachere, weniger verunsichernde Erhebungsmethode[20] zu wählen – wenn dies gleichsam als ‚vertrauensbildender Schritt' auf einem längeren Weg zum Aufbau einer Reflexionskultur in der Schule verstanden wird. Auch wenn die ersten Feedback-Arrangements ‚eher unverbindlich und schonend' wirken, können sie den Boden für einen vertrauensvolleren Umgang bereiten, der dann von Runde zu Runde ‚mutigere' Rückmeldungen erlaubt (vgl. Strittmatter 1997a, 17).

Evaluationsinstrumente sollen relativ *rasch anwend- und auswertbar* sein, weil die Geduld der Betroffenen sich leicht verschleißt, wenn sie nicht – innerhalb der ‚Speichergrenzen ihres organisationalen Kurzzeitgedächtnisses' – Ergebnisse und Konsequenzen aus Erhebungsaktionen verspüren. Eikenbusch (1997a, 8) nennt hier als obere Grenzwerte 24 Stunden für die Rückmeldung von Beobachtungsergebnissen (z. B. einer kollegialen Hospitation) und eine Woche für die Rückmeldung von Daten aus Befragungen und Interviews. Auf der anderen Seite brauchen Evaluationen auch *‚genügend Zeit'*. Evaluationsformen sollten so angelegt, und Instrumente so ausgewählt werden, dass genug Zeit für eine Beteiligung der Betroffenen bei der Analyse der Informationen da ist und dennoch eine schnelle Rückmeldung erfolgen kann.

Die Passung von Erhebungsinstrument und Fragestellung überprüfen

Nicht besonders weit fortgeschrittenen Bastlern wird ja nachgesagt, dass sie, wenn sie einmal einen Hammer haben und wissen, wie er zu bedienen ist, auf alles hämmern, was sie finden können. In der Sozialforschung und Evaluation scheint es oft ähnlich zu sein: Wer einmal Zuneigung zu einer ‚Lieblingsmethode' gefasst hat, setzt sie für alles und jedes ein. Unserer Meinung nach ist die Passung des gewählten Erhebungsinstruments auf Evaluationsfragestellung und Erfolgsindikatoren eine zentrale Voraussetzung für die Qualität und Plausibilität einer Evaluation.

Wenn Sie bei der Konkretisierung ihrer Evaluationsindikatoren nach Methode 2 und 3 vorgegangen sind, dann haben Sie wichtige Vorüberlegungen getroffen, die die Methodenwahl im Sinne einer solchen Passung leiten können. Eine andere Möglichkeit, die eigene Methodenentscheidung zu prüfen, besteht in der Frage, welcher Typ von Informationen eigentlich für die Beantwortung der Fragestellung notwendig ist. Abb. 27 ordnet unterschiedlichen ‚Informationsbedürfnissen' dafür geeignete Erhebungsmethoden zu (vgl. Sirotnik 1994, 2832).

Auf die Balance zwischen Involvierung (Engagement) und Distanzierung achten

Selbstevaluation heißt, dass jene Personen Evaluationen durchführen, die ohnehin durch ‚Miterleben' eine Erfahrung und Einschätzung der zu evaluierenden Situation haben. Der Sinn von Datensammlung besteht darin, sich von den eigenen Eindrücken, die bruchstückhaft und von einer spezifischen Perspektive ‚durchtränkt' sein mögen, *methodisch zu distanzieren*. Evaluation zielt dann im Allgemeinen nicht auf „generalisierbare Erkenntnisse", sondern auf Daten, „die möglichst aussagekräftig für die konkrete Situation der Schule

---

20 Vgl. Elliott (1978) für eine Diskussion des ‚emotionalen Potentials' verschiedener Erhebungsverfahren.

und den eigenen Entwicklungsprozess sind" (Burkard 1995a, 4). Dadurch soll eine umfassendere Einschätzung des Entwicklungsprozesses gewonnen werden und eine bessere Basis für Entscheidungen über die Weiterentwicklung der Schule und für die Darstellung der Leistungen der Schule nach außen.

Ob Personen, die in eine Praxis involviert sind, sich von sich selbst distanzieren und sich evaluieren können, darüber hat es in der Geschichte praxisbezogener Sozialforschung viele akademische Diskussionen gegeben. Eine gewisse ‚Involvierung' in die zu untersuchende Sache ist nicht schlecht, ja sogar notwendig, weil ja jede Forschung und auch jede Evalua-

Informationstyp (Burkard 1995a)	Informationstyp (Sirotnik 1994)	einige mögliche Methoden
Fakten	*Umstände (circumstances):* ‚faktische' Information über die ‚Gegebenheiten' z. B. in Hinblick auf Strukturen, Situationen, räumliche Umstände usw.	Re-Analyse von Dokumenten, Beobachtungen
	Aktivitäten (activities): Die laufenden und dynamischen Prozesse in der Praxis der Schule, wie z. B. Lehren und Lernen, Kommunikation, Entscheidungsfindung, Evaluation, Öffentlichkeitsarbeit usw.	Beobachtungen, Tests (z. B. Leistung, Klima usw.), Re-Analyse von Dokumenten
Wünsche/Bedarf/Einstellungen/Meinungen	*Bedeutungen (meanings):* die subjektiven Bedeutungen (Meinungen, Haltungen, Glaubenssätze, Werte, Gefühle usw.), mit denen die Akteure verschiedene Umstände, Aktivitäten usw. versehen	Interviews, Gruppendiskussionen, Fragebögen
Begründungen		Interviews, Gruppendiskussionen
Wahrnehmungen		Interviews, Fragebögen, introspektive Methoden (z. B. Tagebuch)
Gefühle		Interviews, projektive Tests, introspektive Methoden (z. B. Tagebuch)

Abb. 27: Welche Art von Informationen will man bekommen?

tion darauf beruht, dass man in Kontakt mit der zu untersuchenden Situation tritt. Andererseits brauchen Forschung und Evaluation auch, dass man sich von der untersuchten Sache wieder partiell ‚geistig' distanzieren kann. Jede Forschung und auch jede Evaluation erfordern also eine Bewegung und Balance zwischen Involvierung und Distanzierung (vgl. Hameyer 1984, 175; Altrichter 1990, 159 ff.), eine Balance

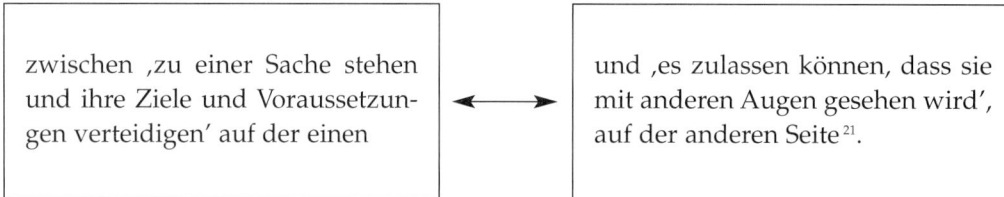

zwischen ‚zu einer Sache stehen und ihre Ziele und Voraussetzungen verteidigen' auf der einen ⟷ und ‚es zulassen können, dass sie mit anderen Augen gesehen wird', auf der anderen Seite[21].

Dieser ‚doppelte Blick' (Schön 1983) ist in Evaluationsprojekten, bei denen eigene Entwicklungsvorhaben, an die die Evaluatoren glauben und in die sie viel Energie hineingesteckt haben, nicht immer einfach aufrechtzuerhalten. Dennoch hängen Qualität und Glaubwürdigkeit von Evaluationsaussagen wesentlich davon ab. Durch welche praktischen Maßnahmen kann man die ‚Chance auf Distanzerlebnisse' und damit wahrscheinlich die Qualität von Evaluationen steigern? Die ersten beiden der folgenden ‚Tipps' geben hier Anregungen.

Weitere Vorschläge

- *Hinzuziehung und Konfrontierung unterschiedlicher Perspektiven* bei der Untersuchung eines Phänomens: Wie sehen z. B. die Schüler ein Phänomen, dessen Einschätzung durch Lehrer und Schulaufsicht schon erhoben wurde? Auch eine schulfremde Außenperspektive kann die Relevanz von Evaluationen erhöhen (vgl. Burkard/Pfeiffer 1995, 303; Eikenbusch 1997a, 9).
- *Verwendung unterschiedlicher Erhebungsformen und -instrumente* bei der Untersuchung eines Phänomens: Bei einer „Triangulation" werden unterschiedliche Datenquellen konfrontiert, z. B. die Wahrnehmungen des Lehrenden und einiger Schüler, die beide durch Interviews erhoben werden, mit den Unterrichtsbeobachtungen eines externen Beobachters (vgl. Altrichter/Posch 1998, 164 ff.). Fragebogenergebnisse können durch einzelne Tiefeninterviews in Hinblick auf die dahinter stehenden Begründungsmuster ergänzt werden. Fotos können als Einstieg in Schülerinterviews dienen usw.
- *Auf das ‚Timing' von Erhebungsaktivitäten achten:* Viele der Informationen, die uns in Schulentwicklungsprozessen interessieren, sind nicht statisch, sondern laufenden Veränderungen unterworfen – manche davon in durchaus nicht so unregelmäßigen Zyklen. In der Zeit von Prüfungs- und Zeugnisstress sind beispielsweise üblicherweise ‚Wohlbefindenswerte' bei Schülern und Lehrern ungünstiger. So wird – beim Rhythmus des österreichischen Schuljahres – für Erhebungen die Zeit zwischen der 10. und 20. Schulwoche empfohlen, doch kann es auch hier nach Thema und spezifischen Gestaltungen des Schuljahres andere Lösungen geben.

---

21 Vgl. das Prinzip „Combine advocacy with inquiry" bei Argyris et al. (1985).

- *Die Evaluation schrittweise aufbauen:* Wenn man sich einmal entschlossen hat, eine Evaluation in Angriff zu nehmen, dann entstehen oft viele Ideen für untersuchenswerte Fragen und für interessante Erhebungsmethoden. Geht man allen nach, dann erhält man als Ergebnis ein Phänomen, das in der englischsprachigen Sozialforschung mit dem schönen Wort *information overload* beschrieben wird: Einerseits werden so viele, häufige oder lang dauernde Erhebungsaktivitäten gesetzt, dass die ,Respondenten' ermüden, unaufmerksam werden oder ihre Kooperation einstellen (vgl. Sirotnik 1994, 2836 f.). Andererseits liegen dann so viele Daten vor, dass sie in der zur Verfügung stehenden Zeit nicht analysiert werden können. Bei den für die Erhebung verantwortlichen Personen entsteht das schleichende Gefühl des Ungenügens, und bei jenen, die sich z. B. für Befragungen zur Verfügung gestellt haben, die Frage, was denn mit ihren Informationen geschehen wäre und ob ihre Zeit ,wiederum für eine Alibi-Aktion missbraucht' wurde. Auch für die Schulgemeinschaft ist es im Allgemeinen glaubwürdiger, wenn Evaluationen in ,homöopathischen Dosen verabreicht' werden, aber aus ihren Ergebnissen konsequent weitere Entwicklungsschritte abgeleitet und umgesetzt werden. Im Zweifelsfall ist es allemal besser, zunächst die kleinere Fragestellung und das beschränktere Vorgehen zu wählen. Daher gilt auch:
- *Zwischenanalysen durchführen statt unter einer Datenlawine ersticken:* Nach den ersten Erhebungsschritten (d. h. mit den Ergebnissen der Zwischenanalysen) sollte bilanziert werden, welche Fragen nun schon hinreichend beantwortet, welche offen geblieben, welche neu aufgetaucht sind und welche weiteren Erhebungsschritte noch sinnvoll sind. Diese Zwischenbilanzen können auch zu einer kommunikativen Rückmeldung an weitere Betroffene genutzt werden. Zwischenbilanzen können zu einer Veränderung des Evaluationskonzepts führen: Ursprünglich beabsichtigte Untersuchungsschritte fallen aus, weil weitere Erhebungen keine neuen Einsichten mehr versprechen, neue Erhebungen werden beschlossen, weil wichtige Fragen noch unbeantwortet sind.
- *Möglichkeiten der Institutionalisierung und Routinisierung bedenken und vorbereiten:* Manche Evaluationsfragestellungen werden eher ,einmaligen Charakter' haben: Wenn z. B. die Akzeptanz eines neu eingeführten Stundenplan-Modells überprüft wurde, werden aufgrund der Untersuchungsergebnisse vielleicht Abstimmungsmaßnahmen veranlasst. Wird das Modell aber im Großen und Ganzen akzeptiert und als sachliche Verbesserung angesehen, wird es kaum regelmäßig weiter evaluiert werden. Bei anderen Evaluationsfragestellungen kann dagegen der Wunsch bestehen, sie in regelmäßigeren Abständen zu wiederholen: Dies könnte z. B. beim Einholen von Schülerrückmeldungen zum eigenen Unterricht oder beim Image der Schule in der Gemeinde der Fall sein. Zudem besteht die Erwartung, dass Evaluationen zu einem regelmäßigen Element des schulischen Lebens werden, entweder weil sie die Bildungsverwaltungen der entsprechenden Bundesländer oder Kantone fordern, oder weil die Schulgemeinschaft selbst sie als wichtiges Merkmal einer reflektierten Arbeitskultur ansieht. Daher ist es sinnvoll, bei der Konzeption von Evaluationsmaßnahmen mit zu bedenken, ob die gewählten Fragestellungen vielleicht in späteren Jahren wiederum untersucht werden sollen und ob die dafür entworfenen Vorgangsweisen ökonomisch und praktikabel genug für mehrmalige Anwendung sind. Die Erfahrungen der ersten Anwendung sollten bald aufgearbeitet und dokumentiert werden, um sie später verfügbar zu haben.

6.2   Methoden der Selbstevaluation

Für die schulische Selbstevaluation kommen *Evaluationsinstrumente und -methoden aus mindestens drei Quellen* in Frage:

- Erstens ist *in der schulischen Praxis* eine Reihe von Evaluationsinstrumenten gängig, deren Informationen auch für Schulevaluationen bedeutungsvoll sein können. Die verschiedenen *Verfahren der Lernerfolgsüberprüfung* sind die traditionellen – meist schülerbezogen ausgewerteten – Evaluationsinstrumente in der Schularena. Die in den letzten Jahren häufig zu hörenden Vorschläge und Aufträge, diese durch Parallelarbeiten und durch Verwendung von Aufgaben aus zentralen Beispielsammlungen oder aus Itempools international vergleichender Untersuchungen, wie PISA, TIMMS usw., anzureichern, soll ihre Vergleichbarkeit und Aussagekraft für Evaluationen erhöhen. Verschiedene *Rückmeldungsinstrumente,* wie sie Lehrer zum Einholen von Feedback verwenden, werfen auch für Schulevaluationen interessante Informationen ab. Auch die *Einladung von Externen* (z. B. Lehrern, Eltern oder Schülern einer anderen Schule, Experten) *und deren Rückmeldungen* können wichtige Anhaltspunkte für Schulevaluation und -entwicklung liefern. Originelle Sammlungen bekannter und neuer Rückmeldeverfahren finden sich in Bastian et al. (2003) und Eikenbusch (1997b).
- Zweitens bietet sich der *Werkzeugkasten der sozialwissenschaftlichen Forschung* an: Beobachtungen, Befragungen durch Interviews, Gruppeninterviews und Fragebögen, Tests sowie die Auswertung vorliegender Daten und Dokumente.
  Praktische Hilfen für die Auswahl, Entwicklung und Handhabung solcher Evaluationsmethoden bieten beispielsweise die Publikationen von Altrichter und Posch (1998) sowie von Burkard und Eikenbusch (2000). Sollten Sie eine Basisbibliothek ‚Evaluation‘ aufbauen wollen, so finden Sie Vorschläge bei Schnack (1997).
- Schließlich sind verschiedene *Moderationsverfahren,* wie sie aus Gruppenworkshops und Supervision bekannt sind, für die Erhebung, Reflexion und Auswertung von Evaluationsdaten wichtig. Über die Grundlagen von Gruppenmoderation kann man sich z. B. in Klebert et al. (1987) informieren.

Man kann Evaluationsinstrumente danach unterscheiden, *aus welchen Quellen und von welchen Interaktionspartnern* sie Informationen einholen sollen, z. B. von Schülern, Kollegen, Eltern oder anderen Interaktionspartnern. Eine weitere Differenzierung kommt uns gerade für die Evaluation, die Unterrichts- und Schulentwicklung fördern soll, bedeutsam vor, jene zwischen *distanzierteren und interaktiven Erhebungsformen.* Als „*distanziertere Erhebungsformen"* bezeichnen wir solche, in denen zwischen der Erhebung von Feedback und der Reaktion der Lehrperson darauf (z. B. durch Interpretation, Nachfrage oder die Ankündigung von Handlungskonsequenzen) ein gewisser Zeitraum vergeht. Typische Beispiele dafür sind schriftliche Erhebungsformen, wie Fragebögen, Feedbackzettel oder Schüleraufsätze, aber auch Interviews durch Dritte. Die zeitliche Distanz, die meist aus auswertungstechnischen Gründen notwendig ist, ermöglicht der Lehrperson eine geistige und emotionale Distanzierung. Diese ‚Atempause‘ kann dazu genutzt werden, um (verschiedene und alternative) Interpretationen der Rückmeldung und notwendige Handlungskonsequenzen zu überlegen sowie eine konstruktive Art der Mitteilung von Ergebnissen und des Stellens eventueller Rückfragen an die

Schüler zu entwerfen. Außerdem ist bei diesen Methoden Anonymität[22] eher zu gewährleisten. Letzten Endes sollen Evaluationen eine Informationsbasis für Weiterentwicklung schaffen. Diese Weiterentwicklung wird in den meisten Fällen nur dann tragfähig sein und entsprechend gewürdigt werden, wenn sie in Interaktion und Aushandlung mit den Betroffenen geschieht. *„Interaktive Erhebungsformen"* enthalten das Element der direkten Interaktion zwischen jenen, die Informationen geben, und jenen, die sie empfangen. Typische Formen sind mündliches Feedback in der Klasse, wie Blitzlicht, Kreisabfrage, Morgenrunde und andere moderierte Rückmeldungssituationen, sowie Einzel- oder Kleingruppengespräche zwischen Lehrern und Schülern. Ihre Stärke liegt eben darin, dass sie sich auf die – irgendwann ohnehin nötige – direkte Kommunikation mit den Betroffenen über das Feedback einlassen. Sie sind allerdings auch – vor allem für beginnende Selbstevaluatoren – schwieriger, weil die Dynamik der direkten Interaktion meist durch die (realen und vorgestellten) Einflussmöglichkeiten von Lehrern dominiert ist und ,Aufschaukelungen' leichter möglich sind. Wenn solche Rückmeldungs- und Aushandlungssituationen gelingen, sind sie allerdings meist weit eindrucksvoller für Schüler.

Die *Grundformen des Einholens von Informationen* sind das Beobachten und das Führen von Gesprächen (vgl. Abb. 28). Praktiker führen im Verlaufe ihres Arbeitsalltags laufend Gespräche und machen Beobachtungen und erwerben sich damit Informationen, die sie für die Orientierung ihrer weiteren beruflichen Handlungen benötigen. Auch die Datensammlung von Wissenschaftlern basiert auf diesen Formen: Interviews und Fragebögen sind in bestimmter Weise mehr oder weniger vorstrukturierte und formalisierte „Gespräche"; verschiedene Formen der Beobachtung von Prozessen (beispielsweise nach bestimmte Kriterien strukturierte Unterrichtsbeobachtungen) und Objekten (z. B. Analyse von Objekten, wie von Dokumenten über Konferenzbeschlüsse oder Graffiti, die Schüler hinterlassen haben) ergänzen die Werkzeugkiste der Evaluatoren. Weitere Formen des Nutzbarmachens von Informationen sind Versionen der „Selbstbeobachtung" (in Abb. 28 „Intraview" genannt) und die Re-Analyse schon vorhandener Daten. Schließlich gibt es eine Reihe von Vorgangsweisen, die Gespräch und Beobachtung kombinieren, wie z. B. Unterrichtshospitationen.

Alle Erhebungsmethoden reduzieren die Komplexität des Schulalltags[23] – mit keiner Methode erhält man „vollständige" Erkenntnisse über die Schulrealität, sondern immer nur spezifische Ausschnitte, Sichtweisen, Einstellungen, Meinungen zu bestimmten Themen von bestimmten Beteiligten. Mit der Wahl eines bestimmten Erhebungsverfahrens entscheiden Sie gleichzeitig, welche Zugangswege zu welchen Realitätsausschnitten Sie beachten wollen und welche Sie links liegen lassen. Daher wäre es gut zu wissen, was verschiedene Erhebungsinstrumente können (und was nicht) und welche Informationen sie erbringen können (und welche nicht). Wir werden bei der Darstellung verschiedener Datensammlungsmethoden jeweils ,kurze Charakterisierungsboxen' hinzufügen[24], die einige *Vor- und Nachteile* sowie *Einsatzmöglichkeiten für unterschiedliche ,Informationsbedürfnisse'* der entsprechenden Methode benennen und dadurch die Wahlentscheidungen erleichtern sollen.

---

22 In so kleinen sozialen Einheiten, wie es Schulklassen sind, ist Anonymität meist eine höchst ,relative', weil Individuen durch sprachliche, inhaltliche und formale Eigenheiten für die vertraute Umgebung oft leicht identifizierbar bleiben.
23 Mit dem ,Elefanten-Experiment' (Schratz 1997, 6 f.) kann dies in Workshops erfahrbar gemacht werden.
24 Die Kurzzusammenfassungen sind inspiriert von und z. T. modifiziert entnommen aus Burkard (1995a, 10 f.) sowie einem Arbeitspapier des LSW (zit. nach Senator o. J., 18).

Abb. 28: Evaluationsmethoden

6.2.1 Fragebogen, Tests und schriftliche Rückmeldungsbögen

Viele Praktiker und Schulentwicklungsberater greifen oft – wenn sie an Evaluation denken – zuerst zu einem Fragebogen. Dieses Instrument gilt als problemlos zu administrierende Methode, die zudem einen umfassenden Überblick verspricht. Dem steht gegenüber, dass brauchbare Fragebögen gar nicht so einfach selbst zu entwickeln sind. Und „vorgefertigte Fragebögen wiegen schnell in Sicherheit oder liefern Ergebnisse, die man gar nicht wollte, oft sind Auswertungskriterien nicht klar genug" (Eikenbusch 1997b, 30). Auch erweist sich „der Vergleich von Schuldaten mit repräsentativen ‚Vergleichsdaten' … in der Praxis als außerordentlich fragwürdig – insbesondere dann, wenn es sich um Vergleich von Klima-Bewertungen handelt (Was heißt es, wenn sich an der Goethe-Schule 63 % aller Schüler wohlfühlen, im Bundesdurchschnitt aber 75 %?)" (ebd.)

Auch die Auswertung hat ihre Tücken: Bei der Bevorzugung von sog. ‚offenen' Antworten ist relativ viel Mühe für die nachträgliche Kategorisierung notwendig. Hat man sich für geschlossene Antworten entschieden, wünscht man sich oft, ‚nachfragen' zu können, warum und mit welcher Begründung verschiedene Alternativen gewählt wurden. Dies alles ist jedenfalls ein Plädoyer dafür, Fragebögen nicht einfach ‚auf Verdacht' einzusetzen, sondern nur dann, wenn sie den Informationswünschen gut entsprechen, wenn schulintern eine entsprechende Expertise verfügbar ist oder wenn schulexterne Hilfe in Anspruch genommen werden kann.

Für die Qualität einer Selbstevaluation ist unserer Erfahrung nach jedoch nicht die methodische Raffinesse des Erhebungsinstruments allein ausschlaggebend, sondern auch wie weit es den Personen, die Rückmeldung suchen, gelingt, eine plausible Beziehung zwischen eigenen Fragestellungen, Rückmeldungen und Weiterentwicklungsmaßnahmen herzustellen und dadurch mit den Interaktionspartnern ‚im Gespräch zu bleiben'. Um Rückmeldungen zu bitten, heißt nämlich, ein Gespräch zu beginnen; sinnvolle Rückmeldung zu geben, heißt dieses Gespräch aufzunehmen. Die Qualität ‚dieses Gesprächs' wird letztlich danach eingeschätzt, wie es – durch Worte und Taten (Handlungskonsequenzen) – weitergeführt wird. Insofern bietet die gemeinsame Entwicklung eines Fragebogens durch Lehrer und Schüler oft einen Einstieg in eine Evaluation mit großem Entwicklungspotenzial (vgl. Buhren 2001). Die Chance, dass die Ergebnisse ernst genommen werden und zu Konsequenzen führen, steigt durch die wechselseitige Bindung. Die Betroffenen von Unterricht haben sich ja darauf geeinigt, was wichtig ist zu erfragen und was die verwendeten Begriffe bedeuten. Wenn die Entscheidung für die Verwendung eines Fragebogens für die eigene Evaluation gefallen ist, dann bieten sich folgende *Alternativen*:

Verwendung selbst-erstellter Fragebögen	Verwendung vorliegender Fragebögen und Tests *Hier liegen – neben den Fragebögen der ‚Nachbarschule' – eine Reihe von Verfahren für verschiedene Einsatzbereiche vor, z. B.*
• vgl. Philipp 1992, 110 ff. für eine Vorgangsweise	• der GIL zur Diagnose von Entwicklungsnotwendigkeiten (vgl. Dalin/Rolff 1990), • Schulklima-Fragebögen (vgl. Eder 1998; Eder Mayr 2000; Bessoth 1989)

Auch wird zwischen der Verwendung von Bögen mit *geschlossenen* und solchen mit *offenen Antwortmöglichkeiten* unterschieden:

Fragebogen mit geschlossenen Fragen	21

mögliche Vorteile	*mögliche Nachteile*
• viele Personen können in ökonomischer Weise befragt werden • relativ schnell ausfüllbar • relativ schnell auswertbar • größere Offenheit durch Anonymität • vergleichende Informationen möglich	• Erstellung eines guten Fragebogens ist für Laien schwierig (Werden die Fragen wirklich in erwünschter Weise verstanden?) • Einengung der Antwortmöglichkeiten, formale, inhaltsarme Antworten (die nur bei einer guten ‚Theoretisierung' des Feldes interpretierbar sind) • Meinungs-Artefakte durch Ankreuzen von Vorgaben • Instrument nutzt sich ab: wenn zu viele Fragebögen vorgegeben werden, wird das Ausfüllen nicht ernst genommen • wenig ‚Hintergrundinformation' über Begründungen von Antworten • technische Auswertungshilfen bei größeren Datenmengen nötig

Geeignet für folgende Informationsbedürfnisse:
subjektive Bedeutungen (Wünsche/Bedarf/Einstellungen/Meinungen/Wahrnehmungen von Aktivitäten und Umständen)
z. T. Rückschluss von Wahrnehmungen auf Aktivitäten und Umstände

Fragebogen mit offenen Fragen	22

mögliche Vorteile	*mögliche Nachteile*
• ‚authentischere Antworten' • etwas mehr ‚Hintergrundinformation' über Begründungen von Antworten • vergleichende Informationen möglich	• Erstellung eines guten Fragebogens ist für Laien schwierig • Bearbeitung dauert länger • Auswertung schwieriger und zeitaufwändiger

Geeignet für folgende Informationsbedürfnisse:
Bedeutungen (Wünsche/Bedarf/Einstellungen/Meinungen/Wahrnehmungen von Aktivitäten und Umständen)
z. T. Rückschluss von Wahrnehmungen auf Aktivitäten und Umstände

Einen ausgezeichneten Überblick über verschiedene Aspekte des praktischen Einsatzes von Fragebögen in Schulentwicklungsprozessen bietet Burkard (1995a). Wie Fragebogendaten Reflexions- und Entwicklungsprozesse an einer Schule stimulieren können, zeigt eine Studie von Specht (1997).

Für die Weiterentwicklung von Unterricht sind einfache Varianten von Fragebögen, eher kurze, auf spezifische, den Schülern präsente Fragestellungen *fokussierte Rückmeldungsbögen* am besten geeignet. Im folgenden Beispiel (Abb. 29) suchte eine Lehrerin Rückmeldung in Hinblick auf von ihr wahrgenommene Probleme bei der Vorbereitung und Durchführung einer Klassenarbeit. Typischerweise für einen ‚fokussierten Bogen‘ sind die Fragen sehr speziell und nur aus dem jeweiligen Kontext voll verständlich, dafür aber auch für diesen relevant.

Eltern sind in vielen Schulen die „großen Abwesenden", manchmal zum Leidwesen der Lehrer, manchmal aber auch durchaus zu deren Erleichterung. Ihre Abwesenheit vom Schulalltag schränkt die Bandbreite der möglichen Rückmeldungsformen ein. Die am häufigsten genutzten Kontaktmöglichkeiten sind Elternsprechstunden oder Elternabende sowie schriftliche Befragungen, die durch Schüler an ihre Eltern verteilt und eingesammelt werden. Der Elternfragebogen im folgenden Beispiel (Abb. 30) sollte als Vorbereitung intensiverer Elternkontakte die Bewertung verschiedener Aspekte der schulischen Tätigkeit erheben.

1. Wie hast Du Dich vor der Klassenarbeit gefühlt?
   - ❑ unter Stress
   - ❑ wie vor jeder Klassenarbeit
   - ❑ nicht besonders nervös

   Weitere Bemerkungen

   _____

2. Die Übungen in der Stunde vor der Klassenarbeit
   - ❑ haben mit sehr geholfen
   - ❑ waren überflüssig
   - ❑ waren gut, aber ich habe mich nicht konzentrieren können, weil

   _____

3. Durch die Aufteilung in einen Basisteil und einen Erweiterungsteil war die Klassenarbeit für mich
   - ❑ schwieriger
   - ❑ leichter
   - ❑ nicht anders als sonst

   _____

4. Die Hilfskorrektur durch die Lehrer war für mich
   - ❑ störend
   - ❑ hilfreich
   - ❑ komisch
   - ❑ unwichtig

   _____

5. Die Hilfskorrektur hat mir
   - ❑ geholfen
   - ❑ hat mir eigentlich nicht geholfen

   _____

6. Welchen Teil der Klassenarbeit hast Du am liebsten gemacht?
Warum? (Du kannst hier auch mehrere Teile beschreiben.)

_____

_____

_____

7. Welchen Teil der Klassenarbeit hast Du am wenigsten gemocht?
Warum?

_____

_____

_____

8. Wenn Du wählen könntest, auf was würdest
Du bei der nächsten Klassenarbeit verzichten?
- ❑ Einteilung in Basis- und Erweiterungsziele
- ❑ Hilfestellung durch die Lehrer
- ❑ Üben vor der Stunde
- ❑ Einteilung in Aufgabengruppen
- ❑ Angabe der möglichen Punkteanzahl bei jeder Aufgabe

_____

_____

9. Was könnte Deiner Meinung nach das Arbeitsklima
bei einer Klassenarbeit angenehmer machen?

_____

_____

_____

Quelle: Ch. Bauer (in Altrichter et al. 2002)

Abb. 29: Rückmeldungsbogen Klassenarbeit

Liebe Eltern!

Ich bitte Sie sehr herzlich, die nachfolgenden Fragen zu beantworten. Ihre Rückmeldungen helfen mir bei meinem Bemühen, meinen Unterricht und die Qualität des Lehrens und Lernens weiterzuentwickeln. Kreuzen Sie bitte die zutreffenden Meinungen an. Es freut mich, wenn Sie zu gewissen Antworten eine Begründung anfügen.

Besten Dank für Ihre Mitarbeit!

Wie zufrieden sind Sie in den folgenden Bereichen?

++	+	0	-	--	
❏	❏	❏	❏	❏	mit der Förderung und Unterstützung des Kindes (z. B. bei Schwierigkeiten)
❏	❏	❏	❏	❏	mit dem Umfang der Hausübungen (nicht zu viel/nicht zu wenig)
❏	❏	❏	❏	❏	mit der Schwierigkeit der Hausübungen (Ihr Kind kann im Allgemeinen die Hausübung selbstständig lösen)
❏	❏	❏	❏	❏	mit der Disziplin im Unterricht
❏	❏	❏	❏	❏	mit den Leistungsanforderungen (nicht zu viel/nicht zu wenig)
❏	❏	❏	❏	❏	mit den Prüfungen und der Notengebung
❏	❏	❏	❏	❏	mit der Beziehung zu Ihrem Kind
❏	❏	❏	❏	❏	mit den Ergebnissen des Unterrichts (wie viel Ihr Kind lernt)
❏	❏	❏	❏	❏	mit der Motivierung Ihres Kindes für das Lernen
❏	❏	❏	❏	❏	mit der Beziehung von Schule und Lehrern zu den Eltern
❏	❏	❏	❏	❏	mit der Behandlung von Eltern-Beschwerden

Bemerkungen zu den einzelnen Gesichtspunkten

_____

_____

Quelle: Ch. Bauer (in Altrichter et al. 2002)

Abb. 30: Globaler Elternfragebogen

6.2.2 Kurz-Rückmeldeverfahren

Schriftliche Befragungen und Rückmeldungen müssen nicht in jedem Fall durch umfangreiche Fragebögen erfolgen. Oft bieten Kurz-Rückmeldeverfahren eine brauchbare Alternative für die Evaluation des eigenen Unterrichts. Gerade für Feedback auf der Unterrichtsebene haben viele Lehrer ein Repertoire an kleinen und oft kreativen Rückmeldungsformen. Den Austausch darüber zu fördern, statt sie durch Einheitsfragebögen zu verdrängen, kann ein Ziel von Evaluationsprozessen sein.

Kurz-Rückmeldeverfahren	
mögliche Vorteile • schnelle Auswertung • rasche Rückmeldung und kommunikative Weiterbearbeitung möglich • fallweise in den Unterricht und seine Ziele integrierbar	*mögliche Nachteile* • Einfluss der unterschiedlichen Erhebungssituationen schwer erfassbar, daher zweifelhafte Vergleichbarkeit zwischen verschiedenen Erhebungen
Geeignet für folgende Informationsbedürfnisse: subjektive Bedeutungen z. T. Rückschluss von Wahrnehmungen auf Aktivitäten und Umstände	

Der ‚ultimative Kurzfragebogen' ist das ‚One-Minute-Paper' (siehe Methode 14), das ohne große Vorbereitung und Zeitaufwand einsetzbar ist und oft sehr interessante Hinweise erbringt. Auch können Arbeitsformen, die Schüler aus dem Unterricht kennen, wie z. B. Aufsätze, Zeugnisse usw., für die Erhebung von Rückmeldungen genutzt werden (vgl. Beispiel Lehrerbrief; Lehrerzeugnis). Einige Möglichkeiten sind (vgl. auch Eikenbusch 1997b):

- Rückmeldungskarten, Blitzumfragen (vgl. bei Messner/Huber-Söllner 1989; Leuders 2001, 21) oder *one-minute-papers* (vgl. Methode 14)
- Offene Fragen, die Schüler in *Aufsatzform* beantworten können (vgl. Kasten 24); Briefchen, die z. B. am Ende von Unterrichtseinheiten an die Lehrenden geschrieben werden;
- Frageraster (vgl. z. B. das 6-Boxen-Modell bei Philipp 1992, 64 ff.), Checklisten (vgl. Philipp 1992, 109 ff.). Das „Lehrerzeugnis" in Methode 15 benutzt eine – für die Schule konventionelle – Form eines solchen Rasters.
- Verfassen von Wandzeitungen zu offenen Rückmeldungsfragen (vgl. Methode 16), Briefkästen für Vorschläge und Rückmeldungen, Feedback-Wand für Schüler, offen ausliegendes Klassenheft, in das Rückmeldungen eingetragen werden können (vgl. Strittmatter 1997c, 4)
- Bewertung von wenigen Antwortalternativen oder Polaritäten, z. B. Punktabfrage, Evaluationszielscheibe (vgl. Methode 17), Stimmungsbarometer
- Kartenabfragen, z. B. im Kollegium (An welchen Punkten soll unser Schulentwicklungsprozess ansetzen?) oder bei den Schülern (Welche Erwartungen habt ihr an das geplante, neue Wahlpflichtsystem?)
- Gedächtnisprotokolle;
- Metaphern und kreative Verfahren (vgl. Schratz 1997, 53 f.);
- Verfahren, die an Unterrichtsinhalte oder Schulsituationen anknüpfen (vgl. Methode 18).

METHODE 14

One-Minute-Paper

Am Ende einer Unterrichtseinheit oder eines anderen zu evaluierenden Lernabschnitts werden die Lernenden gebeten, ein leeres Blatt Papier zur Hand zu nehmen.

- Auf einer Seite werden alle *positiven Gedanken und Rückmeldungen* zur Lerneinheit geschrieben: Was hat mir gefallen? Was habe ich gut verstanden? Wo habe ich gut mitmachen können? Was hat mich angeregt?
- Auf der anderen Seite werden alle *kritischen oder zweifelnden Gedanken und Rückmeldungen* zur Lerneinheit geschrieben: Was hat mir nicht gefallen? Was habe ich nicht verstanden? Wo habe ich nicht mitmachen können, mich nicht ausgekannt? Was hat mich kalt gelassen? Was würde ich beim nächsten Mal anders machen?

In der nächsten Lerneinheit stellt der Lehrende seine Interpretation der Rückmeldungen und etwaige Konsequenzen vor.

Quelle: Altrichter et al. 2002

„Lehrerbrief"

Ein Beispiel: Im Zweilehrerteam hatten wir unsere Arbeit im Englischunterricht abgestimmt und die Leistungsfeststellung vorbereitet. Unser Eindruck von den Leistungen der Schüler war gut. Und dann: sehr mäßige Ergebnisse bei der Klassenarbeit! Wir verstehen das nicht. Wir beschließen, nach der Rückgabe der Schularbeit durch einen „Lehrerbrief" bei den Schülern nachzufragen: Wir schildern kurz unsere Eindrücke (gute Leistungen beim Üben, schlechte bei der Leistungskontrolle) und bitten die Lernenden, uns einen kurzen Brief zu schreiben, in dem sie erzählen, wie es zu den schlechten Ergebnissen der Klassenarbeit kam. Die Schüler machen sich mit Begeisterung ans Werk.
Die Ergebnisse sind zum Teil rührend (5. Schulstufe): Von „zu lange ferngesehen" bis „nichts gelernt, da beim Üben super unterwegs" finden sich alle Abstufungen. Keines der Kinder äußert den Eindruck, dass die Leistungsfeststellung unverhältnismäßig schwierig war oder zu lange oder unerwartete Aufgaben enthielt. Der Grundtenor ist, dass die gute Stimmung vorher einige im Glauben ließ, dass sie auch in der Einzelsituation einer Klassenarbeit so gut mit den Beispielen zurechtkommen würden wie in der Übungssituation, die mehr Unterstützung durch Lehrer und Mitschüler ermöglichte. Wir überlegen als Konsequenz auch solche Übungen vorzusehen, die direkter auf Einzelleistungssituationen bei der Klassenarbeit vorbereiten.

Quelle: Ch. Bauer (in Altrichter et al. 2002)

„Lehrerzeugnis"

Intention

„Zeugnisse" sind – auch wenn viele Lehrer dies gern anders gewichten würden – der dramatische Fokus von Lernkarrieren. Manche Lehrer nutzen diese Form, um von Schülern Rückmeldungen zu vorher vereinbarten Themen zu erbitten, weil sie ihnen bereits vertraut ist (andere Lehrer – das muss hier betont werden – lehnen sie wahrscheinlich gerade aus diesem Grunde ab).

Vorgangsweise (nach Strittmatter 1996d)
- Schüler werden befragt, welche Bewertungskriterien sie an Unterricht (oder an ein „spezielles Thema") anlegen.
- Mithilfe dieser Bewertungskriterien wird ein „Zeugnisformular" angefertigt.
- Schüler erhalten dieses Formular und können jedes Kriterium mithilfe der üblichen Notenskala bewerten und eventuell ergänzende Kommentare hinzufügen.
- Die Ergebnisse werden ausgewertet und gemeinsam besprochen; Konsequenzen werden vereinbart.

Das folgende Beispiel zeigt, welche Informationen derartige Zeugnisse enthalten

Fach	Note	Bemerkung
Geschichte		
Fachliches Wissen	1	Sie informieren sich sehr gut, haben viel Material und können es gut durchführen.
Eingehen auf Schülerinteressen	2	Das Eingehen auf Schülerinteressen ist für sie schwer, weil sie ihren Stoff durchbringen müssen.
Umgang mit Schülern	1	Mit Schülern können sie gut umgehen und gehen auf einzelne Probleme ein.
Notengebung	3	Bei den Noten weiß ich nicht, was sie mir geben, aber sie sagten, ich bekäme ein Gut, ich bemühte mich sehr, aber es gelang mir nicht viel

Englisch		
Fachliches Wissen	2	Ihr Fachwissen ist gut, bis auf einige Vokabeln wissen sie sehr viel.
Eingehen auf Schülerinteressen	1	
Umgang mit Schülern	1	
Notengebung	2	
Klassenvorstand		
Eingehen auf Schülerinteressen	1	Als Klassenvorstand eignen sie sich sehr gut, obwohl sie immer mit uns schimpfen. Die Idee mit der Wandzeitung war sehr, sehr gut.
Umgang mit Schülern	2	
Fachliches Wissen	2	
Insgesamt	–1	

Abb. 31: Lehrerzeugnis für Frau C.   Quelle: Ch. Bauer (in Altrichter et al. 2002)

können.

METHODE 16

Rückmeldeverfahren ,Schwarzes Brett'

Ein bis drei Fragen werden auf einer Wandzeitung zu Schule und Unterricht gestellt, die die Schüler in der großen Pause beantworten können (z. B. wie viele Minuten hast du gestern für deine Hausübung gebraucht? Wenn du eine Sache in unserer Klasse/Schule sofort ändern könntest, was würdest du ändern?).
Nach der Pause werden die Antworten mit den Schülern analysiert und interpretiert.

Quelle: Eikenbusch 1997b, 3

Evaluationszielscheibe

Intention/Kontext

Die folgende Evaluationszielscheibe, die in verschiedenen Variationen auch bei Schülern und anderen Personengruppen als Kurzrückmeldungsinstrument eingesetzt werden kann (vgl. Eikenbusch 1997b, 34), wurde während eines Elternabends dazu verwendet, Rückmeldungen über einen Auslandssprachaufenthalt einzuholen.

Vorgehensweise
1. Von der Lehrerin wurde die Zielscheibe auf einem Flipchart-Plakat sowie als Arbeitsblatt vorbereitet.
2. Alle Eltern wurden gebeten, ihre Einschätzung zunächst allein auf dem Arbeitsblatt zu notieren.
3. Diese Einschätzungen wurden mit Klebepunkten auf das Plakat übertragen.
4. Die Eltern wurden gebeten, das Ergebnis zu kommentieren und zu interpretieren.
5. Daran schloss sich ein freieres Gespräch über Stärken und Schwächen des Sprachaufenthalts an.

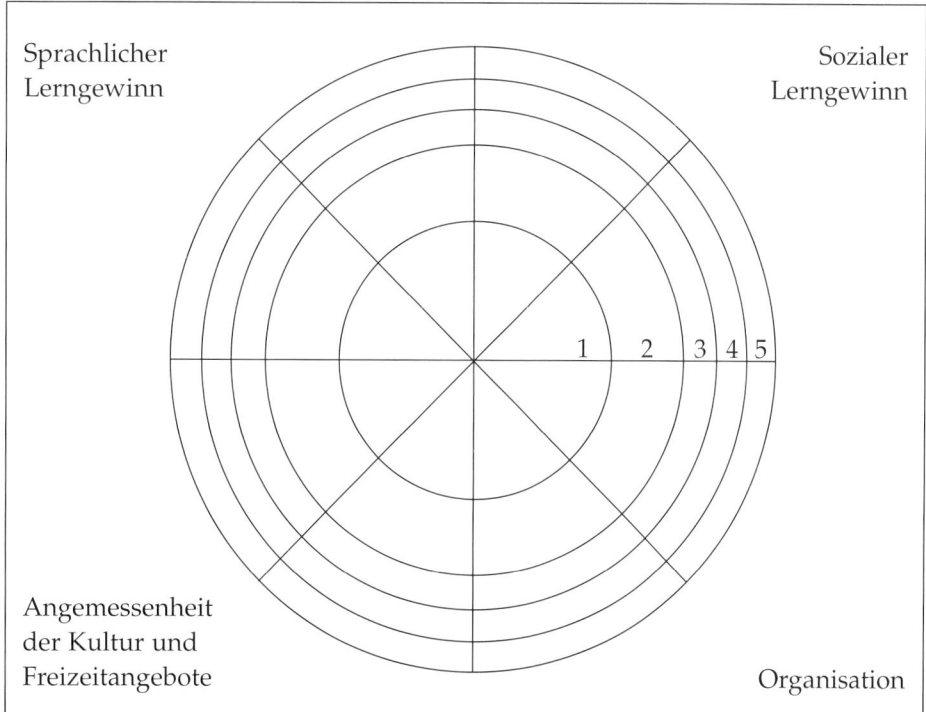

Abb. 32: Evaluationszielscheibe

Quelle: Altrichter et al. 2002

METHODE 18

Rückmeldeverfahren ‚Theaterrezension'

Die Lernenden werden gebeten, eine kritische Einschätzung einer Stunde, einer Unterrichtseinheit, eines längeren Unterrichtsblocks oder einer schulischen Situation zu geben. In Form einer „Theaterrezension" sollen

- inhaltliche Darbietung,
- Inszenierung,
- Bühne,
- Akteure und
- Publikum beurteilt werden.

Vorteil
Durch die analoge, metaphorische Art des Rückmeldens können „kritische Aussagen" in einem originellen Kleid verpackt und zum Ausdruck gebracht werden.

Nachteil
Die Entschlüsselung der verwendeten Metaphern kann schwierig sein und erlaubt einen großen Interpretationsspielraum.

Quelle: Krainer et al. 1996, 340

6.2.3 Interviews

Die spezielle Stärke von Interviews liegt ‚in der zweiten Frage'. Auf die erste Frage bekommen wir oft ‚Oberflächen'-Antworten, die denjenigen in einem Fragebogen entsprechen und bei denen man sich bei der Auswertung oft fragt: *Und was meint der Befragte eigentlich damit?* Das Interview bietet die Möglichkeit, diese zweite Frage zu stellen und so die Gedanken, Einstellungen, Wunsche, Begründungen und Haltungen zu erschließen, die „hinter" dem aktuellen Verhalten stehen.

In der Sozialforschung werden unterschiedliche Typen von Interviews differenziert (vgl. z. B. Lamnek (1995, Bd. 2, 68 ff.), die sich vor allem danach unterscheiden, wie viel Freiheit dem Interviewpartner bei der Gestaltung der Antworten gelassen wird. Durch die Vorbereitung eines – unterschiedlich differenzierten – Interviewleitfadens (vgl. Kasten 27) und durch enge oder offene Interviewführung kann der Fragende die Produktion von Äußerungen durch die Befragten quantitativ und inhaltlich steuern. Für die Zwecke schulischer Selbstevaluation kommen vor allem ‚problemzentrierte Interviews' in Frage (vgl. Lamnek 1995, Bd. 2, 74 ff.), die in einem kurzen – checklistenartigen – Leitfaden die Informationsinteressen des Interviewers vorbereiten, den Befragten aber einen gewissen Freiraum bei der erzählenden Entwicklung ihrer Antworten lassen.

Die nachfolgenden Hinweise beziehen sich auf eine derartige Form von Interviews (vgl. auch Langer 2001).

Interview 25	
mögliche Vorteile • eingehende Darstellung von Sichtweisen und der subjektiven Welt der Befragten • Hintergrundfragen möglich	*mögliche Nachteile* • zeitaufwändig in Durchführung und Auswertung • wenige Befragte (außer in Gruppeninterviews) • Evaluatoren können ‚zu rasch' verstehen
Geeignet für folgende Informationsbedürfnisse: subjektive Bedeutungen (+ Begründungen) z. T. Rückschluss von Wahrnehmungen auf Aktivitäten und Umstände	

Die dichteren und tiefer gehenden Informationen, die man durch Interviews erhalten kann, haben auch ihren Preis:

Problem	mögliche Abhilfe
• Man kann normalerweise *nur wenige Personen* interviewen.	• Gruppeninterviews (vgl. Kasten 26) • Auswahl der Interviewpartner nach dem ‚Prinzip des maximalen Kontrasts' in Hinblick auf die Untersuchungsfragestellung (z. B. besonders aktive und passive Mädchen und Jungen, wenn z. B. die Unterrichtsbeteiligung von Mädchen im Informatikunterricht untersucht werden soll)
• die Vorbereitung der Daten für die Auswertung (z. B. durch Transkription) und die Auswertung selbst sind *zeitaufwändig*	• selektive Transkription nach Abhören der Bandaufzeichnung (vgl. Altrichter/Posch 1998, 137 f.) • Leitfragen und Antwortraster zur schnelleren Auswertung • ‚Interview-Tandems': eine Person fragt, eine protokolliert (vgl. Eikenbusch 1997b, 31)

26

Einzelinterviews oder Gruppeninterviews?

Mögliche Vorteile von Gruppeninterviews	*Mögliche Nachteile von Gruppeninterviews*
• Der soziale Druck zum Reden ist für die einzelnen Personen in Gruppendiskussionen etwas geringer. • Das Erzählen kann ansteckend wirken.	• Sozialer Druck kann zur Befürwortung oder Ablehnung bestimmter Inhalte führen. • Die Dynamik von Rede und Gegenrede kann manche Themen ungebührlich aufwerten. • Manche Teilnehmer können wegen ungeschickter Ausdrucksweise oder geringem Status nicht zu Wort kommen. Quelle: Lamnek 1995, Bd. 2, 125; Altrichter/Posch 1998, 143 ff.

27

Checkliste für die Vorbereitung eines Interviewleitfadens

1. Fragen formulieren

Quellen für Fragen:
- Brainstorming zum Evaluations- und Entwicklungsinteresse (ev. ‚externe Personen‘ einbinden)
- Vorhandene Notizen aus dem bisherigen Entwicklungsprozess durcharbeiten
- Dokumente und Literatur durcharbeiten

2. Gruppieren, Gewichten und Reduzieren der bisher gefundenen Fragen
- Struktur – Überschriften
- Haupt- und Nebenfragen
- Notwendiges – Verzichtbares

3. Sequenzieren
- Welche Sequenz ist günstig? (Aufwärmen, offene Fragen zuerst, Wichtiges nicht an den Schluss verschieben)

Formulierung wichtiger Passagen:
- Einstieg (Zweck des Interviews, Ethik, Aufwärmen)
- Ausstieg (Dank, Vereinbarungen)
- ‚kritische‘ Fragen (eher gegen Ende des Interviews)

4. Vorbereiten der Materialien
- grafische Aufbereitung des Interviewleitfadens – gut strukturiert als überschaubare Checkliste
- evtl. Vorbereitung von ‚Anschauungsmaterial‘ (z. B. Zeitleiste, Dokumente, Bilder)
- Vorbereitung und Test von Geräten (Tonbandgerät, Batterien, Kassetten)

5. Test des Leitfadens
- an Personen, die den später zu interviewenden Personen ‚vergleichbar‘ und bereit sind, ausführliche Auskunft über Schwächen der Fragestrategie zu geben
- Überarbeitung

Wie bei anderen ‚Gesprächen‘ auch, hängt die Qualität eines Interviews nicht zuletzt von *der Beziehung der Gesprächspartner* ab. Die Beziehung, die zwischen zwei Personen besteht (z. B. gegenseitiges Vertrauen), beeinflusst die Bereitschaft nachzudenken und Auskunft zu geben sowie das Verständnis dessen, was gesagt wird (des Inhalts). Die Interpretation des Gesagten wirkt sich umgekehrt auch auf die Beziehung aus. Wenn Lehrer beispielsweise ihre Schüler interviewen, bildet ihre aktuelle Beziehung (zwischen Vertrauen und Misstrauen, Zuneigung und Ablehnung) den Ausgangspunkt des Interviews. Diese beeinflusst zunächst die Art und Weise, wie Schüler die Äußerungen der Lehrer, und die Lehrer die Äußerungen der Schüler verstehen. Wenn Schüler Lehrer als Personen erleben, die an ihren Beiträgen nur insofern Interesse haben, als sie das widerspiegeln, was zu lernen war und was die Lehrer ohnehin bereits wissen, werden sie kaum glauben, dass es in der Interviewsituation anders ist: dass die Lehrer wirklich etwas wissen möchten, was sie noch nicht wissen, z. B. die persönlichen Gedanken der Schüler. Auf der anderen Seite kann eine besonders positive Beziehung dazu verführen, ‚sozial erwünschte‘ Antworten zu geben. Die wichtigste Voraussetzung für das Gelingen eines Interviews besteht letztlich darin, den Interviewpartnern deutlich zu machen, dass die Informationen, die man von ihnen erwartet, ‚wirklich wichtig‘ sind:
- Für den Interviewer: Die Interviewten geben Informationen preis, weil sie erleben, für jemanden dadurch eine wichtige Rolle zu spielen.
- Für die Interviewten: Die Interviewten glauben, durch ihre Mitteilungen etwas an ihrer eigenen Situation zu verbessern.

In Kasten 28 finden sich einige Faustregeln für die Gestaltung von Interviews. Ausführlichere Hinweise sind beispielsweise in Altrichter/Posch (1998, 143 ff.) und Lamnek (1995, Bd. 2, 35 ff.) enthalten.

28

Faustregeln für Interviews

1. Zuhören statt reden
Redet der Interviewer mehr als 10 % ist das wahrscheinlich ein schlechtes Interview.

2. Die Fragen nicht nach einem strengen Leitfaden oder Schema stellen
Einen Leitfaden als Checkliste im Hintergrund haben, aber die Interviewten das Gespräch entwickeln lassen.

3. Keine Reaktion außer Verständnis zeigen

4. Gesprächsverlauf im Auge behalten
a) Den Interviewten nicht selbst unterbrechen oder Thema wechseln. Dies ist ein implizites Signal mit der Bedeutung: „Was Sie dazu sagen, interessiert mich nicht."
b) Thema wechseln lassen, wenn der andere es will. Wenn nötig, später wieder darauf zurückkommen.

5. Einfache Fragen
Der Gefragte soll frei reden können. Geeignet sind kurze, einfache Fragen, die der Interviewpartner mit eigenen Inhalten füllen kann. Häufige Fehler sind z. B.:
* Typisierungen: „Du als Fahrschülerin …"
* komplizierte oder geschwollene Fragen: „Bist Du der Meinung, dass der X diese Auffassung auch vertreten haben könnte?"
* geistreiche Maßregelungen: „Können wir nach diesem selbstlosen Einwurf vielleicht wieder zur Sache kommen?"
* psychologische Belehrungen: „Finden Sie diese Rationalisierungen nicht selber krankhaft?"

6. Suggestivfragen vermeiden
Keine Antworten nahe legen. Statt: „Hast Du das nicht auch bemerkt?" Besser: „Was hast Du bemerkt?"

7. Pausen ertragen
Das Interview wird abgetötet, wenn Sie selbst keine Stille vertragen. Nicht drängen, keine Verlegenheitsfragen stellen! Keine Antwort erzwingen.

8. Nicht direkt nach Gefühlen fragen
Aber: Wenn jemand Gefühle äußert, nachfragen: „Was daran ist unangenehm?"

9. Fragehaltung nicht aufgeben
Werden Sie als Interviewer selbst ausgefragt, so antworten Sie möglichst „mitmenschlich", aber wenig. Lassen Sie keinen längerfristigen Rollentausch zu.

10. Nachfragen

Achtung: Genauer-Wissen-Wollen kann einerseits als Interesse und Anerkennung, andererseits als Zweifel am bisher Gesagten verstanden werden. Möglichkeiten:

- Äußerungen des Interviewpartners wiederholen, um zu prüfen, ob das eigene Verständnis dem des Befragten entspricht („aktives Zuhören").
- Um Konkretisierung oder Illustrierung durch ein Beispiel bitten.
- Nach Ursachen, Gründen oder Zwecken fragen.
- Widersprüche aufklären lassen.
- Situationen grafisch ausdrücken lassen.

11. Zeit haben

Sich nicht zu schnell zufrieden geben, mit Fragen nachstoßen, Details erzählen lassen. „Was noch" (z. B. um Gründe auszuscheiden). „Wie erklärst Du Dir das?"

12. Nach dem Interview

Daten sobald als möglich für die weitere Verarbeitung vorbereiten.

Quelle: modifiziert nach BGN 1996

6.2.4 Kommunikative Rückmeldeverfahren

Das bekannteste ‚kommunikative Rückmeldeverfahren' ist wohl das *Blitzlicht*, das oft geplant oder spontan von Lehrenden eingesetzt wird, um sich Feedback zu einer aktuellen Situation und Ideen für die weitere Vorgangsweise zu verschaffen – und nebenbei noch die Lernenden in den Reflexionsprozess mit einbezieht. Weitere Möglichkeiten sind z. B.

- Morgenkreis, Klassenrat (vgl. Bauer 1997) und Ähnliches, wie sie in manchen Unterrichtskonzepten gängig sind (vgl. Kasten 30);
- Selbsteinschätzungen der Schüler: Wie man aus der Analyse von Schülerleistungen (wie sie z. B. als ‚Fehleranalyse' in manchen Fremdsprachendidaktiken gängig ist; vgl. Kap. 6.2.7) auch etwas über den eigenen Unterricht lernen kann, so lassen sich Situationen, in denen Schüler und Lehrer Lernleistungen reflektieren (wie es z. B. in verschiedenen Modellen lernzielorientierter Beurteilung gängig ist), als Quelle von Feedback-Information für Lehrer nutzen, – sofern Lehrer nicht die Bedingungen der Verursachung von Leistungen exklusiv den Schülern zuweisen (vgl. Abb. 33; Buhren 2001, 30; Abb. 38 in Kap. 7.2).
- verschiedene kreative Verfahren (z. B. Standbilder bauen oder eine Klassen-Gestalt zeichnen; vgl. Eikenbusch 1997b, 32);
- ‚dynamische Soziometrie', bei der Personen ihre Antwort zu verschiedenen Fragestellungen durch ihre Position im Raum zum Ausdruck bringen (Schratz 1997, 33 f.; ‚Beziehungsgeographie' (H. Meyer) oder ‚Differenzenübung' sind andere Namen dafür).
- Wahlmöglichkeiten: Reaktionen auf echte oder projektive („Was würdet ihr wählen, wenn …?") Wahlmöglichkeiten lassen sich als Feedback interpretieren (vgl. Strittmatter 1997c, 4).
- Rollenspiele und symbolische Aktionen (z. B. Symbol überreichen), die bestimmte – in der Evaluation näher untersuchte – schulische Situationen darstellen (vgl. Strittmatter 1997c, 2).
- Rollenverhandeln (vgl. Methode 19)
- Kurzreflexion +/-/? (vgl. Methode 20).

<table>
<tr><td colspan="2">

Kommunikative Rückmeldeverfahren 29

</td></tr>
</table>

mögliche Vorteile	*mögliche Nachteile*
• Auswertung folgt direkt auf die Datenerhebung • in den Unterricht und seine Ziele integrierbar • Hintergrundfragen möglich	• sozialer Druck kann Ergebnisse verfälschen • Evaluatoren können ‚zu rasch' verstehen • erhobene Informationen ‚verflüchtigen' sich, wenn sie nicht sorgsam festgehalten werden

Geeignet für folgende Informationsbedürfnisse
subjektive Bedeutungen
z. T. Rückschluss von Wahrnehmungen auf Aktivitäten und Umstände

---

„Zwei mündliche Fragen" 30

Ein Beispiel: Die Arbeit mit einem „Tasksheet" in Englisch (einer Art Wochenplan, bei der Arbeitsinhalte festgelegt sind, aber die Wahl der Reihenfolge, der Sozialform und weitgehend auch des Arbeitstempos den Schülern selbst überlassen sind; viele Arbeiten werden auch selbst oder von Arbeitspartnern korrigiert) erscheint mir in der Integrationsklasse (6. Schulstufe) nicht ganz zufriedenstellend. Zum einen werden die Ergebnisse nicht pünktlich oder vollständig abgegeben, zum anderen ist wenig Lernfreude spürbar. Ich beschließe, die Schüler in einer Art strukturierten „Gruppeninterviews" um ihre Meinung zu bitten. Ich wähle diese Methode, weil es sich um relativ junge Kinder sehr unterschiedlicher Leistungsniveaus handelt, denen es möglicherweise schwer fällt, differenziert über ihre Arbeitsmethode Auskunft zu geben. Dadurch, dass sie andere Kinder über ihre Erfahrungen reden hören, könnten sich Anregungen ergeben, wie man darüber sprechen könnte.

Zur Vorbereitung erhalten die Kinder als Hausübung den Auftrag darüber nachzudenken, wie ihnen die Arbeit mit dem „Tasksheet" gefiele und ob sie dabei besser lernen könnten als im herkömmlichen Unterricht. Am nächsten Tag findet eine Kreisabfrage statt: Jedes Kind soll zunächst einzeln zu den beiden Fragen Stellung nehmen. Das Ergebnis ist interessant. Der Großteil der Klasse mag die Arbeit mit dem „Tasksheet" und gibt an, dabei mehr und besser zu lernen als im gebundenen Unterricht. Es gibt aber auch eine recht große Gruppe der Kinder, die gebundenen Unterricht vorziehen. Ihre Argumente: „Da ist es nicht so laut." „Da weiß ich immer genau, was zu tun ist." „Da gibt es nicht so viele Streitereien, wer mit wem arbeitet". „Da kann ich manchmal auch abschalten."

Das Gespräch hat mir mehr Klarheit über die Akzeptanz dieser Arbeitsform verschafft, aber auch darüber, welche Schwierigkeiten einzelne Schüler damit erleben.

Quelle: Ch. Bauer (in Altrichter et al. 2002)

Klasse 7, Deutsch, Unterrichtsreihe „Zeitung"			
Ja, ich glaube schon	**Weiß nicht**	**Nein, ich glaube nicht**	*Würdest Du dir zutrauen …*
❑	❑	❑	… Deinen Eltern zu erklären, wie eine Zeitung aufgebaut ist?
❑	❑	❑	… eine Zeitungsmeldung über einen Unfall zu schreiben, der vor Eurem Haus passiert ist?
❑	❑	❑	… mit dem Computer ein Layout für einen Artikel (2-spaltig) zu erstellen?
❑	❑	❑	… ein Interview mit dem Bürgermeister über die Gestaltung der Fußgängerzone zu führen?
❑	❑	❑	… _____ _____
Öfter	**Einmal**	**Nie**	*Wie oft sollte man Deiner Meinung nach im Deutschunterricht in den nächsten 4 Wochen …*
❑	❑	❑	… eine eigene Klassenzeitung herstellen
❑	❑	❑	… Artikel schreiben
❑	❑	❑	… Arbeitsblätter bearbeiten
❑	❑	❑	… _____ _____

Quelle: Eikenbusch 2001, 16

Abb. 33: Selbsteinschätzung der Schüler: Was kannst Du bereits? Was brauchst Du noch?

METHODE 19

Rollen verhandeln

Ausgangssituation

Es kriselt in der 5c, die ich neu übernommen habe. Blicke, die einander zugeworfen werden, ein Tuscheln, eine hingeworfene Bemerkung beim Hinausgehen. Ich nehme mir vor, in der nächsten Situation, die mir auffällig erscheint, nachzufragen, was hier los ist. Ein Herumdrücken, peinlich berührt zu Boden Schauen. „Eigentlich ist ohnehin alles in Ordnung." Ich entschließe mich, in der nächsten Stunde mit den Schülern über die Bedeutung von Feedback zu sprechen und sie um solches zu bitten.

Vorgangsweise

Ich suche mir dafür die Methode des Rollenverhandelns aus (vgl. Harrison 1994; Rauch 1996). Schüler wie Lehrerin werden gebeten, drei Fragen zu beantworten.
1. Was könnte ich als deine Lehrerin tun, um dir beim Lernen zu helfen?
2. Was sollte ich besser unterlassen?
3. Was sollte ich unbedingt beibehalten?

Ergebnisse

Vieles von dem, was ich tue, soll ich beibehalten. Die Schüler fühlen sich überwiegend unterstützt. Sie wünschen sich aber kürzere Schularbeiten und weniger Hausübungen. Vier Schüler fallen aus der Reihe. Sie scheinen rundherum unzufrieden. In einem Feedback steht: „Sie sollten so sein wie unsere Lehrerin in der Unterstufe. Da konnten wir viel zu Hause erledigen und hatten bessere Noten."
Ein Gespräch mit der Klasse über das Feedback bestätigt diesen Eindruck: Vier Schüler scheinen der Kollegin, die im Vorjahr die Klasse unterrichtete, nachzutrauern. Sie können sich mit meinem Stil des Unterrichtens nicht anfreunden; zudem erscheint ihnen meine Leistungsbeurteilung zu streng ihre Noten sind deutlich schlechter als im Vorjahr.
Ich lade die vier jeweils einzeln zu einem Gespräch ein: Ich bitte sie, meiner anderen Unterrichtsmethode eine Chance zu geben. Und wir suchen dabei auch nach Wegen, die es ermöglichen, ihre Stärken besser in den Unterricht einzubringen. In der Folge wird die Situation für mich entspannter und, wie ich glaube, auch für den Großteil der Schüler konstruktiver, auch wenn eine Schülerin ihren Widerstand bis zum Ende des Jahres nicht aufgibt.

Quelle: Ch. Bauer (in Altrichter et al. 2002)

Kurzreflexion (+/-/?-Methode)

Intention

Nach Abschluss einer Unterrichtseinheit oder eines größeren Unterrichtsabschnittes sollen von den Schülern differenzierte Einschätzungen eingeholt werden.

Vorgangsweise

1. Die Schüler werden gebeten, sich auf einem Blatt Papier zunächst individuell zu den folgenden Fragen schriftliche Notizen zu machen (ca. 3–5 Minuten):

+	–	?
+ Was hat mir gefallen?	– Was hat mir nicht gefallen?	? Was ist offen geblieben?
+ Was hat mir etwas gebracht?	– Was hätte ich lieber anders gehabt?	? Welche Fragen sind entstanden?
+ Wo war ein Lerngewinn?	– Wo habe ich nichts mitbekommen?	

2. Die Schüler werden gebeten, sich mit ihren Banknachbarn (zu zweit bis zu viert) über die Aufzeichnungen auszutauschen und Gemeinsamkeiten zu finden (ca. 5–10 Minuten).
3. Je ein Gruppenmitglied nennt nun die Ergebnisse und die Lehrperson schreibt sie entweder gegliedert nach „+", „–" und „?" an die Tafel oder macht sich Notizen (ca. 10 Minuten). In dieser Phase gibt die Lehrperson keinen Kommentar zu einzelnen Äußerungen ab. Um eine gewisse Dynamik aufrecht zu erhalten, können zunächst reihum nur die „+–Äußerungen" abgefragt werden, wobei jede Kleingruppe jeweils nur ein Plus nennt. So gibt es mehrere Durchgänge, bis jede Gruppe ihre „+" mitgeteilt hat. Dann kommen die „–", dann die „?".
4. Die Lehrperson stellt – falls erforderlich – Rückfragen und nimmt zu den wichtigsten Äußerungen Stellung (ca. 5 Minuten). Damit wird die Ernsthaftigkeit des ganzen Unternehmens signalisiert. Die Stellungnahme zu einzelnen Schülerrückmeldungen (die u. U. besondere Überlegungen erfordern) kann auch auf einen späteren Zeitpunkt verschoben werden. Es kann auch sinnvoll sein, den Schülern die Kriterien bewusst zu machen, die sie bei ihren Rückmeldungen verwenden.

Kommentar

Die Methode ermöglicht relativ differenzierte und informationsreiche Rückmeldungen und regt die Schüler auch an, sich über Qualität(skriterien) und Standards selbst Gedanken zu machen. Dadurch, dass die Ergebnisse der Lehrperson als Gruppenmeinung mitgeteilt werden, ist auch eine gewisse Anonymität der einzelnen Schüler gewährleistet. Allerdings sind mindestens 25 bis 30 Minuten erforderlich, um das Potenzial dieser Methode wirklich auszunützen.

6.2.5 Moderierte Workshops zur Datengewinnung und -verarbeitung

Als spezielle Form kommunikativer Rückmeldeverfahren können *Workshops* angesehen werden, die speziell zur Datengewinnung (und später auch zur Datenauswertung) veranstaltet werden. Unterstützt durch eine durchdachte Arbeitsstruktur und durch Moderation geht es in diesen um Diagnose von Situationen, Einholung von Rückmeldungen, angeleitete und kollegial unterstützte Selbstreflexion oder um Datenanalyse, Erfahrungsauswertung und Planung von Konsequenzen.

Moderierte Workshops zur Datengewinnung und -verarbeitung	31
mögliche Vorteile • Auswertung folgt direkt auf die Datenerhebung • Einbeziehung mehrerer Personen möglich • Abstimmung verschiedener Sichtweisen innerhalb der Gruppe • Handlungsrelevanz der erarbeiteten Ergebnisse für die Beteiligten	*mögliche Nachteile* • sozialer Druck kann Ergebnisse verfälschen • zeitaufwändig • sorgsame Moderation notwendig
Geeignet für folgende Informationsbedürfnisse subjektive Bedeutungen (+ Suche nach und Diskussion von Alternativen) z. T. Rückschluss von Wahrnehmungen auf Aktivitäten und Umstände	

Eine Sonderform sind *Fallbesprechungen in der Gruppe*: Die Besprechung von Fällen aus der Unterrichtspraxis mit einer kleinen Gruppe von Kollegen wird nicht jedem sofort als „Evaluations"-methode in den Sinn kommen, weil in solchen Gesprächen üblicherweise keine „neuen Evaluationsinformationen" erhoben werden, sondern vor allem verschiedene Interpretationen, Einschätzungen und Bewertungen einer Praxissituation verglichen werden. Gerade dieser Vergleich von „subjektiven Evaluationen" – wenn er in einer strukturierten und dadurch „geschützten" Situation geschieht – kann jedoch für die „Fallbringer" durchaus neue Perspektiven eröffnen und Impulse für die Weiterentwicklung von Unterricht geben. Anlassfall muss nicht, kann aber Unzufriedenheit sein: z. B. „springt" eine Klasse auf die Lehrermethode nicht an, die Beziehung zwischen Lehrer und Schüler ist getrübt usw. Unserer Erfahrung nach gelingen solche Gruppen eher, wenn sie nach einer für alle durchschaubaren Struktur moderiert werden und den Einzelfall vor Besserwisserei und schnellen Lösungen schützen, ohne auf ehrliche Rückmeldung zu verzichten. Eine einfache Art, solche Fallbesprechungen zu strukturieren, besteht in der Methode „Analysegespräch" (siehe Methode 21). Die Kollegiale Fallberatung (vgl. Priebe 1998), die Methode ‚Filmszene' (vgl. Höfer 1997), die SWOT-Methode (vgl. Methode 22) oder die ‚Nominelle Gruppen-Technik' (vgl. Altrichter/Posch 1998, 229 ff. und Methode 26 in Kap. 7.2) sind weitere, in Schulentwicklungsprozessen erprobte Verfahren aus dieser Kategorie.

Analysegespräch in einer Gruppe

Intention
Situationen des Unterrichts und Schulalltags besser verstehen, sich vom Problemdruck entlasten

Voraussetzungen
Kleingruppe von vier bis zwölf Mitgliedern; Bereitschaft, sich an vereinbarte Regeln zu halten; Grundkompetenz an Moderation bei mindestens einem Mitglied; ein gewisses Grundvertrauen zwischen den Gruppenmitgliedern.

Vorgangsweise
1. *Falldarstellung:* Die Person, die einen Fall analysieren möchte, schildert der Gruppe den Sachverhalt so, wie sie ihn aktuell sieht. Die Falldarstellung soll kurz sein; wir schlagen max. 5 Minuten vor. Sie kann beispielsweise durch eine Visualisierung auf einem Flipchart-Poster unterstützt werden.
2. *Fragen:* Anschließend an die Falldarstellung besteht die Aufgabe der übrigen Teilnehmer darin, *durch Fragen ein umfassendes und möglichst stimmiges Verständnis der Situation aufzubauen.* Dabei haben sich einige *Regeln* bewährt:
   - *Nur Fragen*: Alle Fragen sind erlaubt. Es ist aber auch erlaubt, keine Antwort darauf zu geben („Darauf weiß ich jetzt nichts.", „Das muss ich noch überlegen.", „Das möchte ich in diesem Kreis nicht sagen!").
   - *Keine ‚eigenen Anekdoten'*: Äußerungen über ähnliche Erfahrungen sollten vermieden werden. Mit dieser Regel soll eine Konzentration auf das Problem bzw. die Situation des/der Berichtenden erreicht werden.
   - *Kritische Äußerungen* (auch in Fragen verkleidete) sollten *nicht zugelassen* werden. Diese Regel, die vor allem am Beginn eines Gesprächs wichtig ist, soll den Eindruck bei der berichtenden Person vermeiden, sie müsse sich verteidigen.
   - *Lösungsvorschläge* sind *nicht erlaubt*: Diese Regel soll sicherstellen, dass die Suche nach einem tiefergehenden Verständnis des Problems nicht durch die viel weniger mühevolle Sammlung von Rezepten gestört wird.

   Zur Analyse einer Situation haben sich vor allem *drei Arten von Fragen* als geeignet erwiesen:
   - Fragen zur *Konkretisierung* einer Bemerkung, z. B. die Bitte, ein Beispiel zu schildern oder über einen Vorfall detaillierter zu berichten.
   - Fragen zum *gedanklichen (theoretischen) Hintergrund*, z. B. die Bitte um Begründung einer Maßnahme, die getroffen wurde.
   - Fragen zur *Systemerweiterung*, z. B. die Bitte, auf die Rolle von Personen oder Ereignissen einzugehen, die etwas mit dem Fall zu tun haben könnten.
3. Ein *Gesprächsleiter* beobachtet die Einhaltung dieser Regeln.
   - Er kann auch selbst Fragen stellen, ohne sich dadurch in den Vordergrund zu spielen und die Fragerunde zu dominieren.
   - Normalerweise sollten „Kettenfragen" (eine Person stellt nach einer Antwort

weitere Zusatzfragen) vermieden werden, um „Verhör-Situationen" zu vermeiden. Dadurch ist die Chance auch größer, dass das Ergebnis als eine Gruppenleistung erfahren wird.

- Auch sollte man der Tendenz, ‚lange Begründungen' vor jeder Frage zu geben, entgegenarbeiten (*„Jeder darf jede Frage stellen. Begründungen sind dafür nicht notwendig!"*)
- Die Fragephase sollte nicht zu früh abgebrochen werden (Vorschlag: *mindestens 20 bis 30 Minuten*), weil sich unserer Erfahrung nach erst nach einer „Durststrecke" von 10 bis 20 Minuten, in denen die Oberfläche des Falles abgesucht wird und die „Frager" ihren eigenen Bildern nachgehen, das Gespräch an Tiefe gewinnt und für alle Beteiligten zu einer menschlich und intellektuell bereichernden Erfahrung werden kann.

4. Für den *Abschluss* des Verfahrens bieten sich verschiedene Alternativen an:
- Die Standard-Version besteht darin, den *„Fallbringer"* um eine abschließende Äußerung mit dem Tenor *„Was mir nach diesen Fragen durch den Kopf geht …"* zu bitten.   Diese Version betont Eigentümerschaft und Situationskontrolle der Fallbringer, denen keine „guten Tipps" von außen gegeben werden. Sie ist besonders in „fragilen Situationen" und bei großer Abwehr gegenüber externer Intervention angebracht. In anderen Situationen kann die eventuelle Irritation durch andere Perspektiven sinnvoll sein bzw. der Fallbringer gerade an den Interpretationen und Handlungsideen der „Frager" interessiert sein. Dafür bieten sich folgende Vorgangsweisen an:
- Nach Ende der Fragephase bietet der Gesprächsleiter dem Fallbringer an, *selbst eine Frage an alle oder ausgewählte Teilnehmer* zu stellen.
- Nach Ende der Fragephase bittet der Gesprächsleiter alle *Teilnehmer* um ein kurzes *Blitzlicht zum Impuls „Was mir nach dieser Fragerunde durch den Kopf geht …"*

Bei sehr stark lösungsinteressierten und stabilen „Fallbringern" könnten folgende Settings angemessen sein:

- Der Gesprächsleiter bittet nach Ende der Fragephase alle *Teilnehmer* um eine *kurze Äußerung zum Thema „Mein nächster Schritt in dieser Situation wäre … ."*
- Nach Ende der Fragephase bittet der Gesprächsleiter die Teilnehmer (außer dem Fallbringer) sich jeweils *in verschiedene Perspektiven von Akteuren der geschilderten Situation* hineinzudenken (z. B. Eltern, betroffene und nicht betroffene Schüler, Schulleiter; diese Perspektiven können durch Karten mit entsprechenden Aufschriften sichtbar gemacht werden). Nach einer kurzen Überlegungsphase gibt jede Teilnehmer bekannt, welchen *‚nächsten Schritt'* er sich aus der speziellen Perspektive wünschen würde. Der Fallbringer hört zu und macht sich Notizen. Danach gibt er ein Abschlussstatement, das nicht mehr diskutiert wird.
- Alle Teilnehmer diskutieren eine Zeit lang ihre Sichtweisen des Falles und Optionen für nächste Schritte. Der Fallbringer klinkt sich für diese Zeit aus dem Gespräch aus, hört der Diskussion zu und macht sich Notizen. Nach der Diskussion gibt der Fallbringer ein Abschlussstatement, das nicht mehr diskutiert wird.

Quelle: Altrichter/Posch 1998, 81 ff.; vgl. auch Priebe 1998

SWOT-Analyse

Einsatzbereich
einfaches Analyseschema zur (Selbst- oder Gruppen-)Analyse einer Organisation

Vorgehensweise
1. Denken Sie an ‚Ihre Schule', wie sie derzeit ist, z. B.
- an die Leistungen, die sie für Schüler und etwaige andere Interessenten erbringt,
- an die internen Beziehungen in Ihrer Schule und die Organisation der anfallenden Arbeiten,
- an das Bild, das die Öffentlichkeit von Ihrer Schule hat,
- usw. (an andere wichtige Aspekte der Schule).

Tragen Sie die gegenwärtigen Stärken *(strengths)* und Schwächen *(weaknesses)* ‚Ihrer Schule' in die entsprechenden Felder des SWOT-Schemas ein.

strengths	weaknesses
opportunities	threats

Abb. 34: SWOT-Schema

2. Denken Sie an die ‚Umgebung der Schule', an die
- (bildungs-, gesellschafts-, regional-)politische Entwicklung,
- soziale und kulturelle Entwicklung,
- demographische Entwicklung,
- technologische Entwicklung usw.

Welche Gelegenheiten *(opportunities)* und Bedrohungen *(threats)* ergeben sich aus den voraussichtlichen Umfeldentwicklungen für Ihre Schule? Tragen Sie diese in die entsprechenden Felder des SWOT- Schemas ein.

6.2.6 Beobachtungen

Verschiedene Formen kollegialer Beobachtung, wie sie an Schulen und in der Lehrerbildung vorkommen, können auch bei schulischer Selbstevaluation ihren Stellenwert haben:

- *Kollegiale Unterrichtshospitationen:* Eine Möglichkeit besteht darin, Kollegen zu Unterrichtshospitationen einzuladen und um ihr Feedback zu Fragestellungen zu bitten, die für den eigenen Unterricht und die eigene Weiterentwicklung wichtig sind. Rückmeldungssituationen zwischen Kollegen sind jedoch nicht von vornherein das Einfachste auf der Welt. Es lohnt eine gewisse Zeit für die Ausarbeitung von Bedingungen, unter denen Beobachtung und Rückmeldung geschehen sollen, zu verwenden. Das Ergebnis kann eine explizite „Vertraulichkeitsvereinbarung" sein (vgl. Kasten 16 in Kap. 5.1). Minimalkriterien versuchen die folgenden „Benimm-Regeln bei Unterrichtsbesuchen" zu formulieren (vgl. Methode 23).

  Aber auch die *inhaltliche Vorbereitung* erfordert einige Überlegungen: Wenn man den eingeladenen Kollegen nicht vermittelt (oder vermitteln kann), über welche Unterrichtsmerkmale man Rückmeldung will, dann darf man sich nicht wundern, dass man ganz etwas anderes erfährt (z. B. Feedback, das durch die ‚didaktischen Steckenpferde' der Hospitierenden geleitet ist). Das „Beobachtungsprofil" in Abb. 35 ist ein relativ einfaches Schema, das einesteils den geplanten Stundenverlauf an die Hospitierenden kommuniziert und anderenteils die Aufmerksamkeit auf jene Aspekte lenkt, zu denen der einladende Lehrer Rückmeldung wünscht.

- *Expertenbegutachtung (peer review):* Beispielsweise kann eine Schule Experten (z. B. Kollegen aus einer diesbezüglich erfahrenen Schule) bitten, ihr neues Organisationsmodell für den Offenen Unterricht zu begutachten und dazu Rückmeldungen und Verbesserungsvorschläge abzugeben oder Feedback zu inhaltlichen und formalen Aspekten des Schulprogramms zu geben (vgl. die beispielhaften Fragen bei Burkard 2001, 35).

- *Selbstbeobachtung, teilnehmende Beobachtungen des Schullebens:* Auch das Festhalten eigener Beobachtungen kann in Schulentwicklungsprozessen praktisch bedeutsam sein, weil systematischere Evaluation die Selbstbeobachtung und -beurteilung ergänzen soll, sie aber nicht ersetzen kann und daher die Nutzung, Pflege und Weiterentwicklung verschiedener Selbstbeobachtungstechniken wichtig sind. *Praktische Möglichkeiten* der Selbstbeobachtung sind Gedächtnisprotokolle und Tagebücher (vgl. Altrichter/Posch 1998, 26 ff.; Strittmatter 1997c, 4), Checklisten für geplante Aktivitäten sowie Aufnahmen von Unterrichtseinheiten mit Tonband oder Video (vgl. Altrichter/Posch 1998, 131 ff.).

Benimm-Regeln bei Unterrichtsbesuchen

Wenn Kollegen oder Externe zu einer Unterrichtsbeobachtung eingeladen werden, sind folgende *Bedingungen* wichtig:

- dass zwischen Beobachteten und Beobachtern die Modalitäten der Weitergabe von Daten genau geklärt wurden (vgl. Kap. 5 und Kasten 16);
- dass der Beobachter genau versteht, zu welchen Beobachtungsschwerpunkten der Beobachtete Informationen gesammelt haben will. Das Vorgespräch ist entscheidend. Abmachungen sollten in Stichworten festgehalten werden (dabei zeigt sich auch, wie gut man einander verstanden hat).
  Wenn der Beobachtete sich nicht sicher ist, was sinnvollerweise zu beobachten ist, dann sollte eine gewisse Zeit darauf verwendet werden, gemeinsam Beobachtungsschwerpunkte zu entwickeln – z. B. mit einem „Analysegespräch" (vgl. Methode 21) oder mit den „Standardfragen zur Unterrichtsanalyse" (vgl. Altrichter/Posch 1998, 152 f.).
- dass zu den gewählten Beobachtungsschwerpunkten auch konkrete Indikatoren (Woran genau erkenne ich …?; vgl. Methode 2) und praktikable Methoden des Sammelns und Festhaltens der Beobachtungen explizit besprochen werden. Auch wenn eine allgemeine Einigkeit über den Schwerpunkt besteht, können im Konkreten unterschiedliche Auffassungen zu Tage kommen. Besser man entdeckt diese *vor* der Beobachtung, als nachher im Gespräch über die Daten.

Beobachtungen sind für Lehrer etwas ganz Alltägliches. Sie könnten nicht handeln, ohne sich immer wieder zu vergewissern: *Was ist das für eine Situation, in der ich handle? Was geschieht, wenn ich handle? Entwickelt sich die Situation im Sinne meiner Erwartungen?* Diese Beobachtungen sind im Normalfall weit gehend intuitiv und ganzheitlich. Dieser ganzheitliche, ‚beiläufige' Charakter alltäglicher Beobachtungen ist eine Stärke, weil er in Situationen normaler Schwierigkeiten einen flüssigen Handlungsvollzug erlaubt. Wenn das Handeln nicht mehr befriedigt und die Akteure mehr über eine Situation erfahren möchten, treten allerdings auch die potenziellen Schwächen alltäglicher Beobachtung ins Bewusstsein:

- *Diffusität:* die Aufmerksamkeit ist breit gestreut, Details gehen verloren;
- *ungeprüfte Selektivität:* die aufgenommene Information wird mit minimaler Reflexion für das Handeln verwertet. Dadurch entstehen ein unkontrollierter Einfluss von Vorurteilen und die Gefahr, „zu sehen, was man sehen will".
- *Flüchtigkeit:* die Beobachtungen sind nur für kurzfristige Verarbeitung im Bewusstsein verfügbar; ihre Verlässlichkeit kann kaum überprüft werden.

Die Instrumente und Strategien *gezielter Prozessbeobachtung* haben den Zweck, diese Schwächen zu mildern. Sie tun dies,
- indem sie das ‚ganzheitliche Schauen' durch *Fokussierung auf bestimmte Fragestellungen* ersetzen, wodurch die Beobachtung gezielter und zugleich eingeschränkter wird, und
- indem sie durch verschiedene *Aufzeichnungsmedien* Beobachtetes festhalten.

Der Preis dafür ist allerdings eine Verminderung der ganzheitlichen Sicht von Situationen.

Beobachtungsinstrumente können nach folgenden Gesichtspunkten unterschieden werden:
- Wird mit vorformulierten Beobachtungskategorien (‚*strukturiert'*) oder ohne diese (‚*offen'*) gearbeitet?
- Werden die Beobachtungen *während des Ereignisses* oder *nachträglich aufgezeichnet*?
- Beobachten sich die Akteure *selbst* oder erfolgt eine *Fremdbeobachtung* durch Dritte?
- Bei *teilnehmenden Beobachtungen* interagieren ‚Fremdbeobachter' in verschiedener Intensität mit den ‚Feldbewohnern', während sie bei *distanzierten Beobachtungen* – vielleicht mit der Ausnahme der Erläuterung ihrer Anwesenheit – keinen Kontakt mit den Beobachteten aufnehmen und sich wie ‚eine Fliege an der Wand' verhalten. *Verdeckte Beobachter* versuchen hingegen explizit nicht in der Beobachterrolle wahrgenommen zu werden.

Weiterführende Hinweise zu den verschiedenen Beobachtungsarten finden sich beispielsweise in Sanger/Kroath (1998), Beck/Scholz (1995), Grell (1975, 131 ff.), Galton (1994), Evertson/Green (1986), Lamnek (1995, Bd. 2, 239 ff.) und Altrichter/Posch (1998, 116 ff.).

Wenig strukturierte Beobachtungen z. B. bei Unterrichtsbesuchen	32
mögliche Vorteile • Interaktive ‚Prozesse' sind für das schulische Geschehen besonders bedeutsam • unmittelbare Informationsgewinnung möglich	*mögliche Nachteile* • komplexe Erhebungssituationen erschweren eindeutige Interpretationen • oft starke Interpretationslastigkeit in der Rückmeldung (was dann problematisch ist, wenn keine klare Vereinbarung zwischen Beobachtern und Beobachteten über Beobachtungskategorien und Evaluationskriterien besteht) • Flüchtigkeit der Beobachtungsdaten (wenn keine Aufzeichnungsinstrumente, wie Tonband, Video, Beobachtungsraster verwendet werden)
Geeignet für folgende Informationsbedürfnisse Aktivitäten z. T. subjektive Bedeutungen (Wahrnehmungen und Rückmeldungen über Aktivitäten und Umstände)	

Strukturierte Beobachtungen mit Beobachtungsrastern oder anderen technischen Hilfsmitteln	
mögliche Vorteile	*mögliche Nachteile*
• Interaktive ‚Prozesse' sind für das schulische Geschehen besonders bedeutsam • technische Hilfsmittel stehen an den meisten Schulen zur Verfügung	• komplexe Erhebungssituationen erschweren eindeutige Interpretationen • hoher Zeitaufwand für Auswertung bei der Datenfülle, die Tonband und Video bieten • hoher Zeitaufwand für Herstellung brauchbarer Beobachtungsraster bei komplexeren Fragen
Geeignet für folgende Informationsbedürfnisse Aktivitäten z. T. subjektive Bedeutungen (Wahrnehmungen und Rückmeldungen über Aktivitäten und Umstände)	

Folgende *Arten gezielter Prozessbeobachtungen* kommen in Evaluationsprojekten in Frage:

- *‚Unterrichtsprotokolle' sind:* die Ergebnisse meist wenig strukturierter, während des Ereignisses aufgezeichneter Fremdbeobachtungen, wie sie vielen – manchmal leidvoll – aus der Lehrerbildung bekannt sind. Wenn sie bei Evaluationen verwendet werden, lohnt es sich, die eigenen Beobachtungsgewohnheiten z. B. an den Vorschlägen von Grell und Grell (1979; vgl. auch Altrichter/Posch 1998, 116 ff.) zu überprüfen.
- *Beobachtungsschemata mit vorformulierten Kategorien:* Entsprechend den Informationsbedürfnissen werden einige Beobachtungskategorien formuliert, die zu einem Beobachtungsraster angeordnet werden. Ein einfaches Beispiel:
  Eine Lehrerin möchte die Beteiligung ihrer Schüler im Unterricht untersuchen, um Hinweise zur Verbesserung der Mitarbeit zu gewinnen. Sie entwickelt ein Schema, um sich einen genaueren Überblick zu verschaffen. Für jede einschlägige Schüleräußerung wird auf der zutreffenden Zeile ein Strich gemacht.

Schülerantwort	~~++++~~ /
Schülerinitiierte Feststellung	/ / /
Schülerinitiierte Frage	/ / /

Die wesentlichen *Anforderungen an Beobachtungsschemata* sind an diesem Beispiel sichtbar:

- Kategorien, die einander ausschließen: z. B. Meldung mit bzw. ohne vorherigem Aufruf;
- ein Schema, auf dem die Beobachtungen so festgehalten werden können, dass sie nachher verwertbar sind;
- eindeutige Regeln für das Festhalten der Beobachtungen.

In der Literatur liegen Beobachtungsraster für die verschiedensten Informationsbedürfnisse vor (vgl. Hook 1981; Grell 1975, 131 ff.). Bei komplexeren Beobachtungsschemata ist oft vor dem Einsatz eine Beobachterschulung nötig.

- *Halbstrukturierte Beobachtungen nach einer Check- oder Fragenliste:* Wenn die zu beobachtenden Verhaltensweisen nicht so klar wie in den obigen Beispielen im vorhinein festgelegt werden können, dann kann die Beobachtung auch durch einige Leitfragen strukturiert werden. Im folgenden Beispiel (vgl. Methode 24) wollten Lehrer untersuchen, wie sich ihre Strategie, Mädchen ‚geschützte Räume‘ ohne Einmischungsmöglichkeit von Jungen zuzugestehen, in der Praxis auswirkte.

METHODE 24

Frageliste für eine halbstrukturierte Beobachtung

- Wie häufig verwenden die Mädchen die ‚geschützten Räume‘? (Alter? Zahl? Einzeln oder in Gruppen?)
- Bei welchen Gelegenheiten betreten Jungen die ‚geschützten Räume‘? (Raufereien? Einzeln oder in Gruppen?)
- Was geschieht, wenn ein Junge einen ‚geschützten Raum‘ betritt?

Datum:

Quelle: Schratz 1997, 19

- *Räumliche Beobachtungspläne* bieten sich an, wenn Bewegungen im Raum oder einfache Aktivitäten von im Raum verteilten Personen untersucht werden sollen (vgl. die originellen Beispiele bei Sanger/Kroath 1998, 84 ff.).
  Ein Lehrer vermutet, dass er Schülern in bestimmten räumlichen Sektoren der Klasse mehr Aufmerksamkeit widmet als anderen. Er möchte seinen „Aktionsraum" einerseits kennen lernen und andererseits erweitern. Er nimmt sich vor, jene Schüler, die er von sich aus aufruft, zu registrieren und auch festzuhalten, ob sich die betreffenden Schüler vorher selbst gemeldet haben oder nicht. Er fertigt einen Sitzplan an und macht zum jeweiligen Schülernamen das jeweils zutreffende Zeichen (etwa „+" für „aufgerufen nach vorheriger Meldung" und „–" für „aufgerufen ohne vorherige Meldung"). Dadurch wird auf diesem Plan nach und nach sein Aktionsraum sichtbar.
- *Beobachtungsprofile* sind einfache Schemata, die durch ihre – auf spezielle Fragestellungen bezogene – Struktur die nachträgliche Aufzeichnung von Beobachtungen erleichtern.
  Das Beispiel in Abb. 35 (auf den Seiten 184/185) wurde von einer Lehrerin angefertigt, die ihre Gestaltung von Rollenspielen genauer untersuchen wollte. Das Profil enthält als ersten Ordnungsgesichtspunkt eine Zeitachse, die in diesem Fall nach Unterrichtsphasen definiert ist (vor

der Stunde, Anfang, Proben usw.). Die Vertikale enthält Kategorien, mit denen die verschiedenen Aktivitäten, die sich während der Rollenspiele ereignen, eingefangen werden sollen.

Derartige Profile erleichtern die Aufzeichnung von Beobachtungen nach der Unterrichtsstunde, weil die leeren Felder der Matrix dazu anregen, die Erfahrung unter dem jeweiligen Gesichtspunkt abzusuchen. Beobachtungsprofile können aber auch als Hilfsmittel bei der „Beobachtung durch Dritte" verwendet werden: Durch die Vorgabe eines Profiles können Lehrer ihre Helfer auf Gesichtspunkte, die ihnen wichtig sind, hinweisen (vgl. Altrichter/Posch 1998, 125 f.).

• *Gedächtnisprotokolle* und *‚Feldnotizen' in Tagebüchern* dienen der Aufzeichnung von meist wenig strukturierten Beobachtungen ‚nach dem Ereignis' (vgl. Altrichter/Posch 1998, 28 ff.). In Evaluationsprojekten können sie helfen, die eigenen Erfahrungen genauer zu analysieren und sie für das Gespräch z. B. in einer kollegialen Feedbackgruppe aufzubereiten.

• *Tonbandaufzeichnungen:* Eine Alternative zur Aufzeichnung durch Beobachter besteht in der Verwendung technischer Medien: Unserer Erfahrung nach eignen sich Tonbandaufzeichnungen gut für viele Fragen über den Unterrichtsprozess, wie z. B. Was tun Schüler wirklich, wenn sie komplexere Aufgaben selbstständig bearbeiten? (vgl. Altrichter/Posch 1998, 131 ff.).

• *Fotos* (vgl. Steiner-Löffler 1996; Schratz/Walker 1995, 65 ff.) und *Videoaufzeichnungen* (vgl. Altrichter/Posch 1998, 141 ff.) können interessante Impulse für Auswertungsdiskussionen in Schulentwicklungsprozessen geben. Nicht immer bringt jedoch ‚mehr Information' die besseren Ergebnisse. Beispielsweise ist die Informationsfülle einer Videoaufnahme schwierig systematisch auszuwerten und kann dazu verleiten, dass man sich – den intuitiven Sehgewohnheiten folgend – auf ‚Nebensächlichkeiten' konzentriert (wie z. B. auf die ästhetische Qualität der Aufnahme oder die Bedeutung wiederkehrender Gestik).

6.2.7 Verfahren der Lernerfolgsüberprüfung

Durch verschiedene Maßnahmen der Lernerfolgsüberprüfung und Leistungsbeurteilung werden im normalen Schulalltag Informationen erhoben, die auch für Selbstevaluationen Bedeutung haben können. Traditionell werden die Resultate von Leistungsüberprüfungen ‚schülerbezogen' interpretiert, als Ergebnis der Schülerin oder des Schülers, obwohl wir wissen, dass die derart erzielten Werte auch mit den ‚mitgebrachten Sozialisationserfahrungen' z. B. aus dem Elternhaus, mit dem erlebten schulischen Angebot und mit der aktuellen Situation der Prüfung zusammenhängen.

Die dabei erhobenen Daten lassen sich natürlich auch – und durchaus wiederum im Bewusstsein, dass auch andere Faktoren, wie oben angedeutet, mitwirken – *‚unterrichts- und schulbezogen' auswerten*: Wie weit entsprechen die tatsächlich erzielten Schülerleistungen im Gegenstand X, im Unterrichtsprojekt Y oder in unserem didaktischen Innovationsprogramm Z unseren Erwartungen, unseren eigenen Ansprüchen und den Versprechungen, die im Schulprogramm an Schüler und Eltern kommuniziert werden? Gelingt es uns, Mädchen in den Naturwissenschaften, Migrantenkinder in ihren sprachlichen Fähigkeiten, die Schüler des Technikzweigs in sozialen und kommunikativen Kompetenzen soweit zu fördern, wie wir uns das vorgenommen haben? Hilft das spezielle Förderprogramm den Schülern, für die es gedacht ist, tatsächlich zu einem qualifizierten Schulabschluss?

	vor der Stunde	Anfang	Proben	Spiel	Diskussion	Aufräumen
Meine Aktivität	Informelles Plaudern. Einige Aktivitäten in Richtung Vorbereitung der Geräte.	L-S-Gespräch, um das Verständnis der jeweiligen Rollen sicherzustellen.	Aushelfen mit Ideen und bei Problemen mit den Geräten. Informationen geben. Widerstrebende S zu Aktivitäten ermutigen.	Beobachten. Hilfe mit Geräten und bei Fragen. Ins Spiel eingreifen durch schriftliche Botschaften an bestimmte Leute.	S zum Äußern neuer Ideen ermutigen. Bei der Vorbereitung einer Abstimmung über eine Idee für die nächste Woche helfen.	Achtgeben, dass Geräte zurückgestellt und der Raum sauber verlassen wird. Mit halbem Ohr auf andere Ideen hinhören.
Aktivität der Schüler	Nehmen Platz. Reden, Fragen, was in der Unterrichtseinheit passiert. Gehen herum. Langsames Eintreffen der Kinder.	Einige hören zu. Andere flüstern unruhig. Andere setzen schriftliche Arbeit ruhig fort.	Sehr damit beschäftigt, ihre Ideen vorzubereiten.	Gespanntes Beobachten. Stellen ihre Ideen schauspielerisch dar. Benützen mich, um Ideen zu bestätigen. Handeln nach den schriftlichen Botschaften.	Ruhiges, kontrolliertes, aber lebhaftes Interesse und Äußern von Beiträgen.	Einige bringen Geräte zurück. Einige helfen beim Aufräumen. Herumlaufen und Abbruch der Aktivität.
Konzentrationsniveau	Niedrig	Niedrig	Hoch	Sehr hoch	Hoch	Niedrig

	vor der Stunde	Anfang	Proben	Spiel	Diskussion	Aufräumen
Lärmniveau	Eher hoch	Niedrig, aber Murmeln	Sehr hoch	Extrem niedrig	Mäßig	Eher hoch
Anzahl der beteiligten Schüler	–	20 wirklich beteiligt, 6–7 nicht beteiligt. Rest unruhig oder halb beteiligt.	Alle außer 3–4.	Alle	Alle	–
Benützter Raum	Viele sitzen auf Tischen, aber einige benützen Tische für Arbeit.	Hauptsächlich in der Mitte des Raumes. Einige benützen Tische, um die Arbeit fortzusetzen.	Überall! Einschließlich Kasten.	Bühne = Mitte des Raumes. Bewegung in den Pausen.	Etwas dichter.	Umhergehen.
Bewegung der Schüler	Fluktuieren, um mit Freunden zu sprechen. Ankommende suchen Plätze. Rausgehen, um Geräte zu holen.	Eher statisch. Kinder sitzen.	Bewegung *zu* dem Platz, wo gesprochen wird. Bewegung *weg* davon, um Rat und Material zu holen.	Auf Spieler beschränkt (wechselnd). Bewegung, um OH-Projektion zu sehen.	Wenig, wenden sich an mich.	Fluktuieren.

Abb. 35: Beobachtungsprofil (gekürzt nach Walker/Adelman 1975, 22 f.)

Der große Vorteil dieses Typs von Informationen für Selbstevaluationen liegt zweifellos darin, dass ihre Erhebung oft keinen zusätzlichen Aufwand erfordert, da Lernerfolgs- überprüfungen ohnehin regelmäßig praktiziert werden, sowie dass Lehrer mit diesen Ver- fahren vertraut sind. Dem stehen einige potenzielle Nachteile gegenüber: Leistungs- ergebnisse sind oft nicht direkt in Entwicklungsmaßnahmen umsetzbar. Wie meist bei „Output-Informationen" sind erwartungswidrige Ergebnisse bei Lernerfolgsüberprü- fungen Hinweise auf Probleme (oder im positiven Fall: auf unerwartete Glücksfälle) im *gesamten* Lehr-Lern-System, ohne dass klar ist, an welchen Stellen genau diese Probleme warum auftreten. Meist benötigt es noch weitere Informationen über den Prozess und den Kontext des evaluierten Gegenstandes, um fundierte Vermutungen über Gründe und Ideen für produktive Weiterentwicklungen formulieren zu können.

Verfahren der Lernerfolgsüberprüfung	34
mögliche Vorteile	*mögliche Nachteile*
• Vertrautheit von Lehrern mit diesen Verfahren • Kein zusätzlicher Aufwand: diese Ver- fahren werden ohnehin regelmäßig praktiziert	• ‚Gewohnheiten der Leistungsbeurtei- lung': Tendenz, Leistungsergebnisse allein schülerbezogen zu interpretieren • Rückschluss auf Merkmale des Unter- richts und der Schule erfordert Zu- satzinformationen • Nutzung von Lernerfolgsmaßen für vergleichende Messungen zwischen Klassen und Schulen forciert eine – motivational weniger wünschenswer- te – soziale Bezugsnorm
Geeignet für folgende Informationsbedürfnisse Ergebnisse des Unterrichts und der schulischen Arbeit	

Eine Strategie, um aus den Ergebnissen selbst Hinweise auf Probleme im Lernprozess ab- zuleiten, ist die *„Fehleranalyse"*, die in manchen, v. a. fremdsprachlichen, Fachdidaktiken ei- ne gewisse Tradition hat. Dabei werden die Leistungsergebnisse von Schülern auf charak- teristische Fehler untersucht und auf dem Hintergrund einer fachdidaktischen Theorie interpretiert, um daran Fördermaßnahmen anzusetzen. Klar ist allerdings, dass durch solche Fehleranalysen nur zu Tage gefördert werden kann, worauf die Methode schaut: nämlich ‚Feh- ler im Lernprozess der Schüler', nicht aber ‚Fehler im Lernkontext', den die Schule anbietet.

Auch in den letzten Jahren erprobte Neuerungen im Bereich der Leistungsüberprüfung und -beurteilung haben Bedeutung für die Selbstevaluation. So können *Portfolios* (auch ‚Di- rekte Leistungsvorlage' genannt; vgl. Vierlinger 1999; Andexer/Thonhauser 2001) inte- ressante Informationsquellen über Unterricht darstellen. Bei prozessorientierten Portfolios dokumentieren Schüler ihre individuelle Entwicklung, Schritte und Reflexionen am Weg zu bestimmten Ergebnissen der schulischen Arbeit. Produktportfolios zeigen meist die herzeigbaren („besten") Ergebnisse der Arbeit der Schüler.

Prozessportfolios können glaubwürdige Hinweise auf einen wesentlichen Aspekt der Leistungserstellung im Unterricht bieten: die Lerntätigkeiten der Schüler im Kontext des Unterrichts. Es wird dabei deutlich, dass eine Beschränkung der Selbstevaluation auf Lehrer und Schule eine Verkürzung wäre, weil die Leistungen von Schulen in hohem Maße eben auch Leistungen der Schüler sind. Das heißt dass eine wirksame Selbstevaluation auch die Schüler einbeziehen muss – und zwar nicht nur als Datenlieferanten, sondern auch als Personen, die sich selbst mit Qualitätskriterien auseinander setzen und aus einer Analyse ihrer Arbeit und der unterrichtlichen Rahmenbedingungen die nötigen Konsequenzen ziehen. In einer Studie von Andexer/Paschon/Thonhauser (2002) werden von Lehrern u. a. folgende Wirkungen der Portfolioarbeit genannt:

- Bezug zur eigenen Leistung entsteht für die Schüler; sie übernehmen Verantwortung für eigenes Lernen, werden selbstständiger.
- Lernfortschritt wird sichtbar gemacht.
- Nachdenken über die eigene Leistung und Reflexion des eigenen Lernweges wird gefördert.
- Vertrauen in das eigene Urteil entwickelt sich (Fragen nach Noten werden seltener).
- Portfolioarbeit bewirkt eine Verlagerung des Akzentes vom Produkt auf den Prozess.
- „Sense of ownership" entwickelt sich.
- Verbessert die Noten bei den Schularbeiten.

Eine weitere Innovationsstrategie im Bereich der Leistungsüberprüfung sind Zielvereinbarungen und lernzielorientierte Leistungsbeurteilung. Im Rahmen von *Zielvereinbarungen* formulieren Schüler am Semesterbeginn oder am Beginn eines Unterrichtsabschnittes mit Unterstützung durch die Lehrkraft ihre persönlichen Lernziele, formulieren ihre Arbeitsstrategien und Erfolgskriterien bzw. Indikatoren, an denen das Erreichte überprüft werden kann. Am Ende des Semesters oder des Unterrichtsabschnittes wird überprüft, wie weit individuelle Lernziele erreicht wurden. Diese Zielvereinbarungen können auch mit der Vereinbarung von Evaluationszielen für den Unterricht gekoppelt werden (vgl. Pühringer 2000). In beiden Fällen bieten die Ergebnisse nicht nur Informationen über das Erreichte, sondern auch eine Gelegenheit für Schüler wie Lehrer, Leistungen im Hinblick auf ihre Entstehensbedingungen zu analysieren und Schlussfolgerungen zu ziehen.

Ähnliche Möglichkeiten bietet auch die *lernzielorientierte Leistungsbeurteilung*, bei der zum vorgesehenen Kern- und Erweiterungsstoff Leistungsstandards formuliert und den Schülern mitgeteilt bzw. mit ihnen vereinbart werden. Ein Vergleich der Standards mit den festgestellten Leistungen bietet Schülern und Lehrern Gelegenheiten und Anreize, genauer zu untersuchen, welche Lernziele erreicht und welche nicht erreicht worden sind, wie Erfolg und Misserfolg erklärt und welche – oft differenzierten – Rückschlüsse auf Lehren und Lernen gezogen werden können. Nach der Rückgabe einer Klassenarbeit können die Schüler z. B. veranlasst werden, ihren Lernerfolg in ihrem „Arbeitsplan" zu dokumentieren, d. h. festzuhalten, welche Ziele sie jeweils erreicht haben und in welchen Bereichen noch nachgearbeitet werden muss. Zu einzelnen Klassenarbeiten kann es in der darauf folgenden Woche eine weitere Lernzielkontrolle mit ähnlichem Aufbau geben, bei der die Schüler die Möglichkeit haben, die noch fehlenden Kompetenzen nachzuweisen.

Eine Möglichkeit, Schüler *in Prüfungssituationen zur Reflexion und Überarbeitung anzuregen*, ist für den Schreibunterricht entwickelt worden. Bei der so genannten „Zweiphasenschularbeit" wird Schülern ermöglicht, ihren Text nach einer gewissen Zeit nochmals zu überarbeiten und erst die überarbeitete Fassung zur Beurteilung abzuliefern. Die Lehrperson gibt die unkorrigierten (manchmal auch mit Kommentaren versehenen) Hefte nach einer Klassenarbeit nochmals aus und erlaubt Schülern z. B. etwa eine Viertelstunde lang, Fehler zu suchen bzw. Passagen zu verbessern. Sie werden auf diese Weise angeregt, sich mit ihren Texten intensiver zu beschäftigen und bessere Lösungsmöglichkeiten zu suchen. Die Ergebnisse der neueren Schreibforschung zeigen, dass gerade das Redigieren von eigenen und fremden Texten Erfolge in der Schreibentwicklung bringt. „Zweiphasenschularbeiten" räumen dieser „Redaktionsarbeit" Platz ein und honorieren sie bei der Beurteilung. Darüber hinaus erhalten die Schüler Anreize, Rechtschreibfehler selbst zu erkennen und eine Art ‚Rechtschreibgewissen' zu entwickeln (vgl. Blüml 1994).

Im deutschsprachigen Raum gibt es eine lange Tradition der Kritik an traditioneller schulischer Leistungsbeurteilung (vgl. das ‚klassische Buch': Ingenkamp 1977): Dabei wurde einerseits ihre mangelnde technische Qualität (Objektivität, Zuverlässigkeit, Gültigkeit), andererseits aber auch die Unvergleichbarkeit der Maßstäbe zwischen verschiedenen Schulen angeprangert, die in den Schulsystemen der deutschsprachigen Länder augenfällig ist, die zumeist auf zentralisierte Instrumente der Leistungsüberprüfung (wie Zentralabitur oder -matura, Testwesen) verzichten. Im Zuge der internationalen Schulleistungsvergleiche (wie TIMSS, PISA[25]), die wiederum als Versuch, Schulleistungen verschiedener Nationalstaaten vergleichbarer zu machen, und als Ausdruck einer Globalisierung des Leistungswettbewerbs zu sehen sind, hat dieses Thema neue bildungspolitische Brisanz gewonnen. Die Betonung von ‚Vergleichbarkeit' zwischen Schulen, Klassen und Schüler forciert potenziell eine ‚soziale Bezugsnorm' in der Leistungsbeurteilung (vgl. dazu Kasten 36 in Kap. 7.3.1).

Die Bildungsverwaltungen verschiedener Länder haben verschiedene Initiativen gestartet, die die Vergleichbarkeit schulischer Leistungen erhöhen und einheitliche Anspruchsniveaus kommunizieren sollen. Die wesentlichsten Strategien sind dabei die Propagierung von *Vergleichs- oder Parallelarbeiten* bzw. das Angebot oder die Vorgabe von *Aufgabenbeispielen*. So forderte das nordrhein-westfälische Ministerium (vgl. MSWWF 1998, 3f; vgl. auch MBFJ 2002a, 7) Lehrer auf,

- „künftig auf der Grundlage entsprechender inhaltlicher Absprachen in bestimmten Abständen gemeinsame *Arbeiten gleichzeitig für mehrere Parallelklassen* (zu) schreiben."
- Darüber hinaus werden *wechselseitige Korrekturen und der Austausch von Klassenarbeitssätzen* empfohlen.
- Ziel der Maßnahmen ist eine *Verständigung über die Anforderungen*, die „zu einer reflektierten und abgestimmten Praxis der Leistungsbewertung und zu einer Gestaltung des Unterrichts führen (soll), die die Schülerinnen und Schüler befähigt, den Anforderungen gerecht zu werden".

---

25 Informationen über und Berichte der internationalen Vergleichsstudien finden Sie beispielsweise unter http://www.iea-dpc.de/studien.html (04-06-21) bzw. http://www.ggg-nrw.de/Qual/welcome.html (04-06-21). Einen Führer durch die in diesem Bereich wuchernden Akronyme und eine Kurzdarstellung der wichtigsten Untersuchungen finden Sie in Helmke (2003, 133 ff.).

Durch die Herausgabe von *Aufgabenbeispielen* in den Fächern Deutsch, Mathematik und Englisch als erster Fremdsprache zunächst in der Klasse 10 sowie später in den Klassen 7 und 3 will das Ministerium „erforderliche Anspruchshöhe und sachgerechte Beurteilungskriterien verdeutlichen" (ebd.). Die Entwicklung kulminiert derzeit in dem Versuch, nationale Bildungsstandards zu formulieren (vgl. Klieme et al. 2003; Haider et al. 2003, und Kap. 3.1.3). In der Zwischenzeit wurden auch *Aufgabenbeispiele aus den internationalen Vergleichsunter-suchungen* veröffentlicht, die Lehrer verwenden können, um Anspruchsniveau und Ergebnisse ihres Unterrichts mit den viel diskutierten Referenzwerten zu vergleichen. PISA-Aufgaben, die für Schüler am Ende der Sekundarstufe I und für die Leistungsbereiche Lesekompetenz, mathematische Grundbildung und naturwissenschaftliche Grundbildung geeignet sind, finden Sie unter

http://www.mpib-berlin.mpg.de/pisa/beispielaufgaben.html (04-06-21)

http://www.pisa-austria.at/pisa2000/test/Aufgabenbeispiele.pdf (04-06-21)

http://www.ipn.uni-kiel.de/ (04-06-21)

Für ältere Schüler (Ende der Sekundarstufe II) sind einige Testaufgaben für die Bereiche mathematische und naturwissenschaftliche Grundbildung sowie für ‚voruniversitäre Mathematik und Physik' aus der Third International Mathematics and Science Study (TIMSS) öffentlich zugänglich unter

http://www.timss.mpg.de/ (04-06-21)

http://www.system-monitoring.at/timss/ (04-06-21)

Auch in einigen Bundesländern sind Aufgabensammlungen mit Beispielaufgaben erschienen, z. B. in Nordrhein-Westfalen eine Serie für die Fächer Mathematik, Deutsch und Englisch in den Klassenstufen 5, 7 und 10 (vgl. als Beispiel MSWWF 1998), oder in Brandenburg in elektronischer Form unter

http://www.lisum.brandenburg.de/publikat/materialien/mathe8.pdf (04-06-21)

6.2.8 Sammlung und Analyse bereits vorhandener Daten

Nicht immer müssen Evaluationen bei Null anfangen. Viele Daten liegen bereits vor oder sind von anderen Institutionen gesammelt worden[26], z. B.

- *Schulstatistiken*: Entwicklung der Abschlüsse, Fehlzeiten, Ergebnisse der Leistungsbewertung innerhalb der Schule, Kurswahlen, Anteile von Nichtversetzungen/Klassenwiederholungen in verschiedenen Fächern usw.
- Manche wichtige Informationen sind aus *amtlichen Statistiken* zu entnehmen.
- *Schriftstücke und Organisationsdokumente*, wie Zeugnisse, Klassenbücher, Konferenzprotokolle, Selbstdarstellungen der Schule, Jahresberichte, Schulprogramme, Hausordnungen, Elternbriefe, schulinterne Mitteilungen, Briefe, Unterrichtsvorbereitungen, Stundenpläne, Lehrbücher, Lehrerkataloge, Aushänge usw.
- *Produkte schulischer Arbeit*, wie Klassenarbeiten, Hausübungen, Projektarbeiten, Korrekturen usw.
- *Eintragungen von Schülern in Lernjournale, Wochenpläne* usw. (vgl. Strittmatter 1997c, 3)

---

26 Vgl. Altrichter/Posch 1994, 98 ff.; Burkard 1995a, 5; Eikenbusch 1997b, 31; Schratz 1997, 30 f.

Sammlung und Analyse bereits vorhandener Daten 35	
mögliche Vorteile • glaubwürdig, da unabhängig von der Evaluation entstanden; • oft wenig Zeitaufwand für Sammlung notwendig • Zugang zu Ereignissen, die sonst schwer erhebbar wären (z. B. häusliche Arbeit der Schüler)	*mögliche Nachteile* • Entstehungszusammenhang ist oft nicht genau nachvollziehbar • Aussagekraft und Übertragbarkeit fraglich • Analyse der Bedeutung z. T. schwierig und zeitaufwändig
Geeignet für folgende Informationsbedürfnisse Umstände (Aufschluss über Fakten [z. B. Zugangszahlen, frühere Beschlüsse], Wirkungen [Beschwerden] usw.) Rückschluss auf Bedeutungen (z. B. Analyse von Schriftstücken oder Grafitti)	

- *Dokumente der Schülerkultur,* wie Schülerzeitungen, Graffiti, Zustand von Arbeitsunterlagen, Klasse oder Schulhaus usw.
- *Frühere Untersuchungen* wurden vielleicht schon an dieser oder vergleichbaren Schulen durchgeführt, auf die man sich stützen kann.
- *Zeitungen und andere Medien*, in denen über die Arbeit der Schule berichtet wird.

Es ist meist sinnvoll, bereits vor der Sammlung und Analyse solcher Dokumente einige *Leitfragen* zu formulieren, um sich nicht vollständig den ‚Anmutungserlebnissen' des Materials auszuliefern. (Es wäre allerdings auch schlecht, sich diesen ‚vollständig zu verschließen'. Neue Fragerichtungen können durch Dokumente nahe gelegt werden). Auch sollte man sich von detektivischem Ehrgeiz nicht so weit mitreißen lassen, dass *ethische und Datenschutz-Gesichtspunkte* verletzt und Personen ‚enteignet' werden: So können Schülertagebücher sicher interessante Informationen enthalten. Allerdings sind wenige schulische Situationen vorstellbar, die so unbelastet sind, dass man Schüler wirklich um Ausschnitte aus solchen Tagebüchern bitten könnte – und sie diese Bitte frei ablehnen könnten.

7. Daten auswerten, interpretieren und Konsequenzen ziehen

Obwohl es stolzen Evaluatoren manchmal so scheinen will, sprechen die Ergebnisse einer Datensammlung ‚nicht für sich', sondern müssen interpretiert werden, was nicht selten zu durchaus unterschiedlichen Interpretationen und Empfehlungen führt. Ein geläufiges Beispiel dafür ist, dass hohe Durchfalls- und Repetentenquoten von manchen als Bestätigung für das fachliche Niveau einer Schule angesehen werden, während sie andere als ein Alarmsignal in Hinblick auf Lehrer-Schüler-Beziehungen oder die Qualität des Unterrichts interpretieren.

Der Schritt von der Rückmeldung, von den gesammelten Daten zur Handlungskonsequenz führt über die Datenanalyse und -bewertung.

- In den verschiedenen Formen der Datenanalyse werden die gesammelten Informationen *reduziert* (d. h. „Unwichtiges" oder „Redundantes" wird weggelassen) und in Hinblick auf die Fragestellung *interpretiert*.
- Bei Evaluationen kommt noch dazu, dass die „Antwort" explizit vor dem Hintergrund der Evaluationskriterien bzw. Qualitätsindikatoren *bewertet* wird.
- Schließlich werden als Konsequenz von Ist-Analyse und Bewertung *Optionen für die weitere Entwicklung* formuliert und konkrete Handlungskonsequenzen ausgearbeitet und beschlossen.

Im folgenden Kapitel erläutern wir zunächst die Grundoperationen der Datenanalyse und -interpretation (Kap. 7.1). Sodann stellen wir Überlegungen und Vorgangsweisen für die Schritte von der Interpretation zu den Handlungskonsequenzen vor. Schließlich formulieren wir in Abschnitt 7.3 einige Gesichtspunkte für die Gestaltung und Organisation von Interpretations- und Weiterentwicklungsprozessen.

7.1   Aus Daten Sinn gewinnen

Datenanalyse ist in einem gewissen Sinn eine sehr alltägliche Sache. Auch im Alltag müssen wir uns inmitten einer großen Zahl potenzieller Informationen orientieren, müssen uns auf die Situation ‚einen Reim machen', um weiter situationsadäquat handeln zu können. Und wir tun dies in einer Art und Weise, die der Datenanalyse in der Forschung durchaus ähnlich ist (vgl. Altrichter/Posch 1998, 168).

In den meisten Fällen, vor allem dann, wenn unsere Beobachtungen den Erwartungen entsprechen, ist der Analyseprozess im Alltag jedoch sehr kurz und fällt uns gar nicht weiter auf. Wenn Beobachtungen positiv oder negativ bewertete Überraschungen bereithalten, halten wir inne und werden zu einer bewussteren Analyse, einer Reflexion der Situation veranlasst, um uns orientieren zu können. Nicht anders ist es bei der Evaluation von Unterricht und Schule. Wenn die Befunde unseren Erwartungen nicht entsprechen, wird eine genauere Analyse erforderlich, um vor dem Hintergrund eines besseren Verständnisses der Situation die richtigen Maßnahmen treffen zu können.

Ein einfaches Beispiel: Eine Schule will die Akzeptanz zweier neuer schulischer Angebote evaluieren. Bei einer ersten Besprechung der Anmeldezahlen zu den beiden Angeboten wird festgestellt, dass nur bei einem Angebot die Erfolgskriterien erreicht wurden. „In Hinblick auf das Angebot B haben wir eine Anmeldequote von 35 % erwartet; tatsächlich wurden unsere Erwartungen enttäuscht: Das Angebot wurde nur von 22 % der Schüler genutzt. In Angebot A, bei dem wir eine ebenso hohe Anmeldequote erwarteten, haben sich hingegen 55 % der Schüler eingetragen."

Wenn in einer Evaluation auffällige Diskrepanzen zwischen den Zielen und Erwartungen (wie sie am konkretesten in den Erfolgsindikatoren formuliert werden) und der Ist-Situation auftreten, dann verlangt dies in der Schulentwicklungspraxis zweierlei:

- Erstens nach einer *Erklärung:* Warum ist das so? Wie lässt sich dieses Ergebnis interpretieren?
- Zweitens (meistens) nach *Maßnahmen zur Verbesserung der Situation:* Wie können wir die Situation in eine produktive Richtung weiter entwickeln?

Ausgangspunkt der Analyse ist also eine *erste Bewertung der Datenlage.* Wenn die Evaluationsergebnisse (Daten) den Erwartungen nicht entsprechen (und die Erfolgskriterien wichtig genug sind), ist eine *eingehendere Analyse der Daten* angezeigt, d. h. die Suche nach einer plausiblen Erklärung (Hypothesen) für die Diskrepanz zwischen Erfolgskriterien und der Situation, wie sie sich in den Daten spiegelt. Im beruflichen Alltag geschieht dies zumeist relativ schnell. Im obigen Beispiel könnte eine „schnelle" Erklärung darin bestehen, dass Angebot B von den Schülern als viel „schwieriger" empfunden wird als das Angebot A und dass die enttäuschende Anmeldezahlen damit zusammenhängen. Aber stimmt diese Erklärung seiner geringeren Attraktivität? Gibt es Befunde, die diese Erklärung stützen? Wenn diese fehlen, welche anderen Erklärungen gibt es? Benötigen wir etwa noch weitere Daten, um eine plausible Erklärung zu finden?

Ohne eine zutreffende Erklärung von verbesserungswürdigen Situationen ist die Wahl geeigneter Entwicklungsmaßnahmen ein Hasardspiel. Könnte ein Grund dafür, dass viele Initiativen engagierter Lehrer im Sande verlaufen und mit der Zeit eine depressive Stimmung („es geht nichts weiter") entsteht, darin bestehen, dass zu wenig Zeit investiert wird, um zutreffende Erklärungen für problematische Situationen zu finden?

Im folgenden *Beispiel* sollte die Bedeutung einer sorgfältigen Analyse noch deutlicher werden: Ausgelöst durch Beschwerden von Eltern setzte sich eine Grundschule mit dem Übergang in die Sekundarstufe auseinander und stellte erhebliche Probleme bei einem gewissen Prozentsatz von Kindern fest. Eine erste Interpretation dieser unbefriedigenden Situation war schnell gefunden: Der „Kulturschock" beim Übergang. Die weiterführende Schule habe einen ganz anderen Arbeitsstil, der von einer Minderheit von Kindern schwer verkraftet würde. Erst nach längeren Überlegungen tauchte noch eine andere Erklärung auf: Das „Programm" der Grundschule könnte nur mangelhaft auf die Kompetenz- und Leistungsanforderungen der weiterführenden Schule abgestimmt sein, was bei bestimmten Schülern zu Problemen führen könnte.

Je nachdem welche dieser beiden Interpretationen zutrifft, sind unterschiedliche Maßnahmen Erfolg versprechend: Trifft die erste zu, muss etwas unternommen werden, den „Kulturschock" zu mildern (z. B. durch Schnupperbesuche). Trifft die zweite Interpretation zu, muss die Zusammenarbeit mit Lehrern der Sekundarschule gesucht und die Programme besser abgestimmt werden. Es ist also keineswegs gleichgültig, welche Interpretation gewählt wird, weil die oft aufwändigen Maßnahmen zur Verbesserung der Situation in hohem Maße davon abhängen, wie die Situation erklärt wird.

Die *wesentlichen Prozesse einer Analyse* werden im Folgenden etwas differenzierter beschrieben (vgl. Abb. 36; Miles/Huberman 1984; Mayring 1995):

- *Daten „lesen"*: Was wissen wir über die zu untersuchende Situation? Die verschiedenen verfügbaren Informationen werden gelesen, um sich Ereignisse und Erfahrungen, für die sie stehen, zu vergegenwärtigen: Was wurde getan? Was wurde gesagt? Was hat sich wirklich abgespielt?
- *Daten reduzieren:* Was ist relevant? Wesentliches wird von Unwesentlichem unterschieden und komplexe Sachverhalte werden vereinfacht.
- *Daten explizieren:* Was bedeuten die Einzelaussagen im Kontext der untersuchten Situation und in Hinblick auf unsere Untersuchungsinteressen? Die Bedeutung, die einzelnen Daten (z. B. Interviewaussagen) im Rahmen des Erkenntnisinteresses gegeben wird, wird mithilfe des eigenen Vorverständnisses, mithilfe von allgemein zugänglichem Wissen (wie man es in Lexika, Handbüchern und in der Fachliteratur findet), durch den Vergleich und die Herstellung von Zusammenhängen innerhalb der Daten und evtl. durch zusätzliche Untersuchungen rekonstruiert und explizit ausgesprochen.

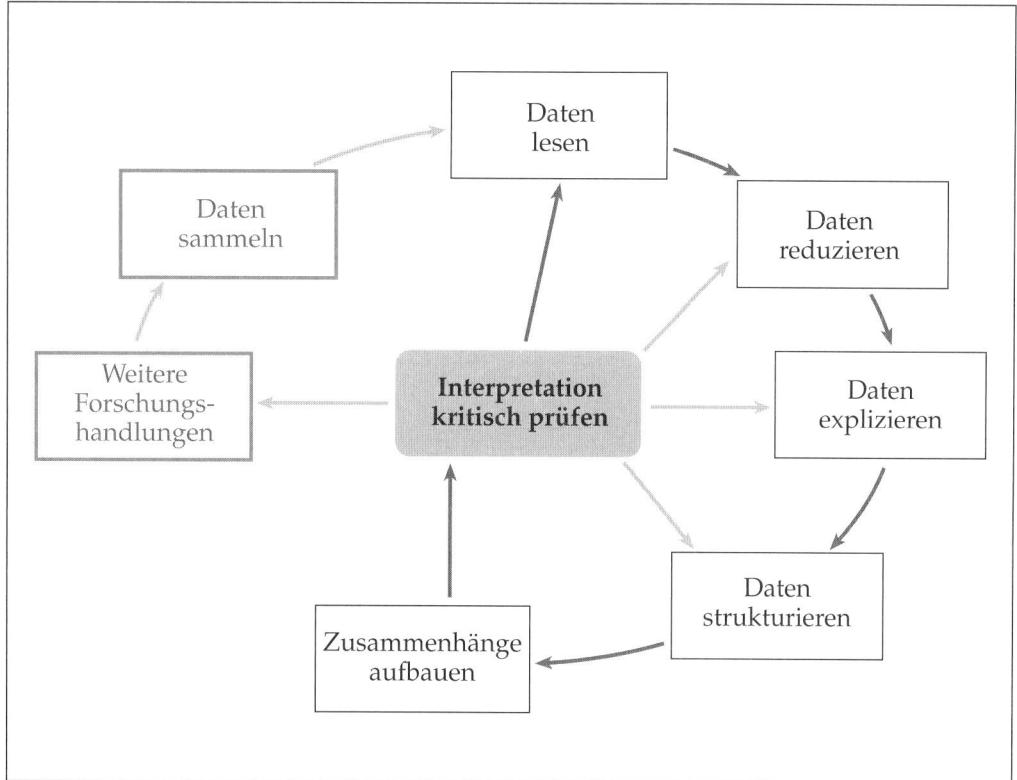

Abb. 36: Prozesse bei der Datenanalyse (modifiziert nach Miles/Huberman 1984, 23)

- *Daten strukturieren:* Wie lässt sich das relevante Material begrifflich fassen? Das Datenmaterial wird ‚strukturiert', indem Einzeldaten (z. B. eine Interviewaussage) bestimmten Kategorien zugeordnet werden. Weiters wird Zusammengehöriges zusammengefasst, indem es unter vorformulierte Kategorien subsumiert oder in neu formulierten Kategorien gebündelt wird.

  Kategorien sind allgemeinere Begriffe oder Aussagen, mit denen das jeweilige Datenmaterial (z. B. Interviewaussagen) beschrieben werden kann. In den obigen Beispielen wurden z. B. die Begriffe „Anmeldezahlen", „Übergangsprobleme", „Kulturschock" u. a. als Kategorien zur Beschreibung der Daten verwendet. Der Sinn dieses Schritts besteht darin, vom konkreten Einzeldatum etwas Distanz zu gewinnen, es aus einer allgemeineren Perspektive zu sehen und damit besser zu „verstehen". Zugleich können einem allgemeineren Begriff (einer Kategorie) zumeist mehrere ausgewählte Daten zugeordnet werden, sodass eine „Struktur" entsteht. Für die Kunst des Kategorisierens und Kodierens bietet Methode 25 einige weiterführende Hinweise.

- *Zusammenhänge aufbauen:* Wie hängen die einzelnen Kategorien zusammen? Der wichtigste Schritt besteht nun darin, zwischen den Kategorien plausibel erscheinende und durch Daten belegbare Zusammenhänge zu formulieren: Welche Kategorie hängt wie mit welcher anderen Kategorie zusammen? Zusammenhänge können auch mit Kategorien gefunden werden, die nicht aus dem Datenmaterial, sondern aus anderen Erfahrungen bzw. aus der Literatur stammen. Die gefundenen Zusammenhänge sind „Hypothesen", d. h. Annahmen über Beziehungen (z. B. Wenn-Dann-Beziehungen), bei denen wir vermuten, dass sie für die untersuchte Situation und unsere Fragestellungen erklärungskräftig sind. In den meisten Fällen lässt sich nicht nur eine Hypothese bilden, sondern es gibt mehrere plausible Zusammenhänge, die auch miteinander konkurrieren können. Im obigen Beispiel wurden zwei miteinander konkurrierende Hypothesen erwogen: „Kulturunterschiede zwischen der Grundschule und der weiterführenden Schule und der abrupte Übergang führen bei manchen Kindern zu Leistungsabfall" und „Unterschiede in den Programmen bzgl. erworbener Kompetenzen und Leistungsansprüchen zwischen Grundschule und weiterführender Schule bereiten den Schülern Übergangsprobleme, die zum Leistungsabfall führen".

Die eben genannten ‚Prozesse einer Datenanalyse' wurden in der sprachlichen und grafischen Darstellung der Deutlichkeit wegen als unterscheidbare Schritte wiedergegeben. Tatsächlich sollte man sie sich allerdings eher als Aspekte oder Teilprozesse einer Tätigkeit des ‚Analysierens und Interpretierens' vorstellen, die nicht immer fein säuberlich hintereinander folgen, sondern oft ineinander greifen und einander hervorbringen: So ist ‚Lesen' selbst eine ‚strukturierende und explizierende Tätigkeit', Strukturierung ist nicht ohne Bedeutungsexplikation und Reduktion des Materials vorstellbar usw.

Beim Interpretieren werden „Modelle" („praktische Theorien") konstruiert, welche die untersuchten Ereignisse miteinander und mit anderen Erfahrungen verbinden und die im Rahmen des Evaluations- und Entwicklungsinteresses Sinn ergeben. Dabei empfiehlt es sich natürlich, sich auch von bereits bestehenden Theorieangeboten inspirieren zu lassen. Die Datenanalyse ist also ein *konstruktiver Vorgang*, d. h. wir konstruieren aus verfügbaren Informationen (aus dem Datenmaterial und aus unserem Vorwissen) Antworten auf unsere Fragestellungen. Oder allgemeiner: Wir konstruieren *Sinn* – so ähnlich wie wir uns im

Alltag „einen Reim" auf unsere alltäglichen Erfahrungen machen. Der Gebrauch des Wortes „konstruieren" soll auch bewusst machen, dass „Interpretationen" notwendigerweise „über" die Datenbasis hinausgehen, also mehr aussagen, als in den Daten enthalten ist, indem sie auf Vor-Wissen und andere verfügbare Informationen zurückgreifen. Das Ergebnis sind vorläufige Annahmen über Zusammenhänge (Hypothesen). Deshalb müssen seriöse Interpretationen neben einem *„konstruktiven"* Teil immer auch einen *„kritisch-prüfenden"* Teil enthalten.

- *Die Interpretationen und den Analyseprozess überprüfen:* Wie vertrauenswürdig sind die Ergebnisse der einzelnen Analyseschritte? In einer Art Selbstvergewisserung wird z. B. kritisch rückgefragt, inwieweit die Daten die gewünschten Informationen enthalten, ob bei der Reduktion tatsächlich nur Unwesentliches wegfällt, ob es nicht vielleicht plausiblere Alternativen zu den unterstellten Bedeutungen gibt, ob die Kategorien das ihnen zugeordnete Datenmaterial klar zum Ausdruck bringen und – vor allem – ob die Interpretation die Daten zufriedenstellend erklärt bzw. welche der Hypothesen dem Datenmaterial am besten entsprechen.

  Jede Erklärung und jede Hypothese wird sorgfältig an den verfügbaren Informationen geprüft. Falls die Informationen nicht ausreichen, werden weitere Informationen eingeholt, die geeignet sind, die Entscheidung zwischen konkurrierenden Hypothesen zu erleichtern. Auch Interpretationen, die plausibel erscheinen, bleiben Hypothesen. Sie haben zwar einen Prüfprozess überstanden und erscheinen dadurch als vertrauenswürdige Grundlagen für Maßnahmen zur Weiterentwicklung der Situation. Trotzdem bleiben sie Annahmen, die auch aufgegeben werden können, wenn sie durch weitere Befunde in Frage gestellt werden. Für die konkrete Gestaltung von Analyseprozessen finden sich Vorschläge z. B. in Friedrichs (1990, 376 ff.), Altrichter/Posch (1998, 168 ff.), Lamnek (1995, Bd. 2, 197 ff.) und Mayring (1995).

Das *‚kritisch-prüfende' Element* bei der Datenanalyse lässt sich in der Selbstevaluation von Unterricht und Schule wahrscheinlich am praktikabelsten verwirklichen, wenn

- Lehrer bei der Analyse ihrer Daten *„kritische Freunde"* hinzuziehen. Das sind Kollegen oder dritte Personen, die die evaluierte Situation nicht ‚zu gut' kennen und die bereit sind, auf etwaige ‚Kurzschlüsse' im Argumentationsnetz und alternative Interpretationsmöglichkeiten hinzuweisen;
- Lehrer die Ergebnisse ihrer Datenanalyse (ähnlich dem wissenschaftlichen Vorgehen der „kommunikativen Validierung") *betroffenen Interaktionspartnern* zur Diskussion stellen. Auch hier können Einwände gegen Interpretationen sowie alternative Interpretationsmöglichkeiten auftauchen, die weiter führen.

Bei Evaluationen wird dieser Vorgang der Datenanalyse abschließend durch eine explizite *Bewertung* der Ergebnisse ergänzt. Die Ergebnisse werden mit den Kriterien und Erwartungen, die bezüglich der beobachteten Phänomene bestehen (vgl. Kap. 4.4), verglichen, um Werturteile fällen zu können. Was sich vielleicht – um ein früheres Beispiel wieder aufzunehmen – folgendermaßen anhören kann: Die Situation A entspricht unseren Erwartungen, die Situation B nicht. In Hinblick auf das Angebot B haben wir eine Anmeldequote von 35 % erwartet; tatsächlich wurden unsere Erwartungen enttäuscht: Das Angebot wurde nur von 22 % der Schüler genutzt ...

Kategorien bilden und Daten kodieren

Eine wichtige Methode zum Bearbeiten von Daten ist ihre begriffliche Fassung (Kodierung). Stellen Sie sich einen Raum vor, in dem viele Spielsachen herumliegen. Sie haben sich die Aufgabe gestellt, diese zu ordnen. Sie werden wahrscheinlich zuerst herumgehen und sich die Sachen ansehen. Je nach Ihren Interessen und den Merkmalen der Spielsachen werden Ihnen dann Einteilungsgesichtspunkte (Kategorien) einfallen: z. B. Farbe, Größe, Form, äußerer Zustand, Altersgruppe, für die sie geeignet erscheinen, usw. Schließlich werden Sie einen Ordnungsgesichtspunkt auswählen und die Spielsachen sortieren.

Ähnliches geschieht, wenn Evaluatoren Datenmaterial, z. B. Textstellen aus Interviews, ordnen möchten. Sie formulieren Kategorien, die im Sinne ihrer Fragestellung wichtig sind und die *zugleich* etwas vom Inhalt der Daten (z. B. des zu analysierenden Textes) zum Ausdruck bringen.[27] Mithilfe dieser Kategorien sortieren sie das Datenmaterial, indem sie ihm, z. B. einzelnen Textstellen, die jeweils zutreffende Kategorie zuordnen. Diese Tätigkeit nennt man *Kodieren oder Kategorisieren*.

In der Literatur werden *zwei Wege*, die zu Kategorien führen, unterschieden. Beim *deduktiven Weg* werden aufgrund des ‚theoretischen Vorverständnisses‘, vor allem aufgrund von Fragestellungen und (Evaluations-)Interessen, Schlüsselbegriffe formuliert, mit denen das Datenmaterial auf einschlägige Stellen abgesucht wird. Die Entwicklung der Kategorien erfolgt also *vor* der Durchsicht des Datenmaterials – z. B. bei der Planung der Evaluation, bei der Entwicklung des Interviewleitfadens etc. Beim *induktiven Vorgehen* erfolgt die Formulierung der Kategorien *während und nach* der Durchsicht des Datenmaterials.

Für die üblichen Evaluationsvorhaben dürfte die Mischung beider Methoden am günstigsten sein. Man sollte alles nutzen, was an begrifflichem Vorverständnis schon vorhanden ist und in den Aushandlungs- und Konzeptionsphasen der Evaluation erarbeitet wurde, aber zugleich offen sein für die Überraschungen, die das Datenmaterial bereithält.

Vorgehensweise

Da die induktive Methode weniger üblich ist als die erste, werden wir sie kurz darstellen. Typische Schritte, die oft unterschiedlich kombiniert werden und ‚in späteren Phasen wiederkehren‘, sind:

1. *Daten lesen und reduzieren:* Lesen Sie den zu kodierenden Text (z. B. Transkript eines Interviews, Beobachtungsprotokoll, Aufzeichnungen im Forschungstagebuch) durch. *Unterstreichen oder markieren* Sie jede Stelle, die Ihnen im Sinne Ihrer Fragestellung aussagekräftig (interessant, überraschend, unerwartet) er-

---

27 Streng genommen ist bereits die Beschreibung eines Sachverhalts eine Art Kodierung eines Ereignisses durch Sprache.

scheint. Am Ende dieses ersten Durchgangs haben Sie eine grobe Vorstellung vom Inhalt des Datenmaterials und markierte Textstellen (also bereits eine gewisse ‚Reduzierung‘ des Textes).

2. *Daten strukturieren und explizieren:* Beim zweiten Durchgang durch den Text suchen Sie die markierten Textstellen auf und *formulieren zu jeder Stelle eine Kategorie* (z. B. durch ein Kürzel an den Rand), die den Inhalt dieser Stelle zum Ausdruck bringt.
Schreiben Sie die Kategorien *auf ein eigenes Blatt Papier* (das „Kategorienblatt“). Erläutern Sie durch eine ‚Definition‘ oder durch eine kurze Beschreibung die ‚Bedeutung‘ (den Inhalt) der jeweiligen Kategorie. Dadurch machen Sie Ihr aktuelles theoretisches Verständnis der Kategorie explizit und halten es für die nächsten Analyseschritte fest (vgl. Miles/Huberman 1984, 60).
Geben Sie zu jeder Kategorie Ihres Kategorienblatts die *Textstelle(n)* an, auf die sie sich bezieht. Überprüfen Sie dabei jeweils, ob die Bedeutung der kodierten Textstelle mit der bisher explizierten Bedeutung der Kategorie übereinstimmt. Wenn nicht, muss die Textstelle einer anderen oder einer neu formulierten Kategorie zugeordnet werden bzw. es muss – theoretisch anspruchsvoller – die Bedeutung (Definition) der ursprünglichen Kategorie weiterentwickelt werden.
Praktisch geschieht die Kodierung durch folgende Angaben:
– Kurzbezeichnung des Textes, den Sie kodieren
– Seitennummer (evtl. Zeilennummer) des Textes
– Randnummer der markierten Textstelle: Jede markierte Textstelle, der Sie eine Kategorie zuordnen, erhält am Rande der Seite, auf der sie steht, eine fortlaufende Nummer, die auf jeder neuen Seite wieder mit 1 beginnt. Dies ermöglicht eine klare Zuordnung von Textstellen zum Kategorienblatt.
Beispielsweise weist die Angabe „BP 1/2“ darauf hin, dass Sie im Beobachtungsprotokoll Nr. 1 auf Seite 2 eine Textstelle zur entsprechenden Kategorie zugeordnet haben.
Für die spätere Ausarbeitung (z. B. eines Berichts) ist es sinnvoll, gleichzeitig *eine Kurzbezeichnung jeder Kategorie auch an den Rand der Textstelle* im Datenmaterial, auf die sie sich bezieht, zu schreiben. Dies erleichtert das Wiederfinden entsprechender Textstellen.
Beispielsweise kann die Kurzbezeichnung „AS“ am Rand des Datenmaterials für die Kategorie „Arbeitsstrategie“ stehen.

3. *Zusammenhänge aufbauen:* Ordnen Sie die Kategorien, indem Sie zusammengehörende Begriffe gruppieren. Anregungen für die Ordnung ergeben sich vor allem aus Ihrer Fragestellung. Formulieren Sie Ihre *Vermutungen über Zusammenhänge zwischen den einzelnen Kategorien,* die sich beim Durcharbeiten des Datenmaterials ergeben haben. Geben Sie sich nicht mit der erstbesten Vermutung zufrieden, sondern suchen Sie weitere Hypothesen. Dies gelingt am besten im Gespräch mit *kritischen Freunden.* Im Anschluss daran überprüfen Sie ihre Vermutungen anhand des Datenmaterials um jene zu finden, die am plausibelsten erscheint.

Noch einige *praktische Hinweise* zur Kodierung:

a) Datenmaterial sollte *so rasch wie möglich* kodiert werden, solange die direkte Erfahrung mit dem Ereignis noch frisch ist. Außerdem kann das Kodieren wertvolle Gesichtspunkte für den weiteren Verlauf des Forschungsprozesses bringen.

b) Kategorien sind *Kristallisationspunkte des Denkens*, „Schlüssel"-Begriffe. Die Zeit, die Sie verwenden, um daran zu arbeiten, ist gut investiert. Bei der Entwicklung und Prüfung der ersten Kategorien empfiehlt es sich manchmal, probeweise einen Text dazu zu schreiben, um zu prüfen, wie gut Sie mit ihnen umgehen können. Aus manchen Kategorien ergibt sich eine Fülle von gedanklichen Assoziationen und Handlungsmöglichkeiten. Andere hingegen bleiben steril.

Quelle: modifiziert nach Altrichter/Posch (1998, 174 ff.)

Eine gute Interpretation lässt sich bildlich wahrscheinlich am besten als ein für andere *nachvollziehbares „Argumentationsnetz"* zwischen Evaluationsdaten, anderen zugänglichen Informationen und Interpretationen darstellen. In Abb. 37 wird ein einfaches Arbeitspapier wiedergegeben, das wir in Lehrergruppen verwendet haben, um solche Argumentationsnetze mit eigenen Evaluationsdaten auszuformulieren. Außer den gerade erhobenen *Daten* gehen in jede Interpretation notwendigerweise auch weitere bekannte Informationen ein, die in Abb. 37 als *Vorwissen* bezeichnet werden. Weiters sollte unser Wissen über die Verlässlichkeit der Daten, die wir selbst erhoben haben, in der Interpretation berücksichtigt werden – daher das Element *Methodenkritik* in der Abbildung. Die Frage, welche Konsequenzen für künftige Handlungen aus den so interpretierten Informationen gezogen werden müssten, taucht beim Interpretieren von Evaluationsdaten oft von selbst auf. Mögliche Antworten darauf – *Handlungskonsequenzen* eben – müssen ebenfalls einen nachvollziehbaren Ort im „Argumentationsnetz" einnehmen.

7.2 Von Interpretationen zu Handlungskonsequenzen

Nichts entwertet Evaluationen mehr als ihre Folgenlosigkeit. Untersuchungen, aus denen keine Konsequenzen abgeleitet und umgesetzt werden, verschleißen die Mitarbeitsbereitschaft im Kollegium. Schüler treten Selbstevaluationsbögen bald ziemlich ernüchtert entgegen, wenn sie keine Folgen dieser Evaluationstätigkeit ‚spüren'.

Als *Konsequenzen* von Evaluationen kommen im Allgemeinen in Frage:

- Weiterentwicklung des evaluierten Praxiselements durch Pflege von Stärken, Abbau von Schwächen, Aufgreifen von Entwicklungsideen,
- Veränderungen der Arbeitsorganisation (z. B. Änderung des Stundenplans, Schaffung von Zeiträumen für fachübergreifende Planung etc.),
- Entwicklung neuer Angebote (neuer Kurse, Schwerpunktprofile, neuer außerunterrichtlicher Angebote), Einstellen von Angeboten,

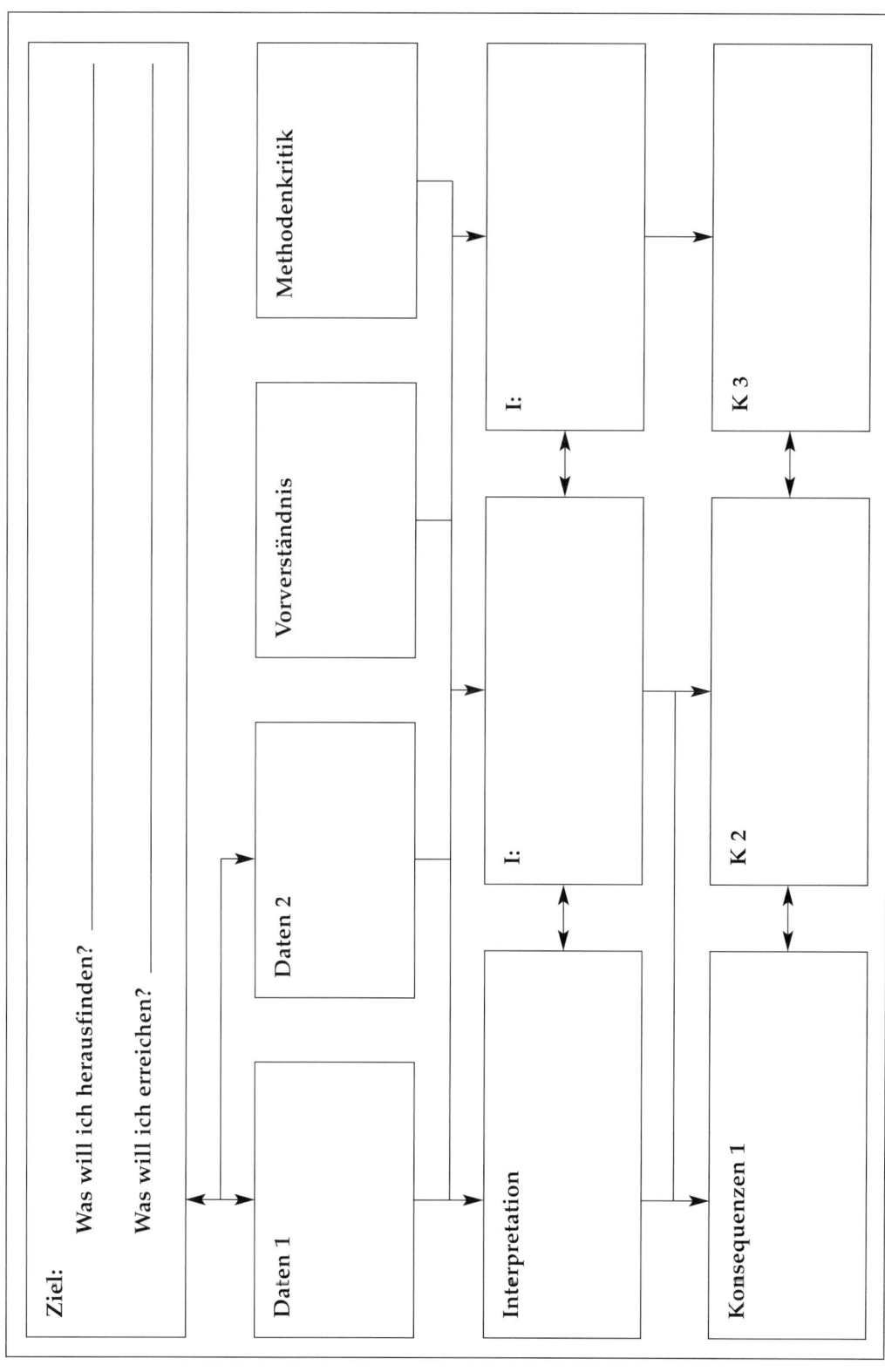

Abb. 37: Argumentationsnetz bei der Interpretation

- Aufbau neuer Kompetenzen bei den Lehrern durch Fort- und Weiterbildung, die individuell oder gemeinschaftlich (z. B. in der Fachgruppe, Projektgruppe, im Kollegium, durch Nutzung schulexterner Fortbildungsangebote etc.) erfolgen kann,
- Organisation kollegialer Praxisberatung zur Stützung von Entwicklungsprozessen,
- Gestaltung bildungspolitischer Stellungnahmen (z. B. um auf ungünstige Rahmenbedingungen der Arbeit hinzuweisen).

Wie kommt man zu *Ideen für Weiterentwicklungsmöglichkeiten*? Häufig stecken schon im *Datenmaterial* Vorschläge für Veränderungen, von denen sich manche nach genauerer Prüfung als sinnvoll herausstellen. So gibt Abb. 38 einen Bogen wieder, mit dem sich Schüler selbst nach einigen einfachen Gesichtspunkten beurteilen können. Parallel dazu beurteilen auch Lehrer und Eltern nach den gleichen Gesichtspunkten. Der Vergleich der drei Perspektiven wird in einem gemeinsamen Gespräch thematisiert. In einem solchen Selbstbeurteilungsbogen können nun implizit oder explizit Handlungsvorschläge enthalten sein, die in Entwicklungsmaßnahmen aufgenommen werden können.

Durch die *intensive Beschäftigung mit dem Datenmaterial während der Analyse und Interpretation* entstehen üblicherweise vielfältige Ideen für die Weiterentwicklung, die – im Zuge eben der Analyse – durch das Datenmaterial einer ersten Plausibilitätsprüfung unterzogen werden können.

Für die Entwicklung von Vorschlägen für Entwicklungsoptionen angesichts – frisch ausgewerteter – Evaluationsergebnisse ist es meist sinnvoll, möglichst große Teile des Kollegiums mit einzubeziehen, und zwar aus zwei Gründen (vgl. Kap. 7.3.3): Eine größere Gruppe erhöht die Chance, eine größere Zahl alternativer Interpretationen und vielfältigere Handlungsvorschläge zu gewinnen. Die Chance auf Umsetzung steigt, wenn Entwicklungsoptionen von mehr Personen verstanden und als ‚unter ihrer Beteiligung entstanden' angesehen werden. Auf der anderen Seite muss man natürlich zugeben, dass die Gestaltung von Planungsprozessen unter Beteiligung einer großen Zahl betroffener Personen alles andere als einfach ist und Gefahr läuft, dass es zu einem Ausufern von Idee und Gegenidee und einer nachfolgenden deprimierenden Ideenvernichtung kommt (vgl. z. B. Klebert et al. 1987, 80 für Moderationsideen). Wir haben in solchen Situationen mit der *Nominellen Gruppen-Technik* gute Erfahrungen gemacht (vgl. Methode 26).

Schüler:... Datum:..............................

Schüler	Lehrer/Eltern
Was gelingt mir gut?	Lehrer: Was gelingt dir gut?
	Eltern: Was gelingt dir gut?
Was möchte ich besser lernen?	Lehrer: Wie kann ich dir dabei helfen?
	Eltern: Wie kann ich dir dabei helfen?
In welchem Bereich möchte ich mich verbessern?	Lehrer: Schritte, die ich unternehmen will, um dir bei der Weiterentwicklung zu helfen
	Eltern: Schritte, die ich unternehmen will, um dir bei der Weiterentwicklung zu helfen
Welche Schritte will ich dazu unternehmen?	Lehrer: Schritte, die ich unternehmen will, um dir bei der Weiterentwicklung zu helfen
	Eltern: Schritte, die ich unternehmen will, um dir bei der Weiterentwicklung zu helfen

_____   _____   _____
Unterschrift des Schülers   Unterschrift des Lehrers   Unterschrift der Eltern

Abb. 38: Selbstbeurteilungsbogen für Schüler

METHODE 26

Nominelle Gruppen-Technik (NGT)

Kurzcharakterisierung
Die NGT ist eine stark strukturierte Vorgangsweise für die Entscheidungsfindung in Gruppen. Sie gibt allen Gruppenmitgliedern die gleiche Möglichkeit, Ideen zu äußern, verhindert, dass sich die Gruppe in Einzelaspekte „verbeißt", fördert eine größere Anzahl von Ideen zu Tage und erlaubt raschere Entscheidungsfindung als viele andere Vorgehensweisen (als z. B. die unstrukturierte Gruppendiskussion).

Gruppengröße
Die optimale Gruppengröße für NGT-Prozesse beträgt acht bis zehn Personen. Liegt die Teilnehmerzahl weit über diesem Wert, kann die Gruppe geteilt werden, sodass mehrere NGT-Prozesse parallel durchgeführt werden.

Rolle von Gruppenleitern
Leiter von NGT-Gruppen sollen den Informationsfluss in der Gruppe ordnen und die Entwicklung von Ideen fördern, indem sie strikt auf die Einhaltung der NGT-Regeln achten, ohne den Teilnehmern die Freude an der Arbeit zu verderben. Folgende *Regeln* werden NGT-Leitern empfohlen (vgl. O'Neil/Jackson 1983, 132):
- Die Ideen der Teilnehmer nicht re-interpretieren.
- Den Wortlaut der Teilnehmer-Äußerungen verwenden.
- Keine eigenen Ideen einwerfen – Sie sind kein Teilnehmer.
- Dies ist keine Debatte – lassen Sie nicht zu, dass Teilnehmer einander herausfordern oder angreifen.
- Geben Sie den Teilnehmern Zeit, nachzudenken.
- Versuchen Sie die Resultate nicht zu interpretieren – suchen Sie nicht nach „Mustern".

Einsatzbereiche
Die NGT kann eine hilfreiche Vorgehensweise sein,
- wenn eine Gruppe entscheiden will, an welchem Projekt ihre Mitglieder gemeinsam arbeiten wollen (*Finden eines Ausgangspunktes für ein Gruppenprojekt*). Beispiel für eine NGT-Frage: *Eine Gruppe von Lehrern, die zur Weiterentwicklung ihrer Schule beitragen will, stellt sich folgende Frage: Worin bestehen die Schwächen der gegenwärtigen Situation an der Schule?*
- wenn eine Gruppe verschiedene Interessen und Sichtweisen sowie mögliche Entwicklungsrichtungen innerhalb eines gemeinsamen Ausgangspunktes identifizieren will (*nähere Klärung der Ausgangssituation*). Beispiel für eine NGT-Frage: *Bei der ersten Erhebung der „Schwächen der Schule" stellte sich heraus, dass viele Kollegen die „mangelnde Zusammenarbeit" als belastend erleben. Die NGT-Frage wird daher folgendermaßen formuliert: Was sind die wichtigsten Ursachen für „mangelnde Zusammenarbeit" an unserer Schule?*

- wenn eine Gruppe für eine gegebene Situation eine große Zahl von Handlungs- und Lösungsmöglichkeiten eruieren und sich danach für eine gemeinsame Handlungsstrategie entscheiden will (*Entwicklung von Handlungsstrategien*).
  Beispiel für eine NGT-Frage: *Welche Handlungen und organisatorischen Maßnahmen tragen zu einer intensiveren und befriedigenderen Zusammenarbeit bei?*

Vorgangsweise

1. *Erklärung der NGT und Bekanntgabe der Phasen (5 Minuten)*
   Der Zweck der Methode und ihre Phaseneinteilung (mit Zeitangabe) werden dargestellt (z. B. durch Projektion einer Overheadfolie oder durch ein Flipchart-Plakat mit den einzelnen Phasen und den dafür vorgesehenen Zeiträumen).

2. *Bekanntgabe und Präzisierung der Fragestellung (5 Minuten)*
   Die Fragestellung, die in der Regel vom Gruppenleiter und einem Planungsteam vor der Sitzung vorbereitet wurde, wird bekannt gegeben. Sodann sollte eine gewisse Zeit für die Teilnehmer zur Verfügung stehen, in der sie etwaige Unklarheiten beseitigen können und die Fragestellung, wenn notwendig, klarer formulieren. Das Gespräch sollte an dieser Stelle nur die Formulierung der Fragestellung betreffen; inhaltliche Beiträge zur Frage selbst sollen konsequent auf später verschoben werden.

3. *Individuelle, schriftliche Beantwortung (7 Minuten)*
   In stiller Einzelarbeit schreiben die Teilnehmer alle Antworten auf, die ihnen auf die gestellte Frage einfallen.

4. *Zusammentragen der Antworten (15–35 Minuten)*
   Reihum werden die Teilnehmer gebeten, jeweils *nur eine* Antwort ihrer Liste bekannt zu geben. Der Gruppenleiter hält die Äußerungen in Stichworten möglichst wörtlich auf einem großen Plakat fest. In dieser Phase sind keine Bewertungen, Interpretationen oder Diskussionen über die Äußerungen erlaubt. Die Reihum-Sammlung wird solange fortgesetzt, bis alle Ideen der Teilnehmer auf dem Plakat festgehalten sind (wer keine Antworten mehr auf seiner Liste stehen hat oder der, dessen Antworten von anderen Teilnehmern sinngemäß vorweggenommen wurden, darf passen).

   Ein mögliches Layout solcher Plakate (die Gruppenleiter schon vor der Übung oder in Phase 3 vorbereiten können) zeigt Abb. 39: In die Mitte werden die Äußerungen in Stichworten festgehalten, die in der linken Spalte durchnummeriert werden. Die rechte Spalte nimmt in Phase 7 die Bewertungen der Vorschläge auf.

Nr.	Vorschlag	Punkte

Abb. 39: Layout eines NGT-Plakates

Die Dauer dieser Phase hängt stark von der Art der Fragestellung, von der Größe und dem Einfallsreichtum der Gruppe ab. Die Phase sollte nicht abgebrochen werden, bevor alle Äußerungen der Teilnehmer aufgenommen wurden. Im Falle von Zeitbeschränkungen sollte schon zu Beginn darauf hingewiesen werden (z. B. „Ich werde drei Durchgänge machen. Achten Sie darauf, Ihre ‚wichtigsten Ideen' bei Ihren ersten Meldungen unterzubringen!"). Durch die strikte Reihum-Struktur dieser Phase haben alle Teilnehmer die gleiche Chance, ihre Beiträge in der Gruppe zu äußern und gehört zu werden.

5. *Klärung der Äußerungen (15–45 Minuten)*

In dieser Phase soll eine Klärung der gesammelten Äußerungen erfolgen. Dieses Gespräch sollte so lange fortgesetzt werden, bis alle Teilnehmer jede der am Plakat vermerkten Äußerungen in befriedigender Weise verstehen. In dieser Phase können auch Wiederholungen eliminiert bzw. überlappende Äußerungen zusammengefasst werden. Wenn möglich, sollten allgemeine Äußerungen konkretisiert werden, weil allgemeinen Aussagen oft leichter als konkreten zugestimmt werden kann. Diese Veränderungen sollen jedoch nur vorgenommen werden, wenn jene Person, die die Äußerung gemacht hat, zustimmt; kann sie das nicht, sollen (vermeintliche) Wiederholungen und Überlappungen auf dem Plakat verbleiben. *Bewertungen (z. B. ob die Antwort X überhaupt zugelassen ist und auf der Liste stehen darf) sind in dieser Phase nicht erlaubt und werden vom Gesprächsleiter nicht akzeptiert. Diese Phase macht oft bewusst, welcher Ideenreichtum in einer Gruppe steckt. Der Moderator kann den Prozess stimulieren, indem er selbst Fragen nach dem Hintergrund (Warum ist das wichtig?) und nach Konkretisierungen (Was wäre Ihr erster Schritt, um diese Sache in Gang zu bringen?) stellt, ohne jedoch auf eine exakte Beantwortung zu insistieren.*

6. *Individuelle Auswahl und Reihung (7 Minuten)*

Die Teilnehmer werden gebeten, das Plakat, das die Äußerungen der Gruppe zusammenfasst, individuell zu studieren, dann jene fünf Äußerungen, die ihrer Meinung nach die wichtigsten Hinweise in Hinblick auf die zuvor gestellte Frage geben, auszuwählen und für sich aufzuschreiben. Sodann werden die ausgewählten Äußerungen individuell nach Wichtigkeit gereiht. Die wichtigste Äußerung erhält „5 Punkte", die am wenigsten wichtige „1 Punkt" usw.

7. *Zusammentragen der Reihungen (10 Minuten)*

Reihum werden die Teilnehmer gebeten, die fünf ausgewählten Äußerungen und die ihnen zugeordneten Punkte mitzuteilen. Diese Punktwerte werden auf dem Hauptplakat an entsprechender Stelle festgehalten. Haben alle Teilnehmer ihre Bewertungen mitgeteilt, werden die Punkte je Äußerung addiert. Die sechs Äußerungen mit den meisten Punkten werden anschließend durch ihre Rangplätze gekennzeichnet.

8. *Diskussion und Interpretation der Ergebnisse (30+ Minuten)*

Sodann erfolgt eine freie Diskussion über das Ergebnis dieser Prozedur und über Konsequenzen, die man aus diesen Ergebnissen ziehen könnte. Das Gespräch kann sich dabei um folgende Fragen drehen:

• Hinsichtlich welcher Äußerungen gibt es hohe Übereinstimmung in der Bewertung, hinsichtlich welcher gibt es Divergenzen?

- Warum gibt es gerade hinsichtlich dieser Äußerungen Übereinstimmung? Haben die Gruppenteilnehmer eine übereinstimmende Vorstellung davon, was wichtig ist oder sind diese Aussagen etwa nur so allgemein, dass alle leicht zustimmen können oder geben sie etwa allgemein geteilte Vorurteile wieder?
- Warum gibt es hinsichtlich anderer Äußerungen unterschiedliche Auffassungen in der Gruppe? Hängt das mit unterschiedlichen Arbeitsbedingungen, unterschiedlichen Arbeitsstilen, unterschiedlicher Sensibilität einzelner, unterschiedlichen Vorstellungen über pädagogische Ziele usw. zusammen?
- Fallen durch das Abstimmungsergebnis Minderheitenmeinungen (Aussagen, die wenigen Personen sehr wichtig sind) unter den Tisch? Wie kann damit umgegangen werden?
- Verdienen die „Spitzenreiter" das Gewicht, das sie durch die NGT erhalten haben?
- Welche Konsequenzen könnten aus diesem Ergebnis gezogen werden?

Mögliche Probleme und Nachteile der NGT:
- Die strikten Regeln der NGT können bei manchen Teilnehmern Widerstand hervorrufen. Dieser kann möglicherweise vermindert werden, wenn der explorierende Charakter der Übung betont wird.
- Die Regeln der NGT verändern die Dynamik der Gruppe. Werden bei einer beginnenden Gruppe bestimmte Phänomene (z. B. Machtkämpfe) unterdrückt, können sie später wieder hochkommen.
- Wie bei allen Abstimmungsverfahren besteht die Gefahr, dass Minderheitenansichten unter die Räder kommen. Daher sollte besonders dann, wenn eine Gruppe mit dem NGT-Ergebnis weiterarbeiten will, darauf geachtet werden, dass eine Formulierung des Ergebnisses gefunden wird, zu der alle Gruppenteilnehmer stehen können.
- Manche Teilnehmer klagen darüber, dass sie ihre tatsächliche Meinung durch die beschränkte Anzahl von Punkten, die sie vergeben können, nicht differenziert genug wiedergeben können.
- Die Formulierung der ersten NGT-Fragestellung ist äußerst wichtig und manchmal auch schwierig. Fällt sie zu eng aus, wird das Denken der Teilnehmer in ungebührlicher Weise begrenzt. Wird sie zu weit formuliert, so können sich Schwierigkeiten durch unterschiedliche Interpretationen der Fragestellung durch die Teilnehmer ergeben. Im Zweifelsfall sind jedoch eher „weitere" Fragestellungen vorzuziehen.
- An NGT-Leiter werden hohe Anforderungen gestellt. Ihre Rolle ist nicht immer angenehm, weil sie auf die Einhaltung der Regeln achten müssen, ohne als zu rigide Ordnungshüter den Teilnehmern die Lust an der Arbeit zu nehmen. Bei Arbeitsgruppen, die sich ein längerfristiges inhaltliches Ziel gesetzt haben, ist es nicht günstig, dass der Gruppenleiter auch die NGT-Leitung übernimmt, da er nicht inhaltlich zum Prozess beitragen darf.

Quellen: Delbecq et al. 1975; O'Neil/Jackson 1983; Elliott 1981; McCormick/James 1983, 160 f. & 210; Hegarty 1977.

Wenn plausible Handlungskonsequenzen ersonnen wurden, heißt das noch lange nicht, dass sie auch umgesetzt werden. Die *Umsetzung von Handlungskonsequenzen* benötigt Planung – und sie benötigt meist verschiedene externe Gedächtnisstützen und Motivatoren, wie z. B.

- Checklisten;
- regelmäßige Treffen in einer Kollegengruppe, in der die Fortschritte bei der Umsetzung berichtet werden;
- Information der betroffenen Interaktionspartner und Abmachungen mit ihnen.

Für die Planung der Weiterentwicklungsmaßnahmen werden oft – aus dem Projektmanagement bekannte – *Planungsschemata* verwendet, die allen Betroffenen Entscheidungen und Verantwortlichkeiten bewusst machen sollen (vgl. Abb. 23 in Kap. 5.4.1).

7.3 Gesichtspunkte für die Gestaltung von Interpretations- und Weiterentwicklungsprozessen

Im Folgenden sollen einige Prinzipien für die Gestaltung von Prozessen der Analyse, Bewertung und Weiterentwicklung im Kontext der Schule zur Diskussion gestellt werden:

7.3.1 Ausgangspunkte und Bewertungskriterien darlegen

Bei Evaluationen werden Informationen üblicherweise nicht bloß erhoben, um sie zu wissen. Vielmehr werden auf ihrer Basis Bewertungen – z. B. nach ,gut' oder ,schlecht' – ausgesprochen. Sowohl für die interne Diskussion als auch für die externen Evaluatoren gilt: „Weg von gespielter Neutralität und hin zu hinterfragbarer Subjektivität. ... Wichtig ist, dass Meinungsverschiedenheiten nicht unter den Teppich gekehrt werden, sondern dass sie klar und deutlich benannt und vorgetragen werden." Das Ziel ist nicht die eigenen Ansichten aufzuzwingen, sondern „durch besseres Verständnis die Voraussetzung für mehr gegenseitigen Respekt zu schaffen" (Franke-Wikberg 1994, 70). Dazu ist es notwendig, die eigenen Wertvorstellungen und Kriterien, den Bezugs- und Deutungsrahmen klarzumachen (vgl. Kasten 36 auf den beiden folgenden Seiten).

36

Typische Sichtweisen bei der Interpretation und Bewertung von Informationen

Um Daten interpretieren und bewerten zu können, müssen wir bestimmte theoretische ‚Brillen‘ aufsetzen. Mancher dieser ‚Brillen‘, die wir im Alltag bei unseren Interpretationsprozessen immer schon verwenden, sind uns nicht bewusst, was verhindern kann, dass wir Alternativen sehen und dass wir zu einer Verständigung mit Personen kommen, die abweichende Sichtweisen haben. Es gibt viele solcher Sichtweisen, von denen jede bestimmte Interpretationen bevorzugt und andere ausschließt. Donald Schön (1979) nennt sie „generative Metaphern“, weil die Wahl der Sichtweise bestimmte Erklärungen „generiert“. Im Folgenden werden einige häufig benutzte ‚Sichtweisen‘ vorgestellt.

Womit werden Leistungen verglichen? Sachliche, soziale oder individuelle Bezugsnormen
Heckhausen (1974) hat folgende Herangehensweisen beim Vergleich von Leistungen mit einer ‚Bezugsnorm‘ unterschieden:
- Bei einer *sachlichen Bezugsnorm* werden Leistungen mit inhaltlichen Gütestandards, z. B. bei individuellen Leistungen mit einem Lernziel, bei Leistungen einer Organisation mit Merkmalen einer guten Schule usw., verglichen. ‚Sachliche‘ Bezugsnormen ergeben sich nicht – wie man vielleicht aus der Benennung ableiten könnte – aus der Sache selbst, sondern müssen letztlich ‚gesetzt‘ werden, indem – möglichst plausibel – argumentiert wird, was als Lernziel oder Anforderungen einer guten Schule gelten soll.
- Bei einer *sozialen Bezugsnorm* werden z. B. die Leistungen eines Individuums mit den Leistungen anderer Individuen (z. B. mit den anderen Schülern einer Klasse) verglichen. Diese Bewertungsstrategie gilt im Allgemeinen als pädagogisch problematisch, weil sie in jedem Fall ‚Sieger‘ und ‚Verlierer‘ produziert. Sie ist aber für Selektionsabsichten gut geeignet.
- Eine Beurteilung nach einer *individuellen Bezugsnorm* schließlich vergleicht derzeitige Leistungen mit früheren. Sie macht (auch kleine) Fortschritte erlebbar. Sie gilt der Motivationspsychologie meist als Beurteilungsform der Wahl, weil sie Selbstvertrauen und Erfolgszuversicht fördert (vgl. Rheinberg/Krug 1993).

Bei der Selbstbeurteilung im Rahmen von Schulentwicklung haben wahrscheinlich alle drei Perspektiven ihre Bedeutung:
- Jene Erfolgskriterien, die den zentralen Zielen eines Schul- oder Qualitätsprogramms entsprechen und über die in der Schule unter allen Beteiligten Übereinstimmung erzielt werden kann, entsprechen einer ‚sachlichen Bezugsnorm‘.
- Auch bei der Bewertung von Schulen spielen soziale Bezugsnormen eine große Rolle: Die Rankings der Zeitungen bringen verschiedene Schulen in eine Rangreihe. Qualitätssicherungssysteme sind u. A. als Versuche zu verstehen, sich in einem durch Wettbewerb geprägten Markt Vorteile zu verschaffen. Manche Qualitätssicherungsstrategien arbeiten mit *benchmarking,* bei dem sich Betriebe mit den besten ihres Marktes vergleichen.

Im pädagogischen Bereich hatten wettbewerbsstrategische Überlegungen lange Zeit keinen guten Beigeschmack (obwohl die Praxis der Leistungsbeurteilung dieses Gedankengut oft widerspiegelt). In letzter Zeit scheinen sich jedoch mehr und mehr Schulen in einem Wettbewerb mit anderen Schulen um Schüler, Prestige oder Sponsorengelder zu erleben (vgl. Altrichter et al. in Vorb.). Daher ist es nicht verwunderlich, dass Schulevaluationen oft wie selbstverständlich soziale Bezugsnormen hernehmen: Sind unsere Prüfungsergebnisse ebenso gut wie jene der ‚Prestigeschule' der Stadt? Können wir unsere traditionelle Vorreiterrolle bei intensiver Elternarbeit und extracurricularen Angeboten halten oder holen andere Schulen auf? Gelingt es der Schule – in einer Situation abnehmender Schülerzahlen – ihren Anteil bei den Übertritten in die Sekundarschule zu halten oder auszubauen? Solche Fragen sind nicht selten Ausgangspunkte von Schulentwicklungsprozessen und werden daher auch in Evaluationen gestellt.

- Schließlich werden auch Schulentwicklungsstrategien nicht darauf verzichten, dass sich Individuen, schulische Substrukturen und die gesamte Organisation auch an individuellen Bezugsnormen orientieren: In welchen Arbeitsbereichen wollen wir uns im nächsten Jahr einen Schritt weiterentwickeln (zunächst einmal unabhängig davon, was etwaige ‚Konkurrenzschulen' in diesem Jahr zustande bringen)?

Ist das Glas halbvoll oder halbleer? Mängel- oder Ressourcenorientierung

Bei der Untersuchung von Situationen tendieren wir häufig dazu, primär den Defiziten unsere Aufmerksamkeit zu schenken. Für die Bewältigung der Probleme ist dies jedoch zu wenig. Dazu ist es sinnvoll, auch jene Merkmale herauszuarbeiten, die sich in einer als belastend empfundenen Situation positiv auswirken, die z. B. dazu beitragen, dass die Situation nicht noch schlimmer ist oder die für die Betroffenen eine Art Halt darstellen.

Diese fördernden Kräfte sind ‚Ressourcen', auf die man bei der Veränderung der Situation „bauen" kann. Die Unterscheidung zwischen Mängeln und Ressourcen ist auch deshalb zweckmäßig, weil sich manchmal bei genauer Betrachtung herausstellt, dass etwas, das an der Oberfläche als belastend erscheint, in Wahrheit auf eine versteckte Stärke hinweist (z. B. auf die Fähigkeit, auch mit einer chaotisch anmutenden Situation fertig zu werden).

Wer ist der Täter, ‚Verursacher' oder ‚Opfer'?

Richard DeCharms (1973) hat zwei gegensätzliche Selbstbilder unterschieden: Das „Verursacher"-Konzept, in dem sich Individuen als Ursache ihrer Handlungen erleben, und das „Opfer"-Konzept, in dem sich Personen durch äußere Umstände zu Handlungen getrieben sehen – gleichsam als Schachfigur, die von mächtigeren Händen bewegt wird. Schulentwicklung legt im Allgemeinen einen ‚aktivistische Perspektive' nahe: Wir wollen Veränderung ‚verursachen'. Es empfiehlt sich allerdings von Fall zu Fall die – gelegentlich doch etwas anmaßende – Perspektive des „Verursachens" einer kritischen Anfrage auszusetzen: In welchen Punkten haben wir tatsächlich welche Handlungsmöglichkeiten? Wo trauen wir uns zu, sie auszunützen? Wo werden die Vorgänge vornehmlich von anderen Personen bestimmt?

36

Andererseits gibt es viele Personen, die meist auf der Seite der ‚Bremser‘ von Schulentwicklungsprozessen geortet werden, die sich immer wieder als abhängig von äußeren Mächten verstehen und dazu tendieren, ihren eigenen Beitrag zur Situation und ihre Handlungsmöglichkeiten zu unterschätzen. Gelingende Schulentwicklung erfordert von ihnen eine Relativierung oder Infragestellung dieser Sichtweise. Diagnostische Evaluationsprozesse, wenn sie sensibel mit den unterschiedlichen Bedenken und Informationsbedürfnissen umgehen, können ‚beiden Parteien‘ helfen, das Ausmaß der Handlungsmöglichkeiten zu erkunden und die jeweilige eigene Position zu relativieren.

Wo fängt die Geschichte an? Kausale oder systembezogene Sichtweise
Die kausale Sichtweise ist jedem vertraut. A ist Ursache von B. Der Schulentwicklungsprozess schreitet nicht – wie erwartet und versprochen – voran, *weil* es im Kollegium einige ‚Bremser‘ gibt. Der Vorteil dieser Sichtweise besteht darin, dass sie klare Verhältnisse ‚schafft‘. Sie erleichtert auch ihre moralische Interpretation, indem sie erlaubt, Schuld zuzuweisen (dem ‚Bremser‘, den anderen Kollegen oder auch sich selbst). Kausale Interpretationen haben aber auch ihre Probleme. Eines besteht darin, dass Situationen vielfach bedingt sein können, dass z. B. die Ursache des ‚Widerstands‘ des ‚Bremsers‘ nicht allein in der betreffenden Person liegen muss, sondern auch bei vorangegangenen Ereignissen.
Was bleibt aber, wenn man auf die Suche nach Ursachen und Verursachern verzichtet? Bei einer „systembezogenen“ Sichtweise (vgl. z. B. Selvini-Palazolli et al. 1978, 48 ff.) wird eine Schule als System angesehen, in dem jedes Mitglied mit jedem Beziehungen unterhält. Jede/r beeinflusst die übrigen Mitglieder und wird von diesen wieder beeinflusst. Eine Veränderung im Verhalten eines Mitglieds führt zu einer Veränderung im gesamten System. Ein System ist ein Netz von gegenseitigen Beziehungen (Erwartungen, Verhaltensweisen, Wahrnehmungen), in das auch der Beobachter eingebunden ist. Das Bild eines Netzes erleichtert das Verständnis: Ein bestimmtes Verhalten wird von allen anderen Fäden des Netzes mitgetragen und beeinflusst alle übrigen Fäden. Der Bewegungsspielraum eines Fadens ist aber begrenzt, soll das Netz nicht zerreißen. Eine soziale Situation wird demnach „getragen“ vom gesamten Netz, wenn auch manche Teile des Netzes mehr, andere weniger daran beteiligt sein können.
Was bringt die systembezogene Sichtweise? Sie ermöglicht es, andere Fragen an die Wirklichkeit zu stellen. Nicht die Suche nach Ursachen und Schuldigen eines Ereignisses steht im Vordergrund, sondern Fragen wie: Welche „Fäden“ (z. B. Erwartungen anderer Personen) sind an einem Ereignis (z. B. Konfliktfall im Kollegium) beteiligt? Welche Funktion erfüllt das Verhalten eines ‚Bremsers‘ im Schulentwicklungsprozess für andere (auch für die ‚initiativen Kollegen‘)? Wo sind ‚neuralgische Punkte‘ eines Ereignisses (Knoten, bei denen viele Fäden zusammenlaufen)?
Die systembezogene Sichtweise kann zu einer nüchterneren Einstellung zu emotionell belastenden Situationen und Beziehungen verhelfen, weil sie den Blick über den konkreten Anlass – z. B. eines Konflikts – auf das Umfeld weitet. Die gegenseitige Abhängigkeit der Elemente eines Systems führt zu einem Spannungszustand des Netzes,

zu dem die ‚Bremser' und die ‚Initiativen' in gleicher Weise beitragen. Die Aktionen eines ‚Bremsers' können geradezu das ‚Engagement' der ‚Initiativen' bedingen und umgekehrt.

Schließlich bietet diese Sichtweise auch einige Anregungen, ein Problem klar zu fassen. Durch die Informationen, die von den Elementen des Systems zu einem Vorfall abgegeben werden, wird das System im Gleichgewicht gehalten. Es kann durch diese Rückmeldung aber auch verändert werden. Das heißt es ist z. B. wichtig zu wissen, welche Informationen den Bremser oder den ‚Initiativen' bestätigen (Informationen von anderen Kollegen oder der Umwelt) und welche dies nicht tun.

Eine wichtige Aufgabe der Analyse besteht darin, die ‚Knoten' zu finden, bei denen jene Fäden zusammenlaufen, die für einen Vorfall besondere Bedeutung haben. Dazu gehören Bezugsumwelten, deren Reaktionen z. B. für den ‚Bremser' sehr wichtig sind, oder Ereignisse, bei denen die Beziehungen, die den Vorfall ‚tragen', besonders deutlich werden (z. B. frühere Initiativen des ‚jetzigen Bremsers'; frühere Auseinandersetzungen zwischen ‚Engagierten und Bremsern'; allgemeines Umgehen mit ‚Engagement' in der Organisation).

Quelle: modifiziert nach Altrichter/Posch 1998, 74 ff.

36

7.3.2 Die Argumentation verständlich und nachvollziehbar aufbauen

Evaluationsergebnisse sollen für die Betroffenen ebenso wie für die interessierte Öffentlichkeit verständlich und nachvollziehbar sein. Die *Leiter des Schließens* hilft, eigene Argumente – von der relativ eindeutigen Beobachtung bis zur relativ werthaften Interpretation – schrittweise aufzubauen (vgl. Methode 27). Dadurch sollen Argumentationen erstens für alle Adressaten verständlicher gestaltet werden. Zweitens wird es möglich, im Falle von unterschiedlichen Interpretationen genauer zu eruieren, an welcher Stelle der Dissens entsteht. In Situationen mit einander widersprechenden Sichtweisen muss also nicht die gesamte Argumentation abgelehnt werden, sondern man kann eruieren, bis zu welchem Punkt Einvernehmen besteht und ab welchem Punkt sich die Geister scheiden.

METHODE 27

Die Leiter des Schließens

Die *Leiter des Schließens* besteht aus drei Sprossen. Sie erlaubt es, in nachvollziehbarer Weise von Daten eines konkreten Falles zu abstrakteren Interpretationen aufzusteigen und diese zu überprüfen.

Die *erste Stufe* der Leiter symbolisiert Daten, die als relativ „eindeutige" Repräsentationen von Ereignissen angesehen werden können, weil sie der Beobachtung zugänglich sind. Ob der Lehrer die in Abb. 40 zitierte Äußerung wirklich gemacht hat oder nicht, ist z. B. anhand einer Bandaufzeichnung überprüfbar.

Auf der *zweiten Stufe* steht jene Bedeutung des Satzes der ersten Stufe, die in unserem Kultur- und Sprachraum von jedem verstanden werden würde. So gehen wir beim Beispiel davon aus, dass die Äußerung des Lehrers „Hans, deine Leistung ist katastrophal" in unserem Kulturkreis allgemein als Tadel empfunden werden würde.

Die *dritte Stufe* enthält „individuelle" Interpretationen, d. h. solche, über die wegen der vielen Zusatzannahmen keine Einhelligkeit erwartet werden kann.

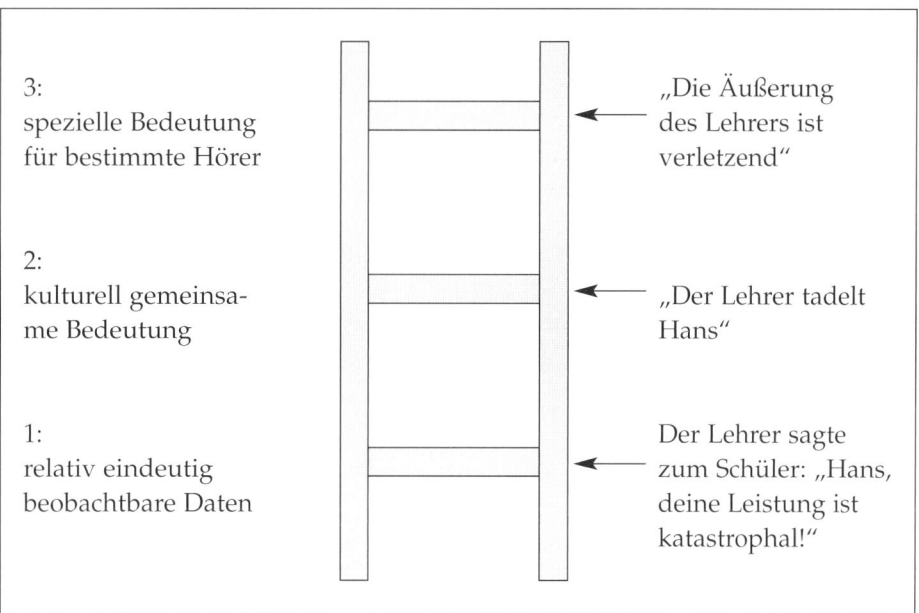

Abb. 40: Die Leiter des Schließens

Von Stufe zu Stufe steigt die Wahrscheinlichkeit, dass verschiedene Beobachter dasselbe Ereignis verschieden deuten. Um Unterschiede bei der Deutung von Ereignissen gering zu halten, empfiehlt sich:

• Beginnen Sie bei der Überprüfung der Nachvollziehbarkeit Ihrer Daten auf der untersten Sprosse der Leiter bei Sachverhalten, die beobachtbar und der intersubjektiven Prüfung zugänglich sind.

• Deuten Sie die Beobachtungen auf der zweiten Sprosse und vergewissern Sie sich, dass sie für andere Personen dasselbe bedeuten.

• Durch die beiden ersten Stufen der Leiter haben Sie „harte Daten" erhalten. Gehen Sie erst jetzt zur dritten Sprosse über, um weitere Interpretationen und Schlussfolgerungen zu ziehen.

Umgekehrt: Wenn Sie mit einer Interpretation auf der obersten Stufe konfrontiert werden (z. B. „er hat ihn völlig überfahren"),

• versuchen Sie, Auskünfte über die erste Stufe (was wurde gesagt oder getan?) zu erhalten,

- stellen Sie fest, ob die Bedeutung der Daten auf der zweiten Stufe von anderen geteilt werden kann.
- Erst dann ist eine prüfende Auseinandersetzung mit Interpretationen der dritten Stufe sinnvoll.

In diesem Sinne kann die ‚Leiter des Schließens' auch zur Konfliktanalyse und -vermittlung verwendet werden (vgl. Bonsen et al. 2001).

Quelle: Argyris et al. 1985, 56 ff.

7.3.3 Beteiligung der Betroffenen bei Auswertung und Handlungsplanung

Evaluationsdaten ist ‚keine Automatik der Wirksamkeit' eigen: Auch noch so sauber erhobene Informationen führen noch nicht automatisch zu Verbesserungsbemühungen und erfolgreichen Veränderungen (vgl. Rolff 2002; Peek 2004). Vielmehr bedarf es „wohlüberlegter schulinterner Strategien ihrer Verbreitung und Vermittlung. Als wirksam hat es sich erwiesen, die pädagogisch verantwortlichen Gremien und Personen schon in die Planung, Durchführung und Auswertung der Untersuchungen einzubeziehen" (Messner/Huber-Söllner 1989, 226). Es muss eine *Verständigung über die Bedeutung der erhobenen Informationen*, eine gemeinsame Interpretation der Ergebnisse und Ausarbeitung von Konsequenzen erfolgen, *an der alle jene, die zu den Evaluationsergebnissen stehen und die Weiterentwicklung tragen sollen, mitwirken* können.

Eine solche kommunikative Analyse der Ergebnisse kann in einer *Feedback-Konferenz* im Kollegium durchgeführt werden (vgl. Methode 28). Der Arbeitsvorschlag für eine *Machbarkeitsstudie* (vgl. Methode 29) ist ein Arrangement für die Reflexion und probeweise Ausarbeitung von Entwicklungsideen, wie sie z. B. als Ergebnis einer NGT (vgl. Methode 26) vorliegen können. Die *Bilanzkonferenz* (vgl. Methode 30) versucht schließlich Datenerhebung und gemeinschaftliche Datenanalyse in einem ziemlich kurzen Zeitabschnitt zu komprimieren.

METHODE 28

Gesichtspunkte für die Gestaltung einer Feedback-Konferenz

- Teilnahme möglichst aller durch die spezifische Evaluation betroffener Organisationsmitglieder (Kollegium oder betroffene Teilgruppe? Schüler? Eltern? Externe Bezugsgruppen?)
- Genügend Zeit (z. B. ganztägige Konferenz)
- Wechsel von konkreter Arbeit in kleinen Gruppen (z. B. Interpretation von Ergebnissen, Entwicklung von Handlungsalternativen) und Plenum, in dem Interpretationen verglichen, Alternativen diskutiert und Beschlüsse gefasst werden

- Analyse der Erhebungsergebnisse z. B. nach folgenden Leitfragen (nach Burkard 1995a, 14):
  - Welche ‚Stärken' der Schule, bestimmter Teilbereiche, bestimmter ‚Angebote' usw. lassen sich aufgrund der Evaluationsergebnisse formulieren? Was hat sich bewährt? Was darf nicht aufgegeben oder vernachlässigt werden?
  - Welche ‚Schwächen' und ‚Entwicklungsbereiche' der Schule, bestimmter Teilbereiche, bestimmter ‚Angebote' usw. lassen sich aufgrund der Evaluationsergebnisse formulieren? Was hat sich nicht bewährt?
  - Was sollte aufgegeben oder neu angegangen werden?
  - Welche Ziele wurden erreicht? Welche Ziele wurden nicht erreicht?
  - Was sind besonders überraschende/erfreuliche/ärgerliche Ergebnisse?
  - Welche Ergebnisse können wir uns nicht erklären?
  - Wo besteht aufgrund der Ergebnisse Handlungsbedarf?
- Zusammentragen und Vergleich der Einschätzungen: Identifizierung von übereinstimmenden und abweichenden Bewertungen
- Erarbeitung von Feldern, in denen Weiterentwicklung notwendig ist: z. B. in thematischen Arbeitsgruppen, die jeweils zu einem ‚Feld' eine ‚Machbarkeitsstudie' über mögliche Entwicklungsschritte durchführen (vgl. Methode 29)
- Konkrete Vereinbarungen und Entscheidungen über weitere Ziele, Handlungsschritte, Termine und Verantwortlichkeiten

Quelle: Burkard 1995a, 14 ff.

Vorbereitung der Handlungsplanung durch eine „Machbarkeitsstudie"
(Vorschlag für selbstmoderierte Arbeitsgruppen)

Ziel der Arbeit während eines Halbtages ist:
In einer selbst organisierten Werkstatt-Arbeit einige Vorschläge für die weitere Schulentwicklung (die zuvor z. B. durch eine NGT (vgl. Methode 26) erarbeitet wurden) genauer durchdenken, auf ihre Realisierbarkeit überprüfen und Vorschläge für Weiterführung/Nicht-Weiterführung erarbeiten.

Wir haben im Folgenden einige *Vorschläge* formuliert, wie diese *komplexe Arbeit strukturiert* werden könnte:

1. Wählen Sie den *Moderator:* _____

   Schriftführer: _____

   und *Präsentator:* _____

2. *Sammeln* Sie einige Vorschläge (zur Veränderung, Weiterentwicklung oder Stärkung von Bestehendem) innerhalb ihres Themenbereiches. Nutzen Sie dabei den Ideenpool, der in der vorhergehenden Arbeitseinheit zustande gekommen ist (evtl. Plakate zuhilfe nehmen).

3. *Wählen* Sie einen dieser Vorschläge aus – z. B. nach folgenden Kriterien
   - *Wichtigkeit:* Wie wichtig wäre eine derartige Initiative für die Weiterentwicklung der Qualität unserer Schule?
   - *Machbarkeit:* Wie realistisch ist es, dass dieser Vorschlag in die Tat umgesetzt werden kann und dass sich innerhalb eines Jahres (zumindest kleine) Erfolgserlebnisse zeigen?
   - *interessierte Personen:* Wer hat ‚aktives Interesse‘ daran, mitzuarbeiten? Traue ich mir zu, zu diesem Thema Mitarbeiter zu finden?

   Achtung: Es muss nicht der *eine, optimale, alles lösende Vorschlag* sein, weil die Lösung von Problemen wahrscheinlich ohnehin kontinuierlichere Arbeit von mehreren Seiten braucht, aber es sollte ein realistischer Einstieg in den Zug in die gewünschte Richtung sein. Wenn es mehrere Vorschläge gibt, aus denen die Gruppe nicht auswählen will, können sich durchaus Untergruppen bilden oder einer nach dem anderen durchgearbeitet werden.

4. Erstellen Sie einen *‚Leitfaden‘ für die Realisierung* (eine ‚Arbeitsanweisung‘ für die Durchführung) dieses Vorschlages, der Aussagen zu folgenden Themen machen könnte:
   - Ziel der ‚Maßnahme‘
   - Zeitplan für die Durchführung
   - WER (MIT WEM) macht WAS WO und WER IST DAVON BETROFFEN?
   - Woran erkennen wir, ob unsere Hoffnungen aufgegangen sind? Kontrolle der Erfahrungen (WER macht diese WIE und WANN?)

   In anderen Bereichen des öffentlichen Lebens würde man etwas geschwollener sagen: Die Gruppe macht eine *Machbarkeits-Studie,* in der sie einzelne Vorschläge so weit durchdenkt, dass ihre Realisierbarkeit klarer wird und, dort wo die Realisierung angestrebt wird, erste Schritte für die Umsetzung deutlich werden. *Ziel* kann nicht sein, einen operationellen Plan in der Pädagogischen Konferenz selbst fertig zu stellen. Dazu ist zu wenig Zeit und es fehlen Gelegenheiten, manche Ideen auf ihre Durchführbarkeit zu überprüfen. Daher wird vorgeschlagen, im Abstand von einem Monat eine weitere Pädagogische Konferenz durchzuführen, in der die Endversionen der Machbarkeits-Studien der einzelnen Gruppen vorgelegt und das weitere Vorgehen beschlossen wird.

   Was soll letztlich herauskommen? Eine Endversion der Machbarkeits-Studie, die Aussagen zu der Frage macht:
   - WER (MIT WEM) macht WAS WO in Hinblick auf das jeweilige „Thema der Schulentwicklung"?
   - Der Bericht kann durchaus auch lauten: Die Gruppe ist zu der Meinung gekommen, dass im Bereich des entsprechenden Themas der Schulentwicklung im Augenblick nichts gemacht werden sollte oder kann (z. B. weil das Thema doch nicht so wichtig ist, zu unsicher ist oder Handlungsmöglichkeiten fehlen; weil die entsprechenden Mitarbeiter fehlen).

5. Organisieren Sie selbst eine *Pause* zu dem Zeitpunkt, der für Ihre Gruppe passt.

6. Die Gruppe bereitet einen ‚*Zwischenbericht*‘ auf einem Plakat vor, der in kurzer Form darstellt, was bisher besprochen und überlegt wurde. Dieser Bericht sollte bis … (Zeit angeben) fertig sein.

7. Kommen Sie um … (Zeit angeben) *wieder in den Plenarraum.*

Quelle: unv. Arbeitspapier von H. Altrichter/G. Salzgeber

METHODE 30

Bilanzkonferenz

Intention
In 18 Stunden eine Evaluation zu einem bestimmten Thema an einer Schule durchzuführen.

Vorgangsweise
1. Eine Projektgruppe bereitet zu einem vorher vereinbarten Bereich Fragen für eine *schriftliche Befragung* vor. Wichtig ist dabei
   • die Beschränkung auf ca. 10–20 Fragen und
   • die Vorgabe derselben Fragen an Schüler und an Lehrer

2. Die Projektgruppe stellt am Nachmittag vor der Durchführung der Befragung ihre Fragen-Entwürfe der *Lehrerkonferenz* und der *Schülervertretung* vor.
   • Sind die Vorgaben erfüllt?
   • Sind die Fragen klar und eindeutig zu beantworten? Gegebenenfalls erfolgt eine Revision.

3. Am Vormittag des nächsten Tages wird die *Befragung* durchgeführt:
   • im Lehrerkollegium (siehe Fragebogen a)
   • in allen Klassen der Jahrgänge x, y, z (siehe Fragebogen b)
     Jeweils zwei Lehrer führen die Schülerbefragung in jeweils einer Klasse durch. Jeder Schüler erhält einen Fragebogen und füllt ihn aus. Dann wird an der Wand eine große Wandzeitung befestigt, auf der der Fragebogen groß abgebildet ist. Jeder Schüler überträgt jetzt seine Angaben auf die Wandzeitung. In ca. 10 Minuten hat die ganze Klasse ihre Angaben eingetragen und kann dann bereits mit den beiden Lehrern eine erste Analyse durchführen (was fällt auf, was überrascht, was erscheint wichtig, was ist hilfreich?) und dies auf einem Plakat festhalten.

4. In der großen Pause füllen die Lehrer im Lehrerzimmer den Fragebogen aus und übertragen ihre Angaben ebenfalls auf eine *Wandzeitung*. Mindestens zwei Mitglieder der Projektgruppe sollten anwesend sein, um stellvertretend für Kollegen die Übertragung durchzuführen, falls der Wunsch nach Anonymität besteht.

5. Am Nachmittag werden in einer Konferenz die Wandzeitungen aus den Klassen und aus dem Kollegium in einem großen Raum aufgehängt. Alle betroffenen Lehrer sowie Schülervertreter führen eine *Analyse der Ergebnisse* durch und werten sie aus. Sinnvoll ist es, zuerst jedes Ergebnis für sich zu analysieren und dann erst zu einem Vergleich zwischen den Klassen und dem Kollegium überzugehen.

6. Am Ende der Konferenz sollten ein bis drei markante Ergebnisse sichtbar werden, zu denen in den nächsten zwölf Monaten auf jeden Fall *Entwicklungsarbeit* geleistet werden muss.

7. Am nächsten Morgen werden den beteiligten Klassen (zumindest) die Ergebnisse aus (6) vorgestellt und besprochen.

Beispiel eines Fragebogens für Lehrer (a) und für Schüler (b):

---

a) Bitte kreuzen Sie bei jeder Aussage das Kästchen an,
   das für Ihre Arbeit am meisten zutrifft!

immer	oft	manchmal	selten	nie	In meinem Unterricht …
❏	❏	❏	❏	❏	… helfen sich die Schüler gegenseitig.
❏	❏	❏	❏	❏	… arbeiten die Schüler in Gruppen.
❏	❏	❏	❏	❏	… stellen die Schüler die Gruppenarbeiten vor.
❏	❏	❏	❏	❏	… werden die Schüler an der Auswahl von Unterrichtsinhalten beteiligt.
❏	❏	❏	❏	❏	… wird gestört.
❏	❏	❏	❏	❏	… hören die Schüler zu, wenn andere was sagen.

Kommentar

Die Methode bietet in konzentrierter Form eine detaillierte Rückmeldung zu ausgewählten Bereichen. Voraussetzung ist allerdings, dass die gewählten Bereiche nicht zu breit angelegt sind. Je enger sich die Fragen auf ein Thema konzentrieren, desto aussagekräftiger sind die Ergebnisse.

b) Bitte kreuzen Sie bei jeder Aussage das Kästchen an,
   das für Ihre Arbeit am meisten zutrifft!

immer	oft	manchmal	selten	nie	In meiner Klasse ist es so …
❏	❏	❏	❏	❏	… Wir helfen uns gegenseitig.
❏	❏	❏	❏	❏	… Wir arbeiten im Unterricht in Gruppen.
❏	❏	❏	❏	❏	… Wir stellen die Ergebnisse unserer Gruppenarbeiten vor.
❏	❏	❏	❏	❏	… Wir werden von Lehrern an der Auswahl von Unterrichtsinhalten beteiligt.
❏	❏	❏	❏	❏	… In unserem Unterricht wird gestört.
❏	❏	❏	❏	❏	… Wir hören im Unterricht zu, was andere sagen.

Quelle: Modifiziert nach Eikenbusch (1997b, 30–34.)

7.4 Klärung der weiteren Verwendung der Ergebnisse

Vielleicht noch bedeutsamer als die Frage, wer die Daten mit welchen Instrumenten erhebt, ist, wie die Ergebnisse und evtl. schriftliche Zusammenfassungen (z. B. auch auf Arbeitspapieren, Flipcharts usw.) verwendet werden:
• An wen dürfen welche Ergebnisse weitergegeben werden und welche müssen als ‚schulintern vertraulich' angesehen werden?
• Verbleiben Daten und Ergebnisbericht an den Schulen und werden dort als Grundlage interner Steuerung verwendet?
• Geht der Bericht an die Behörde und setzt diese Sanktionsmechanismen (etwa Ressourcenzuteilung) oder Maßnahmen der Systemsteuerung in Gang?
• Werden die schulbezogenen Daten veröffentlicht?
Solche Fragen, die schon in der Kontrakt-Phase zu Beginn eines Evaluationsprojektes geklärt werden sollten (vgl. Kap. 5.3), tauchen üblicherweise wiederum auf, sobald die Ergebnisse vorliegen. Revisionen der ursprünglichen Übereinkünfte sind nur bei Zustimmung aller Betroffenen statthaft.

217

8. Kommunikation in Evaluationsprozessen

8.1 Informationsfluss in der Schule

8.1.1 Die zwei Dimensionen der Informationsgestaltung

Es ist eine Binsenweisheit, dass der Besitz von Information mit Macht und Einflussmöglichkeiten zusammenhängt und dass guter Informationsfluss bei Entwicklungsprozessen wesentlich ist: Wer hat es nicht schon selbst erlebt, dass die Informationsgestaltung Angelpunkt von Konflikten mit schlimmen Auswirkungen war?

Ein Beispiel: Ein externes Evaluationsteam wurde eingeladen und steht nun im Konferenzzimmer. Schulintern ist nichts dafür vorbereitet, der Schulleiter wird hektisch. In einer eilig einberufenen Krisensitzung versuchen die Leiterin des externen Evaluationsteams, der Schulleiter und der interne Koordinator die Sache zu klären.
„Nein, dieses Informationsblatt über den Ablauf der Evaluation habe ich nie bekommen", behauptet der Koordinator auf die Frage der Projektleiterin.
„Zeig her, worum geht es denn da", fordert der Schulleiter auf.
„Aber das ist doch nicht möglich", meint die Projektleiterin, „das Blatt haben alle Lehrer bekommen und zwar bei der Informationskonferenz, bei der ich selbst anwesend war."
„Nein, das war ein anderer Zettel", entgegnet der Koordinator.
Der Schulleiter reagiert erregt: „Aber Du hättest doch wissen müssen, dass Du Dich um die Organisation dieses Tages hättest kümmern sollen, egal ob du Informationen bekommst oder du sie dir holen musst!"
„Nein, das war nicht meine Aufgabe!"
Es wäre wohl so weiter gegangen, wenn sich nicht ein schulintern mit Administrationsaufgaben betrauter Kollege eingemischt hätte. Ihm ist klar, dass es hier nur oberflächlich um die Frage geht, wer wen wann wie informiert oder nicht informiert hat. Er weiß, dass der Koordinator die Agenden des Evaluationsprojekts gegen seinen Willen übertragen bekam, dass der Schulleiter mit zu viel Arbeit beladen ist und die Projektleiterin die daraus entstehende Unzufriedenheit ziemlich unbeteiligt zu spüren bekommt. Schnell einigt man sich auf Schritte im Krisenmanagement, damit das Evaluationsteam arbeiten kann. Das Problem der Unorganisiertheit muss gelöst werden. Die Beziehungskiste kann warten. Und sie wartet auf ihre nächste Chance.

Dies ist wahrscheinlich eine nicht untypische Szene: Schlechter Informationsfluss führt häufig zu Krisen und bindet Energien, meist in Situationen, in denen man sie lieber für anderes verwendet hätte.
Die Klärung von Interessen und Absichten, von Verpflichtungen und Kompetenzen, von Kooperationen, die behutsame Beachtung der Stärken und Schwächen von Personen und Personengruppen sind wichtige Elemente erfolgreicher Informationsgestaltung. Sie schaffen eine stabile Grundlage für gegenseitiges Vertrauen. In Misstrauenskulturen herrschen Ängste und Missverständnisse. Je klarer das Beziehungsgeflecht an einer Schule ist, je mehr gemeinsames Wissen es darüber gibt und je wertschätzender man miteinander umgeht,

desto größer ist die Chance, dass eine Vertrauenskultur ausreift. Vertrauen erzeugt Sicherheit. Sicherheit erhöht die Risikobereitschaft. Sich auf Evaluation einzulassen erfordert Risikobereitschaft. Informationen können dann besser aufgenommen und freier mitgeteilt werden. Erst auf dieser Grundlage sind technische Überlegungen der Informationsgestaltung von Bedeutung, z. B. wie Informationen zur Verfügung gestellt werden sollen, ob schriftlich oder mündlich, ob in Handouts oder Anschlägen, ob sie an alle oder nur an bestimmte Lehrer gehen sollen.

Soziale Dimension
Vertrauen durch Klärung
von Interessen, Absichten,
Verpflichtungen,
Kompetenzen und
Kooperationen

Technische Dimension
Wer informiert … Wen?
　　　　　　　　Wann?
　　　　　　　　Worüber?
　　　　　　　　Wozu?
　　　　　　　　Wie?

Abb. 41: Die zwei Dimensionen der Informationsgestaltung

8.1.2 Das Zusammenspiel der Kräfte: Zeit für Information und Austausch

Die Frage ‚Wer muss was wann wissen?' – verbunden mit der Überlegung, dass viele gar nicht wissen wollen, weil die Verarbeitung von Information Zeit und Energie beansprucht – ist an Schulen aktueller denn je. Je mehr Lehrer über das Ganze der Schule wissen, desto entspannter können sie sich bewegen, weil sie Zusammenhänge verstehen. Aber nicht selten schwankt die Haltung zwischen „Ich habe zu wenig Zeit, um mich damit auch noch zu beschäftigen" und „Davon habe ich aber noch nie etwas gehört". Die Macht der Handelnden zeigt sich dann in Konferenzen, wenn man sieht, wer sich wofür wie lange Zeit für Wortmeldungen nehmen darf.

An einer Schule wurde ein Organisationsentwicklungsprozess als „rettender Engel" bezeichnet. Im Laufe von zehn Halbtagen eines Schuljahres erarbeiteten alle Lehrer der Schule ‚gemeinsames Wissen über die Organisation', in der viele schon Jahre lang gearbeitet hatten. Dabei wurden die Geschichte der Schule aufgearbeitet und Handlungsmuster analysiert. „Es war kein Abstecken von Positionen, wo jeder aufsteht und nur seine Meinung kund tut, sondern es gab einen roten Faden. Einer dachte laut nach und ein anderer weiter", wurde berichtet. Oder: „Wir inszenierten Szenen aus dem Schulalltag, und da sah ich erst, was das eine für eine Auswirkung auf das andere hat." Es wurden Konflikte angesprochen, die man ansonst lieber verschwiegen hatte. Die Lehrer gaben dem Schulleiter Feedback und der Schulleiter den Lehrern. Sie berichteten einander über Aktivitäten an der Schule, die man „üblicherweise für nicht erwähnenswert" gehalten und aus Zeitmangel nicht erzählt hatte.

Das „gemeinsame Wissen" über die eigene Schule und der Prozess, der zu ihm geführt hatte, erhöhte die Selbststeuerungskompetenz, was sich z. B. bei der langsamen und behutsamen Installierung einer Steuergruppe für den weiteren Entwicklungsprozess zeigte. Mithilfe eines im Raum aufgestellten Soziogramms überprüften die Teilnehmer, ob die ausgehandelte Konstellation für die Steuergruppe wirklich passte. Eine ‚Wahl' also, die sich nicht auf ein Zeichen auf einem Stimmzettel reduzierte, sondern ein Wählen mit allen Sinnen: „Das war anstrengend, aber es hat sich ausgezahlt. Ich bin ja wirklich gewählt worden. Jeder hat offen gesagt, ob es für ihn passt, und ich kann jetzt sicher sein."

8.1.3 Signale für Transparenz

Gute Informationsgestaltung gibt einfache und verständliche Signale für Transparenz. Transparenz und offener Informationsfluss bedeuten nicht, dass immer alle alles wissen müssen. Sie bedeuten jedoch, dass aktiv an einer offensiven Informationsverbreitung gearbeitet wird, die allen Organisationsmitgliedern ermöglicht, wohl informiert an der gemeinsamen Entscheidungsfindung mitzuwirken.

Signale für Transparenz bei Evaluationsprozessen

1. **Offen und nicht im stillen Kämmerlein**
   Eine brauchbare Strategie für die Arbeit von kleinen Evaluationsgruppen ist z. B. das Instrument der *offenen Arbeitssitzungen*. Meist kommen wenige und gar keine Besucher, aber dies ist auch nicht unbedingt notwendig. Die Einladung selbst signalisiert Transparenz und schafft Vertrauen: *„Aha, die haben nichts zu verbergen."*
2. **Wir organisieren Informationsweitergabe korrekt**
   Es ist hilfreich, wenn Informationen ihren *richtigen Platz* haben, wie z. B. geordnete Anschlagtafeln mit unterschiedlichen Farben für Gremien, Projekte oder einzelne Funktionsträger. Ein hilfreiches Instrument ist die *wöchentliche Ein-Satz-Information*. In einem Satz wird eine wichtige Initiative (z. B. auf einer Pinwand im Konferenzzimmer) allen mitgeteilt.
3. **Nicht überhäufen, aber alles sagen**
   Zu viele Informationen sind kontraproduktiv, weil sie abschrecken. Gute Präsentationstechnik und übersichtliches und ansprechendes Layout sind gefragt.
4. **Nicht einsam, sondern gemeinsam entscheiden**
   Innovatoren haben eigene Ziele und Vorstellungen. Ihre Befürchtung, bei gemeinsamen Entscheidungsprozessen eventuell andere Vorschläge annehmen zu müssen oder überhaupt keinen Konsens zu finden, ist nicht von der Hand zu weisen. Hilfreich ist dabei vielleicht,
   - *Alternativen vorstellen:*
     „Es gibt diese Möglichkeit, aber auch noch diese und diese. Welche erscheint für uns sinnvoll und brauchbar?" Dies signalisiert Kompetenz und Glaubwürdigkeit und erhöht das Vertrauen. Darüber hinaus wird es dadurch leichter, innerhalb eines gesteckten Rahmens zu diskutieren. Sonst läuft man Gefahr, im freien Konkurrenzspiel erst den Rahmen abstecken zu müssen.
   - *Nicht gleich Gegenargumente vorbringen, sondern bei anderen Vorschlägen laut mitdenken:* Dies signalisiert Offenheit und den Willen zur Gemeinsamkeit. Und letztlich weiß man ja, dass es fast immer mehrere Wege gibt.

Es gibt Phasen bei einer Evaluation, in denen Transparenz und offener Informationsfluss besonders wichtig sind: dies gilt besonders, wenn Entscheidungen und Vereinbarungen getroffen werden. In den eigentlichen Arbeitsphasen hingegen ist breite Information meist weniger wichtig, wenn klar festgelegt und vereinbart wurde, wer woran arbeitet (vgl. Kap. 5.3).

Phasen, in denen ausführliche Information des Gesamtkollegiums jedenfalls erforderlich ist | 38

- bei der Entscheidung über die Durchführung einer Evaluation
- bei der Erarbeitung der Fragestellungen und der Wahl der Evaluationsfelder
- bei der Entscheidung über den Einsatz von Instrumenten
- bei Fragen, die die Durchführung der Datensammlung betreffen
- bei der Interpretation von Daten
- bei der Erarbeitung von Konsequenzen
- bei der Entscheidung über die Veröffentlichung von etwaigen Berichten

---

8.2   Kollegiales Feedback in der Schule

‚Feedback geben' bedeutet, dass zwei oder mehrere Personen
- in direkten und offenen, mit angemessenen Methoden strukturierten Gesprächen,
- einander Beobachtungen und Bewertungen über eine bestimmte Situation oder Fragestellung mitteilen, in die mindestens eine dieser Personen direkt involviert ist,
- um daraus für den Umgang mit diesem Thema zu lernen (nach Bastian et al. 2003, 89).

Im Kollegenkreis Feedback zu geben und zu nehmen ist wohl das heißeste Eisen der Selbstevaluation. Und trotzdem: *„Das Evaluationsprojekt hat wesentlich dazu beigetragen, dass wir heute angstfreier kommunizieren"*, erzählt ein Lehrerteam, dass vor Jahren mit Selbstevaluation begonnen hat. *Ihre ohnehin schon gute Kommunikation im Team wurde durch die neue Kommunikationsmethode Feedback-Geben und -Nehmen wesentlich verbessert. Diese Art, zu eigenen Fragen Rückmeldungen einzuholen, gemeinsam zu reflektieren und Schlüsse daraus zu ziehen, hatte wesentlichen Einfluss auf die Dialogfähigkeit der Lehrer. „Das ist eine Verbesserung, die heute noch wirkt, auch Jahre danach"*, versichern die Lehrer.
Das englische Wort ‚Feedback' beschreibt viel anschaulicher als das deutsche Wort ‚Rückmeldung', worum es sich tatsächlich handelt, nämlich um Nahrung. Eine Person füttert eine andere mit geistiger Nahrung. Menschen, die ohne Reaktionen auf ihr tägliches Verhalten, vor allem ohne Bestätigungen, bleiben, ‚verhungern'. Feedback ist eine Möglichkeit, Energie und neues Wissen zur Weiterentwicklung und Professionalisierung zu tanken.

39

Warum Feedback?

Feedback ist Wissen über eigene Wirkungen
Menschen brauchen Feedback, um sich mit dem eigenen Verhalten und dessen Wirkung auf andere auseinander setzen zu können.

Feedback ist Wertschätzung
Menschen brauchen Wertschätzung, einmal als Anerkennung im So-Sein (emotionale Bestätigung), zum anderen als Anerkennung der Fähigkeiten, die eine (Berufs-)Person auszeichnen.

Feedback ist fachliche und emotionale Herausforderung
Menschen brauchen realistische Herausforderungen, um sich persönlich weiterzuentwickeln. In der Konfrontation mit anderen Denkweisen, Werthaltungen und Gefühlen wird die Person herausgefordert, die eigenen Vorstellungen und Haltungen zu überprüfen und allenfalls zu verändern. Erst die Differenz schafft Lern- und Entwicklungsanlässe.

An Modellen lernen
Die Auseinandersetzung mit Verhaltensmodellen oder auch mit „kognitiven Modellen" ermöglicht einer Person, das eigene Verhalten und Denken zu überprüfen und allenfalls zu erweitern.

Entlastung durch systemische Betrachtungsweise
Lehrer haben durch ihre berufliche Sozialisation gelernt, Schwierigkeiten im Unterricht ihrer persönlichen Unfähigkeit zuzuschreiben. Durch den „fremden Blick" einer dritten Person, durch mehrperspektivische Beobachtungen und durch die gemeinsame Analyse der gesammelten Daten entsteht ein „Unterrichtsbild", das deutlich macht, dass „Unterrichtsqualität" durch ein Zusammenspiel unterschiedlichster, nur zum Teil unmittelbar beeinflussbarer Faktoren zustande kommt. Diese systematische Betrachtungsweise wirkt dann und wann auch entlastend.

Quelle: Riesen 1998

8.2.1 Das Konzept ‚Kritischer Freund'

Es ist das Konzept ‚*Kritischer Freund*' (vgl. Altrichter/Posch 1998, 84 f.), das diese Balance zwischen Bestärkung und Herausforderung herausfordert und ermöglicht. Dieses Konzept ist eine Kommunikationsstrategie, die auf dem Willen zum gemeinsamen Lernen aufbaut. Kritische Freunde oder Freundinnen sind *kritisch* in dem Sinne, dass sie in ihren Rückmeldungen sich und mir nichts vormachen, sich also nicht als „Schulterklopfer" verstehen, sondern als Personen, die ehrliches und offenes Feedback geben. Sie sind aber auch Personen, die ich als *Freund* in dem Sinne sehen kann, dass sie mir wertschätzend gegenüberstehen: Von ihnen kann ich erwarten, dass sie Feedback in einer Weise formulieren, die diese grundsätzliche Anerkennung nicht in Frage stellt. Sie können sich in die Situation des Gesprächspartners einfühlen und stehen ihm grundsätzlich mit Sympathie gegenüber und sind zugleich bereit und in der Lage, ihre Wahrnehmungen auf differenzierte Weise mitzuteilen.

Die Beziehung zum ‚kritischen Freund' wird freiwillig aufgenommen und beruht im gelingenden Fall auf einem Vertrauensverhältnis, das durch die Erfahrung gespeist ist, dass diese typische Kombination

---

Kritische Freunde

- können sich in die Situation des Gegenüber einfühlen und ihm mit Sympathie gegenüberstehen,
- und sind gleichzeitig bereit und in der Lage, informationsreiche und ehrliche Rückmeldungen zu geben.

Abb. 42: Kritische Freunde

---

von Empathie und Kritik für beide Partner lernförderlich ist. Es ist erfreulich, wenn Schulaufsichtsbeamte – wie gelegentlich zu hören ist – diese Prinzipien gut heißen und sich an ihnen orientieren wollen, doch meinen wir, dass Beziehungen, die *auch* durch Hierarchie und Sanktionsmöglichkeiten charakterisierbar sind, nach anderen Modellen als der Idee des ‚kritischen Freundes' modelliert werden sollten.

Kritische Freunde können wertvolle Dienste leisten. Einer der wichtigsten besteht in der Spiegelung von Routinen. Für die meisten Praktiker besteht ein Problem darin, dass sie über die eigene Situation zuviel „wissen", um noch „sehen" zu können. Um „blinde Flecken" in den Routinen alltäglichen Handelns zu identifizieren, ist der „fremde Blick" des kritischen Freundes hilfreich, weil dieser die für das „Sehen" erforderliche Distanz zum eigenen Tun vermitteln kann. Indem ‚kritische Freunde' je nach den Interessen der Lehrperson, die diese Dienste in Anspruch nimmt, deren Unterricht beobachten, deren Schüler, Eltern oder Kollegen interviewen usw., erarbeiten sie Informationen, die Lehrern sonst schwer zugänglich sind und ihnen bei der Selbstreflexion und beim Eindämmen ‚blinder Flecke' nützlich sein können. Auch Schulleiter können von „kritischen Freunden" (z. B. einem befreundeten Schulleiter) wertvolle Erkenntnisse erhalten.

Wenn bei Kollegen ‚die Chemie stimmt', ist es meist nicht so schwer, die eventuell bestehenden organisatorischen Schwierigkeiten in den Griff zu bekommen, Feedback-Gelegenheiten zu vereinbaren und sich dafür Zeit zu nehmen. Es gibt Fälle von Lehrern, die einander schon seit zehn oder mehr Jahren kritische Freunde sind.

8.2.2 Hilfreich Feedback geben

So wichtig die *Haltung* des Kritischen Freundes ist, die erforderlichen *Techniken* müssen dennoch gelernt werden. Wesentlich dabei ist zum einen die *Unterscheidung zwischen Beobachtungen und Interpretationen* und zum anderen das *Vermeiden von unerbetenen Bewertungen*. Die Leiter des Schließens (vgl. Methode 27) hilft bei diesen Unterscheidungen. Die verschiedenen Versionen von *Feedbackregeln*, die in der Praxis zirkulieren, formulieren – in den Worten meist leicht unterschiedlich, im Kern der Bedeutung weithin übereinstimmend – einige sinnvolle Faustregeln für Rückmeldesituationen (vgl. Kasten 40). Für ein Feedback nach einer gemeinsamen Sitzung von Kollegen können die Fragen in Kasten 41 hilfreich sein. Viele anschauliche Hinweise fur Feedback v. a. zwischen Lehrern und Schülern, das in den Unterricht integriert ist und zu dessen Weiterentwicklung beitragen soll, geben Bastian et al. (2003, 89 ff.).

40

Hilfreich Feedback geben

- Manchmal ist es nötig, jemanden „ungebeten" mit Wahrnehmungen zu konfrontieren. Erwünschtes, „bestelltes" Feedback fällt jedoch meist auf fruchtbareren Boden.
- Feedbacks sind besser nachvollziehbar, wenn sie in möglichst kurzem zeitlichem Abstand auf die Beobachtung bzw. auf das Geschehen erfolgen.
- Tatsachenwahrnehmungen als Tatsachenwahrnehmungen, Vermutungen als Vermutungen, Gefühle als Gefühle mitteilen.
- Stärken ansprechen und Wertschätzung zeigen ist meist verhaltenswirksamer als das Vorlesen von Mängellisten: Bewusst gepflegte Stärken bringen Mängel oft „von alleine" zum Verschwinden.
- Wenn Mängel angesprochen werden müssen: Sagen, was stört und missfällt – immer aber auch, was positiv erwartet wird.
- Nachfragen, was verstanden wurde, und wie das Feedback angekommen ist, wie es auf die Person wirkt.
- Sich nicht auf „Feilschen" einlassen. Feedback-Mitteilung und eventuell erforderliche Klärungen und Verhandlungen wenn möglich zeitlich trennen.
- Keine Pauschalurteile und „psychologisierende" Deutungen, welche die ganze Person abstempeln. Vielmehr die konkreten, beobachteten Verhaltensweisen und Wirkungen mitteilen.
- Als Grundregel gilt: Es ist fast jede Art von Feedback erlaubt, wenn es in einer Haltung der Wertschätzung des Menschen mitgeteilt und Gesichtsverlust vermieden wird.

Quelle: Strittmatter 1996c

Diese Anweisungen in Kasten 40 führten bei Lehrern, mit denen wir in Qualitätsevaluationsprojekten zusammenarbeiteten, zur Intensivierung der Kommunikation und zur Verbesserung der Beziehungsqualität im Team. Vorhandene Ängste verflachten: „Wir trauen uns, freier das zu sagen, was wir ehrlich denken, auch zu der Kollegin, die direkt neben dir sitzt." Kommunikation wurde erleichtert, weil Rückmeldungen dazu Anstoß gaben und Reflexion initiierten. Die Stärken und Schwächen von Kollegen konnten thematisiert werden, ohne dass Verletzungen auftraten. Bemerkungen wie „Ich habe gelernt, wie ich wem was sage" oder „Es führte zu einer Sensibilisierung für Kollegen", deuten darauf hin. Die freie, nicht-bewertende und nicht-moralisierende Analyse von Stärken und Schwächen anhand konkreter Beobachtungen verletzte nicht, sondern wurde vielmehr als anregend empfunden.

Dies ermöglichte in der Folge auch, sich klarer über sich selbst zu werden und dazu zu stehen. „Ich habe damals begonnen, mich zu trauen, mich abzugrenzen", formulierte eine Lehrerin stolz. Dies kann durchaus als Hinweis auf ein sich zum Zeitpunkt der Evaluationsarbeit verstärkendes Selbstwertgefühl interpretiert werden. „Mir ist damals so vieles bewusst geworden." Auf die Frage, was es heute – sechs Jahre später – nicht gäbe, wenn

„Wie war unsere Sitzung heute?"	1 2 3 4 5	
Das Ziel/die Ziele der Sitzung war(en) sehr unklar	❑ ❑ ❑ ❑ ❑	Das Ziel/die Ziele der Sitzung war(en) allen klar
Es war(en) keine Themenschwerpunkt(e) erkennbar	❑ ❑ ❑ ❑ ❑	Es waren deutliche Prioritäten und Themenschwerpunkte gesetzt
Die für die Diskussion/ Entscheidung nötigen Informationen fehlten	❑ ❑ ❑ ❑ ❑	Die für die Diskussion/Entscheidung nötigen Informationen waren verfügbar
Die Zeit für die Bearbeitung der Themen war nicht richtig bemessen (zu knapp oder zu viel)	❑ ❑ ❑ ❑ ❑	Die Zeit für die Bearbeitung der Themen war ausreichend
Die gewählten Arbeitsmethoden waren der Art der Aufgabenstellung nicht angepasst	❑ ❑ ❑ ❑ ❑	Die gewählten Arbeitsmethoden waren der Art der Aufgabenstellung gut angepasst
Die Beteiligung war sehr ungleich: einige waren zu dominant, andere kamen nicht zum Zug	❑ ❑ ❑ ❑ ❑	Die Beteiligung war sehr ausgeglichen, alle kamen mit gleichem Gewicht zum Zug
Ich hatte den Eindruck, dass meine Beiträge nicht gefragt waren und nicht gehört wurden	❑ ❑ ❑ ❑ ❑	Ich hatte den Eindruck, dass meine Beiträge gefragt waren und gehört wurden
Ich fühlte mich gedrängt, bestimmten Meinungen beizupflichten	❑ ❑ ❑ ❑ ❑	Ich fühlte mich sehr frei, das zu äußern, was ich wollte
Ich bekam nicht die Hilfe, die ich gebraucht hätte	❑ ❑ ❑ ❑ ❑	Ich bekam die Hilfe, die ich brauchte
Die Zusammenarbeit in der Gruppe war nicht konstruktiv	❑ ❑ ❑ ❑ ❑	Die Zusammenarbeit in der Gruppe war sehr konstruktiv
Die einzelnen Gruppenmitglieder waren zu sehr auf ihren Vorteil aus	❑ ❑ ❑ ❑ ❑	Die einzelnen Gruppenmitglieder waren auf das gemeinsame Ziel hin orientiert

Quelle: Unv. Arbeitspapier von Strittmatter 1995

41

die Selbstevaluation nicht gemacht worden wäre, einigte man sich schnell darauf, dass man viel mehr „Ärger hätte, weil uns viele Zusammenhänge der Kommunikation unklarer wären und wir sicher nicht so selbstverständlich reflektieren würden".

8.2.3 Feedback in ‚Qualitätsteams'

Wenn Evaluation längerfristig zum Aufbau einer Feedbackkultur in der Schule beitragen soll und wenn sie sich auch auf die Ebene des Unterrichts auswirken soll, dann wird *Rückmeldung für einzelne Lehrkräfte* eine große Bedeutung haben. Um diese Rückmeldungen auch produktiv verarbeiten zu können, richten manche Ansätze, wie z. B. der FQS-Ansatz (vgl. Kap. 5.1), kleine ‚Qualitätsteams' ein. In deren vertraulichen Sitzungen können Lehrer Feedbacks von Schülern, Eltern und Kollegen besprechen und auswerten und, wo nötig, neue Lösungswege erarbeiten.

Nicht alle Lehrer erwarten von kollegialem Feedback große Impulse für die eigene Weiterentwicklung, weil

- Kollegen vielleicht andere Vorstellungen über guten Unterricht haben oder ‚eigene Steckenpferde' reiten;
- sie von Kollegen, die bisher keine Erfahrungen mit Unterrichtsbeobachtung erworben haben, keine präzise Rückmeldungen, sondern höchstens globale Einschätzungen erwarten;
- zwischen manchen Kollegen übertriebene Höflichkeit herrscht, die nur unverbindliche Rückmeldungen erwarten lässt oder im Gegenteil übertriebene Kritik, die andere Ansätze nicht gelten lässt;
- oft keine vertrauensvolle Beziehung zwischen Kollegen da ist, die Rückmeldung durch Kollegen als erstrebenswert erscheinen ließe.

Damit die Arbeit in Lehrergruppen, die gemeinsame Reflexion über ihre Arbeit durchführen (die wir hier ‚Qualitätsteams' nennen), ertragreich wird, müssen die Feedback-Daten

- von Kollegen zu wichtigen Fragestellungen, in als bedeutsam angesehenen Situationen und mit einigermaßen verlässlichen und praktikablen Methoden gesammelt werden und
- in konstruktiver Weise im „Qualitätsteam" besprochen, auf die Reichweite ihrer Aussagen untersucht und evtl. Konsequenzen für die Weiterentwicklung der Situation erarbeitet werden.

Damit es zu einer konstruktiven und von den Teilnehmern als nützlich erlebten Arbeit kommt, sind folgende *Bedingungen für die Zusammenarbeit in der Kollegengruppe* hilfreich:

- Die Mitglieder des Kollegiums können wählen, in welchem Qualitätsteam sie mit welchen Kollegen zusammenarbeiten.
- Die Teams unterhalten sich vor Beginn ihrer Arbeit über die Bedingungen und Regeln ihrer Zusammenarbeit und halten ihre Übereinkunft schriftlich fest. Insbesondere muss die Vertraulichkeit der in der Gruppe besprochenen Erfahrungen sichergestellt werden (vgl. Kasten 16).
- Die Mitglieder eines Teams halten sich in Rückmeldesituationen an vereinbarte Feedback-Regeln.
- (Spätestens) zu Beginn jeder Sitzung eines Qualitätsteams wird Klarheit über Zweck, Dauer und Moderation der Sitzung geschaffen, um frustrierende Leerläufe zu verhindern.

• Bei Fallbesprechungen werden Arbeitsformen gewählt, die sicherstellen, dass konstruktive Schritte zu einem besseren Verstehen des jeweiligen Falles erfolgen und vermieden wird, den Fallbringer mit guten Ratschlägen, eigenen Anekdoten oder Kritik einzudecken (vgl. z. B. Methode 21 und Methode 31).

Die Arbeit im Qualitätsteam selbst wird von Fall zu Fall reflektiert. Dies führt evtl. zu Beschlüssen über veränderte Vorgehensweisen und Arbeitsregeln. Die einfachste Form dafür ist das *Blitzlicht*, das z. B. regelmäßig am Ende einer Arbeitseinheit eingesetzt werden kann (z. B. „Was hat diese Sitzung in mir ausgelöst?" Nur persönliche und kurze Antworten sind erlaubt, keine langen Analysen, Bewertungen von Einzelpersonen oder neue Themen).

METHODE 31

Kollegiales Beratungsgespräch

Vorgangsweise
1. Der Akteur, der sich beraten lassen will, wählt unter den anderen Teilnehmern ‚drei Berater' aus, die gebeten werden, die Funktionen „Moderator", „Prozessbeobachter" und „Schreiber" zu übernehmen.
2. Anschließend stellt der Akteur die Situation dar (5 bis 10 Min.).
3. Die Gruppe stellt Verständnisfragen (5 bis 10 Min.).
4. Die anderen Teilnehmer versetzen sich als ‚Berater' in die Rolle des Akteurs und sammeln Eindrücke, Gedanken, Wahrnehmungen, Gefühle, Fantasien, aus denen sie am Ende ein Schlüsselthema (siehe unten) herausarbeiten (25 Min.).
5. Die Berater sammeln Lösungsvorschläge in einer Art Brainstorming (15 Min.).
6. Der Prozessbeobachter leitet mit seinem Bericht über den Ablauf eine Prozessreflexion ein (10 Min.).
7. Der Akteur entwickelt nun einen persönlichen Maßnahmenplan und macht eine Art Kontrakt mit sich selbst:
   • Was will ich erreichen?
   • Warum will ich das erreichen?
   • Wie will ich es erreichen?
   • Bis wann will ich es erreichen?
   • Wer kann mich dabei unterstützen?
   Dieser Kontrakt soll klar und überprüfbar sein. Er sollte nur enthalten, was für den Akteur wichtig ist.

Das Schlüsselthema
• soll dem Akteur die zentrale Entwicklungsrichtung anzeigen,
• soll der entscheidende „Hebel" für eine gezielte Veränderung des Verhaltens des Akteurs und des Systems sein,
• soll mit einer Vision verbunden sein: „Wie kann ich erreichen, dass …?"
• Es sollte
   – positiv und pointiert formuliert sein (z. B. durch eine Metapher),
   – beobachtbar sein,

– entwicklungsorientiert und erreichbar sein,
– ermutigend und herausfordernd sein,
– knapp und treffend sein.

Funktionen im kollegialen Beratungsgespräch:
Akteur:
- schildert seine Arbeitssituation so konkret, wie er sie erlebt,
- beschreibt seine Beziehungen zu Mitarbeitenden, Kollegen und Vorgesetzten,
- beschreibt Störungen und Konflikte in seinem Umfeld,
- beschreibt Ziele, Hoffnungen, Ängste und Zweifel,
- sagt etwas zu seinem eigenen Engagement,
- spricht konkret per „ich" (nicht „man").

Moderator
- hält die Gruppe am Thema,
- hält die Gruppe am methodischen Ablauf,
- spricht Konflikte an,
- lässt jeden zu Wort kommen,
- ist verantwortlich für die zeitliche Struktur,
- bringt sich auch selbst als Berater in das Gespräch ein.

Prozessbeobachter
beobachtet den Prozess im Hinblick auf folgende Fragen:
- Wie hat der Akteur sich eingebracht?
- Wie hat die Gruppe zusammengearbeitet?
- Wo gab es Störungen und Konflikte?
- Wie hat der Moderator geleitet?
- Wie ist das Klima? (angespannt, locker, lebendig, kreativ, zäh …)
- Wie erfüllt der Schreiber seine Aufgabe?
- Wie hat sich das Schlüsselthema des Akteurs ergeben?
Prozessbeobachter können sich auch selbst als Berater in das Gespräch einbringen.

Schreiber
hält die Eindrücke, Gefühle, Ideen etc. der Berater, die z. T. noch ‚ins Unreine ge-sprochen' und suchend und tastend hervorgebracht werden, in Stichworten fest. Er tut dies, ohne sie zu verfälschen bzw. der eigenen Meinung anzupassen. Der Schreiber kann sich auch selbst als Berater in das Gespräch einbringen.

8.3   Konflikte in Schulentwicklungsprozessen

Konflikte im Kollegium – welcher Lehrer, welche Lehrerin hat sie nicht erlebt, wer hat nicht darüber geklagt? Aller Erfahrung nach treten in Schulentwicklungsprozessen immer wieder Konflikte unterschiedlichen Ausmaßes auf, einesteils weil eine Neuerung immer wieder unterschiedlich bewertet werden kann, anderenteils weil in Zeiten intensivierter kollegialer Interaktion alte, vielleicht schlummernde Antagonismen reaktiviert werden können. Wir werden in diesem Kapitel versuchen, einige Perspektiven, mit denen Konflikte im Kollegium analysiert und gelassener bearbeitet werden können, zu erläutern. Wir tun dies, indem wir Fallmaterial aus Schulentwicklungsprozessen (in Kursivdruck) mithilfe verschiedener Theorie-Perspektiven interpretieren und erläutern. In den ersten beiden Abschnitten werden Konflikte zunächst unter der Perspektive des Umgangs mit Unterschiedlichkeit analysiert.[28] Abschnitt 8.3.3 thematisiert Konflikte als Ausdruck des Ringens um Macht und Einfluss in Organisationen. Abschnitt 8.3.4 verwendet schließlich das Konzept ‚Widerstand‘ und versteht diesen als eine Informations- und Energiequelle, die verstanden werden will. Abschließend werden Strategien des konstruktiven Umgehens mit Differenzen und Konflikten dargestellt.

8.3.1 Konflikte als Ausdruck von Differenzen

„Immer wenn Reinhard etwas sagt, muss Gerhard etwas dagegen sagen", analysiert ein Lehrer schmunzelnd das altbekannte Scharmützel zwischen seinem Schulleiter und einem Kollegen. „Das ist schon seit Jahren so", erzählt er weiter, „eine alte Rivalität, die sich wohl nicht ändern wird." Darauf angesprochen, reagiert der Schulleiter zunächst vorsichtig: „So schlimm ist das nicht. Ich weiß das und muss halt damit umgehen." Bald stellt sich jedoch heraus, dass ihm die ‚musterhafte‘ Reaktion des Kollegen lästig ist. Er ärgert sich zudem, weil dadurch oft Neues an der Schule verhindert wird. Soll eine neue Initiative angegangen werden, muss er darauf achten, dass das ‚oppositionelle Verhalten‘ von Gerhard nicht zu sehr auf die Stimmung des Kollegiums drückt. Denn Gerhard hat Einfluss.
„Stimmt schon, dass Gerhard sich bei Konferenzen oft zu Wort meldet. Aber daraus einen Konflikt zu konstruieren, halte ich für übertrieben!", meint ein anderer Lehrer abwehrend. Die ‚gespannte Beziehung‘ zwischen Gerhard und dem Schulleiter wird zwar in vielen Erzählungen über die Schule – z. B. als Anekdote über einen Wortwechsel – angedeutet, doch scheint es im Kollegium eine unausgesprochene Vereinbarung zu geben, ihr nicht näher auf den Grund zu gehen und am Bestehenden nicht zu rühren.

Konflikte weisen auf *Differenzen* hin, auf Unterschiede in Meinungen, Arbeitsauffassungen, praktischen Handlungen usw. Differenzen können ein Zeichen von Lebendigkeit sein: Unterschiede sind erlaubt, verschiedene Wege sind möglich, aus Vielfalt kann gelernt werden. In einem ‚Konflikt‘ wird die Differenz jedoch prekär, weil sie von mindestens einem Beteiligten als *Beeinträchtigung* erlebt wird (vgl. Glasl 1994, 14f). Konflikte deuten potenzielle ‚Flüssigkeit‘ und ‚aktuelle Verspannungen‘ an: Alternativen und Veränderungsnotwendigkeiten *können* schon partiell, sie *dürfen* aber noch nicht systemweit gedacht und realisiert werden.

---

28 Abschnitte 8.3.1–8.3.3 stützen sich auf Altrichter/Messner (2004) und (1999a).

Aber dann lässt es sich nicht mehr verhindern. Ein Schulentwicklungsprozess wird vom Schulleiter und einer Steuergruppe initiiert, und das Unausgesprochene kommt aus allen Poren des Systems. In Konferenzdiskussionen wird Gerhard laut, macht argumentativ Druck gegen das Vorhaben. In Vieraugengesprächen mit Kollegen stellt er es immer wieder in Frage. Die Steuergruppe hält sein Vorgehen für Obstruktion, seine informellen Aktivitäten für Intrige. Die Steuergruppe personalisiert: Gerhard ist ‚schuld‘ an den Schwierigkeiten beim Start des Entwicklungsvorhabens. Gerhard macht dasselbe: Schuld am ‚unnötigen Aufwand‘ sind Schulleiter und Steuergruppe. Die öffentliche Auseinandersetzung des Schulleiters mit Gerhards Argumenten ist heftig; informell versucht er – ebenfalls in Vieraugengesprächen – das Verhalten von Gerhard ‚herunterzuspielen‘: „Na ja, wir kennen ihn ja. Deshalb sollten wir das nicht so ernst nehmen.“ Auch Gerhard sucht und findet ‚Verbündete‘. Aber im Allgemeinen verhalten sich die anderen Mitglieder des Kollegiums vorsichtig. Fast niemand deklariert sich, und wenn, dann verschlüsselt.

Konflikte brauchen eine *Öffentlichkeit* und eine *Hinterbühne*. Typisch für die Eskalation von Konflikten ist, dass die Beteiligten andere Personen oder Gruppen miteinzubeziehen versuchen. Sie werden als Publikum für die Streitarena, als Unterstützung der eigenen Position und als Zeugen gegnerischer Unfairness rekrutiert. Viele Auseinandersetzungen brauchen eine öffentliche Bühne: Argumente oder Beschwerden werden nicht gleich vorgebracht, sondern bis zur nächsten Konferenz aufgehoben, wo sie ein ‚entsprechendes Forum‘ finden. Nicht alle Schachzüge eines Konflikts sind allerdings öffentlichkeitsfähig: Das Anwerben von Gefolgsleuten, die Erläuterungen der eigenen Position und der Schwächen des Gegenübers können ‚im kleinen Kreis‘ viel inhaltsreicher geschehen.

Gerade in der Eskalation wird ein Grundmechanismus von Konflikten deutlich: *‚zunehmende Projektion bei wachsender Selbstfrustration‘*. In einer Konfliktsituation ist jede Partei üblicherweise auch mit sich unzufrieden: Sie sieht eine ‚Differenz‘ zwischen der Realität und ihrem Idealbild von sich selbst. Sie will diese eigenen inneren Probleme jedoch nicht akzeptieren und schiebt sie der Gegenpartei in die Schuhe (‚Projektion‘). *Vielleicht ist der Schulleiter im obigen Beispiel mit der bisherigen Entwicklung der Schule unzufrieden und macht Gerhard dafür verantwortlich. Vielleicht ist Gerhard mit den Ergebnissen seiner Unterrichtsarbeit unzufrieden und sieht dafür die ‚zeitfressenden‘ Arbeitssitzungen der Schulentwicklungsgruppe als Ursache an.*

In gespannten Situationen geschieht es schon mal, dass die Konfliktparteien „heftig“ werden. Überzogene Vorwürfe oder aggressive Bemerkungen werden in entspannter Umgebung als „übermäßig“ bedauert, doch bleiben Skrupel zurück. Es braucht einen Entschuldigungs- und Erklärungsgrund für das eigene unkontrollierte Verhalten: „Die Provokationen der Gegenpartei haben mich dazu getrieben“ – eine weitere Projektion, die kurzfristig Luft verschafft und längerfristig einen neuen Eskalationszyklus in Gang bringt (vgl. Glasl 1994, 192 ff.).

Personen streiten, Systeme lassen streiten

‚Personalisierung‘ – also die Rückführung von Konfliktursachen auf die Merkmale von Personen – ist keine Erklärung für Konflikte, sondern eine Strategie zu ihrer Fortführung und Eskalation. Systemtheoretiker bieten eine andere Perspektive an: Konflikte sind „eigene soziale Systeme …, die Kommunikationsmuster und Handlungsspielräume definieren und spezifische Eigendynamiken entwickeln.“ Die Konfliktumgebung (das sind z. B. Personen, Aufgaben, Interaktionen, Gruppen, Organisationen oder die Gesellschaft) liefert „die notwendigen

Anlässe und Impulse zur Inszenierung des jeweiligen Konfliktsystems, welches sich durch die Bezugnahme auf die Kontexte auflädt und stabilisiert" (Lenglachner et al. 1994, 6).
Ein Konfliktsystem *bedient sich* Personen, um sich zu inszenieren und aufrecht zu erhalten. So kommt es auch, dass sich manche Konflikte trotz Austausch der Protagonisten gut regenerieren. So will in einer ‚entwicklungsblockierten Schule‘ – in der oft der Stoßseufzer „Ja, wenn wir nur einen anderen Schulleiter hätten …" zu hören war – auch nach der Bestellung einer neuen Leitungsperson nichts so recht weitergehen.

Auf Initiative der Steuergruppe kommt eine eintägige schulinterne Fortbildungsveranstaltung zustande, bei der alle Lehrer mit einer externen Beraterin ein gemeinsames Thema bearbeiten sollen. Aus dieser Absicht wird bald ein Aufarbeiten der Schulgeschichte. In einer Übung gruppieren sich die Lehrer in sechs ‚Organisationsgenerationen‘, die sich auch durch ihre Haltung zum neuen und pointierten Profil der Schule unterscheiden.
Und siehe da: Schulleiter und Steuergruppe entstammen großteils der ersten Gruppe. Seit der Schulgründung dabei, gehören sie zu den Autoren und ‚Fahnenträgern‘ des Schulprofils. Gerhard findet sich in jener Gruppe, die von Anfang an dabei war, aber die spezielle Profilierung ablehnte. Das Muster, das am Ursprung des Schulprofils steht, scheint sich bei der neuen Initiative zu wiederholen. Der ‚stillgehaltene‘ Konflikt bestimmt das System, die Organisation gruppiert sich gleichsam um ihn. Auch bei einem neuen Vorhaben werden beide Gruppierungen ihrer Rolle im System gerecht.

Der Satz vom Verschleiß der Energie

In jeder Schilderung von Konflikten spielt das Thema ‚Energie‘ eine große Rolle: Denn um Konflikte zu inszenieren, bedarf es einer gewissen Energie. Und sie können auch nur mit Energieeinsatz aufrechterhalten werden. „Konflikte verhalten sich wie Parasiten, die Energie fressen." (Lenglachner et al. 1994, 6)

Durch eine Aufstellung im Raum werden die Reaktionen der Gruppen aufeinander bewusst und begreifbar. Zwischen den Fahnenträgern der Profilidee und den Skeptikern, die sich im Raum auch tatsächlich gegenüber sitzen, scheint ein Seil gespannt zu sein. Einesteils hält das Seil die Gruppierungen zusammen. Viele Protagonisten scheinen – trotz gegenteiliger Beteuerungen – aus dem Konflikt Gewinn zu ziehen: Indem sie an der Idee arbeiten, sie bekämpfen oder das Treiben beobachten, haben sie soziale Kontakte und erleben sich als aktive Organisationsmitglieder. Sie bekommen Orientierung darüber, was in dieser Organisation gilt, und zudem die ‚Sicherheit‘, dass der unausgesprochene Konflikt von der Beschäftigung mit anderen Fragen der Schule abhält (z. B. Wird der Unterricht auch tatsächlich nach dem Profil gestaltet? Wie müsste ich meine Kompetenzen weiterentwickeln, um dem Profil gerecht zu werden?). In einer prekären Situation scheinen allerdings die ‚Neuen‘ zu sein: Sie haben die ‚Währung‘, die an der Schule gilt, noch nicht erkannt und erzählen von ihren Schwierigkeiten, sich zurechtzufinden und ‚Kontakt‘ zu bekommen.
Andererseits trennt das Seil auch: Um es gespannt zu halten, darf niemand seinen Platz grundlegend verändern, sich probeweise in die Schuhe des anderen stellen oder gar seine Meinung ändern. Viele Protagonisten sehen sich längerfristig in einer Verlust-Situation: Sie setzen immer mehr Energie ein, ‚um Ärgeres hintan zu halten‘ und werden ihrerseits energisch blockiert. Sie sehen, dass sie ihre Ziele nicht verwirklichen können; sie schließen Kompromisse, die sie selbst als ‚Halbheiten‘ desavouieren.

Arbeiten an der Wiederholung

Unbearbeitete Konflikte kehren wieder. Wenn Reinhard A sagt, dann muss Gerhard B sagen. Wenn die ‚Fahnenträger der Innovation' wieder etwas Neues aushecken, dann müssen die ‚Konservativ-Bequemen' vor dem Verlust bewährter Werte warnen. Was für die Protagonisten manchmal noch lustvolles Elaborieren schon gewohnter Muster in neuen Zusammenhängen bedeutet, erscheint Beobachtern oft als ritualisierter Austausch von schon bekannten Spielzügen. Die sie als ermüdend, nervend oder an ihrer eigenen Kooperationsbereitschaft zehrend beklagen.

Konflikte kehren zwar gern wieder, aber nicht ‚von selbst' – nicht absichts- und anstrengungslos. Das erfordert schon einen gewissen Einsatz. Am Stillstand will fleißig gearbeitet sein.

Nach der Fortbildungsveranstaltung gibt es aufgeregte Gespräche im Lehrerzimmer. Vor allem die ‚Beobachtenden' fühlen sich ‚missbraucht'. Das Thema der Schulgeschichte sei nie vereinbart gewesen, die Beraterin habe unbefugt geheime Schubladen aufgemacht, sagen die einen. Endlich habe man einmal die ‚wahren Verhältnisse' gesehen, meinen wiederum andere.

Die primären Konfliktpartner beteiligen sich nicht an der Aufregung. Ganz im Gegenteil sind sie überrascht über die heftigen Reaktionen. Aber die Aufregung beunruhigt sie. Die ‚Fahnenträger' versuchen zu beschwichtigen. Der plötzliche Blick in den Spiegel habe das Kollegium durcheinander geraten lassen. Es muss etwas geschehen, um die Kollegen ‚bei der Stange' – oder ‚am Seil' – zu halten. Weiterarbeiten wird abgelehnt. Die Schublade muss wieder geschlossen werden. Schulleiter und Steuergruppe müssen das Versprechen abgeben, keine weitere Fortbildungsveranstaltung zu planen.

Die ‚Fahnenträger' nehmen Rücksicht auf die aufgerührten Gefühle der ‚Beobachter'. Indem diese auf die ‚Rolle der Unbeteiligten' insistieren, zeigen sie, dass sie aktiv zum Konfliktsystem beitragen – durch ihr öffentliches Leiden an der Energievergeudung und ihr anstrengendes Nicht-Darüber-Sprechen.

Wie Funktionen und Aufgaben an der Schule übernommen und legitimiert werden, wie ihre Weiterentwicklung in Gang kommen kann, bleibt dadurch weiter ungeklärt. Durch den unbearbeiteten, doch erinnerten und latenten Konflikt über diese Frage scheinen die ‚Konfliktpartner' ihr System in Schach zu halten: Das eröffnet individuelle Handlungsspielräume, macht aber Unverbindlichkeit und Beliebigkeit zu einem Systemmerkmal. Lehrer dürfen ‚eigene Ideen' verwirklichen. Diese werden aber als Einzelinitiativen empfunden, nicht als Übernahme von Aufgaben für die Organisation. So fehlt es an Kontinuität und Wertschätzung, an institutioneller und kollegialer Stützung solcher Vorhaben. Der latente Konflikt lässt grüßen. Die Lehrer versuchen damit selbst fertig zu werden. Das zehrt allerdings. Manche ziehen sich zurück, gehen in die innere Emigration.

Die Klage über die ‚rituelle Wiederkehr' von Konflikten ist schnell ausgesprochen, wahrscheinlich aber selbst Teil dieses gleichförmigen Spiels. Viel interessanter erscheint die Frage nach der ‚Rückseite der Medaille': Wie steht es um *Rituale produktiver Konfliktbearbeitung?* Unserer Beobachtung nach sind viele Schulen in dieser Beziehung ausgesprochen ‚ritualarm'. Vielleicht gilt für den Umgang der Kollegen miteinander manches, was in der Diskussion über Rituale im Unterricht (vgl. Groeben 2000) betont wurde: Alte Ordnungen, die ein Potenzial für Konfliktlösung (oder auch: Konfliktvermeidung, -überdeckung,

-unterdrückung) hatten, haben sich desavouiert oder wurden demontiert: z. B. die fraglose Anerkennung von Über- und Unterordnung im Kollegium, die Konfliktregelung nach dem Anciennitätsprinzip, das Gebot der Höflichkeit und des Nicht-Eskalierens von Streit in gleichgestellten Beziehungen. Neue Anforderungen sind dazu gekommen, wie z. B. fächerübergreifender Unterricht, Zusammenarbeit bei Schulprogramm und Evaluation. Sie setzen Kollegen in Aushandlungsbeziehungen – mit dem potenziellen Ergebnis gegensätzliche Interessen zu entdecken. Weil an vielen Schulen orientierende und entlastende ,Formen' dafür fehlen, wie mit Meinungsverschiedenheiten unter Lehrern umgegangen werden kann, müssen sie unter ,persönlichem' Einsatz ausgekämpft werden (vgl. Steffensky 1994).

Gesucht sind also Formen oder Rituale produktiver Konfliktbearbeitung, die es z. B. ermöglichen, Differenzen im Kollegium zuzulassen, sich aus verfestigten Fraktionierungen herauszuwagen und in wechselnden Gruppen mitzuarbeiten (was unserer Erfahrung nach in kritischen Situationen sehr schwer fällt; vgl. Altrichter/Rasch 1997a, 56 f.). Dies alles nicht um Konflikte zu vermeiden oder möglichst schnell zu beenden, sondern unter folgender Perspektive: Konflikte bieten uns – wenn auch zunächst vielleicht in belastender und verzerrter Weise – reiche Informationen über reale Komplexität an. Wie kann ich Konflikte nutzen, um Komplexität zu verstehen und zu besseren Lösungen zu gelangen (vgl. Lenglachner et al. 1994, 9)?

8.3.2 Schulentwicklung heißt einen Unterschied machen

Wir beschäftigen uns hier mit ,Differenzen' nicht bloß, weil Konflikte unangenehm sind, sondern weil Schulentwicklung ursächlich mit ,Differenz' zusammenhängt. Schulkollegien sind ja eigentlich – verglichen mit der Mitarbeiterschaft vieler anderer Betriebe (z. B. mit dem Supermarkt um die Ecke und dem Metallproduktionsbetrieb um die nächste) – relativ homogene Gebilde, z. B. hinsichtlich des Ausbildungsstandes, der sozialen Verortung und der ethnischen Herkunft, und oft sogar hinsichtlich des Alters und der kulturellen Vorlieben ihrer Mitglieder. Wenn das Thema der Unterschiedlichkeit im Kollegium dennoch der Erörterung wert ist, dann aus zwei Gründen: Erstens, weil in Kollegien – angeblich – ein besonders hohes Bedürfnis nach Gleichbehandlung der einzelnen Lehrer herrscht (dazu weiter unten). Und zweitens, weil Schulentwicklung auch heißt, einen Unterschied in die Organisation einführen zu wollen: zwischen vorher und nachher, zwischen alten und neuen Praktiken, zwischen früheren und späteren Kriterien für Wertschätzung. Dies führt zunächst zu erhöhter innerorganisatorischer Auseinandersetzung, die mehr oder minder konfliktreich ist: Umordnung bringt Unordnung (vgl. Altrichter/Posch 1996). Die Energie, die in der Kraftanstrengung eines neuen Entwicklungsimpulses und den Spannungen einer Anfangssituation zum Ausdruck kommt, für eine vorwärts gerichtete Entwicklungsarbeit nutzbar zu machen, erfordert offenbar auch das konstruktive Umgehen mit Unterschieden.

Szene 1: Gleich und gleich gesellt sich gern

Wenn die durch Schulentwicklung neu einzuführende ,Differenz' entlang bestehender Unterschiede – z. B. entlang bestehender Spannungslinien im Kollegium – verstanden wird, dann … gibt es Probleme.

An einer Schule soll ein neuer Schritt der Schulentwicklung erfolgen. Dafür soll eine Steuergruppe eingerichtet werden. Der Schulleiter bittet um Zumeldung von „engagierten Kollegen". Nach und nach melden sich einige Lehrer dafür, die schon bisher Entwicklungsaktivitäten trugen und die ‚ganz gut miteinander können' – eine ‚Koalition der Willigen' entsteht. Tatsächlich lässt sich die Vorbereitungsarbeit der Gruppe ganz gut an: Sie findet nach einiger Zeit zu einem Konsens für einen Vorgehensvorschlag, auf den die Gruppe letztlich recht stolz ist. Als die Gruppe diesen Vorschlag dem Gesamtkollegium vorlegt, kommt es zu – für die Gruppe ‚sachlich unverständlichen' – kritischen Stellungnahmen von einigen Kollegen, die letztlich das Gesamtkollegium so verunsichern, dass beschlossen wird, den Vorgehensvorschlag ‚noch einmal zu überarbeiten'. Auch nachdem sich die Gruppe ‚immer besser' auf die Begegnungen mit dem Gesamtkollegium vorbereitet und mit ‚unentschiedenen Kollegen' vorbereitende Gespräche führt, erscheinen ihr die Abstimmungen im Gesamtkollegium letztlich als ‚Glücksspiel', das immer von hyperkritischen Diskussionen begleitet ist und bei dem die Abstimmungsergebnisse von zufälligen Dynamiken abhängen.

In unserer Interpretation liegt eine Erklärung des geschilderten Beispiels in der Art, wie die Steuergruppe, die für den Schulentwicklungsprozess vorbereitende und koordinierende Funktion übernehmen sollte, gebildet wurde: Offenbar lagen in dieser Schule zu Beginn des Entwicklungsprozesses unterschiedliche Einstellungen über dessen Sinn und Richtung bei den beteiligten Lehrern vor: Manche Lehrer wollten die Entwicklung der Schule aktiv gestalten und andere lehnten sie aus verschiedenen Gründen ab. Die Steuergruppe wurde – durch die intuitive Zuordnung nach Sympathie – ‚entlang' dieses Unterschiedes gebildet, statt die Unterschiede in sich aufzunehmen. Dies erlaubte ein befriedigendes Arbeiten innerhalb der Steuergruppe und erbrachte Ergebnisse, in denen die Gruppenmitglieder relativ viele ihrer Vorstellungen unterbringen konnten. Bei der ‚Wiederbegegnung' mit dem Gesamtkollegium waren die ursprünglichen Unterschiede jedoch nicht verschwunden. Im Gegenteil, durch die ‚gute Vorbereitung' der Steuergruppenmitglieder mussten Skeptiker, die sich einer ‚Missionierung' ausgesetzt fühlten, mit ‚schwereren Geschützen', d. h. stärkeren Argumenten, auffahren. Die Steuergruppe beantwortete das, was sie als ‚emotionalen Boykott' erlebte, mit noch besserer Vorbereitung und noch besseren Argumenten. Was seine Karriere als Einstellungsunterschied zwischen Kollegen begonnen hatte, wurde nach und nach zu einem polarisierenden Faktor.

Der Schulleiter, der den Schulentwicklungsprozess ja wollte, die Steuergruppenbildung initiiert und deren Arbeit zunächst unterstützt hatte, versuchte, als der Konflikt immer schärfer ausgetragen wurde, eine ‚vermittelnde Position' einzunehmen. Dies wurde von der Schulöffentlichkeit als ein Positionswechsel wahrgenommen, den die Mitglieder der Steuergruppe als ‚sich auf die andere Seite Schlagen' interpretierten. Als der Schulleiter nach einiger Zeit nicht bereit war, eindeutig Position für die Vorschläge der Steuergruppe zu beziehen, ‚warf diese das Handtuch'. Zwei der damals aus fünf Lehrern bestehenden Steuergruppe sind heute nicht mehr an der Schule tätig, die anderen haben sich enttäuscht auf ihren Unterricht zurückgezogen und/oder ihre Interessen auf neue Aufgaben in der Lehreraus- oder -fortbildung verlagert.

Rückblickend kann man sagen, dass man bei der Bildung der Steuergruppe eine Abkürzung zu nehmen versuchte und dabei auf einen Umweg geriet: Kollegen, die ein *persönliches* Interesse an Schulentwicklung hatten, wurden dazu gebracht, eine *organisationale* Auf-

Wozu? Zweck des Gremiums
- *Kommunikationsplattform:* Erleichterung der Kommunikation an der Schule
- *Informationsdrehscheibe:* Verbesserung des Informationsflusses zwischen Teams und Schulleitung
- *Diskussionsplattform für Schulprogramm:* Gemeinsame Beratung über einzelne Schritte
- *Beratungsgremium für Schulleitung beim Schulprogramm:* Beratung für die Entscheidungen der Schulleitung beim Schulprogramm

Wer und wann? Kontextbedingungen
- Vorsitz und Einberufung durch Schulleiter
- Teamsprecher der Unterstufen- und Oberstufenteams sowie mindestens ein Vertreter der Personalvertretung und des Schulpartnerschaftsgremiums
- eine Sitzung pro Monat
- wenn notwendig Organisation von Unterrichtsvertretung
- Information der Teamsprecher in den Teams
- Protokoll (rotierend)

Was? Verantwortlichkeiten
- Alle Entscheidungen in Hinblick auf den Entwicklungsprozess werden vom Schulleiter getroffen (Letztverantwortung)
- Sitzungsmitglieder haben beratende Funktion
- Teamsprecher arbeitet im Auftrag des Schulleiters
- Teamsprecher ist *primus inter pares* im jeweiligen Team und Multiplikator
- Explizites Einverständnis des Gesamtkollegiums (Unterschrift der „Verfassung")

Abb. 43: Verfassung für eine Steuergruppe

gabe, nämlich jene der Koordinierung der Schulentwicklung zu übernehmen. Schulleitung wie ‚Steuergruppenfreiwillige' glaubten damit, ‚zwei Fliegen mit einem Schlag' erlegen zu können. Allerdings wurden damit auch die persönlichen Anliegen einzelner Lehrer organisationell instrumentalisiert. Sobald in der Schulöffentlichkeit nicht mehr akzeptiert war, dass die Steuergruppe eine *organisationelle* Aufgabe übernommen hatte – und der Rückzug des Schulleiters auf eine ‚vermittelnde Position' ist gleichzeitig Ausdruck und Reaktion auf diese Nicht-Akzeptanz –, wurden die Steuergruppenmitglieder auch *persönlich* angreifbar, sie würden ‚nur ihre persönliche Anliegen unter dem Deckmantel der Schulentwicklung' betreiben.

Ein zweites Beispiel: *An einer anderen Schule, die einen ähnlich, wenn auch nicht ganz so dramatisch misslungenen ersten Versuch der Bildung von Steuergruppen hinter sich hatte, führte der Auftrag der Schulbehörde, ein Schulprogramm zu entwickeln, zur neuerlichen Einrichtung einer Steuergruppe. Zwei Dinge wollte man allerdings beim zweiten Mal anders machen: Erstens sollte die Zusammensetzung der Steuergruppe bewusst die Heterogenität der Einstellungen gegenüber dem externen Entwicklungsauftrag widerspiegeln und auch die offiziellen Vertretungsfunktionen der Schule aufnehmen: je einen Delegierten der Personalvertretung (i. e. Personalrat)* und des Schulpartnerschaftsgremiums. Zweitens wurde explizit in einer ‚Verfassung' (siehe Abb. 43) festgehalten, dass die Mitarbeit in der Steuergruppe als begrenzte Dienstleistung an der Organisation und nicht als Verfolgung persönlicher Interessen, aber auch nicht als Übernahme von Führungsverantwortung für die gesamte Organisation zu verstehen wäre. Diese Botschaft, die ja eine deutliche Veränderung gegenüber dem vorhergehenden Entwicklungsprozess signalisieren sollte, wurde als beratende Funktion der Steuergruppe für den Schulleiter, der für die Entwicklungsentscheidungen explizit Letztverantwortung übernahm, gefasst.

Die vielleicht ‚überdeutliche' Zuweisung von Entscheidungsgewalt an den Schulleiter und das schriftliche Einverständnis des Kollegiums ist als Reaktion auf die besondere Vorgeschichte zu interpretieren. Das deutliche Signalisieren von begrenzter, organisationeller Verantwortlichkeit und die Herstellung von mehr Verbindlichkeit soll den vorausgegangen Energieverlust durch die Auseinandersetzungen in der heterogenen Lehrerschaft vermeiden und die Mitglieder der Steuergruppe vor persönlichen Anfeindungen schützen. Die ‚Verfassung' enthält einesteils Tribute an die Gleichheit aller Lehrer (siehe ‚primus inter pares'), legt anderenteils dann doch unterschiedliche Funktionen fest (‚primus', Beratung, Information, ‚Multiplikator'), die aber deutlich begrenzt werden. Dies ist ein Unterschied zur Bildung der ersten Steuergruppe vor mehreren Jahren, bei der implizit Führungsverantwortung im Schulentwicklungsprozess zugeschrieben und damit Gleiche über Gleiche gestellt wurden.

Was uns ‚Diversity Manager' empfehlen

Die Lehrer im ersten Fallbeispiel haben – mit einer kollektiv zu erbringenden Leistungsanforderung konfrontiert – ‚intuitiv' eine ‚Gruppe Gleichgesinnter' gesucht. Team- und Organisationsentwickler empfehlen dagegen – ‚kontraintuitiv' – derartige Arbeitsgruppen heterogener zusammenzusetzen: Heterogenität wird dabei nicht als Abweichung von der Norm und Unangepasstheit, sondern als Facettenreichtum und Ressource verstanden.

Gut gemeint. Aber welche Argumente können einen solchen Perspektivenwechsel stützen? Das Akzeptieren von Unterschiedlichkeit und das produktive Umgehen mit Diversität ist zunächst ein humaner Wert. Das demokratische Argument, das sich in letzter Konsequenz auf die Menschenrechte zurückführen lässt, fordert, dass Personen mit unterschiedlichen sozialen Merkmalen eine gleiche Chance erhalten, sich an sozialen Gestaltungs- und Entscheidungsprozessen zu beteiligen. Das organisationsentwicklerische Argument empfiehlt, jene Gruppen oder Foren, in denen Entwicklungsentscheidungen vorbereitet und/oder getroffen werden, so zusammenzusetzen, dass sie die reale Strukturierung der Schule – und d. h. auch ihre Heterogenität – widerspiegeln. Tun sie das nicht, dann werden diese Entwicklungsvorschläge im ‚mikropolitischen Spiel' der Organisation als Produkt und Interesse einer Partei (oder Koalition von bestimmten Parteien) angesehen, die dazu dienen, den Einfluss und die Bedeutung dieser Partei zu fördern. Dies ist ungünstig, weil sich damit das Entwicklungsprojekt (das ja selbst eine ‚Spannung' zwischen dem bestehenden Zustand und der angestrebten Innovation aufbaut) in den schon vorher bestehenden Spannungslinien platziert, gleichsam vorhandene Spannungen auf sich zieht und zu deren Brennpunkt wird.

Das – heute wahrscheinlich zugkräftigste – Argument verspricht schließlich mehr Leistung durch die bewusst heterogene Zusammenzusetzung von Gruppen und Organisationen. Wer schon einmal das sog. NASA-Experiment, bei dem verschiedene Hilfsmittel für einen Mondausflug nach ihrer Nützlichkeit beurteilt werden sollen (vgl. Pfeiffer/Jones 1969), durchführte, wird nicht mehr erstaunt sein, dass – besonders bei komplexen Problemstellungen und Veränderungsprozessen, die informationelles Neuland betreten (vgl. Voigt 1993, 35 f.) – heterogen zusammengesetzte Gruppen homogenen Teams und Einzelpersonen überlegen sind. Solche Gruppen können auf ein reicheres Reservoir an Ideen, Wissen und Qualifikationen zurückgreifen; unterschiedliche Einstellungen und Bewertungen halten alternative Möglichkeiten der Wirklichkeitsinterpretation in der Gruppe präsent, die sie in ihre Argumentationen und Problemlösungen einbauen können.

Auch in der wirtschaftlichen Praxis wurde dieser Leistungsvorteil heterogener Einheiten dokumentiert: So fanden Ng/Tung (1998) in den Filialen einer kanadischen Bank mit ethnisch-kulturell heterogener Belegschaft eine deutlich größere Profitabilität als in ethnisch-homogenen Filialen; sie betonen jedoch, dass der Zusammenhang zwischen Heterogenität und Leistung oft durch eine Reihe demographischer Variablen moderiert wird. Die Studie zeigt aber auch, dass dieser Gewinn nicht ohne Kosten kommt und erarbeitet werden muss. In den ethnisch-heterogenen Filialen fanden sich nämlich gleichzeitig geringere Werte bei Arbeitszufriedenheit und *commitment* zur Organisation sowie höhere Raten von Berufswechsel als in Filialen mit homogener Belegschaft. Gerade weil damit eben auch Leistungsaspekte angesprochen sind, hat die Frage des Umgehens mit Diversität in letzter Zeit in Profit-Organisationen Beachtung gefunden. Unternehmen sehen sich im Zuge gesellschaftlicher Veränderungen mit einer zunehmenden externen und internen Vielfalt konfrontiert (Aretz/Hansen 2003, 10): vielfältige Kundenbedürfnisse werden rezipiert und hinsichtlich unterschiedlicher Absatzmärkte differenziert; die Ressourcenbeschaffung wird ebenso globalisiert wie die Geschäftstätigkeit vieler Betriebe selbst; die Mitarbeiterstruktur wird ethnisch, kulturell, altersmäßig und geschlechtsbezogen unterschiedlicher; Manager müssen im sich globalisierenden Wettbewerb international agieren und mit den – in den Arbeitsteams und in den Außenbeziehungen auftretenden – Unterschiedlichkeiten produktiv umgehen können (vgl. Hohr 2002).

Wie kann man in einer Organisation mit der Unterschiedlichkeit der Mitarbeiter umgehen? Man kann sie Ignorieren (Verleugnen, Ausschluss), Unterdrücken (Assimilation, Isolation) oder Tolerieren. Man kann aber auch aktivere Haltungen dazu einnehmen. Aretz und Hansen (2003, 16 ff.) unterscheiden *drei Ansätze,* die mögliche Lösungsstrategien und ihre spezifischen *biases* auch für das Umgehen mit Diversität in anderen Feldern, z. B. in der Schule, bewusst machen: Der *Anti-Diskriminierungsansatz* versucht mögliche Problemfelder für Diskriminierung in einer Organisation zu identifizieren und durch gesetzliche oder organisationsinterne Regelungen (z. B. Quoten) und Verhaltensregeln (z. B. Verhaltenscodes) zu entschärfen. Von der dabei signalisierten Leitidee der sozialen Gleichheit kann aber ein starker Assimilationsdruck auf Minderheitenpositionen ausgehen, der Vielfalt eher unterdrückt. Zudem können Gegenbewegungen zur „positiven Diskriminierung" entstehen.

Der *zielgruppenorientierte Ansatz* versucht gezielt, spezifische Diversität in der Mitarbeiterschaft zu vergrößern, weil er davon ausgeht, dass es für Entwicklung, Produktion und Marketing von Produkten oder Dienstleistungen günstig ist, wenn der vermutete typische Kundenkreis sich in der Mitarbeiterstruktur widerspiegelt bzw. wenn bestimmte Kundensegmente durch aus diesen Segmenten stammende Mitarbeiter bearbeitet werden. Im

Gegensatz zum ersten Ansatz sieht der zweite Diversität nicht als ein Problem, sondern als einen Wert an, den er im Sinne der Organisationsziele instrumentalisiert. Problematisch ist, dass dieser Ansatz „zur Stereotypisierung förmlich einlädt, da Mitarbeiter auf ihre Zugehörigkeit zu einer bestimmten sozialen Gruppe reduziert und ‚gruppentypische' Einstellungen und Verhaltensweisen erwartet bzw. gefordert werden" (a. a. O., 17).

Der *lernorientierte Ansatz* geht schließlich davon aus, dass die Unterschiedlichkeit der Perspektiven, die Personen einbringen, eine Voraussetzung und besondere Chance für organisationales Lernen ist. Monokulturelle Organisationen erscheinen in dieser Perspektive als „zu starr und vergangenheitsorientiert, zu wenig lern- und anpassungsfähig und zu wenig kreativ und innovativ" (Aretz/Hansen 2003, 13). Dieser Ansatz will Raum schaffen, durch den Mitarbeiter ihre „individuelle Persönlichkeit mit ihren sozialen und kulturellen Bezügen in die Organisation" einbringen können. Unterschiedlichkeit soll nicht homogenisiert werden, sondern für die ganze Organisation nutzbringend eingesetzt werden, ohne die Mitarbeiter – wie im zweiten Ansatz – in begrenzter Segmentverantwortlichkeit zu isolieren. Problematisch kann die Konzentration auf das Lernen in Arbeitsprozessen und die damit einhergehende Vernachlässigung anderer wichtiger Dimensionen, wie „der Unternehmenskultur, der Betriebsgemeinschaft und der Führung bzw. des Managements" (a. a. O., 18), sein.

Natürlich hat uns die ausgiebige Verwendung des ultraabstrakten Terminus „Differenz" in den vorangegangen Abschnitten erlaubt, Äpfel mit Birnen zu vergleichen: Ethnisch-kulturelle Herkunft ist in dieser Perspektive ebenso ein ‚Unterschied' wie unterschiedliches Geschlecht, Kompetenz, Engagement, Alter, Anstellungssicherheit oder gesellschaftspolitische und bildungspolitische Einstellung. Wir haben dafür zwei Entschuldigungen: Erstens scheint es bisher wenig systematische Auseinandersetzung mit der Bedeutung von Unterschieden in Organisationen zu geben, sodass es vielleicht lohnt, auch aus weit hergeholten Beispielen Hypothesen und Frageansätze zu entwickeln. Zweitens meinen wir, dass *relevante Unterschiede* im Sinne der Organisation und ihrer Entwicklung erst durch „soziale Definition in organisationalen Interaktions- und Kommunikationszusammenhängen" (Aretz/Hansen 2003, 18) zu solchen gemacht werden. Das heißt also: Die oben genannten Unterschiede, die ein mehr oder weniger geschärfter analytischer Blick an den Organisationsmitgliedern entdeckt, *können* gleichsam als Futter in den innerorganisatorischen Transaktionen dienen und durch sie zu einem ‚organisationsrelevanten Unterschied' definiert werden, der in den Interaktionen und Strukturen der Organisation immer wieder vorkommt und auch von den Mitgliedern gespürt wird, sie *müssen* es *aber nicht.* Herauszufinden, welche ‚Unterschiede' für die aktuelle Konstruktion der jeweiligen Schule relevant sind und wie sie von den durch die Schulentwicklung neu eingeführten Unterschieden tangiert oder gar bedroht werden, darin besteht die Kunst von Organisationsentwicklern.

Szene 2: Die ‚Abseitsstehenden'

Wer hat nicht schon die Klage in sich entwickelnden Schulen gehört, dass alle Arbeit an einigen wenigen (und immer denselben) hängen bleibe und andere sich einer Beteiligung entzögen. Die „Hilflosigkeit im Umgang mit offen oder verdeckt abseitsstehenden Kollegen" führt zu energiefressenden Teufelskreisen von Werben, Rechtfertigung und Schuldzuschreibungen (vgl. Strittmatter 1997d, 39). Wo dies in dieser Krassheit zutrifft, besteht recht wahrscheinlich ein Führungs- und Kooperationsproblem. Auf der anderen Seite ist ein gewisses Maß an unterschiedlicher Beteiligung in allen Schulen zu erwarten, spiegelt sie doch die Unterschiedlichkeit der Lebenssituationen und -phasen (vgl. Huberman 1989), der Interessen, der Kompetenzen etc. wider. Die ,organisationelle Reife' einer Schule zeigt sich wahrscheinlich gerade daran, dass sie sich nicht durch derartige Unterschiedlichkeit

---

Unterschiede im Entwicklungsprojekt zulassen

Folgende Strategien können dazu unserer Erfahrung nach förderlich sein:

- Vereinbarung von nuancierten Mitarbeitsmöglichkeiten, aber das für das jeweilige Projekt notwendige Maß an Mindestbeteiligung festlegen und durchsetzen

  Beispiel für ein Mindestbeteiligungserfordernis bei einem Evaluationsprojekt: *Im Verlauf eines Schuljahres an zwei Konferenzen teilnehmen; ein Evaluationsthema formulieren; dreimal Feedback bei Schülern oder erfahrenen Kollegen einholen; Konsequenzen aus dem Feedback formulieren und im nächsten Schuljahr realisieren; an einem ,Besuchertag' für Interviews zur Verfügung stehen.*

- Mitarbeitsmöglichkeiten entdecken

  Beispiel: *Der Leiter einer Schule, die an einem Qualitätsevaluationsprojekt teilnahm, berichtete folgende Anekdote: Eine relativ kurz vor ihrer Pensionierung stehende Lehrerin wollte sich nicht an den Selbstevaluationsmaßnahmen der Lehrer beteiligen. Der Leiter meinte: „Du bereitest doch seit Jahren die Theateraufführung der Schule vor, die eindeutig zu den Stärken unserer Schule zählt. Ich habe Sorge, dass dieses Wissen um die Theaterorganisation der Schule mit deiner Pensionierung verloren geht. Schreib doch einmal in diesem Schuljahr alle Schritte, die du von der ersten Idee bis zur Nacharbeit nach der Aufführung setzt, auf und halte wichtige Tipps und Gesichtspunkte fest. Bei ein paar Punkten können wir dann Deine jeweiligen ,Gegenüber' (wie Kollegen, Schüler, Theaterleute etc.) um ihr Erleben bzw. nach Verbesserungsvorschlägen dafür fragen.*

  Interessant bei diesem Beispiel ist, dass eine Lehrerin, die vielleicht unter anderen Umständen ,abseits gestanden' wäre, in das Evaluationsprojekt mit einbezogen wird, allerdings nicht in einer schematischen Form, sondern entlang eigener Interessen, die dadurch auch als eine Stärke der Schule definiert werden.

- Ausarbeitung einer Projektorganisation, die einmal beschlossenen Entwicklungsprozessen einen Erprobungszeitraum zugesteht, in dem die Innovation nicht immer von ,Abseitsstehenden' in Zweifel gezogen werden kann: Diese Schutzzeit soll Raum für die Entwicklungsarbeit, aber auch für eine Evaluation schaffen, die nicht von vornherein aufgrund des Außendrucks durch die ,Skeptischen' rein defensiv ist und Entwicklungsschwierigkeiten der Innovation unterdrückt.

- Laufende Information der weniger Beteiligten, Offenhalten von verschiedenen Einstiegs- und Beteiligungsmöglichkeiten im Verlauf des Projekts.

blockieren lässt und für ihre Entwicklungsprozesse eine Projektorganisation aufbaut, die unterschiedliche Verantwortungs- und Beteiligungsmöglichkeiten erlaubt und klar macht.

Das Bedürfnis nach Gleichheit im Kollegium

Individuen sind in sich „divers"; sie haben verschiedene Facetten. Da nicht alle Differenzen offensichtlich sind, können sich Organisationsmitglieder in manchen Fällen entscheiden, welche Unterschiede sie öffentlich machen wollen. Insofern ist das Ausmaß an ‚realer Diversität' in einer Organisation immer größer als ihre sichtbare Ausprägung (vgl. Aretz/Hansen 2003, 25). Manche ‚Differenzen' sind in einer bestimmten Organisation öffentlichkeitsfähig (z. B. in einer Schule, ob ein Lehrer selbst Kinder hat oder nicht), andere dürfen in den schulischen Transaktionen nicht offen verwendet werden.

Kollegien wird oft nachgesagt, dass sie ein besonderes Bedürfnis nach Gleichheit unter den Lehrpersonen hätten. Nun sind uns zwar keine vergleichenden Gleichheitsmessungen zwischen verschiedenen Organisationen bekannt, wohl aber eine gute Erklärung, warum Lehrer ein Bedürfnis nach Gleichbehandlung haben. Der amerikanische Bildungssoziologe Dan Lortie (1975) hat eine Erklärungsfigur vorgelegt, die in letzter Zeit auch im deutschen Sprachraum viel verwendet wurde: Lehrer arbeiten in einem Beruf, der durch starke *Ungewissheit über beruflichen Erfolg* charakterisiert ist: Der Erfolg ihrer Arbeit – der gebildete Mensch – zeigt sich erst nach längeren Prozessen,

- die im Prinzip ‚unendlich' sind, jedenfalls meist außerhalb ihrer Sichtweite (z. B. in der weiterführenden Schule, im Beruf) zu ersten einschätzbaren Ergebnissen führen,
- zu denen sie nur indirekt beitragen (‚Selbsterziehung'),
- über die sie nur wenig explizite Rückmeldung bekommen und
- über die kein akzeptierter Schatz an Fachwissen existiert, der ihnen die Einschätzung ihrer Handlungen als dem ‚anerkannten Wissenstand entsprechend' erlaubte.

Nach Lortie hat sich im Verlaufe der historischen Entwicklung des Lehrerberufs eine kulturelle Strategie herausgebildet, die erlaubt, diese Ungewissheit – und das Leiden an ihr – gleichsam zu bannen: Das sog. *Autonomie-Paritäts-Muster*. Es behauptet, dass das kollegiale Umgehen in einem traditionellen Kollegium zwei wesentliche Verhaltensregeln nicht verletzen darf. 1. Kein Erwachsener darf einem Lehrer in seine Arbeit dreinreden (Autonomie). 2. Alle Lehrer sind gleich zu behandeln, auch wenn sie sich in Kompetenzen, Interessen, Engagement etc. unterscheiden (Parität). Konsequenz: Wenn die Autonomie des Klassenzimmers gewahrt bleibt und alle Lehrer unter allen Umständen gleichbehandelt werden, dann lässt sich's leichter mit der Ungewissheit über den tatsächlichen Erfolg der eigenen Tätigkeit leben.

Die wenigen empirischen Untersuchungen, die bisher im deutschen Sprachraum zu dem Thema gemacht wurden, deuten an, dass die Sache etwas komplizierter ist, aber in ihrer Kompliziertheit für Schulentwicklung bedeutsam. In einer Untersuchung an österreichischen berufsbildenden Schulen wurden drei Lehrergruppen mit unterschiedlichen Einstellungen gefunden (vgl. Altrichter/Eder 2004): Eine Gruppe von meist hierarchisch schlechter gestellten Lehrern, die dem Autonomie-Paritäts-Muster voll anhing; eine Gruppe von meist hierarchisch besser gestellten Lehrern, die Autonomie für ihre Lehrtätigkeit in Anspruch nahm, aber bereit war, gewisse Ungleichheiten, v. a. in Form von besserer Bezahlung für ‚leistungsstarke Lehre' (also für sich selbst) in Kauf zu nehmen; sowie eine Gruppe von Lehrern, denen Kooperation und Abstimmung wichtiger war als Autonomie. Beim

Vergleich von entwicklungsaktiven und eher passiven Schulen zeigte sich, dass der relativ größere Anteil der dritten Gruppe vis à vis den anderen beiden ein wiederkehrendes Charakteristikum entwicklungsaktiver Schulen war. In zwei anderen Studien wurden schließlich Hinweise für die Hypothese gefunden, dass selbst in ausgesprochenen Teamsituationen, in denen Lehrer einen Teil ihrer Autonomieansprüche aufgeben, großer Wert auf Aufrechterhaltung von ‚Gleichheit' im Team gelegt wurde (vgl. Sertl et al. 2001; Altrichter/Soukup-Altrichter 1998).

In Schulentwicklungsprojekten werden üblicherweise neue Strukturierungen in ein Kollegium gebracht, die den kollegialen Gleichheitsvorstellungen widersprechen (vgl. Strittmatter 1997b, 28). Schon allein deshalb erzeugen sie Unruhe und werden immer wieder in Wort und Tat in Zweifel gezogen. Wer schon einmal ziemlich ausschweifende Diskussionen darüber, ob Steuergruppen „Steuer"gruppen heißen sollen, die ironischen Bemerkungen über Kollegen, die begrenzte Leitungsfunktionen (z. B. in Qualitätsgruppen) übernehmen (Marke: „Du willst wohl Direktor werden!") oder die Fragilität von Delegationsentscheidungen, die immer wieder unterlaufen und neu gefällt werden, miterlebt hat, weiß, was hier gemeint ist. Die Situation wird unserer Erfahrung nach noch kritischer in Evaluations- und Qualitätsentwicklungsprojekten, weil in diesen zusätzliche Informationen erhoben werden, die es erlauben, Unterschiede zwischen Kollegen (z. B. bezüglich Lehrleistung, Beliebtheit bei Schülern) zu machen (vgl. Altrichter/Posch 1999).

Veränderung in einer Organisation erfordert nach Wilfried Schley die *Aktivierung von Gegenqualitäten* der bisher dominierenden Stärken (vgl. genauer in Methode 34): Bewegung kommt in Gang, wenn Personen oder Organisation etwas Herausforderndes, Neues zulassen können. Herausforderung wird aber meist Stress erzeugen und damit die Tendenz, die eigenen Stärken wichtiger zu nehmen, als dies in entlasteten Situationen der Fall wäre. Es ist daher zu erwarten, dass Schulentwicklung die Gefahr der ‚Entmischung' und Polarisierung zwischen verschiedenen Tendenzen in der Organisation mit sich bringt – gerade in Situationen, in denen Synergie notwendig wäre. Die Aufgabe externer Organisationsberater besteht daher nicht zuletzt darin, existierende, tabuisierte und bekämpfte Unterschiede in einer sich entwickelnden Organisation zu sehen und sie in produktiver Form zurückzuspielen. Die Aufgabe der internen Leitung und Koordination von Entwicklungsprozessen umfasst auch, neue, für die Entwicklung relevante Unterschiede in dosierter Form in die Transaktionen der Organisation einzuführen und förderliche Impulse für deren Abarbeitung zu setzen.

Leichter gesagt als getan. Allerdings wird das Problem zunehmend erkannt: Führung und Management werden nicht mehr primär als Herstellung von Konsens (der immer ein zeitlich begrenzter sein wird) verstanden: *Management von Unterschieden* wird als eine *wesentliche Führungs- und Kulturaufgabe* in Organisationen behauptet. Was darf man sich darunter vorstellen? Wird mehr geboten als der freundliche Hinweis, „die Vielfalt zu sehen, mit ihr zu leben und sie zu nutzen" (Hohr 2000, 75)?

Für Aretz und Hansen (2003, 19) besteht der *Kern von Diversity Management* darin, „einen kontinuierlichen Reflexionsprozess [in der Organisation; d. Verf.] in die Wege zu leiten und zu steuern, der ermöglicht, hegemoniale Konstruktionen zu hinterfragen und den Prozessen, die diese immer wieder neu herstellen, entgegenzusteuern". Konkret schlagen sie das übliche Managementinventar vor, nämlich: die Wertschätzung der Vielfalt in den Leitideen der Organisation zu verankern; sie in handhabbarer Form in die organisationalen Struk-

43

Strategien, um Differenzen einzuführen und bewusst zu halten

Wir haben in Schulentwicklungsprozessen mit folgenden Strategien experimentiert und bis jetzt gute Erfahrungen gemacht:

- Als ersten Schritt „milde Unterschiede" in die Lehrertätigkeit einführen, indem einzelnen Kollegen Aufgaben übertragen werden, die vielen als nützliche Dienstleistung erscheinen: z. B. bei der Außendarstellung der Schule, bei kollegialer Fortbildung usw.
- Außendarstellung schulischer Leistungen durch Repräsentanten der jeweiligen Stärken, z. B. in der Fortbildung, in Pädagogischen Märkten (vgl. Hiebler et al. 2000) und anderen Veranstaltungen, ermutigen und diese Stärken schulintern unaufdringlich, aber konsequent benennen
- Bestehende Strukturierungen im Kollegium (z. B. Fachkoordinator, Teamsprecher) durch die Schulleitung konsequent ansprechen und nicht selbst unterlaufen (z. B. durch Behandlung des Themas, ohne dem spezifischen Funktionsträger dabei eine hervorgehobene Rolle zuzugestehen)
- Fremdheitserlebnisse durch die Einladung externer Besucher und durch deren Fragen und Perspektiven verschaffen
- Gleichheitsbedürfnisse bedienen, aber nicht immer und überall (z. B. Rotation der Funktion von Teamsprechern zulassen, aber nur nach bestimmten Perioden; „Schutzräume" bei Evaluationen ermöglichen: Feedbackinformationen können – entsprechend dem Konzept der *abgestuften Öffentlichkeitsverpflichtung* (vgl. Altrichter 2002) – in einem kleinen Team besprochen und müssen nicht schulintern veröffentlicht werden, wenn plausible Konzepte für die Weiterentwicklung vorgelegt und umgesetzt werden).

---

turen, Prozesse und Unternehmensstrategien einzubauen; sie in den Entscheidungen der Organisation zu beobachten; und Bewusstsein und Fähigkeiten durch Kommunikation und Trainings zu entwickeln (vgl. a. a. O., 29 f.).

8.3.3 Konflikte als Ausdruck des Ringens um Einfluss und Status

Natürlich hängen organisationale Unterschiede auch mit *Machtfragen* zusammen: Viele Unterscheidungen können mit unterschiedlichem Einfluss assoziiert sein: Mann/Frau, Alt/Jung, FachkoordinatorIn/Teammitglied, Erfahrener/Neuling usw. Und wer einen Unterschied machen kann, der in den organisationalen Transaktionen als ‚relevant' behandelt wird, hat offenbar Macht. Das wussten schon die Alten: *Divide et impera!*

Ein Beispiel: Mit dem Dienstantritt eines neuen Direktors an einem Gymnasium sehen manche Lehrer bessere Chancen, etwas zu tun, was unter der früheren Leitung nicht wohlgelitten war, nämlich fächerübergreifenden Projektunterricht durchzuführen (vgl. für das folgende Hirner et al. 1996). Bald kommt es zu Schwierigkeiten. „Einerseits wurden alternative Unterrichtsformen von vorn-

herein von manchen Kollegen abgelehnt, andererseits erhöhten die bei der Durchführung der ersten Projekte aufgetretenen Probleme nicht gerade die Akzeptanz solcher Unterrichtsformen. … Zu diesem Zeitpunkt begannen vor allem nicht an den Projekten beteiligte Kollegen zu kritisieren, dass sie die Schüler in ihren Fachstunden fast nicht mehr zu sehen bekämen und dass sie mit ihren Stoffen oft nicht durchkämen." Um Mängel bei der Projektkoordination und beim Informationsfluss im Kollegium zu beheben, beschließen Direktion und eine projektfreundliche Lehrergruppe, ein Koordinationstreffen zu veranstalten. An diesem nehmen nur 16 von 65 Lehrern teil. Daraufhin veröffentlicht die Schulleitung einen ‚Lehrerläufer' folgenden Inhalts:

- *„Der Lehrplan des Gymnasiums stellt eine verbindliche Verordnung dar. Es ist darin festgehalten, dass zur Umsetzung der allgemeinen Unterrichtsprinzipien, die ja bekannt sein sollten, vor allem projektorientierter Unterricht und Projekte geeignet sind. (…)*
- *Die Schulaufsicht wünscht pädagogische Konferenzen auch über projektorientierte und fächerübergreifende Unterrichtserfahrungen (…). Zu einer derartigen Konferenz wurde mit Lehrerläufer 18 vom 24. 10. eingeladen. Es ist für mich nicht ermunternd, dass nur 16 Kollegen Interesse an Planungen von Aktivitäten zeigen, die der Lehrplan vorsieht."*

Der Direktor interpretiert die Nicht-Teilnahme vieler Lehrer an dem Koordinationstreffen offenbar als Boykott einer konstruktiven Problemlösung. Das Schriftstück klärt die Positionen und ruft bei Betroffenen „Unmut" hervor: „Aus Gesprächen mit einigen Kollegen erfuhren wir, dass diese Haltung als ‚beinahe Verpflichtung' und somit als Einschränkung und Einmischung in ihre Unterrichtsarbeit aufgefasst wurde. Das Eintreten des Schulleiters für projektorientierten Unterricht rief somit sicherlich auch hin und wieder Unmut hervor."

Konflikte gehören zu Organisationen, wie Schi zu den Tirolern. Dies ist eine Grundaussage der mikropolitischen Organisationstheorie (vgl. Altrichter/Posch 1996). Organisationen sind keine Maschinen, in denen das Funktionieren und Ineinandergreifen der einzelnen Teile voll vorausbestimmbar und unproblematisch ist, sondern „Interaktionszusammenhänge konkreter Menschen". Erst durch die Handlungen verschiedener Akteure entsteht die Organisation und erhält spezifische Konturen.

Diese Handlungen sind potenziell konflikthaft: Erstens sind Schulen, wie andere Organisationen auch, durch eine *Vielfalt von Zielen* gekennzeichnet. Die verschiedenen Akteure orientieren sich nicht unbedingt an *einem* Organisationszweck oder *dem* Zielparagraphen des Schulgesetzes, sondern hegen unterschiedliche, teilweise widersprüchliche Ziele: So kann es – wie im obigen Beispiel – vorkommen, dass der Schulleiter „allgemein bekannte" Zielbestimmungen des Lehrplans in Erinnerung ruft. Und dass manche Lehrer dem entgegenhalten, dass Projektunterricht ihnen wertvolle Zeit für ihre Zielpriorität ‚Fachunterricht' stehle.

Zweitens: Wer *Kontrolle und Einfluss* in einer Organisation hat und wem welche *Handlungsspielräume* zugestanden werden, ist typischerweise *nicht klar abgegrenzt* (und z. B. aus Organigramm oder hierarchischer Stellung ablesbar), sondern selbst Gegenstand der Auseinandersetzung. So kann es kommen, dass der hierarchisch übergeordnete Schulleiter im obigen Beispiel verschiedene Autoritäten (Lehrplan, Schulaufsicht) zitieren muss, um seinem ‚Lehrerläufer' Gewicht zu geben. Dennoch wird diese Intervention von manchen Lehrern als Grenzüberschreitung und illegitime Einmischung interpretiert. Die Berechtigung des Einflusses des Schulleiters wird explizit für bestimmte Bereiche bezweifelt und der eigene Handlungsspielraum verteidigt.

Drittens: Nehmen Konflikte durch Schulentwicklung zu? Alles Handeln in der Organisation ist in der mikropolitischen Perspektive potenziell konflikthaft. Doch *Schulentwicklung* strebt nach Veränderung, und bedeutet damit eine *potenzielle Bedrohung der bis dahin gültigen Territorien von Kontrolle und Einfluss* und der zugestandenen Handlungsspielräume. Insofern ist in Zeiten der Veränderung mit verstärkter mikropolitischer Aktivität zu rechnen. Dass Konflikte anfallen, wenn eine Organisation umgebaut wird, sollte uns also nicht wundern: Umordnung bringt Unordnung.

Die 'aktuellen, heißen Konflikte' geben Fingerzeige auf Konstruktionsprinzipien, die für eine Organisation wichtig, aber in einer bestimmten Situation prekär sind. Sie indizieren die zentralen Dilemmata, um die die Organisation gebaut ist und die immer wieder bestärkt werden müssen, um eine 'ungewisse Zukunft' abzuwehren (wie Fallbeispiel mit Gerhard und Reinhard in Kap. 8.3.1). Oder sie weisen auf Punkte, die im Fluss, labil oder ambivalent sind und für eine Veränderung anstehen (wie im Fallbeispiel 'Projektunterricht' dieses Kapitels).

Auch bildungspolitische Spannungen äußern sich als schulinterne Konflikte
Manche Schulentwicklungskonflikte scheinen jedoch Ausdruck bildungspolitischer Modernisierungsbestrebungen zu sein: Neue Ansprüche werden an Schulen herangetragen, ohne dass alte aufgegeben werden. Neue Praxis wird gefordert, ohne dass ihr entsprechende Ressourcen mitgegeben werden. Eine 'neue Kultur' soll entstehen, während die Rahmenbedingungen für die alte weiter in Kraft bleiben. So kommt es, dass ähnliche Konflikte an ganz verschiedenen Orten wiederkehren.

In einer Studie über die Einführung von 'Qualitätsmanagement' stießen wir an allen fünf untersuchten berufsbildenden Schulen auf Konflikte in der Anfangsphase der Entwicklungsprozesse (vgl. Altrichter/Posch 1999). Sieht man sich den Verlauf dieser Auseinandersetzungen und die Art, wie sie gelöst wurden, genauer an, so scheint sich der Widerstand gegen Folgendes zu richten:

- *Einschränkung der Lehrerautonomie*: Können Lehrer zu nicht-unterrichtlichen Tätigkeiten verpflichtet werden?
- *Zugewinn von Einflussmöglichkeiten der 'schulischen Verwaltung'*: Sollen Schulleiter, Schulaufsicht oder Schulverwaltung durch Qualitätsmanagement zusätzliche Informationen bekommen, aufgrund derer sie Steuerungsentscheidungen treffen können?
- *Bedrohung des Prinzips der Gleichheit der Lehrer*: Durch Qualitätsevaluation werden Informationen erhoben, mit denen zwischen Lehrern diskriminiert werden könnte. Dies bedroht ein wesentliches Konstruktionsmerkmal traditioneller Schulkultur – das Gleichheitsprinzip (vgl. Lortie 1975).
- *Mangelnde Anerkennung der Lehrerautonomie und -professionalität* durch externe Konzepte und Anbieter.

Diese Prozesse sind deutlich mikropolitische Konflikte, in denen das künftige Bild der Organisation und die Handlungsmöglichkeiten ihrer Akteure verhandelt werden: Ein Kernelement einer traditionellen Schulkultur, die individuelle Autonomie der Unterrichtenden, wird gegen ein neues Steuerungskonzept verteidigt, das unter dem Titel 'Qualitätsmanagement' auftritt.

Man kann die beschriebenen Konflikte weitergehend als *Rückverweis des Themas an die Ebene der Bildungspolitik* interpretieren. Auf ihr sind offenbar wichtige Rahmenbedingungen für dieses ‚neue Steuerungskonzept‘ noch nicht geklärt: ‚Lehrerindividualismus‘, wie er die Kultur mancher Schulen prägt, ist ja nicht zufällig entstanden. Er ist vielmehr eine historisch entfaltete Antwort auf den Auftrag, Schule unter gegebenen Bedingungen zu halten. Eine Antwort, die im Laufe der Zeit durch organisations- und dienstrechtliche Regelungen verfestigt und strukturell abgesichert wurde. Wenn kooperative Reflexion und Entwicklungsarbeit die ‚neue Schule‘ prägen sollen, dann erfordert das mehr als den ‚guten Willen‘ der Unterrichtenden:

- Nämlich ein Konzept vom Lehrberuf, das sich in einem veränderten ‚Dienstauftrag‘ niederschlägt.
- Eine Neuverteilung von Ressourcen zwischen den verschiedenen Ebenen des Schulsystems (z. B. für jene, die schulintern Koordinations- und Evaluationsaufgaben übernehmen).
- Neue Kompetenzen und strukturelle Elemente, um diese Prozesse an Schulen zu verankern, zu organisieren und aufrecht zu erhalten.

8.3.4 ‚Widerstand‘ als Quelle von Information und Energie

In der Schulentwicklungsliteratur wird oft von ‚Widerständen‘ gegenüber Neuerungen geredet. Ein ‚Widerstand‘ ist ein Konflikt aus der Perspektive jener, die eine Innovation initiieren und betreiben wollen: Einwände und Verhalten, die nicht in ihre Innovationsstrategie passen, interpretieren sie als ‚Widerstand‘ gegen ihr Neuerungsprojekt.

„Widerstände gibt es immer“

Alle sprechen von einer ‚Bombenkonferenz‘. Der Schulleiter hatte die Evaluation in einer vorangegangenen Konferenz vorgeschlagen, vermeintlich Zustimmung erhalten und dann mit zwei Kolleginnen das Design der Evaluation ausgearbeitet. In der besagten Sitzung legte die Gruppe einen relativ weit ausformulierten Plan vor. Schon während dessen Präsentation kam Murren auf, das schließlich zu heftigem Widerstand wurde. Viele Kollegen überfielen die Dreiergruppe entrüstet mit Fragen. „Welche Entscheidungen sind da schon gefallen? Wir wurden ja überhaupt nicht gefragt! Wozu wollt ihr uns drängen? Was kommt da auf uns zu? Wir wollen alles genau wissen! Und wir wollen mitreden können.“

„Der Schock muss uns im Gesicht gestanden sein“, erzählt ein Mitglied der ‚Dreiergruppe‘, „denn wir hatten in der Vermutung einer bestehenden Zustimmung gearbeitet und in der Absicht, den Kollegen Arbeit abzunehmen, vorgedacht.“ „Zum Glück“, meint die Lehrerin weiter, „reagierte unser Direktor hart und ließ einfach nichts durchgehen.“ Es wurde heftig diskutiert und letztlich wurden alle Lehrer zur Evaluation „verdonnert“.

In vielen Fällen meinen Initiatoren, ihren Kollegen Arbeit abzunehmen, wenn sie allein planen. Das erscheint einfacher. Die Arbeit im stillen Kämmerlein erzeugt jedoch nur zu oft Bedrohungsfantasien, insbesondere bei Evaluationen: Wer will da wen beurteilen? Was geschieht, wenn ich als Person eine schlechte Beurteilung bekomme? Wer erfährt dann davon? Usw. Jene, die die Weiterentwicklung initiieren und betreiben wollen, empfinden solche Fragen und Skepsis oft als Druck, der sich gegen ihre Arbeit und ihr Engagement richtet, als Widerstand. Und häufig reagieren sie mit Gegendruck, wie im obigen Beispiel. Stellen Sie sich vor, jemand möchte eine Tür öffnen. Auf der anderen Seite der Tür drückt jemand dagegen. Was geschieht dann? Beide drücken gegeneinander, die Tür bewegt sich überhaupt nicht. Oder eine Seite ist stärker und die andere gibt enttäuscht oder wütend auf. Gewinner und Verlierer nach einem Machtkampf sind keine gute Grundlage für Weiterentwicklung. Widerstände sind unserer Erfahrung nach nicht immer ‚bloße Obstruktion', sondern geben Befürchtungen und Ängste wider, drücken Ahnungen über potenzielle Knackpunkte aus, bringen den Wunsch nach Information und gemeinsamer Entscheidung zum Ausdruck. Denn gerade bei Evaluationsvorhaben möchte man so viel Wissen und Sicherheit wie möglich.

Widerstände gibt es immer.

Widerstand ist Information,
die verstanden werden will.

Hinter Widerstandsäußerungen
steckt projektrelevantes Wissen!

Widerstand ist subjektiv
konstruktive Energie!

Wesentlich ist, wie man
darauf reagiert oder sie in
Evaluationsprozesse einbezieht.

Widerstände müssen entweder
in konstruktive Mitwirkung
umgewandelt oder in Würde
ausgegrenzt werden!

Abb. 44: Widerstand ist …

Daher empfehlen Organisationsberater Äußerungen des Widerstands zunächst einmal als freiwillige, wenn auch etwas verschlüsselt angebotene *Information* anzusehen, die gedeutet und verstanden werden will, und auch als *Aktivitätsangebot*, für das sich subjektiv und kollektiv befriedigende Handlungsrichtungen finden lassen müssen.
Das klingt plausibel – und sehr nach dem Typus von Äußerung „Leichter gesagt als getan!" Ist man in einer aktuellen Auseinandersetzungssituation emotional dazu in der Lage, auf Widerstandsäußerungen nicht mit Druck oder Ohnmacht, sondern verstehend zu reagieren? Schafft man es, sich zurückzulehnen und jenen Abstand zu gewinnen, der vielleicht neue Perspektiven eröffnet?
Ein Reflexionsinstrument, das in einer vertrauten Gruppe behutsam und gemeinsam durchgeführt sehr nützlich sein kann, haben wir bei Toni Strittmatter kennen gelernt. Es hilft, sich ein inneres Bild davon machen zu können, welche Stimmungen Evaluationsvorhaben bei einer Berufsgruppe, die ständig mit Beurteilung konfrontiert ist, hervorrufen können. Wer diese innere Reise selbst macht, wird erfahren, wie dicht die Assoziationen sind, und die eigene Position in diesem Themenbereich klarer erkennen.

Erinnerungsübung: Beurteilen und beurteilt werden

Intentionen

Die Erinnerungsübung ist eine innere Reise durch die Landschaft der Gefühle und lässt erahnen, welche Assoziationen schon allein der Begriff Evaluation bei Lehrern evoziert.

Vorgangsweise

Die Übung kann allein oder gemeinsam mit Kollegen durchgeführt werden.

Eine Person liest den Text der Übung (siehe unten) langsam vor. Die anderen denken still nach. Erst am Ende wird darüber gesprochen.

Wenn die Übung mit Kollegen durchgeführt wird, sollte auf eine angenehme Stimmung im Raum geachtet und viel Zeit für den Austausch von Erfahrungen im anschließenden Gespräch vorgesehen werden.

Text

Beurteilt werden begleitet uns durchs ganze Leben. Wir haben zeitlebens Signale der Anerkennung, Bestätigung und Kritik, Korrektur empfangen: zu Hause, in der Kindheit und Jugend, in der Schule als Schülerin oder Schüler, in der Freizeit, z. B. in Jugendorganisationen, später im Studium, im Beruf, im außerberuflichem Engagement. Welche Erinnerungen tauchen vor Ihrem inneren Auge auf, wenn Sie folgende Anweisung erhalten?

1. *Beurteilt werden: Gute Erinnerungen:* Manche dieser Signale haben gute Erinnerungen hinterlassen, an die ich dankbar zurückdenke, sind vielleicht gar Meilensteine in meiner Entwicklung geworden. Wenn ich mich erinnere: Welches waren solche guten und wichtigen Beurteilungssituationen? Weshalb sind das gute Erfahrungen gewesen? Was waren die Umstände, wenn ich auch kritische Feedbacks als wohltuend erleben durfte?

2. *Beurteilt werden: Schlechte Erinnerungen:* Beurteilungen können auch ängstigen, verletzen, kränken, zurückwerfen. Sie sind vielleicht im falschen Moment gekommen, waren ungerechtfertigt, destruktiv, im falschen Ton oder von der falschen Person vorgetragen. Wenn ich wiederum die Stationen meines Lebens durchgehe: Wann und weshalb sind solche schlechten Erfahrungen vorgekommen? Wann stellten sich „Prüfungsängste" ein? Welche Umstände waren schuld daran, dass die Beurteilung belastend oder gar „daneben" war?

3. *Beurteilt werden: Schwindeln:* Mit Beurteilungen untrennbar verbunden sind Erfahrungen des Tarnens und Täuschens, des Versteckens und Ausweichens, des Schwindelns, des Beschönigens, des Überlistens. Was kommt mir da in Erinnerung? Welches waren die Umstände, die mich zum Schwindeln veranlassten, obschon ich ja sonst ein ganz ehrlicher Mensch bin?

4. *Beurteilen: Eine schwierige Aufgabe:* Gehen wird von Erfahrungen des ‚Beurteilt Werdens' zu solchen des ‚Beurteilens', zu solchen in denen wir selbst als Beurteiler auftreten: Manchmal ist die Aufgabe kaum zu lösen, fehlen die Mittel zur Erfül-

lung des Auftrags, lässt sich das „Objekt" der Beurteilung kaum fassen. Wo, unter welchen Umständen hat mich die Beurteilungsaufgabe stark gefordert oder gar überfordert?

5. *Beurteilen: Eine missliche Aufgabe:* Manchmal möchte man die Aufgabe des Beurteilens verfluchen – wenn sie als unlösbar erscheint, wenn sie einen selbst in Misskredit bringt, wenn der Sinn nicht stimmt, wenn die Aufgabe andere wichtige Aufgaben beeinträchtigt, wenn sich unerwünschte Nebenwirkungen einstellen. Unter welchen Umständen habe ich Beurteilungsaufgaben als obsolet, als hinderlich oder gar als kontraproduktiv erlebt?

6. *Beurteilen: Eine gute Aufgabe:* Jemand wahrnehmen und ihm Wahrnehmungen mitteilen, jemand loben, ihm oder ihr Anerkennung zollen, jemand auf Fehler hinweisen und Korrekturen aufzeigen – können dankbare, als nützlich empfundene Aufgaben sein. Das kann auch das Gefühl bieten, Bescheid zu wissen, Experte zu sein, als Beurteilungsinstanz Respekt zu genießen, Macht und Einfluss zu besitzen. Wo und unter welchen Umständen habe ich die Position des Beurteilenden als angenehm empfunden?

Quelle: leicht modifiziert nach Strittmatter (unv. Manuskript 1996)

44

,Plausible' Einwände gegen Evaluation

- Sinn und Konsequenzen werden bezweifelt: *„Was für einen Sinn macht es, wenn die Dinge, die ich herausfinde, ohnehin nicht geändert werden?" „Das Problem liegt bei den Familien. Da kann ich ohnehin nichts ändern!"*

- Unbezahlte Zusatzarbeit, Zeitdiebstahl von der ,eigentlichen Tätigkeit' und Zweifel am Aufwand-Nutzen-Verhältnis: *„Warum soll ich diese zusätzliche Arbeit tun, wenn ich nichts dafür bezahlt bekomme?" „Eine Evaluation unterbricht nur meine Unterrichtsarbeit!"*

- Abwehr von Eingriffen in die Lehrerautonomie: *„Es mischen sich mehr und mehr Leute ein, die ganz weit weg vom Unterricht sind." „Die da oben wollen schon wieder was!" „Das ist wieder ein Vorwand, damit sich ein paar Leute in meine Klasse setzen können, um zu ,hospitieren'." „Ich vermute, da werden uns wieder mehr Sitzungen verordnet."*

- Sorge um den Missbrauch von Evaluationsinformationen: *„Evaluationen bringen sensible Informationen, die Vorgesetzte gegen mich verwenden können." „Nächstes Jahr hängt dann unsere Bezahlung davon ab, was die Schüler empfinden."*

- Zweifel an Kompetenz: *„Das kann ich nicht. Ich bin Lehrer und nicht Evaluator!" „Was wir da machen, ist ganz unwissenschaftlich."*

- Nachträgliche Entwertung der eigenen Tätigkeit: *„Ich habe doch bisher viel in meinen Unterricht investiert, und jetzt kommen sie und tun ,qualitätssichern'."*

- Einbruch von Konzepten aus der Wirtschaft: *„Qualitätssicherung – schon wieder so ein Import aus der Wirtschaft, der die Bildungsaufgabe Effizienzkriterien unterstellen will."*

Quelle: Altrichter 2000

Wenn auf skeptische Anfragen über Vorhaben nicht mit Information oder Diskussion reagiert wird, werden Skeptiker noch mehr über das ‚fantasieren‘, was sie sich nicht vorstellen können. Nicht auf Widerstandsäußerungen einzugehen, sie aufgrund von Machtpositionen einfach zu ignorieren, führt zur Eskalation von Gefühlen bei den Beteiligten, die die Zusammenarbeit längerfristig erschweren können.

In Kasten 44 finden Sie eine Sammlung von *Argumenten gegen Evaluation*, die wir an vielen Schulen gehört haben. Es handelt sich unserer Erfahrung nach meist um ernsthafte Einwände, die bearbeitet werden müssen.

Umgang mit Widerständen

Wir haben an Schulen verschiedene Verhaltensmuster gegenüber Widerständen gefunden. Sie können mit Kasten 45 prüfen, ob an Ihrer Schule ähnliche oder ganz andere Muster auftreten. Wie würden Sie die typischen Muster des Umgehens mit Widerständen Ihrer eigenen Schule bezeichnen?

45

Typische Muster des Umgehens mit ‚Widerständen‘

„Mit möglichst viel Druck Widerstand brechen"
Bei dieser Strategie entsteht nicht selten ein Führungskampf. Es gibt heftige Auseinandersetzungen, es wird abgewertet, angegriffen und erpresst. Das Mehrarbeits- und das Zeitargument treten häufig auf. Offene Diskussionen werden durch konspirative Einzelgespräche ersetzt.

„Wie tricksen wir die anderen möglichst erfolgreich aus?"
Auch bei dieser Strategie kommt es zu einem Führungskampf. Kompetenzzweifel, Abwertungen und andere Machtstrategien können sich bis zum Mobbing steigern. Es gibt viel informellen Tratsch und trickreiche Abstimmungen.

„Wir gehen kein Risiko ein und tun nur Dinge, die sicher sind"
In diesem Fall wird möglichem Widerstand ausgewichen. Es gibt keine Festlegungen, z. B. von Terminen. Die wenigen Vereinbarungen werden nicht eingehalten. Ausreden und Armut an Initiativen lassen alles in Schwebe. Man schweigt und hält sich zurück.

„Es wird schon nicht so heiß gegessen werden, wie wir jetzt kochen müssen!"
Eine Beschwichtigungs- und Harmonisierungsstrategie: Das Schweigen in Konferenzen wird lediglich durch das Zeit- und Mehrarbeitsargument unterbrochen. Man bemüht sich, den Schein aufrecht zu halten.

„Bei uns gibt es keinen Widerstand, jeder kann tun, was er will"
Hier werden möglicher Widerstand ignoriert und Menschen nicht ernst genommen. Abwesenheit mit Ausreden stehen an der Tagesordnung. Man schweigt und wartet ab; alles ist in Schwebe.

Innerlich entspannt und sachlich darauf vorbereitet, ist es durchaus möglich, auf wahrgenommene Widerstände oft angemessen zu reagieren. Folgende Strategien zum Umgang mit Widerstand können dabei helfen:

46

Konstruktiver Umgang mit Widerständen

Botschaften „lesen"
- Welche Annahmen könnten dem Widerstand zugrunde liegen (Abwertungen, Bedrohungen, Grenzverletzungen, Machtverschiebungen). Wie könnten entsprechende Vermutungen geprüft werden?
- Was ist das Positive am Widerstand?

Gefühle und Interessen ausdrücken lassen
- Zuhören (Analysegespräch)
- Was wollen wir eigentlich?
- Verdeckte Gefühle thematisieren (z. B. Vermutungen über finanzielle Zuwendungen)

Akute Bedrohungen wegnehmen
- Rollen klären
- Entlasten (z. B. durch Verlagerung von Entscheidungen auf anerkannte Gremien)
- Benachteiligungen (z. B. bei Einführung einer neuen Zeitstruktur, Abziehen von Schülern aus dem Unterricht bei Projekten) thematisieren und entschärfen

Kontraste vermeiden und Anschlussmöglichkeiten bieten
- Direkte Kritik vermeiden
- ‚Federl am Hut'-Effekt nutzen: Anerkennung für Leistungen Anderer zukommen lassen (vgl. Altrichter 1996b)
- Aufschaukelung zu Extrempositionen bei der Einschätzung von Vorhaben gegensteuern

Ansprüche in Teilaufgaben und Etappen gliedern
- Vorhaben zeitlich beschränken
- Prüfprozess und Entscheidungen zeitlich festlegen

Späteren Einstieg ohne Gesichtsverlust offen halten
- Prinzipielle Unabgeschlossenheit von Vorhaben sichtbar machen
- Transparenz sichern

Stillhalte-Vereinbarung suchen
- Vereinbarung einer ‚Erprobungsphase', in der Vorhaben – ohne ständige ‚Querschüsse' – entwickelt und geprüft werden können

---

„Gegner" vor kollegialem Druck schützen
- Die positive Seite der Opposition hervorheben (sie veranlasst zur Reflexion über potenzielle Schattenseiten einer Innovation)

Rahmenrichtlinien und Regeln vereinbaren
- Grenzen definieren und expansive Tendenzen unter Kontrolle halten
- Mandate/Aufträge einholen

„Gegner" ernst nehmen und Verantwortung zuweisen
- Der Kritik Raum geben (Analysegespräch)

Quelle: Unv. Arbeitspapier nach Claude/Strittmatter 1993

46

8.3.5 Instrumente zur Analyse und Bearbeitung von Differenzen und Konflikten

Das konstruktive Umgehen mit Konflikten ist nicht so einfach (vgl. Glasl 1994; Schley 1999). In diesem Abschnitt sollen zwei Instrumente beschrieben werden, die uns beim Verstehen und Bearbeiten von Meinungsverschiedenheiten und Konflikten in Schulentwicklungsprozessen schon gute Dienste geleistet haben. Dafür ebenfalls nützlich ist die Dilemma-Analyse, die wir schon in Altrichter/Posch (1998, 203 – 212) ausführlich dargestellt haben.

METHODE 33

Werte- und Entwicklungsquadrat

Grundkonzept
Dieses Analyseinstrument, das in dieser Form auf Schulz von Thun (1989, 38 ff.) zurückgeht, basiert auf einer dialektischen Weltsicht: Jeder Wert (jede Tugend, jedes Leitprinzip, jedes Persönlichkeitsmerkmal) kann nur dann zu einer konstruktiven Wirkung gelangen, wenn er sich in einer ausgehaltenen dialektischen Spannung – in einer Balance – zu einem positiven Gegenwert befindet.

„Sparsamkeit verkommt ohne ihren positiven Gegenwert *Großzügigkeit* zum *Geiz,* umgekehrt verkommt auch Großzügigkeit ohne Sparsamkeit zur *Verschwendung."* (Schulz von Thun 1989, 38) An diesem Beispiel soll nun die Grundidee des Analyseinstrumentes erklärt werden (vgl. Abb. 45):
- Zu jedem Wert (Sparsamkeit) gibt es einen *positiven Gegenwert* (Großzügigkeit).
- Diese Werte stehen in einem *dialektischen Gegensatz* und müssen, um zu konstruktiver Wirkung zu kommen, in ein *positives Spannungs- bzw. Ergänzungsverhältnis* gebracht werden.
- Jeden Wert kann man für sich nehmen und – ohne seinen positiven Gegenwert – absolut setzen, sodass eine *entwertende Übertreibung* (Geiz bzw. Verschwendung) entsteht.

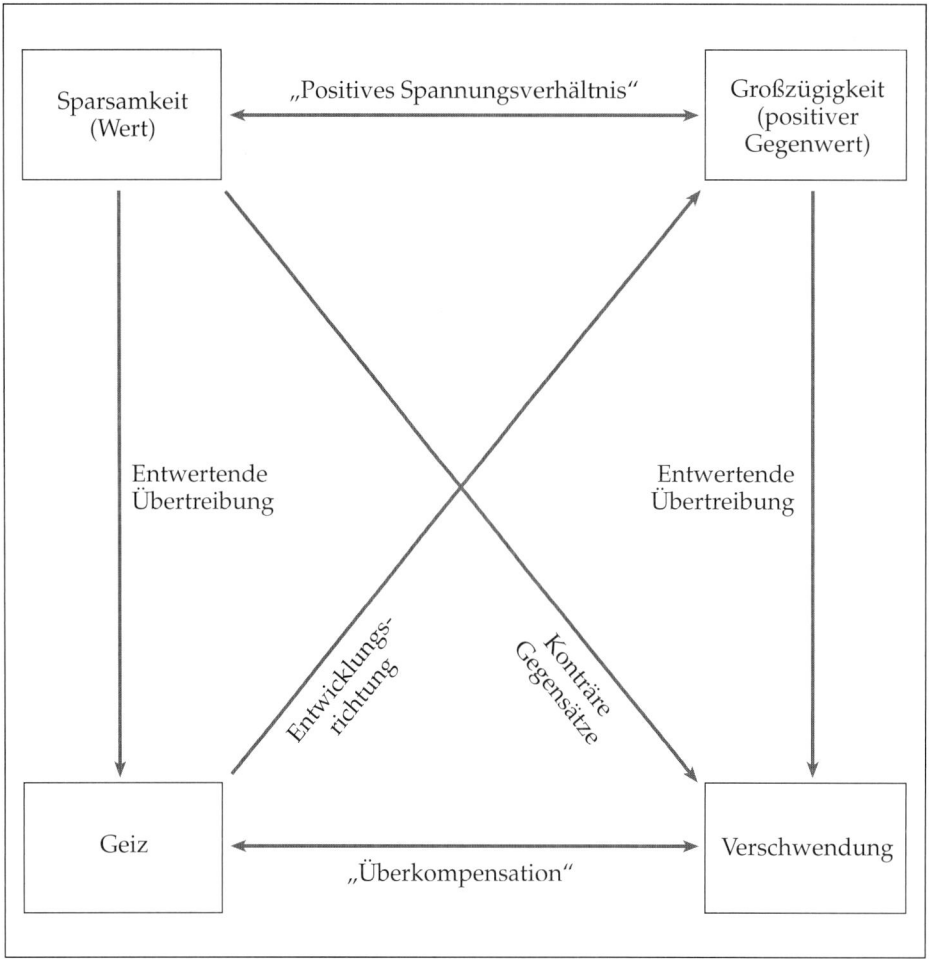

Abb. 45: Werte und Relationen in einem Wertequadrat

Intentionen

Dieses Instrument kann zur *Analyse von Konflikten* und ebenso zur *Bestimmung von Entwicklungsrichtungen* verwendet werden:

Konflikte ergeben sich oft daraus, dass Parteien, die unterschiedliche Meinungen vertreten, ihre Einstellung absolut setzen und nicht die Komplementarität der Werte, die ihnen wichtig sind, erkennen. Dies äußert sich schon darin, dass sie in der Diskussion üblicherweise nicht den *positiven Gegenwert* ihrer Position ansprechen, sondern den *konträren Gegensatz* (z. B. Verschwendung – nicht Großzügigkeit – wird von Sparsamen kritisiert). Das heißt also, dass sie von dem Gegenwert (der von der „Gegenpartei" vertreten wird) gar nicht anders als in seiner übertriebenen und entwerteten Version denken können. Dadurch kommt es zu Polarisierungen in Diskussionen, weil nur auf der Ebene der entwertenden Übertreibungen argumentiert wird, nicht aber die Komplementarität einer „nicht übertriebenen Version" des Gegenwertes gesehen wird.

Für die Analyse solcher polarisierten Situationen beginnt man den Aufbau des Wertequadrats gleichsam von unten. Man stellt die polarisierten Werte auf der unteren Ebene gegenüber und versucht sich gleichsam nach oben zu arbeiten, indem man fragt, welche „nicht übertriebenen Werte und Gegenwerte" hinter dieser Polarisierung stehen und wie sie in ein fruchtbares Spannungsverhältnis gebracht werden können.

Beispielsweise könnte in einem Lehrerkollegium eine polarisierte Diskussion zwischen verschiedenen Gruppen entstanden sein, die einander einesteils „autoritäre Gängelung" der Schüler, andererseits „orientierungsloses Laissez-faire" vorwerfen. Von hier aus könnte zu einem fruchtbaren Spannungsverhältnis zwischen „Anleitung und Wertschätzung von Regeln" und „freier Entfaltung" zurückgearbeitet werden (vgl. Abb. 46).

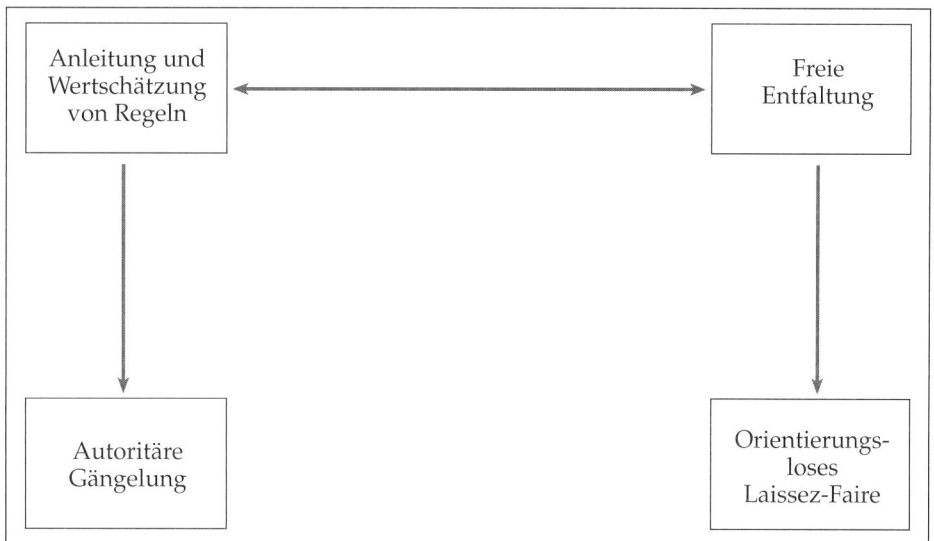

Abb. 46: Wertequadrat „Anleitung – Entfaltung"

Konflikte sind oft durch „eine polarisierende ‚Über-Kreuz-Kommunikation' [charakterisiert; d. Verf.], bei welcher man sich selbst einen Wert auf der oberen Etage des Quadrates verpflichtet fühlt, hingegen den Anderen im ‚Keller der Entartung' sieht und dort angreift" (Schulz von Thun 1989, 53). Mit dem Wertequadrat kann die Grundstruktur des Konflikts, die „Über-Kreuz-Kommunikation", bewusst gemacht werden. In der Analyse liegt auch schon ein Ansatz zur Überwindung des Konflikts: Beide Parteien vertreten einen Wert, der für die Organisation wichtig ist, wenn er durch einen Gegenwert in Spannung gehalten wird. Aber erst die ausgehaltene Spannung zwischen den Polen ist das, was eine lebendige Organisation braucht.

Schulz von Thun (1989, 53) empfiehlt, „diese ‚harmonisierende' Intervention nicht zu früh einzubringen, denn sonst kann einer allzu raschen, aber nicht lange tragfähigen Versöhnlichkeit Vorschub geleistet werden, ohne dass die in der Gruppe vorhandenen Gegensätze wirklich zum Ausdruck und zum Austrag gekommen wären. Also: Integration *nach der Konfrontation*, nicht zu ihrer Verhinderung!"

Das Wertequadrat kann auch als Instrument zur *Analyse und Konzeption von Entwicklungsrichtungen* verwendet werden:

- Oft gehen wir, wenn wir uns von einem übertriebenen Unwert (z. B. Geiz) weg entwickeln wollen, den Weg durch *Überkompensation* zum gegenteiligen Unwert (Verschwendung).
- Eine konstruktive Entwicklung versucht nicht, einen Unwert auszuradieren oder sein Gegenteil zu pflegen. Viel mehr geht es darum, den Wert, der im Unwert übertrieben wurde (Sparsamkeit), zu erhalten, zu pflegen und gleichsam wieder zu sich kommen zu lassen, indem sein positiver Gegenwert (Großzügigkeit) ebenfalls Entfaltungsraum bekommt (vgl. Schulz von Thun 1989, 44). In Organisationen kann so eine Intervention lauten, die künftigen Entscheidungen im Schulentwicklungsprozess jeweils auf ihre Vereinbarkeit mit beiden positiven Gegenwerten und ihr Potenzial, sie in einer dynamischen Balance zu halten, zu untersuchen. Auch könnten beispielsweise für bestimmte Phasen der Schulentwicklung „Wächter" dieser Werte und seiner Balance bestimmt werden, die Maßnahmen in Hinblick auf ihre Passung mit diesen Werten und ihrer dynamischen Balance überprüfen.

Vorgangsweise

Diese Analyse kann von einem internen oder externen Schulentwicklungsberater oder von einer kleinen Gruppe durchgeführt werden, um sich selber über die Situation klarer zu werden. Der Vorgang oder sein Ergebnis kann zum Zweck der Intervention in Konfliktsituationen verwendet werden.

1. Eine Konfliktsituation wird mithilfe des Wertequadrats analysiert, indem zunächst einmal Beispiele für antagonistische Äußerungen in die beiden unteren Rechtecke eines Schemas (analog zu Abb. 45 und 46) geschrieben werden.
2. Nun wird versucht, eine Benennung, einen zusammenfassenden Überbegriff zu finden, der das – übertriebene – werthafte Anliegen dieser Äußerungen zusammenfasst.
3. Schließlich versucht man zu jedem der „übertriebenen End-Werte" das dahinter stehende positive Anliegen zu finden, zu formulieren und in die oberen Rechtecke des Wertequadrats einzutragen.

Das Ergebnis soll ein Wertepaar formulieren, das in einer dynamischen Balance steht. In Schulentwicklungsprozessen wird man von einer solchen Lösung fordern müssen:

- Wert und Gegenwert sind beide in einer vergleichbar anschaulichen und positiven Sprache formuliert, sodass nicht allein durch die sprachliche Formulierung eine Ungewichtigkeit zwischen den Werten suggeriert wird.
- Die Formulierung von Wert und Gegenwert sind anschlussfähig an das Denken und die Sprache der Protagonisten in der Auseinandersetzungssituation: Dies ist wahrscheinlich eher dann der Fall, wenn positive Formulierungen von Anliegen, die auch von der jeweiligen Gegenpartei akzeptiert werden konnten,

aus vorangegangenen Auseinandersetzungsszenen aufgegriffen und in die Beschreibung von Wert und Gegenwert integriert werden.

- Die Spannungspole sind so formuliert, dass sie den Protagonisten tatsächlich als etwa gleichwertig erscheinen.
- Die Spannungspole sind so formuliert, dass den Protagonisten die Ergänzungsnotwendigkeit zwischen beiden Polen plausibel erscheint.

Ein Beispiel: Eine Gruppe von vier Beratern in Ausbildung, von denen zwei Mitglieder Lehrer an der gleichen Schule waren, hatte den Auftrag, einen ersten Entwurf von Erfolgsindikatoren (vgl. Methode 2) zu einem beliebigen Thema zu entwerfen. Die Gruppe entschied sich für das Thema „Zusammenarbeit der Lehrer" und formulierte als ein Ziel „die Bewertung der Leistungsnachweise (Stufe, Klasse, Fach) erfolgt nach gleichen Maßstäben". Beim Versuch, angemessene Erfolgsindikatoren für dieses Ziel zu finden, verstrickte sie sich dann allerdings in lange Diskussionen. Nach eigenen Angaben der Gruppe wurde, weil die Arbeitszeit schon zu Ende ging, schnell ein Erfolgsindikator notiert, nämlich die „Übereinkunft der Lehrer in den Fremdsprachen über die Fehlerquotienten". Ein zweiter „Indikator", nämlich die „Erstellung eines Katalogs fachlicher Mindestanforderungen" wurde zwar festgehalten, ohne dass darüber Übereinstimmung geherrscht hätte.

Qualitätsthema „Zusammenarbeit der Kollegen"

Ziel: Bewertung der Leistungsnachweise (Stufe, Klasse, Fach) erfolgt nach gleichen Maßstäben

Realisierung	*Indikatoren*
• verbindliche Absprache über Mindestanforderungen	• gemeinsamer Fehlerquotient (Fremdsprache) • [Katalog fachlicher Mindestanforderungen]

Abb. 47: Ein Ergebnis der Übung „Erfolgsindikatoren konkretisieren" (vgl. Methode 2)

Der nachfolgende Versuch, dieses Zwischenergebnis weiter zu konkretisieren, stellte sich bald als unmöglich heraus: Im Gespräch zeigten sich große, zum Teil sehr emotional vorgetragene Meinungsverschiedenheiten zwischen den Gruppenmitgliedern, insbesondere hinsichtlich der Frage, wie viel Normierung des Bewertungsverhaltens wünschenswert wäre und wie viel Individualität Lehrern bei der Bewertung von Leistungsnachweisen zugebilligt werden müsse, damit sie bei ihren Beurteilungen den spezifischen Kontext berücksichtigen könnten.

Nachdem sich die Gruppe entschlossen hatte, vor der Weiterarbeit einen der Kursleiter als Berater zuzuziehen, schlug dieser folgende Strategie vor:

Analyse der Konfliktsituation mithilfe eines Wertequadrats (vgl. Methode 33)
An einem improvisierten „Wertequadrat" (vgl. Abb. 48) wurde argumentiert: Konflikte schöpfen einen Teil ihrer Energie aus der „entwertenden Übertreibung" von Gegenargumenten (diese entspricht der unteren Zeile beider Spalten in Abb. 48). Die „entwertenden Übertreibungen" gehen oft von Wert-Paaren aus, die – in nicht-entwertend, nicht-übertreibender Form – gar keine Gegensätze sind, sondern Gegenwerte, zwischen denen eine produktive Spannung besteht (diese entsprechen der obersten Zeile in Abb. 48). Für eine Lösungsstrategie ist es wichtig, statt auf der Ebene der „entwertenden Übertreibungen" auf der Ebene der in Spannung stehenden Grundwerte zu argumentieren. Ein praktischer Weg zu einer Lösungsstrategie versucht statt der abstrakten Werte konkrete Realisierungsmöglichkeiten dieser Werte einzusetzen und diese daraufhin zu überprüfen, von wie vielen Mitgliedern der Gruppe sie geteilt werden können.

Individualität	Gemeinsamkeit
ein spezifisches Profil haben	in gemeinsamen Regeln geborgen sein
als eigenständiger Mensch anerkannt sein	sich gemeinsam Regeln unterordnen müssen
sich an keine Regeln halten müssen	keine Individualität zeigen dürfen
Gesetzlosigkeit	**Normierung und Standardisierung des Verhaltens**

Abb. 48: Wertequadrat zur Analyse eines Konflikts

Überprüfung verschiedener Realisierungsmöglichkeiten der Grundwerte
In diesem Sinne schlug der Gruppenleiter den Teilnehmern vor, für sie akzeptable Realisierungen der Norm „Bewertung der Leistungsnachweise erfolgt nach gleichen Maßstäben" zu nennen. Das Ergebnis ist in Abb. 49 wiedergegeben.
Der Gruppenleiter bat daraufhin Person 4, die eine mittlere Position zwischen den Mitgliedern 1 sowie 2 und 3 einzunehmen schien, die Stärken der jeweiligen Position zu formulieren: Sie meinte daraufhin, dass ihr eine gewisse Freiheit, um auf individuelle Kontexte einzugehen, ebenso wichtig wäre wie Person 1, dass sie aber auch anerkenne, dass es Vergleichsmöglichkeiten geben müsste, wenn sie nur nicht zu häufig wären.

Entwurf von Wegen der Weiterarbeit
Der Gruppenleiter stellte seine Meinung zur Diskussion, dass eine Lösung des Konflikts auf der Basis der bis dahin geäußerten Konkretisierungen des Qualitätsthemas „Zusammenarbeit von Lehrern" ohne substanzieller Weiterentwicklung und Veränderung der

Teilnehmerin 2 schlug vor:
– Für Zeiträume von jeweils
  acht Wochen treffen die Lehrer von
  Parallelklassen eine Übereinkunft
  über den gleichen Stoff und führen
  am Ende dieser Periode identische
  Klassenarbeiten durch.
– Etwa in ähnlichen Zeiträumen
  wird auch bei gleichartigen
  mündlichen Überprüfungen
  der gleiche Stoff geprüft.

Person 3 stimmte im
Wesentlichen Person 2
zu und ergänzte, dass
im Hinblick auf den Stoff
auch gemeinsam zu ver-
mittelnde Arbeitstechni-
ken formuliert werden
sollten.

Teilnehmer 1: Die Unterrichtsplanung erfolgt
– in Kenntnis und auf der Grundlage des
  Lehrplans;
– auf der Grundlage wohl definierter
  Klassenarbeiten.

Eine Nachfrage bei Person 1 nach für ihn
akzeptablen konkreten Handlungen, ergab:
– Wechselseitige Information der Kollegen in
  Parallelklassen über den bearbeiteten Stoff;
– Austausch der Klassenarbeiten zur Information, nicht jedoch um sie als Parallelarbeiten
  in Klassen durchzuführen.

Person 4 sagte schließlich,
dass sie sich keine identische Stoffbearbeitung in
so kurzen Zeiträumen
wünsche, da dadurch
alternative und selbstge-
steuerte Unterrichtsfor-
men, z. B. Projektunter-
richt, verhindert würden.
Sie wäre allerdings bereit,
seltener identische Ver-
gleichsarbeiten in parallelen Klassen durchzufüh-
ren. Als akzeptable
Häufigkeit von Parallelarbeiten nannte sie zunächst
zweimal im Jahr und kor-
rigierte später auf einmal
im Jahr.

Abb. 49: Unterschiedliche ‚Realisierungen' eines Leitziels

Vorstellungen der Teammitglieder unmöglich wäre. Folgende Lösungsstrategien wurden erwogen:

a) *Redimensionierung des Anspruches, um einen Konsens aller Mitglieder zu erzielen:*
Beispielsweise könnte anstelle des ursprünglichen Ziels „Bewertung nach gleichen Maßstäben" ein deutlich schwächeres treten, wie z. B. „wechselseitige Information über Stoffe und Leistungsbeurteilung in Parallelklassen" (mit der zentralen ‚Realisierung': Regelmäßige Sitzungen, bei denen die Teilnehmer einander über Stoff und Prüfungsformen informieren). – Dieser Lösungsvorschlag nähert sich stark der Position von Teilnehmer 1 an. Die Gefahr dabei ist, dass Vorschläge, die nahe am Status quo sind, übergebührlichen Einfluss auf das Ergebnis haben.

b) *experimentelle Erprobung und Evaluierung stärkerer Formen der Zusammenarbeit mit definierten Spielräumen für das Kollegium*
Eine Alternative bestünde darin, Experimentalsituationen zu definieren, in denen stärkere Formen der Zusammenarbeit erprobt werden. Sie könnten ‚experimentell' in folgendem Sinn sein: Einesteils bieten sie Spielräume für das Gesamtkollegium (nicht jeder muss mitmachen) und erlauben auch spätere Einstiegsmöglichkeiten. Es wird ein Experimentalzeitraum definiert, nach welchem die Erfahrungen evaluiert und weitere Schritte beschlossen werden. Kollegen, die der Innovation skeptisch gegenüberstehen, geben unter der Bedingung „Experimentalsituation" einem Teil des Kollegiums größeren Handlungsspielraum, das diesen Spielraum für die Erprobung von Innovationen nutzen kann. Die Chance ist, dass praktische Erfahrungen mit der Innovation gemacht werden können; die Gefahr, dass die Innovation von Anfang an marginalisiert ist.

c) *Wechsel des Evaluationsthemas*
Eine dritte Möglichkeit bestünde darin, das Evaluationsthema vollkommen zu wechseln. Dieses vielleicht opportunistisch erscheinende ‚Ausweichen' könnte in jenen Fällen eine sinnvolle Strategie sein, wenn es primär darum geht, erste Erfahrungen mit ‚Evaluation' zu sammeln. Da ‚Evaluation' stark mit Emotionen und Voreinstellungen verbunden ist (vgl. Altrichter 2000), empfiehlt es sich nicht, die ersten Evaluationserfahrungen zusätzlich durch die Dynamik, die sich aus kontroversiellen Themen ergibt, zu belasten.

METHODE 34

Ein Koordinatensystem der Schulentwicklung

Intentionen
- Analyse unterschiedlicher Orientierungen gegenüber der Organisation und gegenüber Schulentwicklung als Basis für Beratungsinterventionen und andere Entscheidungen, die solche Differenzen miteinbeziehen müssen (z. B. Zusammensetzung von Steuergruppen)
- Erfahrbarmachen der Unterschiedlichkeit und Ergänzungsbedürftigkeit im Kollegium

Das Konzept

1. Das Analyseinstrument geht auf ein persönlichkeitstheoretisches Konzept des Psychologen Fritz Riemann (1974) zurück, das in jüngerer Zeit von Thomann/Schulz von Thun (2001, 149 ff.) wieder aufgegriffen wurde. In diesem Konzept werden *vier menschliche Grundstrebungen* unterschieden, die man sich in einem Koordinatensystem vorstellen kann (vgl. Abb. 50):

* Streben nach *Nähe* (Streben nach vertrautem Nahkontakt)
* Streben nach *Distanz* (Streben nach Abgrenzung, Unabhängigkeit)
* Streben nach *Dauer* (Streben nach Verlässlichkeit, Ordnung)
* Streben nach *Wechsel* (Streben nach Neuem, Unbekanntem)

2. Schley (1994) benutzte nun die vier Quadranten dieses Koordinatensystems, um *typische Orientierungen von Mitgliedern und von Gruppen in einer Organisation* darzustellen (vgl. Abb. 50):

* *Distanz/Wechsel – Quadrant A:* Dieser Quadrant ist durch eine Haltung kritischer Auseinandersetzung geprägt, die in der Übersteigerung zum Zerfall führen kann. *Merkmale* dieses Quadranten sind Freiheit, Individualismus, Eigenständigkeit, individuelle Entfaltung und Einzelkämpfertum. Personen und Gruppen, die sich in diesem Quadranten ‚zuhause‘ fühlen, machen sich gern selbst eigenständige Gedanken, fordern individuelle Leistung und verändern oft viel. Sie tendieren zu einer kritischen Bewertung der Alltagsroutinen. Es sind Individualisten, welche Vereinnahmung ablehnen. Sie sind schwer einzubinden und zeigen wenig Solidarität. In gemeinsamen Unternehmungen sind sie wichtig, weil sie einen kritischen Blick auf die Realität behalten und auch auszusprechen bereit sind, wenn manche andere vielleicht euphorisch dem Entwicklungsprojekt folgen. Sie sind aber auch Auslöser von Konflikten, weil sie oft schwer in abgestimmte Aktivitäten einzubinden sind.

* *Nähe/Wechsel-Quadrant B:* Dieser Quadrant ist durch Innovation geprägt, die in der Übersteigerung zu Chaos und Zerrissenheit führen kann. *Merkmale* dieses Quadranten sind Begeisterung für neue Ideen, Lebendigkeit, Wertschätzung von neuen Initiativen und Kreativität. Personen und Gruppen, die sich in diesem Quadranten zuhause fühlen, lieben Projekte, suchen immer wieder etwas Neues, wollen andere mitreißen, ignorieren Rollenunterschiede und erwarten viel Zustimmung. Sie lassen sich leicht für Ideen begeistern, zeigen aber nicht immer Beharrlichkeit bei ihrer Realisierung. Sie sind wichtig, weil sie neue Ideen einbringen, bleiben allerdings oft an der Peripherie, weil sie die Realitäten zu wenig beachten.

* *Distanz/Dauer – Quadrant C:* Dieser Quadrant ist durch Tradition geprägt, die in der Übersteigerung zu Zwanghaftigkeit und Erstarrung führen kann. *Merkmale* dieses Quadranten sind Stabilität, Orientierung an Regeln und Aufgaben, Langfristigkeit, Ordnung, Verschriftlichung, Protokolle. Personen und Gruppen, die sich in diesem Quadranten ‚zuhause‘ fühlen, sind „Systemerhalter". Sie sorgen für das Funktionieren und für die Routinen des Alltags. Sie „tragen" in gewisser Hinsicht die Schule und erfüllen im Normalbetrieb eine wichtige Aufgabe. Sie lieben präzise Zielvorgaben, Ordnung und klare Zuständigkeiten. Hierar-

chie und rechtliche Vorgaben werden als wichtig erachtet. Mit ungewohnten Situationen und Veränderungen können sie schlechter umgehen. Dann erscheinen sie oft als Skeptiker, Kritiker und geradezu als „Bremser".

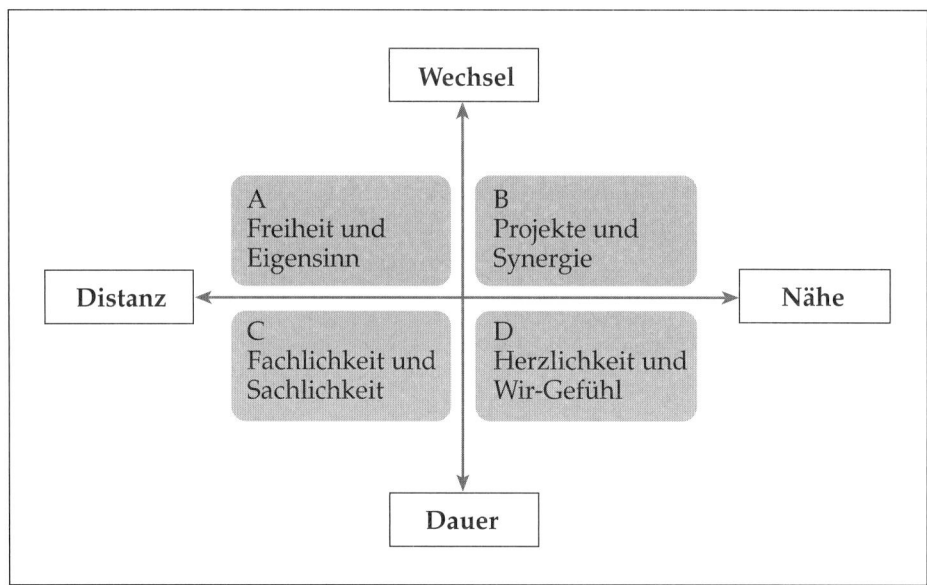

Abb. 50: Orientierungen gegenüber Schulentwicklung

- *Nähe/Dauer – Quadrant D:* Dieser Quadrant ist durch Wir-Gefühl geprägt, das in der Übersteigerung zur Verschmelzung und zu einer alles einebnenden Harmoniesucht führen kann. *Merkmale* dieses Quadranten sind Wertschätzung eines „Klimas" des Wohlfühlens (Schule mit „Herz"), von Loyalität und gleicher Beteiligung aller Organisationsmitglieder, von Kommunikation und Übereinstimmung manchmal auch um den Preis pointierter Inhalte. Personen und Gruppen, die sich in diesem Quadranten ‚zuhause' fühlen, schätzen zwischenmenschliches Verständnis, Geborgenheit und freundlichen Umgang. Gegenseitige Anerkennung wird als besonders wichtig erachtet. Sie sorgen für menschliche Wärme und Solidarität. Sie haben große Bedeutung für das Entstehen von Zugehörigkeit und institutioneller Identität. Einzelgänger, kritische Diskussionen und abweichende Meinungen irritieren sie jedoch und sie tendieren dazu, sich bei Herausforderungen und Konflikten zurückzuziehen.

3. Mit diesem Schema sind nun einige Annahmen über *Zusammenhänge zwischen diesen unterschiedlichen Wertorientierungen und über die Entwicklungsfähigkeit von Organisationen* verbunden, aus denen sich *Konsequenzen für Schulentwicklung* ableiten lassen.
- Alle Quadranten repräsentieren bestimmte Stärken, die für das Funktionieren und die Weiterentwicklung einer Organisation wichtig sind. Schulen brauchen *alle vier Quadranten,* und man findet sie in den meisten Schulen auch – in mehr oder weniger ausgebildeten Ansätzen – vor.

Für entwicklungsfähige Organisationen ist eine Balance zwischen Systembe-stätigung (Dauer) und Systemirritation (Wechsel) erforderlich. In ähnlicher Weise ist es wichtig, eine Balance zwischen einer Orientierung an Menschen (Nähe) und einer Orientierung an der Sache bzw. an der institutionellen Aufgabe (Distanz) zu erhalten. Für die Qualität der Leistungen einer Institution ist es daher entscheidend, zwischen den vier Wertorientierungen eine dynamische Balance zu etablieren: Die Qualitäten des Quadranten Nähe/Wechsel sind wichtig, damit Ideen entstehen und geäußert werden. Die Qualitäten des Quadranten Nähe/Dauer sind wichtig, damit Ideen in einer Atmosphäre gegenseitigen Vertrauens weiter entwickelt werden können. Die Qualitäten des Quadranten Distanz/Wechsel sind wichtig für die kritische und unvoreingenommene Prüfung von Ideen. Die Qualitäten des Quadranten Distanz/Dauer sind wichtig, damit positive Erfahrungen in Routinen und Regeln verankert werden können. Der konstruktive Umgang mit den Spannungsfeldern, die in diesen Quadranten zum Ausdruck kommen, und die Pflege und Balance der spezifischen Stärken gehört zu den wichtigsten Führungsaufgaben. Probleme treten meist dann auf, wenn einer der vier Quadranten stark dominiert. Jeder Quadrant für sich allein stellt eine Einseitigkeit dar, eine Überbetonung, die Probleme für das Funktionieren einer Organisation bringt. Daraus folgt:

- Funktionierende Organisationen sind durch eine *dynamische Balance zwischen diesen Grundorientierungen* gekennzeichnet, die auf das spezifische Potenzial vor Ort (der Organisationsmitglieder, der Umgebung) und den Organisations-zweck abgestimmt ist. Manche Organisationen können allerdings durch eine *Überbetonung* von Quadranten gekennzeichnet werden, d. h. es gibt eine *dominierende Schulkultur*, die die Strebungen der anderen Quadranten zu ‚Minderheitenin-teressen' macht.

- Personen und Gruppen stehen oft zu den Wertorientierungen des Quadranten, der ihrem eigenen ‚Heimatgebiet' diagonal gegenüberliegt (zum ‚Schattenbild' ihres Heimatgebietes), in einer *Ambivalenz der Bewunderung und gleichzeitigen Ablehnung*: So kommt es nicht selten vor, dass die Veränderer die Bewahrer ablehnen und umgekehrt, und dass die Sozialen die Individualisten ablehnen und um-gekehrt. Der ‚Freiheit und Eigensinn' zelebrierende Einzelgänger beneidet manchmal insgeheim die ‚Wir-Gefühl'-Gruppe um die Geborgenheit, die sie aus-strahlt. Er reagiert aber auf der öffentlichen Ebene auf die Zumutung, ihn in das ‚Kaffeekränzchen' einzubinden, mit Ablehnung.

Es besteht die *Gefahr*, dass sich eine gegenseitige Missachtung bis zur Verach-tung (z. B. gegenüber einer „Noch-ein-Projekt-Gruppe") aufbaut. Beständige gegenseitige Abwertungen können zu einer Spaltung des Lehrkörpers führen. Es besteht aber auch die *Chance*, sich gegenseitig von Zerrbildern abzuhalten (Chaos vs. Erstarrung bzw. Verschmelzung vs. Zerfall). Wenn sich die Quadranten ergänzen, erhöhen sich die Chancen, dass neue Ideen Eingang in die Praxis fin-den (z. B. neue Lernformen), dass das unverwechselbare Potenzial des einzel-nen Individualisten nicht in der Isolation verkümmert und dass Wir-Gefühl sich ebenso wie individuelle Profilierung entfalten können. So einfach ist das aber nicht immer, denn:

- In der *Normalsituation* ist eine gewisse Beweglichkeit und Wanderung zwischen den Quadranten möglich. Unter *Stress* (in Krisensituationen) ziehen sich Organisationsmitglieder gleichsam in ihre ‚Heimatquadranten‘ zurück: es findet eine ‚Entmischung‘ statt; man strebt in Gruppen von ‚Gleichgesinnten‘, wodurch mögliche Synergieeffekte verschenkt werden. Wenn Schulentwicklung Organisationsveränderung und Neuerungen mit sich bringt, dann wird das einen gewissen ‚Stress‘ erzeugen. Es ist daher zu erwarten, dass Schulentwicklung die Gefahr der ‚Entmischung‘ und Polarisierung zwischen verschiedenen Tendenzen in der Organisation mit sich bringt – gerade in Situationen, in denen Synergie notwendig wäre.

- Veränderung in einer Organisation geschieht über die *Aktivierung der jeweiligen dialektischen Gegenqualität:* Bewegung kommt in Gang, wenn eine Person, eine Gruppe oder eine Organisation Werte und Handlungen, die aus der Gegenqualität ihres ‚dominierenden Heimatgebietes‘ (vom ‚Quadranten schräg gegenüber‘) stammen, zulassen kann. Wesentliche Bedingungen dafür sind gegenseitiger Respekt und die von der Führung gestützte Gelegenheit für jeden, in der Institution „Spuren“ zu hinterlassen.

- Externe Berater und interne Koordinatoren von Schulentwicklungsprozessen müssen sich um eine *Balance zwischen Feldbestätigung und Feldkonfrontation* kümmern. Einerseits besteht ihre Aufgabe darin, Entwicklung in der Schule dadurch zu fördern, dass sie die Entwicklung der jeweiligen ‚Gegenqualität‘ stützen bzw. sie in verkraftbaren Portionen einführen. Andererseits ruft ein zu frühes oder zu starkes Betonen der ‚Gegenposition‘ Widerstand hervor, der die Gefahr mit sich bringt, dass Personen oder Organisationen aus dem Entwicklungsprozess ‚aussteigen‘.

- Schulentwicklungsberater, interne Koordinatoren und Steuergruppen-Mitglieder haben selbst Vorlieben und Grundorientierungen vis à vis der jeweiligen Organisation aufgebaut, die in Affinität zu bestimmten Quadranten stehen. Dadurch stehen sie in Gefahr, *‚unbewusste Koalitionen‘* mit dem ihnen Vertrauten einzugehen. Das Konzept der Schulentwicklung – als Idee, dass sich eine Schule durch gemeinschaftliche Anstrengung ihrer Mitglieder weiterentwickeln sollte – steht selbst in einer Affinität zum Nähe-Wechsel-Quadranten. Es ist daher zu erwarten, dass die Berater von Schulentwicklung zunächst als ‚Bündnispartner‘ der ‚Bewohner des Nähe-Wechsel-Quadranten‘ verstanden werden. Sobald sie jedoch in der Wahrnehmung der Organisationsmitglieder fix einem der Quadranten zugerechnet werden, ist ihr Handlungsspielraum und damit auch ihre Chance, entwicklungsförderliche Interventionen (die ja Gegenqualitäten aus verschiedenen Quadranten aktivieren sollen) stark eingeschränkt.

4. Praktische Vorgangsweisen: Als *Analyse- und Planungsinstrument:*
Das Instrument kann dazu verwendet werden, um strategische Überlegungen für die Planung eines Entwicklungs- oder Evaluationsvorhabens in einer Schule anzustellen.

- Die Mitglieder einer Steuergruppe oder kleinen Arbeitsgruppe studieren die Konzeptdarstellung in Methode 34.
- In Einzelarbeit halten sie ihre Einschätzungen über die Besetzung von Quadranten und dominierende Orientierungen in ihrer Schule auf einem Blatt Papier fest.
- Die Einschätzungen werden verglichen. Es wird an Beispielen diskutiert, ob das Konzept und die Einschätzung der eigenen Schule geeignet sind, Konstellationen des Konflikts oder der Blockierung zu erklären.
- Ideen für Handlungsmöglichkeiten in aktuell anstehenden Interventionssituationen (z. B. Vorschlag eines nächsten Entwicklungsschrittes, Zusammensetzung der Steuergruppe, Intervention in einen Konflikt) werden gesammelt und vor dem Hintergrund des Konzepts eingeschätzt.

Als *Trainingssituation* in der Ausbildung von Beratern und Steuergruppenmitgliedern: Vor der Erprobung als Analyse- und Planungsinstrument – wie oben dargestellt – kann in der Trainingssituation eine Selbsterfahrungsmöglichkeit eingebaut werden, z. B. in folgenden Schritten:

- *Vorbereitung:* Im Raum wird mit Kreppband (Abdeckband) ein Kreuz markiert, dessen Endpunkte werden mit Karten beschriftet (Distanz, Dauer usw.).
- Die Teilnehmer werden gebeten, sich selbst in ihren typischen persönlichen Reaktionen jeweils *einem Quadranten zuzuordnen* und sich in die im Raum markierten Quadranten hinein zu stellen (Mehrfachzuordnungen sollen zugunsten der ‚hauptsächlichen Tendenz‘ unterbleiben).
  Als Hilfe kann folgende *gedankliche Übung* dienen: Was mache ich üblicherweise in einer Krisensituation, z. B. wenn ein Projekt schief gegangen ist? Muss ich einmal alleine sein und meine Gedanken in einem langen Waldspaziergang klar kriegen (⇒ Distanz/Wechsel)? Muss ich einmal meinen Schreibtisch aufräumen, Dokumente in Ablagen einordnen und den Rest wegwerfen (⇒ Distanz/Dauer)? Muss ich einmal meine/n FreundIn anrufen, mit ihr länger sprechen, nur um ein Treffen im Kaffeehaus auszumachen, um die Sache weiter überlegen zu können (⇒ Nähe/Dauer)? Beginne ich ein neues Projekt zu überlegen und mit möglichen Mitstreitern Kontakt aufzunehmen (⇒ Nähe/Wechsel)?
- Die Personen *in jeweils einem Quadranten* werden gebeten, kurz in einer kleinen Gruppe (die in dem „Kreppband-Quadranten" stehen bleibt) *Szenen auszutauschen*, über die sie sich kürzlich in ihrer Schule (an ihrem Arbeitsplatz) geärgert und gefreut haben.
- Die Teilnehmer werden gebeten, sich jeweils *eine Person[29] aus dem schräg gegenüber liegenden Quadranten* zu suchen, und mit dieser – z. B. in einem Spaziergang von 15 Minuten – *Szenen auszutauschen*, über die sie sich kürzlich in ihrer Schule (an ihrem Arbeitsplatz) geärgert und gefreut haben.
- *Debriefing:* Überraschende Übereinstimmungen und Widersprüche können im Plenum angesprochen werden.

---

29 Bei ungleichmäßiger Besetzung der Quadranten muss mit dieser Zahl variiert werden. Gruppenleiter können als Gesprächspartner einspringen.

Als *Interventionsmöglichkeit* in Schulentwicklungsprozessen:
- Das Konzept ist auch zur Planung von Interventionen geeignet.
- Die direkte Arbeit in Großgruppensituationen (z. B. im Gesamtkollegium) mit diesem Konzept – z. B. im Sinne der eben dargestellten Trainingssituation – sollte nur von sehr erfahrenen Gruppenleitern angegangen werden und setzt eine gewisse Bereitschaft der Organisationsmitglieder voraus, sich von sich selbst zu distanzieren und auch einmal über sich zu lachen. Wir haben dieses Konzept auch schon mehrmals zur Vorbereitung der Zusammensetzung von Steuergruppen am Beginn von Schulentwicklungsprozessen genutzt.

Die Funktion der eben vorgestellten Methoden liegt – obwohl es vielleicht auf den ersten Blick so scheinen mag – *nicht* in der eiligen Personalisierung und Harmonisierung von konflikthaften Situationen. Die Realität, auch jene von Schulen, steckt voll von Spannungsverhältnissen, Widersprüchen und Dilemmatas. Winter (1982, 168) geht davon aus, dass „soziale Organisationen auf allen Ebenen (von der Schulklasse bis zum Staat) aus (aktuellen oder potenziellen) Interessenskonflikten bestehen, daß Persönlichkeitsstrukturen gespalten und verwickelt sind, daß die Vorstellungswelt des Individuums systematisch ambivalent (…) ist; daß Motive konfus, Ziele widersprüchlich und Beziehungen mehrdeutig sind, und daß die Gestaltung des praktischen Handelns unaufhörlich von Dilemmatas überhäuft wird". Diese Widersprüche sind Ausdruck allgemeinerer (widersprüchlicher) Bauprinzipien der Organisationen, des Bildungswesen und der Gesellschaft, die sich aber *in individuellen Äußerungen manifestieren* und durch diese der Analyse zugänglich werden. Die *Bewältigung solcher komplexen Situationen* fällt leichter, wenn die in ihnen verborgenen *Widersprüche* und Spannungsverhältnisse nicht nur ausagiert, sondern auch *sichtbar* gemacht werden, wenn die Aufmerksamkeit auf sie gelenkt wird und sie dadurch (z. B. im Gespräch) bearbeitbar werden.

Diese Methoden können in Schulentwicklungsprozessen folgende *Funktionen* erfüllen:
- *Entlastung durch Differenzierung*: Sie bieten eine Alternative zur Suche nach eindeutigen Lösungen, die ein Spannungsverhältnis nach einer Richtung und auf Kosten der anderen auflösen würden. Wenn die Berechtigung konträrer Perspektiven akzeptiert und als Bereicherung empfunden werden kann, führt dies auch zu einer emotionalen Entlastung. Es wird Energie frei, um nach einer subjektiv befriedigenderen Form des Umgehens mit Differenzen und Dilemmatas zu suchen.
- *Erarbeitung von Ausgangspunkten für Gespräche*: Winter (1982) verwendete Dilemmatas, um dem Gespräch zwischen Schulpraktikanten, Betreuungslehrern und Supervisoren eine egalitäre Note zu geben und den Perspektiven der Studenten in gleicher Weise Geltung zu verschaffen wie jenen von ranghöheren Personen. In ähnlicher Weise könnten derartige Formulierungen von Widersprüchen auch das Gespräch mit Schülern, Eltern und außerschulischen Interessengruppen sowie innerhalb des Kollegiums anregender und produktiver gestalten, indem sie das zu besprechende Thema klar zum Ausdruck bringen.

• *Aufwertung von Minderheitenauffassungen*: Ansichten, die tabuisiert sind oder aus anderen Gründen (z. B. weil diejenigen, die sie vertreten, nur wenig Macht besitzen) nicht diskutiert werden, können durch diese Methoden ausgedrückt werden. Indem die „beiden Seiten der Medaille" gleichberechtigt nebeneinander gestellt werden, wird die übliche „soziale Hierarchie der Glaubwürdigkeit" probeweise außer Kraft gesetzt: Sie zeigen auf eine relativ unbedrohliche Art Probleme auf und machen sie dadurch diskutierbar und der rationalen Analyse zugänglich. In den darauf folgenden Interaktionen muss sich dann zeigen, ob das jeweilige soziale System damit umgehen kann und will.

• *Erarbeitung von Ausgangspunkten für weitere Handlungsschritte und Interventionen*: Das Hauptinteresse liegt sicherlich darin, das durch die Analyse erweiterte Verständnis auch für die Konzeption produktiver Handlungsschritte zu nutzen.

8.3.6 Spannungsfelder in Schulentwicklungsprozessen

Unserer Erfahrung nach tauchen in Schulentwicklungsprozessen immer wieder einige typische Themen auf, die für Konflikte sorgen und wahrscheinlich ‚Spannungsfelder' im oben genannten Sinn sind. Drei davon wollen wir im Folgenden ansprechen.

Bewahren und Verändern

In Projekten der Schulentwicklung wird ein Spannungsfeld zwischen Bewahren und Verändern meist deutlich sichtbar. Neuerungen irritieren, bringen Altes zum Wanken und verstärken widersprüchliche Werthaltungen. In der Konfrontation werfen die Bewahrer der anderen Seite Rastlosigkeit und Aktionismus vor, während die Veränderer mit dem Vorwurf der Unbeweglichkeit und Erstarrung kontern.

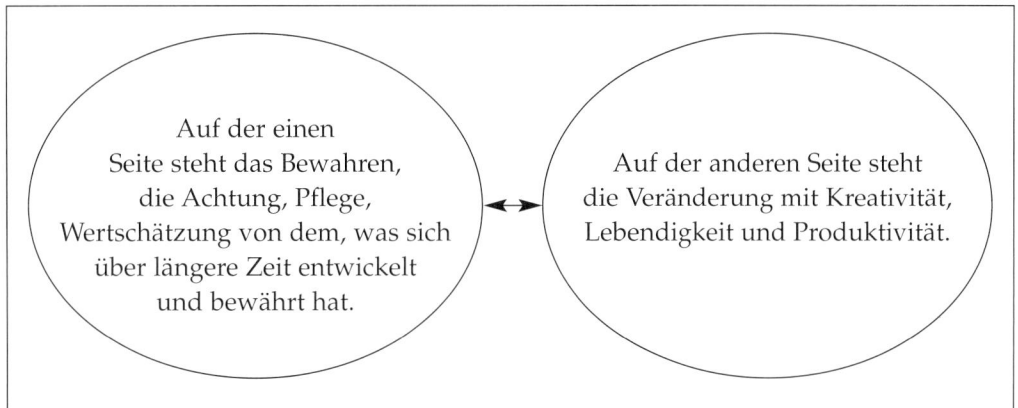

Abb. 51: Spannungsfeld ‚Bewahren – Verändern'

Freiwilligkeit und Verpflichtung

Am Beginn von Entwicklungsprojekten werden Tatsache, Ausmaß und Qualität der Mitarbeit an Innovationen verhandelt. Die Fragen *„Muss ich, kann ich, darf ich mitmachen?"* stehen im Raum und die Qualität des Umgangs mit ihnen trägt nicht unwesentlich zur Akzeptanz einer Evaluation bei Lehrern bei. Die ursprüngliche Hoffnung der Initiatoren des Entwicklungsprojekts, dass allein ihre positive Idee schon bei allen Verpflichtungsgefühle hervorrufen würde, bewahrheitet sich meist nicht. Verpflichtungen, die über Unterrichtsarbeit hinausgehen, müssen intern vereinbart werden. Schulleiter müssen ihre Position klar machen und sensibel mit Unterschieden umgehen (vgl. Kap. 8.3.2). Die Mitglieder der Schulgemeinschaft müssen eine dem Projekt und der Situation angemessene Balance von Freiwilligkeit und Verpflichtung aushandeln (vgl. Abb. 52).

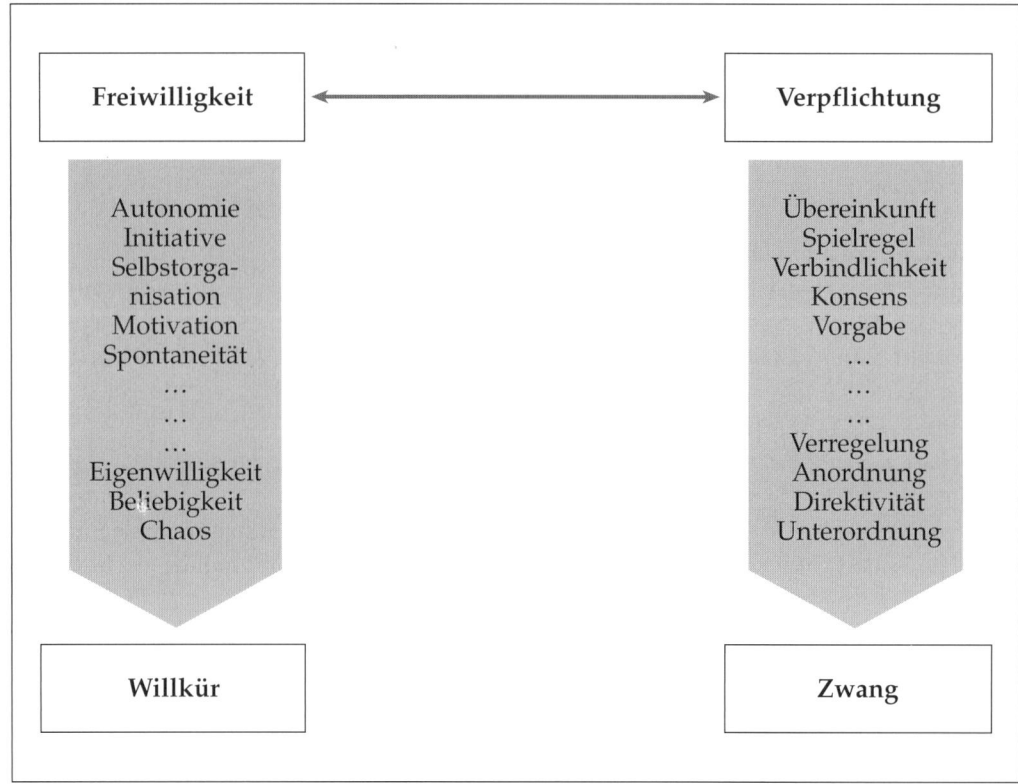

Abb. 52: Wertequadrat Freiwilligkeit – Verpflichtung

Privatheit und Öffentlichkeit

Gerade in Evaluationsprojekten ist die Frage der Eigentümerschaft und Verwendung von Evaluationsinformationen ein prekärer und oft umstrittener Punkt. Lehrer wollen genau wissen, wer was wann wozu über sie und ihre Schule erfährt. Sie fürchten, dass Informationen in unrechte Hände gelangen und Sanktionen für sie nach sich ziehen könnten. Der englische Evaluationsforscher Barry MacDonald (1974) hat argumentiert, dass in einer Evaluation zwei gesellschaftliche Rechte oder Interessen aufeinander stoßen. Ein *right to know,* ein gesellschaftlicher Anspruch auf Zugänglichkeit von Informationen, auf die Chance von Weiterentwicklung durch Erkenntnis – und auf der anderen Seite ein *right to privacy,* der Anspruch auf einen geschützten Bereich von Privatheit, von Autonomie im eigenen Entscheidungsraum, von Nichteinmischung in einen komplexen Beruf.

Argyris/Schön (1974) haben die Zugänglichkeit von Information gleichsam zum Konstruktionsprinzip von entwicklungsfähigen Organisationen gemacht. Die Verabsolutierung des *right to know* für *eine* soziale Position allerdings – der naive Traum mancher Wissenschaftler vom ungehinderten Zugang zu ihrem bevorzugten Forschungsfeld – entspricht der epistemologischen Perspektive des Polizeistaates. Das *right to know* muss zwischen den Beteiligten in einer sozialen Situation ausgehandelt werden, und sie müssen ihm als Handlungsprinzip freiwillig zustimmen können – was einschließt, dass sein Gegenteil, die Nicht-Zustimmung dazu, in argumentierten Einzelfällen akzeptabel sein muss.

In der Schulgeschichte der letzten zehn Jahre hat sich eine interessante und bedeutungsvolle Veränderung ergeben. In der Vergangenheit wurde die Zugänglichkeit von Informationen für Wissenschaftler stark durch die Schulverwaltung behindert, die Schule als gleichsam „private Einrichtung" des Staates ansah; das *right to know* war bedroht. Jüngst hat das Interesse der Schulverwaltung an Bildungsforschung und Evaluation jedoch zugenommen. Die neuen Konzepte der Verwaltungsführung gestehen Schulen größere autonome Entscheidungsspielräume zu, wenn sie nur bereit sind, ihre Ziele in Schulprogrammen festzulegen und diese auch zu evaluieren. De facto ist in einem autonomeren Schulwesen die Informationssituation für die Zentrale beeinträchtigt (vgl. Bachmann et al. 1996)[30]. Jedenfalls bedienen sich die Manager der Einzelschule und des Schulwesens mehr und mehr sozialwissenschaftlicher Mittel und Instrumente, um Informationen über das Funktionieren von Schulen zu bekommen. Insofern deutet sich eine „natürliche" Allianz der Bildungsverwaltung mit (einzelnen) Sozialwissenschaftlern an, wodurch das *right to privacy* vielleicht bald unserer besonderen Beachtung bedarf.

Wie kann man das zusammenfassen?

- *Right to know* und *right to privacy* sind beide sozial bedeutsame Prinzipien. Es kann nicht allgemein gesagt werden, welches wichtiger ist. In bestimmten historischen Situationen, in denen eine Seite überwiegt, kann es Sinn machen, gegensteuernd nach der anderen Seite zu rufen.

- *Right to know* und *right to privacy* sind für verschiedene soziale Akteure jeweils situativ mit Eigeninteressen verbunden.

- In Evaluationsprozessen müssen diese beiden Interessen jeweils in eine für alle beteiligten Parteien sinnvolle, verstehbare und akzeptable Balance gebracht werden.

Eine interessante Konkretisierung der Anerkennung dieser beiden gegensätzlichen Rechte findet man in einigen Selbstevaluationskonzepten, z. B. im FQS-Modell (vgl. Kap. 5.1):

- *Geschützte Räume für Rückmeldung und deren Interpretation:* Der Grundgedanke dabei ist: Es braucht „zunächst private Räume", in denen potenziell schwierige Informationen verarbeitet werden können. Dies geschieht z. B. in kleinen selbstgewählten Gruppen von Lehrern (‚Qualitätsgruppen'). In diesen werden die individuellen Feedbacks, die Lehrpersonen eingeholt haben, besprochen und interpretiert. Alle Mitglieder binden sich jedoch durch eine ‚Vertraulichkeitsvereinbarung', keine Informationen unautorisiert nach außen dringen zu lassen (vgl. Kasten 16).

- *Plus aufsteigendes Prinzip von zunehmender Öffentlichkeit:* In einem zweiten Schritt gibt es aber auch eine Verpflichtung, Informationen – nicht unbedingt über konkrete Einzelergebnisse, wohl aber aggregierte Ergebnisse und v. a. Maßnahmen, die im Hinblick auf Weiterentwicklung unternommen wurden – öffentlicher zu machen und z. B. an die nächsthöhere Ebene (z. B. Schulkonferenz) weiterzugeben.

---

30 Jedenfalls wird der Zentrale bewusst, dass sie über die Entwicklungen an den Einzelstandorten nicht gut informiert ist. Dies war in der Ägide der Input-Orientierung zwar auch nicht immer der Fall, doch wurde dies nicht unbedingt als Problem wahrgenommen, weil angenommen wurde, dass durch Input-Entscheidungen die Frage der Gestaltung der Einzelstandorte ohnehin weitgehend bestimmt war.

8.4 Fortbildung, Öffentlichkeitsarbeit und Berichtlegung für externe Bezugsgruppen

8.4.1 Wissensmanagement durch kollegiale Fortbildung

Von Lehrern für Lehrer

„Bei Veranstaltungen der kollegialen Fortbildung", heißt es im Jahresbericht einer Schule, „bieten wir interessierten Kollegen aus unserer Berufsgemeinschaft Wissen aus unserer Praxis an. Wir tun dies, weil wir uns dazu verpflichtet fühlen. Interessante Alltagserfahrungen und insbesondere Erfahrungen mit Innovationsarbeit sollen nicht nur uns vorbehalten sein. Viele Lehrer sollen davon profitieren können, denn damit tragen wir zur Professionalität unseres Berufsstandes bei. Und selbstverständlich positionieren wir uns damit auch öffentlich … Das Wichtigste jedoch ist, dass es Freude bereitet, herzeigen zu können, was man geleistet hat. Die Pädagogische Messe gibt dem Positiven eine Plattform. Es tut einfach ‚in der Seele gut', zu sehen, zu hören, zu lesen und zu spüren, was alles bei uns gemacht wird und wie sich professionelle Lehrer um Qualität bemühen." (BGK 1998)

Wenn Lehrer die eigene Arbeit evaluieren und weiterentwickeln, machen sie neue Erfahrungen und erwerben neues Wissen – über sich selbst, über ihre Tätigkeit, über die eigene Schule. Insofern ist die Untersuchung eigener Praxis selbst ein Modell für Personalentwicklung oder Lehrerfortbildung. Da das dabei produzierte Wissen auch für andere Kollegen in und außerhalb der Schule interessant sein und die Qualität ihrer Arbeit heben könnte, kann in Selbstevaluationsprojekten das Ziel der Verbesserung der eigenen Praxis gezielt mit jenem der Vermittlung von Einsichten und Erfahrungen an Kollegen der eigenen oder anderer Schulen verbunden werden. Das ist *Kollegiale Lehrerfortbildung*, die von Lehrern für Lehrer betrieben wird.

Einerseits stellt sich die Frage nach dem *schulinternen Wissensmanagement:* Wie können wichtige Einsichten, die einzelne oder Gruppen von Lehrern erworben haben, möglichst gut anderen Kollegiumsmitgliedern zugänglich gemacht werden? Und vielleicht weitergehend die Frage: Können und sollen die Mitglieder des Kollegiums ihr – im Evaluations- und Entwicklungsprojekt erworbenes – Wissen auch an andere Berufsmitglieder weitergeben? In jedem Fall wird dadurch ein *neues Thema der Schulentwicklung* formuliert, jenes der Strukturen und Formen des schulinternen Umgangs mit Wissen – und vielleicht auch jenes der Strukturen und Formen, mit denen sich die Schule nach außen als Ort der Wissensproduktion und der Fortbildung darstellen will.

Zweck und Formen kollegialen Erfahrungsaustausches und kollegialer Fortbildung

Im landläufigen Sinn ist unter *kollegialem Erfahrungsaustausch* jede in der täglichen Routine auftauchende Form beruflicher Kommunikation zu verstehen. Wir verstehen darunter speziell das gemeinsame Arbeiten zweier oder mehrerer Lehrer an einer Thematik, die für die Beteiligten eine Weiterentwicklung ihrer Praxis erwarten lässt. Der Begriff „kollegial" bedeutet hier nicht, einander in gegenseitiger Rücksichtnahme auf die Schultern zu klopfen und sich gegen äußere Einflüsse zu verbünden. Er bedeutet vielmehr einander in Respekt zu begegnen, einander zu unterstützen, fachlich anzuregen, einander Rückmeldungen zu geben, sich selbst professionell zu hinterfragen und ge-

Formen kollegialer Lehrerfortbildung

1. *Informelle Gespräche* (im Allgemeinen keine Kosten)
2. Informelle *telefonische Gespräche* (Telefonkosten)
3. Übermittlung von *schriftlichen Unterlagen*: Beschreibung einer Innovation, Arbeitsunterlagen, Dokumentation von Erfahrungen mit der Innovation (Herstellung und Vervielfältigung von Unterlagen, Porto- oder Internetkosten)
4. *Einladung* von interessierten Lehrern aus der eigenen oder einer anderen Schule zum Unterrichtsbesuch und zu einer gemeinsamen Reflexion (u. U. Reisekosten, Vertretungskosten)
5. *Besuch einer interessierten Schule* für Gespräche, Unterrichtsbesuche und gemeinsame Reflexion u. a. m. (u. U. Reisekosten, Vertretungskosten)
6. Durchführung eines *Austauschworkshops* (vgl. Methode 36) gemeinsam mit interessierten Kollegen, bei dem Erfahrungen aller Beteiligten zu einem gemeinsamen Thema reflektiert werden (u. U. Reisekosten, Vertretungskosten, evtl. Moderationskosten)
7. *Vortrag, Demonstration oder Präsentation* bei einer Pädagogischen Konferenz, schulinternen Lehrerfortbildung an der eigenen oder an einer fremden Schule (u. U. Reisekosten, Vertretungskosten, Honorierung)
8. Durchführung von *Workshops über die eigene Arbeit mit Kollegen einer interessierten Schule*, die in erster Linie der Information der teilnehmenden Lehrer dienen (u. U. Reisekosten, Vertretungskosten, Honorierung)
9. *Moderation von Arbeitssitzungen interessierter Kollegen*, die eine ähnliche Innovation entwickeln (u. U. Reisekosten, Vertretungskosten, Honorierung)
10. *Beteiligung an regionalen oder zentralen Veranstaltungen kollegialer Lehrerfortbildung*, wie Tagungen oder Seminare mit der Thematik „Lehrer berichten aus der Praxis" z. B. durch Gespräche, Workshops, Referate, Moderation u. a. m. (u. U. Reisekosten, Vertretungskosten, Honorierung)
11. Veranstaltung einer *Pädagogischen Hausmesse*, in der die Schule neue Entwicklungen interessierten Kollegen der eigenen Schule vorstellt (vgl. Methode 35).
12. Veranstaltung einer *Pädagogischen Messe*, in der die Schule neue Entwicklungen interessierten Kollegen anderer Schulen sowie evtl. interessierten Eltern und Gemeindeangehörigen vorstellt und damit auch Öffentlichkeitsarbeit für die Schule betreibt (vgl. Abb. 53).
13. Angebot von *Fortbildungsmodulen* für Lehrer anderer Schulen

meinsam hinzuschauen, welche Auswirkungen berufliche Handlungen auf die Schüler, Eltern und Gesellschaft im Allgemeinen haben. Der Begriff „Erfahrungsaustausch" bedeutet, die eigenen beruflichen Erfahrungen ernst zu nehmen und sie für wert zu halten, sie anderen zugänglich zu machen. Auch das ist ein Merkmal von Professionalität im Lehrberuf. Und letztlich ist „Austausch" zwischen Angehörigen eines Berufsstandes wohl der fruchtbringendste Weg, diesen selbst weiterzuentwickeln und seine gesell-schaftliche Akzeptanz zu erhöhen. Bei kollegialem Erfahrungsaustausch geht es um selbst-bewusste, offene und kontinuierliche Diskussion über eigene und fremde Praxiserfah-rungen, um daraus zu lernen.

Die – informell klingende – Form ‚kollegialer Erfahrungsaustausch' muss nicht immer un-strukturiert und ungeplant vor sich gehen. Beispielsweise könnten Fallgespräche durch einfache Regeln, wie z. B. durch das Analysegespräch (vgl. Methode 21), strukturiert und fruchtbarer gemacht werden. Der Übergang zu *kollegialer Fortbildung,* in der Lehrer mehr Vorbereitungs- und Gestaltungsverantwortung für eine Kollegengruppe übernehmen, ist jedenfalls fließend.

In Kasten 47 versuchen wir eine Gliederung unterschiedlicher Typen von kollegialem Erfahrungsaustausch und kollegialer Fortbildung, die auch als Anregung für die Entwicklung weiterer Formen dienen könnte. Die angeführten Formen beziehen sich in erster Linie auf den Austausch zwischen Lehrern verschiedener Schulen, einige davon können jedoch auch für den Gebrauch innerhalb einer Schule adaptiert werden. Eine wichtige Frage, die sich bei der Beschäftigung mit kollegialem Erfahrungsaustausch und kollegialer Lehrerfortbildung stellt, ist die nach der finanziellen Honorierung dieser Arbeit. Die Reihung erfolgte daher nach dem vermuteten Ausmaß der dabei entstehenden Kosten.

Als relativ einfache und praktikable Form von Wissensweitergabe an Schulen erscheint die *Pädagogische Hausmesse* (vgl. Methode 35). *„Bei uns geschieht viel, aber es weiß fast niemand davon!",* wird oft bedauert. Meist sind die Einzelinitiativen von Lehrern oder auch Fach-teams an den Schulen selbst viel zu wenig bekannt.

METHODE 35

Pädagogische Hausmesse

Intentionen
- Vernetzung, Information und Austausch über Entwicklungen, allgemeine Er-fahrungen, Initiativen, Projekte etc. einer Schule mit internen Interessenten
- Erfahren von Wertschätzung bei der Präsentation eigener ‚guter Beispiele'

Zeit
ca. 2 Stunden

Raumorganisation
1 Marktstand pro Initiative: 1 Tisch, 1 Pinwand

Formen
Marktstände, Kurzpräsentationen und Erfahrungsgespräche

Ablauf

1. Vorbereitung:

- Entscheidung über das Thema der Messe
- Bestimmung des verantwortlichen Koordinators
- Planung und Einladung der Kollegen
- Anmeldung zur Messe beim Koordinator

2. Marktstand: Jede Initiative erhält einen Marktstand. Die Lehrer präsentieren auf Plakaten und legen Material auf.

3. Kurzpräsentation als Einstieg: Jeder Aussteller macht eine drei- bis fünfminütige Kurzpräsentation.

4. Freier Marktbesuch: Danach wandern die Kollegen besichtigend umher. Dafür soll ca. eine halbe Stunde Zeit sein.

5. Erfahrungsgespräch: Nach einer halben Stunde gibt es an jedem Marktstand das Angebot für ein moderiertes Analysegespräch (ca. 30 Minuten; vgl. Methode 21).

6. Blitzlicht: Als Feedback eine Runde im Plenum oder Wandzeitung etc.

Wo der Wunsch eigene Erfahrungen weiterzugeben und/oder von anderen erfahrenen Praktikern zu lernen vorhanden ist, sind *Austauschworkshops* zwischen Lehrerteams eine geeignete und erprobte Form des kollegialen Erfahrungsaustauschs und des Sammelns von Ideen und Energie für die Weiterentwicklung eigener beruflicher Praxis.

METHODE 36

Austauschworkshop

Intentionen
Fortbildung durch Austausch von Erfahrungen mit eigenen Initiativen

Zeit
ca. 1,5 Stunden

Form
Moderierter Workshop im Rahmen einer pädagogischen Konferenz oder einer schulinternen Fortbildung

Beispiel
In einem Projekt zur Unterrichtsentwicklung konzipierten wir ein zweitägiges Seminar, bei dem Lehrerteams aus interessierten Schulen in Workshops Erfahrungen mit verschiedenen Innovationen austauschen konnten. Von Seiten der Pro-

jektleitung wurden die Vorbereitung (Kontaktaufnahme, Koordination der Themenspezifizierung und Design des Workshops) durchgeführt und vier Workshops moderiert, die im Rahmen des Seminars stattfanden.

In einem Workshop fanden sich zwei Innovationsteams aus zwei höheren technischen Lehranstalten, die einander unterrichtliche Innovationen vorstellten: eine von einem Lehrerteam betreute „Modellklasse" und ein Projektunterrichtskonzept.

Ein zweiter Workshop wurde von Lehrerteams einer Versuchsschule „Neue Mittelschule" (NMS) und einer gymnasialen Schule gestaltet, wobei die NMS gebeten worden war, ihre Organisation der Zusammenarbeit der Lehrer bei Planung, Durchführung und Reflexion des Unterrichts, dabei auftretende Schwierigkeiten und Lösungsansätze vorzustellen.

Im dritten Workshop berichteten einander zwei Volksschulen über Aufbau und Gestaltung der Zusammenarbeit im jeweiligen Lehrerteam und analysierten dabei auftretende Probleme. Im vierten Workshop präsentierten ein Team aus der NMS und zwei Kolleginnen aus einem alternativen gymnasialen Schulprojekt einander innovative Unterrichtskonzepte. Sie tauschten Erfahrungen mit „Freiem Lernen" und „Wochenplanarbeit" aus und beschrieben geplante Vorhaben für die Weiterentwicklung der Oberstufe.

Anregungen für den Ablauf
- Nicht den Eindruck erwecken, alles besser zu wissen
- Zum Mitdenken anregen, z. B. durch offene Fragen
- Konkrete Situationen schildern, um das Verständnis zu erleichtern
- Die Teilnehmer einladen, ihre eigenen Erfahrungen und Interessen einzubringen
- Wichtige gemeinsame Erkenntnisse festhalten

Neben solchen Austauschworkshops können auch *Besuche in Schulen*, die interessante Entwicklungsinitiativen durchführen, wertvolle Anregungen bieten(vgl. Kasten 48).

Während pädagogische Hausmessen dem internen Erfahrungsaustausch dienen, ermöglicht das Konzept der *Pädagogischen Messen* kollegiale Lehrerfortbildung zwischen Schulen. Diese Messen sind Tagungen, die von Lehrern für Lehrer veranstaltet werden, bei denen praktische Erfahrungen mit dem pädagogischen Alltag oder der Entwicklung pädagogischer Innovationen weitergegeben werden. Sie erlauben es, Öffentlichkeitsarbeit mit kollegialer Lehrerfortbildung und internen Entwicklungsimpulsen zu verbinden. Als Beispiel sei hier das Programm einer solchen Pädagogischen Messe angeführt, auf der Praxisberichte zur Qualitätsevaluation vorgestellt wurden (vgl. Abb. 53).

Interessant erscheinen uns auch *Rufmodule für schulinterne Lehrfortbildung.* Dabei handelt es sich um ein Programm für kollegiale Lehrerfortbildung, bei dem Schulen zu speziellen Themen, zu denen sie innovative Ideen realisieren, kurze Fortbildungsprogramme anbieten, die von Lehrern anderer Schulen abgerufen werden können. Die Themen können

48

Verhaltens-Tipps bei Schulbesuchen

- Sie sind Gast und besuchen jemand in seinem Haus (kein schlecht getarnter feindlicher Überfall!).
- Ein kleines Gastgeschenk (letzter Jahresbericht, Folder u. a. m.) macht Freude.
- Ein ‚Delegationsleiter‘, der erster Ansprechpartner für die Gastgeber ist, erleichtert den Umgang miteinander.
- Zeitgerecht *vor* dem Besuch klären, was die Interessen der Besuchergruppe sind und welchen entsprochen werden kann, ob Unterrichtsbesuche möglich sind und mit wem und worüber Gespräche geführt werden können.
- Vereinbarungen über Zeit und Ort sowie Wegbeschreibungen sind wichtiger als man denkt. Zu spät zu kommen, weil man die zu besuchende Schule nicht findet, bringt die Vorbereitungen der Gastgeber durcheinander und ist kein guter Einstieg in den Besuch.
- Feedback sollte nur gegeben werden, wenn ausdrücklich darum gebeten wird, dann aber inhaltsreich auf die jeweilige Frage bezogen.
- Am Ende genügt meist *eine* Danksagung der Gruppe.

Montag, 18. Mai	Dienstag, 19. Mai
11:00 Eröffnung 12:00 Pädagogischer Markt (Lehrerteams stellen eigene Evaluationsarbeit an arktständen aus) 15:00 Vortrag Dr. Anton Strittmatter: „Die Landkarte der Qualitätsevaluation" 16:30 Erfahrungsgespräche (Lehrer berichten über Evaluationsaktivitäten) 19:00 „Schulverbundfest" mit Empfang des Bürgermeisters	9:00 Vortrag Univ. Prof. Dr. Peter Posch: „Qualitätssicherung und -entwicklung in Österreich" 10:15 Pädagogischer Markt 11:00 Prozessszenarium (Lehrer stellen Prozesserfahrungen aus dem Evaluationspilotprojekt dar) 14:00 Erfahrungsgespräche (Lehrer berichten in Workshops über Erfahrungen aus der Selbstevaluation) 16:00 Feedbackvernissage (Lehrer zeigen praxiserprobte Feedbackinstrumente zur Evaluation der Tagung) 17:00 Kommentar des Präsidenten des Landesschulrats für Steiermark

Abb. 53: Programm einer Pädagogischen Messe

sehr unterschiedlich sein und selbst entwickelte Unterrichtsmaterialien, fächerübergreifenden Unterricht, Projektunterricht, offene Lernformen, Formen alternativer Leistungsbeurteilung u. a. m. umfassen.

Kollegiale Fortbildung als Grenzverletzung

Die Vermittlung von Wissen, Fähigkeiten und Fertigkeiten ist eine zentrale Aufgabe der Schule. Leider gilt das, was den Schülern gegenüber selbstverständlich ist, keineswegs für den Berufsalltag von Lehrern. Im Gegenteil: Wissensvermittlung bzw. die Weitergabe von spezifischen Kenntnissen und Fertigkeiten an Kollegen kommt in der Schule häufig einer Grenzverletzung gleich. Wer diese Grenzen überschreitet, wird rasch als „schulmeisterlich", „wichtigtuerisch" und „profilierungssüchtig" abqualifiziert. Warum ist das so? Dazu einige Hypothesen:

- *Mythos der Gleichheit:* Viele Lehrer handeln unbewusst entlang der Grundannahme, dass alle Lehrer gleich sind (vgl. Kap. 8.3.2). Unterschiede werden wenig akzeptiert. Das eigene Wissen wird als zuwenig wertvoll betrachtet und ‚gleich'gestellten Kollegen will man ebenfalls nicht zugestehen, dass sie über wertvolles und daher mitteilenswertes Wissen verfügen. Es gibt Profilierungsvorwürfe und Ängste vor Abwertung. Beides kann zu Kränkungen, Verletzungen und zur Resignation führen. Noch immer haben viele nicht den Mut, vor gleichgestellten Berufskollegen über eigene Erfahrungen zu berichten.

- *Zwang zur Perfektion:* Fachliche Qualifikation im Lehrberuf ist nur schwer messbar. Unsicherheit liegt in der Natur eines komplexen Berufs, der auch durch Persönlichkeit wirkt. Das erleichtert die Aufrechterhaltung hoher und oft unrealistischer Ansprüche an die berufliche Praxis. Lehrer sind außerdem geübt im Fehlersuchen und Fehlerfinden. Diese Mischung von Faktoren macht es schwer, sich anderen Lehrern gegenüber zu präsentieren und mögliche Kritik zu akzeptieren.

- *Scheu vor Verbindlichkeit:* Oft wird auch ‚vergessen' oder aktiv abgelehnt, förderliche Kontextbedingungen für den Austausch zu organisieren. In der Folge spielt sich der Austausch „zwischen Tür und Angel" und „mal schnell" in den Pausen ab. Die Organisation von Zeit, Raum und Moderation erscheint zu verbindlich. Übersehen wird dabei, wie viel Zeit durch mangelhafte Planung und Organisation notwendiger Kontakte und durch unstrukturierte Gesprächsführung verloren geht und dass der zeitlich bedrängte „Pausenaustausch" Missverständnisse und Vorurteile fördert.

- *Personalisierung von Problemen:* Die Unverbindlichkeit von Initiativen für kollegialen Erfahrungsaustausch könnte auch mit der verbreiteten Ansicht zusammenhängen, dass Situationen von den Personen abhängen und Personen „so sind, wie sie sind". Das „ganze Drumherum" würde daher nichts zur Verbesserung beitragen.

Erfahrungen aus der Praxis

Natürlich gibt es nicht nur Schwierigkeiten, sondern auch gute Erfahrungen von Schulen, die sich auch auf systematischere Initiativen des kollegialen Erfahrungsaustausches und der kollegialen Fortbildung eingelassen haben (sonst hätten wir dieses Kapitel ja nicht zu schreiben gewagt). Im Rahmen eines Projekts zur Unterrichtsentwicklung haben wir von Lehrern folgende Rückmeldungen zum *Erfahrungsaustausch innerhalb einer Schule* gesammelt:

- Der *Eindruck von Perfektion* bei der Darstellung eigener Arbeit kann das Lernen erschweren und zu einem Hierarchiegefälle unter den Lehrern führen:

„Die haben das so toll präsentiert, dass ich am Anfang nicht gewusst habe, was sich sagen soll. Ich war ja richtig erschlagen."

„Es sollte nicht versucht werden, die heile Welt vorzuspielen. Der andere soll nicht perfekt sein, weil das glaube ich ihm sowieso nicht."

„Am meisten hat man doch davon, wenn auftretende Probleme zusammengefasst und herausgestrichen werden, um sie diskutieren zu können. Wie kann ich aus den Erfahrungen meines Gegenübers profitieren?"

„Ich hab' gesehen, jeder hat Probleme. Das beruhigt mich."

- *„Stories" und plastische Details* bei der Präsentation eigener Initiativen ermöglichen Zuhörern, sich ein „Bild" zu machen und situatives Verständnis zu gewinnen:

  „Wenn ich nicht schon von einem anderen Workshop gewusst hätte, was ihr wirklich macht und wie ihr eure Arbeit aufbaut, hätte ich mich nicht ausgekannt. Der ganze Kontext hat gefehlt. Du hast da von ‚Problemen' berichtet und ich hab' gar nicht gewusst, warum das eines ist, weil ich die Zusammenhänge nicht verstanden hab'."

- Wenn beim Erfahrungsaustausch *Zeit für Einzelgespräche* vorgesehen wird, erleichtert dies die Orientierung an speziellen Interessen von Lehrern:

  „Mir ist das abgegangen, ich hätte mich gerne mit dem einen oder anderen im Detail unterhalten."

- *Moderation*, die für Klarheit und Zielorientiertheit sorgt, erleichtert inhaltliche Offenheit beim Austausch.

49

Beachtenswertes bei Kollegialer Lehrerfortbildung

Kollegialer Erfahrungsaustausch ist *selten erfolgreich*, wenn er
- „verordnet" wird,
- unter dem Motto „Wir wissen am besten, wie es geht!" andere Personen tendenziell abwertet,
- an der Schule nicht die nötige Unterstützung von Seiten der Leitung erhält,
- für Reflexion nur wenig Raum lässt.

Kollegialer Erfahrungsaustausch ist *fruchtbringend*, wenn er
- von einer Haltung gegenseitiger Wertschätzung und Offenheit geprägt ist,
- als Quelle von Anregungen betrachtet wird,
- allen Beteiligten ermöglicht, Erfahrungen einzubringen,
- situationsgerecht ist, d. h. Antworten auf Fragen erwarten lässt, die tatsächlich gestellt werden,
- in einem legitimierten Kontext (z. B. von Schulentwicklung oder Qualitätsevaluation) stattfindet,
- sorgfältig vorbereitet und von der Leitung unterstützt wird.

Quelle: Messner/Seidl (1994)

Über *den Erfahrungsaustausch zwischen Schulen* wurden folgende Eindrücke berichtet:

- Mangelhafte interne Kommunikationsstrukturen an den beteiligten Schulen erschweren die *Kontaktaufnahme*.
- Die Qualität des Austauschs hängt in hohem Maße von der *Qualität der inhaltlichen Vorbereitung* ab.
  „Es ist wichtig zu wissen, was die anderen erwarten."
  „Es wäre gut, genaueres Vorauswissen zu haben, was der andere anzubieten hat."
  „Man sollte wissen, worüber man etwas erfahren will."
  „Man sollte vorher wissen, worüber man sprechen will. Es wäre höchstwahrscheinlich gut, einen Art Themenkatalog oder Themenkreise aufzustellen."
- Die Qualität des Austauschs hängt auch von der *Qualität der organisatorischen Rahmenbedingungen* ab, u. a. von räumlichen und zeitlichen Vorkehrungen, Entlastung für die beteiligten Lehrer etc.

8.4.2 Veröffentlichung von Evaluationsergebnissen

Zentrale Fragen beim Verfassen von Berichten sind jene nach ihrem Sinn und ihren Adressaten (vgl. Altrichter/Posch 1998, 246 ff.). Die Einschätzung des Wertes und des Zwecks eines Berichts bestimmt seine Qualität, seine Glaubwürdigkeit und die Aufgabenteilung beim Verfassen. Während der Verbindlichkeitscharakter bei ‚freiwilligen' schulinternen Berichten oft recht gering ist, schaut die Situation bei Berichten an Behörden anders aus. Dennoch wurde – so weiß man aus den ersten Schulprogrammprojekten – so manches Schulprogramm anfänglich von anderen Schulen rasch abgeschrieben. Man schob Kulissen und errichtete Fassaden. Sowohl Qualität als auch Glaubwürdigkeit waren gering. Das jedoch veränderte sich rasch, wenn die Reaktionen der Aufsichtsbehörde, aber auch der eigenen Kollegen, emotional und konfrontativ erfolgten. Die Reaktionen zwangen die Sache an Schulen ernster zu nehmen, sich um Qualität zu kümmern und glaubwürdig zu werden. Schon beim zweiten Schulprogramm wurde meist anders gearbeitet.

In manchen Ländern sind Schulen verpflichtet, einen Bericht über ihre Selbstevaluation an die Aufsichtsbehörde zu übermitteln. Unabhängig von etwaigen speziellen länderspezifischen Anforderungen sollten ganz bestimmte Fragen vor Abfassung eines *Berichts an die Aufsichtsbehörde* geklärt werden (vgl. Kasten 50 auf der folgenden Seite).

Neben den von der Aufsichtsbehörde eingeforderten Berichten kann auch die Schule selbst daran Interesse haben, ihre Leistungen relevanten Umwelten darzustellen. Wenn die Evaluation dafür fundierte Daten und aussagekräftige Beispiele bereitstellt, kann dies für die Glaubwürdigkeit der Öffentlichkeitsarbeit sehr vorteilhaft sein. Bei der Veröffentlichung von Evaluationsergebnissen und Maßnahmen zur Qualitätsentwicklung sollte – neben der strikten Einhaltung der zu Beginn des Evaluationsprojekts ausgehandelten Veröffentlichungsmodalitäten und ethischen Bedingungen (vgl. Kasten 4 und Kapitel 5.3) – ihre Wirkung nach innen und nach außen in die Überlegungen einbezogen werden. Die Veröffentlichung kann mehreren Zwecken gleichzeitig dienen, gerade dabei können sich leicht Interferenzen ergeben. Potenzielle *Wirkungen nach außen* sind:

- Information der Eltern
- Werbung für das Schulangebot
- Imagepflege für die Schule
- Weitergabe von Wissen

50

Checkliste für einen Behördenbericht

Vereinbarung über den Zweck des Berichts
- Geht es „nur" um Rechenschaftslegung oder soll der Bericht auch für die eigene Weiterentwicklung genutzt werden?
- Wenn es mehrere Zwecke gibt: Welcher hat für wen Vorrang?

Klarheit über den inhaltlichen Aufbau des Berichts
- Was soll im Bericht auf jeden Fall vorkommen?
- Was soll auf keinen Fall vorkommen?
- Gibt es einen guten Bericht, aus dem Anregungen gewonnen werden können?

Integration der Dokumentation in den laufenden Prozess
- Welche Informationen können schon während der Evaluationsarbeit festgehalten werden?
- Welche unterstützenden Leitfäden wären dazu zweckmäßig?
- Inwieweit sind Fortbildungsinitiativen für die Dokumentation erforderlich?
- Welche Informationen sollen an die Verfasser des Endberichts gehen?

Klärung von Aufgabenteilung
- Wie wird bei der Erarbeitung des Berichts vorgegangen? Werden Einzelelemente getrennt ausgearbeitet und dann einer Endredaktion unterzogen oder schreibt eine Person/ein Team zum Schluss den gesamten Bericht?
- Wer verfasst den Bericht?

Bestimmung von Verantwortlichkeiten und Kompetenzen
- Wer bestimmt die Struktur des Berichts?
- Wer entscheidet bei Unstimmigkeiten über Inhalte?

Regeln für das Clearing (d. h. Freigabe für die Öffentlichkeit)
- Wie und durch wen erfolgt das Gegenlesen von Entwürfen?
- Wann und wie erfolgt die Kommentierung durch das Gesamtkollegium?
- Wer gibt die letzte Zustimmung zur Veröffentlichung?

- Forcierung bestimmter bildungsrelevanter Themen
- Präsentation selbst geleisteter Innovationsarbeit

Potenzielle *Wirkungen nach innen* sind:
- Unterstützung der Schulentwicklung
- Stärkung von Selbstbewusstsein und Motivation der Lehrer
- Identitätsstiftung

Übliche *Veröffentlichungsformen* sind Folder, Jahresberichte, Artikel in Zeitschriften und hin und wieder Festschriften, die Schulen zu bestimmten Anlässen verfassen. An manchen Schulen werden auch eigene Publikationen mit Dokumentationen und Projektberichten herausgegeben. Ein Beispiel dafür ist die Heftreihe „Schule entwickeln: Dokumente aus dem Schulverbund Graz-West", die von folgenden Zielvorstellungen ausgeht: *„Die Entwicklung der Innovationen der Schulversuche ‚Neue Mittelschule im Verbund' und ‚Autonome Oberstufe' basieren auf dem Engagement der LehrerInnen im Schulverbund Graz-West. Sie entwerfen ständig kreative Unterrichtskonzepte, konzipieren Neuerungen im Unterrichtsangebot, untersuchen ihre eigene Unterrichtspraxis durch Aktionsforschung, reflektieren das Schulleben und tauschen ihre Erfahrungen im kollegialen Geist aus. Die LehrerInnen verstehen diese Form der kontinuierlichen Entwicklungsarbeit als Möglichkeit zur Erweiterung oder Vertiefung des schulischen Angebots für die SchülerInnen, aber auch als Professionalisierung für sich selbst sowie als stetes Bemühen, Qualitätsentwicklung und -sicherung im Schulhaus zu betreiben. Die schulinterne Fortbildungspolitik der Verbundschulen setzt bei diesem Verständnis von Qualitätsüberprüfung und -entwicklung an und setzt Maßnahmen, die die Weitergabe von Erfahrungen und Ergebnissen der Reflexions- und Entwicklungsprozesse unterstützen. Die vorliegende Reihe bietet den LehrerInnen des Schulverbunds, die die Arbeit dokumentieren, Gelegenheit zur Veröffentlichung. Auf diese Weise wird das aus der Praxis des Schulmodells gewonnene Wissen festgehalten und auch anderen LehrerInnen zugänglich gemacht."*

Gegenstand der Veröffentlichung können die Entwicklungsmaßnahmen und ihre Ergebnisse sein; sie können aber auch – gerade bei Evaluationen, zu denen noch wenig eingespielte Praktiken bei anderen Schulen existieren – die Prozesse der Evaluation und Entwicklung betreffen. Kasten 51 stellt einen möglichen Inhaltsraster für solche Prozessdokumentationen vor.

51

Inhaltsraster für die Dokumentation eines Evaluationsprozesses

Einleitung
Wer sind wir? Warum nahmen wir an einem Evaluationsprojekt teil?
Warum gerade zu diesem Thema? Was erwarteten wir?

Unser Evaluationsverständnis
Was wollten wir mit der Evaluation erreichen? Welche Zwecke verfolgten wir?
Was befürchteten wir? Welche Entwicklung nahm unser Evaluationsverständnis?
Was war bei seiner Entwicklung hinderlich und förderlich (Auftragslage – Nachhaltigkeit)?

„Qualitätsbeauftragte" und unsere Rolle als interne Evaluatoren
a) In Bezug auf Kollegen: Worüber dachten wir intensiv nach? Welche unserer Befürchtungen bestätigten sich? Welche erwiesen sich als unbegründet? Was überraschte uns?
b) In Bezug auf Auftraggeber: Was war hilfreich? Was wurde möglicherweise verhindert? Wo waren wir besonders gefordert?

Arbeit im Qualitätsprojektteam
Erfahrungen mit Kooperation, Projektleitung, externer Beratung, Fortbildung/ Schulung.

Evaluationsthemen
1. *Prozess:* Was überlegten wir? Wozu entschieden wir uns? Wie liefen die unterschiedlichen Konferenzen? Was von der Planung ging auf, was war anders?
2. *Ergebnisse:* Was wollten wir wissen? Was sagen uns die Ergebnisse?

Unsere Evaluationsinstrumente im Einsatz
Welche wurden verwendet? Warum gerade diese? Was war uns dabei wichtig? Was erwarteten wir? Was zeigte sich bei ihrem Einsatz, was lief gut, was lief schlecht? Eindrücke von den Erhebungen von Schülern, Eltern, Lehrern.

Datenauswertung
Dilemmata, Bemerkenswertes

Unvorhergesehene Störungen

Datenpräsentation bei Feedbackkonferenzen an den Schulen
1. *Präsentation*: Wie präsentierten wir? Warum entschieden wir uns gerade für diese Form der Präsentation?
2. *Prozess:* Was lief bei der Datenpräsentation tatsächlich ab? Wie ging es uns dabei? Was überraschte?
3. *Ergebnisse:* Trends, die uns nachdenklich stimmen; inhaltliche Schlussfolgerungen; wo gibt es aus unserer Sicht Entwicklungsbedarf?

Kosten-Nutzen-Analyse
Was hat dieses Projekt gebracht? Was hatten wir davon? Wie viel haben wir dafür gearbeitet? Was war belastend, was erfreulich? Was könnten andere davon haben? Wie müsste das vorhandene Potenzial genützt werden?

Quelle: Messner (2004)

8.5   Meta-Evaluation: Wie geht's das nächste Mal noch besser?

Ideale Modelle von Evaluationsprojekten und Qualitätssicherungssystemen (vgl. z. B. Strittmatter 1996a) sehen eine interne Meta-Evaluation vor – und aus der Distanz betrachtet ist ihr Anliegen auch sehr verständlich, obwohl einem am Ende eines Evaluationsprojektes oft der Atem dafür auszugehen droht. Für die Meta-Evaluation, die Reflexion des Evaluationsprozesses, sind Fragen wie die Folgenden leitend:

- Was waren die Stärken und Schwächen unseres Evaluationsvorgehens und welche Auswirkungen haben sie auf die Gültigkeit und Reichweite unserer Ergebnisse?
- Was haben wir selbst über Evaluation im Verlaufe des Projekts gelernt und welche Bedingungen, Handlungsregeln usw. wollen wir beim nächsten Evaluationsprojekt beachten?

Eine Möglichkeit besteht darin, die Metaevaluation in Form einer schulinternen Veranstaltung durchzuführen, an der alle beteiligten Personen teilnehmen und in der eine Bilanz z. B. über das letzte Schuljahr gezogen wird. Methode 37 stellt ein mögliches Design für eine solche Veranstaltung in Form einer *Bilanzkonferenz* vor.

METHODE 37

Bilanzkonferenz

Motto
„Wir heben uns empor und schauen in Milde auf uns herab". (Die Milde des Blickwinkels ermöglicht Ehrlichkeit und vermindert Vertuschung.)

Metaevaluation 1: Aktivitäten-Zeitlinie
- Zeichnen einer Zeitlinie, auf der die wesentlichen Aktivitäten und Entscheidungspunkte eingetragen werden
- Bericht der verschiedenen Arbeitsgruppen des Evaluationsprojekts über diese Aktivitäten
- Verdeutlichen des Entwicklungsprozesses durch eine Anekdote/Story, die etwas über den Prozess aussagt

Metaevaluation 2. Prozessstandards
Vergleich der eigenen Erfahrungen während des Evaluationsprozesses mit Prozessstandards: Wo stehen wir in bezug auf die Standards? Wo waren wir schon, wo sollten wir noch hingehen? Als Prozessstandards können selbst formulierte Ansprüche und/oder die Folgenden verwendet werden:
- *Themen:* Wie bedeutsam sind unseren gewählten Themen? Welche Themen würden Schüler wählen?
- *Zielklarheit:* Verfolgen wir noch dieselben Ziele und Zwecke, die wir uns vorgenommen haben?
- *Verantwortlichkeiten:* Wer hat tatsächlich Verantwortung übernommen?
- *Funktionaler Methodeneinsatz:* Erfüllten die Evaluationsinstrumente ihre Funktion?
- *Feedback:* War Mehrperspektivität einhaltbar? Wissen wir bei unseren Evaluationsthemen Bescheid darüber, was Schüler, Eltern und Kollegen denken?
- *Ergebnisse:* Wie reagieren wir auf die Ergebnisse der Evaluation? Nehmen wir sie ernst? Werden sie skeptisch beäugt oder machen sie nachdenklich?

- *Konsequenzen:* Haben wir schon Konsequenzen gezogen? Wie kamen sie zustande? Welche Wirkungen zeigten sie?

Metaevaluation 3: Analyse des Energiehaushalts
- Überlegung in Einzelarbeit, Paar- oder Dreiergruppen: Wenn wir auf die Evaluations- und Entwicklungsarbeit zurückblicken: Was (welche Aktivitäten, Phasen, Szenen etc.) im Evaluations- und Entwicklungsprojekt hat Energie gebunden? Was hat zu viel Energie gekostet? Was hat weniger Energieeinsatz als erwartet erfordert?
- Synthese der Ergebnisse in Arbeitsgruppen: Zusammenfassung zu Aussagen über kritische und gelungene Phasen des Evaluations- und Entwicklungsprojekts sowie über ‚Energiespender' und ‚Energiefresser' in solchen Projekten
- Aktionsplan und strategische Überlegungen für Energiemanagement (negative Energie abbauen, vorhandene Energie besser fließen lassen, Ziele ändern etc.)

Je mehr Schulbehörden sich entschließen, die Selbstevaluation von Lehrern und Schulen in ihr Pflichtenheft des normalen Schulalltags aufzunehmen, umso zahlreicher werden die Kataloge von Qualitätskriterien und Mindestanforderungen für Evaluationen. Das bekannteste Beispiel ist die umfassende Ausarbeitung des *Joint Committee on Standards for Educational Evaluation* (1994). Wiewohl die meisten Aussagen dieser Kataloge Sinn machen, erscheinen sie uns in ihrer Summe meist als *overkill* für Praktiker.

Was also kann als alltagstauglicher Erfolgsindikator für schulische Selbstevaluationen dienen? Wann können Lehrer mit ihren Selbstevaluationen zufrieden sein? (vgl. Altrichter/Messner 2001) Wahrscheinlich, wenn die Ergebnisse „konsequenzenreich" sind, wenn Lehrer …

… *Überraschungen* erlebt haben – allerdings solche, die ‚verarbeitbar' waren, die zu neuen Sichtweisen, Unterrichtsstrategien usw. geführt haben.

… besser *verstehen*, wie *Schüler* ihren Unterricht wahrnehmen und wie Schüler lernen.

… neue *Anregungen* für ihre Unterrichts- und Schulpraxis erhalten haben und Mut, diese auszuprobieren.

… ihr *Bewusstsein über die Unterschiedlichkeit* von Wahrnehmungsweisen (Wie sehen Schüler meinen Unterricht?) und Handlungsmöglichkeiten (Was machen Kollegen in vergleichbaren Situationen anders?) erweitert haben.

… mit einer bisher belastenden Situation – auch in der Wahrnehmung der Mit-Akteure – *besser umgehen* können.

… die Vorgangsweise und Ergebnisse ihrer Evaluation in einem Kreis von *kritischen Freunden* diskutiert haben.

… ihre eigene mit anderen *Sichtweisen* (z. B. von Schülern, Kollegen usw.) *konfrontiert* haben.

… *Lust und Ideen* haben, weitere Evaluations- und Entwicklungsschritte zu setzen (vielleicht nicht sofort und nicht ‚permanent', aber immer wieder).

III. Anhang

Im Folgenden werden zwei Berichte zur Entwicklung von Qualitätsprogrammen von Schulen aus Rheinland-Pfalz abgedruckt. Sie enthalten auch eine erste Zwischenbilanz ihrer Evaluationsbemühungen. In ihrer Unterschiedlichkeit sind diese Berichte gut geeignet, Diskussion und Meinungsbildung darüber im Kollegium oder in Fortbildungsseminaren anzuregen, welche inhaltlichen und formalen Akzente im eigenen Entwicklungs- und Evaluationsbericht gesetzt werden können.

9. Methodenlernen in der Oberstufe – Erfahrungen mit der Evaluation eines Projektes

Das Schuljahr 2002/03 brachte für die Schulen in Rheinland-Pfalz gravierende Veränderungen mit sich. In der Folge der Ergebnisse der PISA-Studie wurde es allen Schulen des Landes zur Aufgabe gemacht, ein Qualitätsprogramm zu erstellen und auf der Basis einer *Bestandsaufnahme* Ziele zu formulieren und Maßnahmen zu planen, deren Ergebnisse evaluiert werden sollten. Aufgrund dieser Vorgaben wurde auch an unserer Schule, dem Nordpfalzgymasium in Kirchheimbolanden, überlegt, welche Leitziele die Arbeit unserer Schule prägen sollten. Neben fachlichen rückte immer mehr die Frage nach den *methodischen Kompetenzen* und Fähigkeiten unserer Schüler mit in das Zentrum unserer Überlegungen. Ausschlaggebend war einerseits die Überzeugung, dass gewisse methodische Fähigkeiten und Fertigkeiten heute zu den unverzichtbaren Schlüsselqualifikationen gehören. Andererseits gaben viele Kollegen ihrer Enttäuschung Ausdruck, dass ein zu großer Teil der Schüler in der Oberstufe methodische Grundfertigkeiten nicht ausreichend beherrscht. Dazu zählen beispielsweise Präsentationstechniken, eigenständige Literaturrecherche in Bibliotheken und im Internet, das Anfertigen von Mitschriften und Protokollen u. a. m. Ein weiterer Grund kam hinzu: In der Orientierungsstufe existierte bereits ein Programm zur Vermittlung von Lern- und Arbeitstechniken, in der Oberstufe aber nicht.

Entwicklungsmaßnahmen
Ausgehend von diesen Überlegungen und Beobachtungen konstituierte sich auf einem schulinternen Studientag im März 2003 eine Gruppe von Kollegen, die ein *Konzept zur Durchführung eines Methodentrainings in der Oberstufe* erarbeitete. Das zu erstellende Qualitätsprogramm war Anlass, dieses Training als festes Angebot in die Oberstufe einzubinden. Das *Leitziel* dabei war, *die methodischen Fähigkeiten und Fertigkeiten unserer Schüler zu verbessern*. Durch ein zu konzipierendes Lerntraining sollten methodische Standards vermittelt werden, die einerseits eine Basis für den Unterricht auf der Oberstufe darstellen, ande-

rerseits aber auch die Eigenständigkeit und Selbstverantwortung der Schüler für ihren Lernprozess stärken sollten. Auf der Basis der Bestandsaufnahme formulierte die Arbeitsgruppe folgende *Anforderungen:*

- Selbstorganisation von Arbeit/Vorbereitung auf Kursarbeiten (Zeitmanagement)
- Umgang mit Texten: Lesetechnik und Auswertung
- Anfertigen von Unterrichtsmitschriften und Protokollen
- Literaturrecherche
- Präsentationstechniken
- Auswertung von Statistiken und Diagrammen
- Erstellung von Diagrammen
- Kommunikationstraining: Gruppenleitung, Diskussionsverhalten …

Die *Durchführung* selbst wurde in folgender Weise strukturiert:

1. Die Maßnahme selbst wurde durch einen Beschluss der Gesamtkonferenz in das Qualitätsprogramm aufgenommen; auch die Durchführung der einzelnen Trainingstage wurde dem Kollegium bekannt gemacht.
2. In drei Modulen mit jeweils zwei Trainingstagen sollten die oben genannten Arbeitstechniken in Kleingruppen durch Lehrer aus der Jahrgangsstufe 11 eingeführt werden, und zwar zu Beginn des Schuljahres, nach etwa drei Monaten und nach etwa sechs Monaten. Zum derzeitigen Zeitpunkt sind zwei Module durchgeführt.
3. In jedem bisher durchgeführten Modul wurden bestimmte Arbeitstechniken eingeführt und trainiert. Nach Abschluss des Methodentrainings sollen die Schüler alle Arbeitstechniken nicht nur kennen, sondern auch trainiert und exemplarisch angewandt haben.
4. Alle für das Training erstellten Unterlagen wurden in einen Ordner abgeheftet, der allen Schülern, allen im Jahrgang 11 unterrichtenden oder anderen interessierten Lehrern zur Verfügung gestellt wurde. Der Transfer in das Kollegium ist somit geleistet.

Evaluationskonzept

Die Schüler sollen in die Lage versetzt werden, die vermittelten Arbeitstechniken eigenständig und selbstverantwortlich (Lernziel „Selbstverantwortung") einzusetzen. Dementsprechend konnten als *Indikatoren* formuliert werden:

1. Die Schüler sind in der Lage, eigenständig Unterrichtsprotokolle und -mitschriften anzufertigen.
2. Die Schüler recherchieren Literatur aus Bibliotheken und gegebenenfalls dem Internet.
3. Die Schüler können Texte analysieren und auswerten.
4. Die Schüler organisieren ihre Arbeit und die Vorbereitung auf Überprüfungen.
5. Die Schüler können sachgerecht mit Statistiken und Grafiken umgehen.
6. Die Schüler sind in der Lage, eine Diskussion zu leiten.
7. Die Schüler können Präsentationstechniken angemessen einsetzen.

Eine weitere Frage musste noch beantwortet werden: In welchem Grad sollten die Schüler die eingeübten Fähigkeiten und Fertigkeiten anwenden können? Was die Qualität der erwarteten Ergebnisse anbelangt, war mit der Erstellung des Trainings- und Übungsmaterials, z. T. mit „Musterlösungen" (z. B. ein Protokoll) ein Erwartungshorizont implizit gegeben. So wie in den Trainingsmodulen eingeübt, sollten die Schüler die Arbeitstechniken auch einsetzen können. Somit war ein *qualitativer Standard* formuliert worden, den alle Schüler erreichen sollen. Dies ist insofern gerechtfertigt, als die Arbeitstechniken Basiskompetenzen darstellen, die als unverzichtbare Grundlage wissenschaftspropädeutischen Arbeitens in der Oberstufe dienen. Auch sind einige der Methoden in der Mittelstufe schon eingeführt worden und werden im Rahmen des Konzeptes zu Beginn der Jahrgangsstufe 11 somit nur noch einmal wiederholt bzw. vertieft.

Im Laufe der Überlegungen zur Konzeption und Durchführung des Methodentrainings dachten die Kollegen auch darüber nach, wie die Wirksamkeit des Konzeptes festgestellt werden konnte. Wie konnte man sicher sein, dass die geplanten Maßnahmen auch zu dem gewünschten Erfolg führten? Daher wurden mehrere *Evaluationsschleifen* in die Maßnahme eingefügt. Zum einen sollte die Maßnahme selbst, also der *Prozess des Trainierens* und Übens, evaluiert, zum anderen mussten natürlich auch die *angestrebten Ziele* überprüft werden: Was von dem, was wir uns als Lehrer wünschen, kommt tatsächlich bei den Schülern an? Damit war die Frage nach dem tatsächlichen „Output" gestellt.

Die Evaluation sollte aus *zwei Perspektiven* erfolgen: einerseits aus der Perspektive der Schüler, andererseits aus der Perspektive der unterrichtenden Lehrer.

Eine erste Evaluation der *Schülerseite* wurde während des zweiten Trainingsmoduls in Form eines Fragebogens durchgeführt. Dabei ging es zum einen um Rückmeldungen bezüglich der Organisation, zum anderen um eine erste Einschätzung des „Nutzwertes" der vermittelten Inhalte. Als weitere Evaluationen aus Schülerperspektive ist eine „Kurzevaluation" z. B. als Punktabfrage bezüglich einiger auffälliger Ergebnisse des Fragebogens sowie eine umfassendere Befragung gegen Ende des Schuljahres geplant. Um dabei differenziertere Ergebnisse zu erhalten, ist an eine Auswertung in Gesprächskreisen in den Deutschkursen gedacht.

Die Befragung der in der Jahrgangsstufe unterrichtenden *Kollegen* soll ebenfalls in Form eines Fragebogens erfolgen und durch Interviews ergänzt werden. Aspekte der Befragung sollen sein:

- Entlastung im Kursunterricht durch zentrale Einführung/Wiederholung der notwendigen Arbeitstechniken zu Beginn der Oberstufe
- Nutzwert der Materialsammlung (Ordner mit Unterlagen der Trainingseinheiten) als Standard für die Arbeit im Kursunterricht (z. B. bei der Anfertigung von Referaten)
- feststellbarer Kompetenzzuwachs bei den Schülern
- Integration der Übung/Vertiefung der eingeführten Methoden im eigenen Kursunterricht
- Verbesserungsvorschläge

Evaluationsergebnisse

Die *Schülerbefragung* erbrachte folgende Ergebnisse: Die Organisation in voneinander unabhängige inhaltliche Blöcke, die jeweils von einer Lehrkraft geleitet wurde und die nach dem Prinzip eines Lernzirkels durchlaufen wurden, stieß bei den Schülern ausnahmslos auf Zustimmung. Da dieses Organisationsprinzip auch Vorteile für die durchführenden Lehrkräfte in Bezug auf die Vorbereitung hat, sollte es für ähnliche Projekte beibehalten werden.

Bezüglich der Trainingsinhalte waren die Ergebnisse weniger eindeutig. Der Nutzwert der im ersten Methodentraining erworbenen Kenntnisse wurde meist im mittleren Bereich gesehen. Das Aufgreifen der Inhalte/der Methoden im Kursunterricht wurde von vielen vermisst. Bei den freien Antworten wurde allerdings bereits als positives Ergebnis von einem Viertel der Schüler der Nutzwert des Methodentrainings – nicht nur für die Schule! – gelobt, so dass eine erste Bilanz durchaus positiv ausfällt.

Insgesamt zeigt sich, dass die Evaluation der Inhalte zu früh war, da es zu diesem Zeitpunkt erst fünf Wochen Kursunterricht gab und auch noch keine Kursarbeiten stattgefunden hatten. Deshalb ist es wichtig, diese Inhalte in der Kurzevaluation zu Beginn der letzten Einheit bzw. detaillierter in der Abschlussevaluation am Ende des Schuljahres zu erfragen. Bei der Auswertung wird besonders die Verknüpfung mit den Ergebnissen der Befragung der Kurslehrer von Bedeutung sein, um beurteilen zu können, ob der Aufwand des Methodentrainings (insgesamt fünf Tage) lohnt und das Leitziel der Verbesserung der methodischen Fähigkeiten erreicht wurde.

Als erstes *Fazit* lässt sich aus unserer Sicht festhalten: Evaluation ist im Rahmen eines solchen Projektes unverzichtbar. Als eine im Prozess mitlaufende Möglichkeit, eine Maßnahme zu reflektieren und zu überprüfen, bietet sie die Basis zur fortwährenden Modifikation. Weiterhin ermöglichen die Ergebnisse einer Evaluation Lehrern und Schülern miteinander und untereinander eine Diskussion über Lernprozesse, wie sie so im Schulalltag gewöhnlich nicht stattfindet. Deshalb werden sich Prozess und Ergebnis dieser Evaluation sicherlich auch auf andere Maßnahmen im Qualitätsprogramm auswirken.

Claus Schlosser
(Schulentwicklungsmoderator)
Steffi Henrich
(Projektgruppe Methodenlernen)

Nordpfalzgymnasium Kirchheimbolanden
Heinrich von Brunck Straße 4/
D-67269 Kirchheimbolanden
post@npg-kib.de

10. Bestandsaufnahme und Evaluation als Grundlage des Qualitätsprogramms einer Berufsbildenden Schule für Wirtschaft

Vorgeschichte

Bereits vor dem Schreiben des Bildungsministeriums des Landes Rheinland-Pfalz vom September 2002, in dem die Erstellung eines Qualitätsprogramms (QP) allen Schulen zur Pflicht gemacht wurde, hatte sich die BBS W auf den Weg der Schulentwicklung begeben. Die ersten Ansätze aus dem Schulversuch LOK (Lernortkooperation zur Umsetzung ganzheitlichen Lernens; Teilnehmer waren Bank-, Industrie- und Bürokaufleute-Klassen; Schuljahre 1995/96 bis 1998/99) hatten zu einer steigenden Bereitschaft zu Veränderungen bei zahlreichen Kolleginnen und Kollegen geführt. Bleibende Neuerung aus diesem Schulversuch war die Einrichtung von Methodenseminaren für Klassen bestimmter Ausbildungsberufe, die in der Regel außerhalb der Schule unter Beteiligung betrieblicher Ausbilder in zwei- bis dreitägigen Seminaren abgehalten werden.

Ein weiterer Schritt war die Einsetzung einer AG Schulentwicklung und die Durchführung eines Studientages zum Thema EFQM im September 1999. In der Folge nahm die Schule am Schulversuch QuiSS-rp teil (Qualitätsverbesserung in Schulen und Schulsystemen – Rheinland-Pfalz; Schuljahre 1999/2000 bis 2001/2002), bei dem sie von zwei externen Moderatoren betreut wurde. Schwerpunkt der Arbeit war die Bildung von Teams von Lehrkräften in einzelnen Ausbildungsberufen. Daneben entwickelte sich jedoch auch eine Reihe anderer Aktivitäten. Bei einem Studientag im Oktober 2001 arbeiteten die verschiedenen Gruppen an der „Verbesserung der Schule" (so der Arbeitstitel). Im Rahmen von QuiSS hatte die Schule auch eine Steuergruppe (StG) installiert, die die verschiedenen Aktivitäten koordinieren sollte.

Die Entwicklung des Qualitätsprogramms

In dieser Situation traf die Vorgabe des Ministeriums vom September 2002, ein QP bis zum Sommer 2003 zu erstellen, die Schule nicht völlig unvorbereitet, so dass ein weiterer Studientag zu verschiedenen Aspekten des QP im Oktober 2002 veranstaltet werden konnte. Die Themen und die Inhalte der einzelnen Arbeitsgruppen sind in Abb. 54 nachzulesen.

Da die StG der Meinung war, nicht alle (guten und wichtigen!) Lösungsansätze und Ideen gleichzeitig bearbeiten zu können, kristallisierte sie (durchaus in bewusster „Interpretation" der Vorgaben des Ministeriums) zwei Schwerpunktbereiche für die Erstellung des QP heraus: „Unsere Lehrer" und „Unsere Schule".

Zum Thema „Lehrer" wurde, ausgehend von den Ergebnissen der entsprechenden AG des Studientags, ein Fragebogen entwickelt (vgl. Abb. 55), mit dessen Hilfe wir herausfinden wollten, ob sich die Selbsteinschätzung der Lehrkräfte hinsichtlich ihrer Rolle und Aufgaben mit der Bewertung durch die Schüler deckt, d. h. konkret, ob wir auch wirklich das tun, was wir tun wollen. Die Befragung wurde in verschiedenen Klassen aller Bildungs-

Arbeitsthema	mögliche Inhalte
Thema 1: *Schule als Lebensraum*	– wohnliche Schule – Umgang mit Themen, die den Alltag betreffen
Thema 2: *Lehrerprofil*	Was verstehen wir unter einem guten Lehrer? – aus Schülersicht – Lehrersicht – Sicht der Schulleitung – Sicht der Eltern Wie erhalten wir Feedback von den Schülern?

Thema 3:
*Förderungsmöglichkeiten für schwache/
begabte Schüler*
	– beim Übergang an unsere
	  Schule
	– nichtmuttersprachlich
	  deutsche Schüler
	– lernschwache Berufsschüler
	– Schullaufbahnberatung

Thema 4: *Umgang mit Kollegen und Schülern*	– Kooperation – kollegialer Austausch
Thema 5: *Pädagogische Grundsätze und ihre stundenplantechnische Umsetzung*	– Arbeit im Team – Arbeit in Fachräumen
Thema 6: *Zusammenarbeit mit Eltern und Betrieb*	Wie können wir enger und besser zusammen arbeiten?
Thema 7: *Öffentlichkeitsarbeit*	Die Schule muss sich in der Öffentlichkeit präsentieren! – Homepage

Thema 8:
Schaffung eines Wir-Gefühls
	– Identifikation der Lehrer
	  und Schüler mit der Schule –
	  meine Schule
	– Außerunterrichtliche
	  Veranstaltungen:
	  Besuchen wir die?

Arbeitsthema	mögliche Inhalte
Thema 9: *Welche Erwartungen haben wir an unsere Schüler?*	– Verhalten – Leistung – Vertrag mit Schülern? – Was müssen sie bringen? – Was erhalten sie von uns?
Thema 10: *Was ist das Besondere an unserer Schule?*	– statistische Daten – Schulformen – Einzugsbereich – Standort – Schulpartnerschaften – Projekte
Thema 11: *Fortbildungsplanung*	– Fortbildung als Qualitätsmerkmal? – Angebote? – Nachfrage?
Thema 12: *Verhaltensauffälligkeiten von Schülern*	– Formen – Ursachen – Lösungen
Thema 13: *Vorbereitung der Präsentation zum IFB-Forum*	

Abb. 54: Themen der Qualitätsarbeitsgruppen

gänge der Schule bei etwa 460 Schülern durchgeführt, nach Bildungsgängen ausgewertet und schließlich in eine Gesamtübersicht gebracht (vgl. hierzu Abb. 56).

Zur Lesart des Ergebnis-Schaubildes: Hätten alle befragten Schüler jeweils das höchste Maß an Zustimmung zu einer Frage/Aussage angekreuzt, dann läge das Gesamtergebnis für diese Frage bei 100 %; umgekehrt bei geringstem Maß an Zustimmung bei 0 %.

Ebenso wurde beim Thema „Unsere Schule" verfahren, wobei hier die Ergebnisse verschiedener AGs des Studientages mit bereits früher im Lehrerkollegium gemachten Befragungen zusammenflossen. Der Fragebogen „Schule als Lebensraum/Entwicklung eines Wir-Gefühls" wurde von etwa der gleichen Anzahl von Klassen und Schülern ausgefüllt, wobei keine Klasse doppelt befragt wurde. Eine Befragung aller Schüler schien uns aufgrund der Größe der Schule (ca. 2700 Schüler) zu aufwändig. (Weitere Materialien finden Sie auf der Schul-Homepage http://www.bbsw-trier.de.)

Die Umsetzung des Qualitätsprogramms

Die Ergebnisse wurden von der StG gesichtet und der Gesamtkonferenz vorgestellt. Aus den als nicht zufriedenstellend empfundenen Werten wählte die Gesamtkonferenz einige (nicht alle!) ihr vordringlich erscheinende Aufgabenstellungen als Zielvorgabe für das QP aus; hierzu bildeten sich jeweils freiwillige Arbeitsgruppen. Die einzelnen Betätigungsfelder werden hier nur in Ausschnitten vorgestellt.

Notengebung

Die Auswertung dieser Aussage („Unsere Lehrer begründen ihre Notengebung") ergab eine Zustimmungsquote von nur knapp über 50 %. Eine AG Notengebung bereitete als erste große Maßnahme einen Studientag vor, der sich im Februar 2004 mit den verschiedenen Aspekten des Themas beschäftigte. Die Ergebnisse wurden untereinander ausgetauscht und die drei dringlichsten Bereiche für die Weiterarbeit festgelegt (Punktabfrage; „Rechtliche Aspekte", „Mitarbeits- und Epochalnoten", „Bewertung der Methoden- und Sozialkompetenz sowie von Präsentationen"). Die AG hat im Mai der Gesamtkonferenz eine Beschlussvorlage zu einigen Aspekten vorgelegt, der die Konferenz zustimmte. Eine Evaluation wird über eine erneute Schülerbefragung erfolgen müssen. Außerdem beschloss die Konferenz die Wiedervorlage zur Gesamtkonferenz in einem Jahr, um die bis dahin gemachten Erfahrungen zu reflektieren.

Halbjahresgespräche

Im QP ist die Durchführung von Halbjahresgesprächen verbindlich festgelegt. Sie waren bereits vor dem QP in wenigen Bildungsgängen der Schule eingeführt worden und sollen der Reflexion des Lehrer- und Schülerverhaltens, der Unterrichtsinhalte und -gestaltung, den Arbeitsbedingungen sowie der Leistungsmessung dienen. Die erste Runde der Gespräche fand zum Halbjahr 2003/04 im Januar und Februar statt. Eine Evaluation steht an, vorrangig in den Abteilungen. Eine Dienstbesprechung der Klassenlehrer einer Abteilung im März 2004 ergab, dass überwiegend positive Erfahrungen gemacht wurden, weshalb die Kolleginnen und Kollegen die Fortführung der Maßnahme (mit geringfügigen Veränderungen) beschlossen.

Bewirtschaftung einer Toilette

Am Wichtigsten waren den Schülerinnen und Schülern „saubere und benutzbare Toiletten" (Zustimmungsquote nahezu 100 %). In der Vergangenheit waren etliche Ansätze zur Verbesserung der Situation (besonders bei den Mädchen-Toiletten) wenig erfolgreich. Die AG „Schule als Lebensraum/Wir-Gefühl" (heute: „Wohlfühl-AG") regte die Bewirtschaftung einer Mädchen-Toilette an. In Zusammenarbeit mit dem Schulträger steht die versuchsweise Durchführung unmittelbar bevor. Die Evaluation ist noch offen, wird jedoch relativ einfach als Umfrage durchgeführt werden können oder sich durch die Annahme bzw. Nicht-Annahme der bewirtschafteten Toilette (Gebühr: 20 ct) ergeben.

Methoden und Arbeitstechniken

Da an der Schule bereits seit dem Schulversuch LÖK Methodenseminare mit verschiedenen Klassen durchgeführt werden, waren wir vom (schlechten) Abschneiden bei dieser Frage überrascht (Zustimmungsquote zur Aussage „Unsere Lehrer vermitteln Methoden

Kreuzen Sie (x) jeweils die Einschätzung an, die bei Ihnen persönlich überwiegt. Unsere Lehrerinnen / unsere Lehrer ...

	□ □ □ □	
vermitteln fachliche Kenntnisse	□ □ □ □	vermitteln keine fachlichen Kenntnisse
unterrichten lebensnah und praxisorientiert	□ □ □ □	unterrichten lebensfern und praxisfremd
vermitteln Methoden und Arbeitstechniken	□ □ □ □	vermitteln keine Methoden und Arbeitstechniken
bereiten auf die Prüfung vor	□ □ □ □	bereiten nicht auf die Prüfung vor
vermitteln Allgemeinbildung	□ □ □ □	vermitteln keine Allgemeinbildung
fordern Leistung	□ □ □ □	fordern keine Leistung
sind gerecht	□ □ □ □	sind ungerecht
begründen ihre Notengebung	□ □ □ □	begründen ihre Notengebung nicht
begründen Unterrichtsinhalte	□ □ □ □	begründen Unterrichtsinhalte nicht
kooperieren mit anderen Lehrkräften	□ □ □ □	kooperieren nicht mit anderen Lehrkräften
sind auch außerhalb des Unterrichts ansprechbar	□ □ □ □	sind außerhalb des Unterrichts nicht ansprechbar
nehmen aktiv am schulischen Leben teil	□ □ □ □	nehmen nicht am schulischen Leben teil
erkennen Lernschwierigkeiten bei einzelnen Schülern	□ □ □ □	erkennen Lernschwierigkeiten bei einzelnen Schülern nicht
berücksichtigen unterschiedliche Voraussetzungen von Schülern	□ □ □ □	berücksichtigen unterschiedliche Voraussetzungen von Schülern nicht
unterstützen mich bei meinen Lernprozessen	□ □ □ □	unterstützen mich nicht bei meinen Lernprozessen
fördern mich bei Lernschwierigkeiten	□ □ □ □	fördern mich bei Lernschwierigkeiten nicht
fühlen sich für meine schulische Entwicklung verantwortlich	□ □ □ □	fühlen sich nicht für meine schulische Entwicklung verantwortlich

beraten mich auf meinem Bildungsweg	☐ ☐ ☐ ☐ ☐	beraten mich nicht auf meinem Bildungsweg
helfen mir bei meiner beruflichen Orientierung	☐ ☐ ☐ ☐ ☐	helfen mir nicht bei meiner beruflichen Orientierung
sind erzieherisch tätig	☐ ☐ ☐ ☐ ☐	sind nicht erzieherisch tätig
besitzen Autorität	☐ ☐ ☐ ☐ ☐	besitzen keine Autorität
wirken auf mich glaubwürdig	☐ ☐ ☐ ☐ ☐	wirken auf mich nicht glaubwürdig
gestehen Fehler ein	☐ ☐ ☐ ☐ ☐	gestehen Fehler nicht ein
können mit Kritik umgehen	☐ ☐ ☐ ☐ ☐	können nicht mit Kritik umgehen
meinen es gut mit mir	☐ ☐ ☐ ☐ ☐	meinen es nicht gut mit mir
erkennen mich als Persönlichkeit an	☐ ☐ ☐ ☐ ☐	erkennen mich nicht als Persönlichkeit an
nehmen mich ernst	☐ ☐ ☐ ☐ ☐	nehmen mich nicht ernst
gehen respektvoll mit mir um	☐ ☐ ☐ ☐ ☐	gehen nicht respektvoll mit mir um
gehen auf meine persönlichen Probleme ein	☐ ☐ ☐ ☐ ☐	gehen nicht auf meine persönlichen Probleme ein
vermitteln notfalls professionelle Beratung	☐ ☐ ☐ ☐ ☐	vermitteln keine professionelle Beratung

Bitte schreiben Sie in **Stichworten** auf, was für Sie an der Arbeit von Lehrerinnen und Lehrern am Wichtigsten bzw. am Unwichtigsten ist:

Am Wichtigsten ist für mich: _____

Am Unwichtigsten ist für mich: _____

Abb. 55. Schülerbefragung in einer Berufsbildenden Schule für Wirtschaft

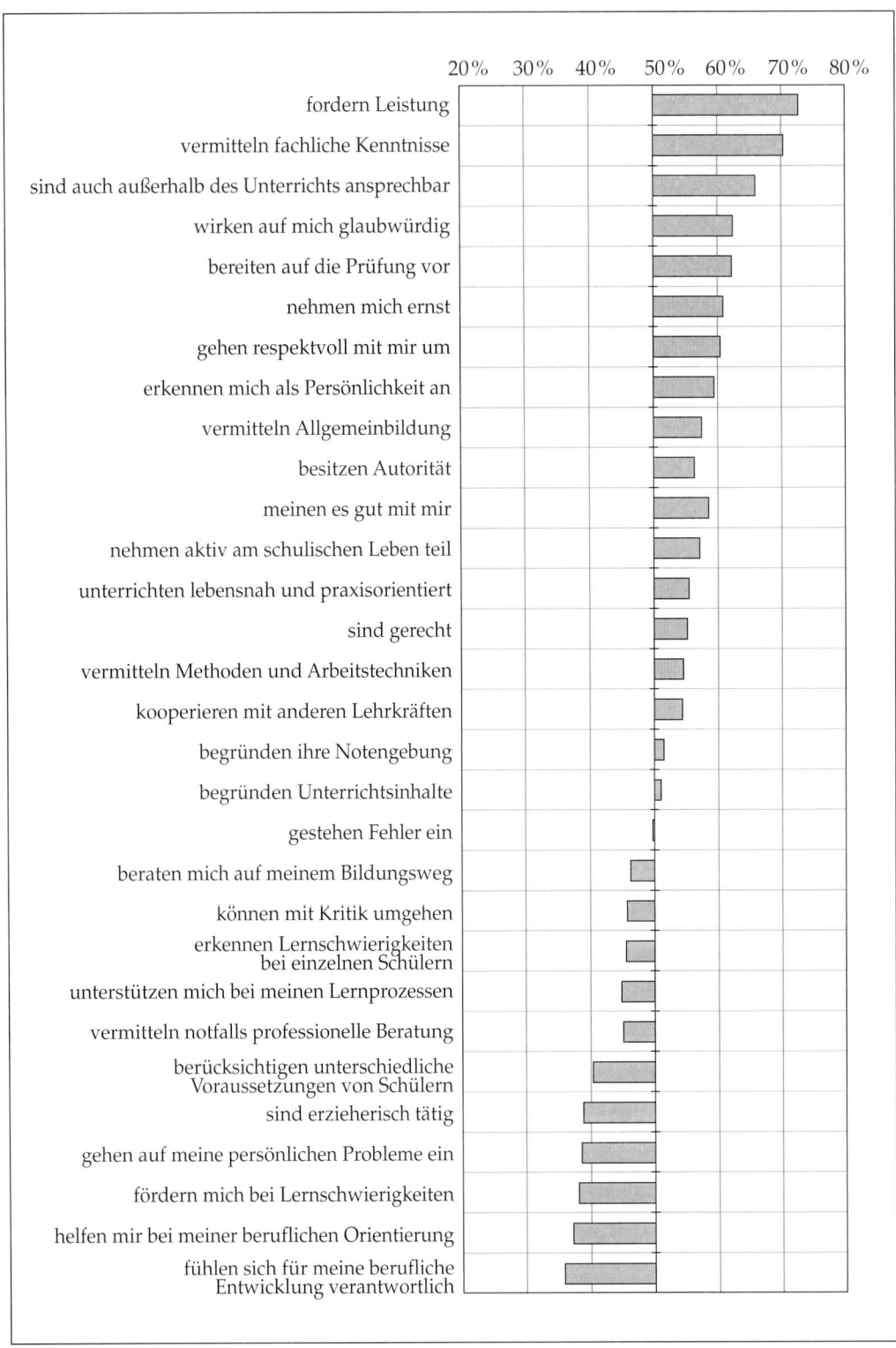

Abb. 56: Auswertung: Unsere Lehrer – gesamte Schule (ca. 460 befragte Schüler), Legende s. S. 288

und Arbeitstechniken" bei etwa 54 %). Deshalb wurde eine AG eingerichtet, die an einem Konzept zur Einführung eines umfassenden Trainingsplanes für *alle* Klassen arbeitet. Dieses Konzept wird in ausgewählten Klassen probeweise umgesetzt und durch Schülerrückmeldung (evtl. Fragebogen) evaluiert werden. Danach soll das Konzept für die gesamte Schule verbindlich eingeführt werden. Zur Gesamtkonferenz im Mai 2004 legte die AG dem Kollegium eine „Methodenschatzkiste" mit aufbereiteten und zum Einsatz empfohlenen Methoden vor.

Lernschwierigkeiten

Bei den entsprechenden Fragen im Lehrer-Fragebogen („Lernschwierigkeiten erkennen/bei Lernschwierigkeiten fördern") hatten wir schlechte Werte erzielt (Zustimmungsquoten von etwa 46 und 38 %). Zurzeit arbeitet eine AG an der Vorbereitung eines Studientages für das Schuljahr 2004/2005 mit Unterstützung des Pädagogischen Zentrums. Dieser soll die Diagnosefähigkeit der Kolleginnen und Kollegen verbessern und uns in die Lage versetzen, unsere Schülerinnen und Schüler möglichst individuell zu fördern. Der festgestellte Bedarf soll in eine noch zu erstellende Fortbildungsplanung einfließen. Evaluation ist noch nicht festgelegt, möglich wäre ein Fragebogen.

Wir sind uns bewusst, dass wir hier nur unperfekte Ansätze und einzelne Schritte im Prozess darstellen können. Es scheint uns allerdings sehr wichtig, Kollegien und Schulen zu ermutigen, sich auf den Weg zu machen. Sollten Sie Fragen an uns haben, nehmen Sie bitte mit uns Kontakt auf.

Reinhold Hoffmann
(Schulentwicklungsmoderator)
Peter Storch
(Sprecher der Steuergruppe)

BBS Wirtschaft Trier
Irminenfreihof 9
D-54290 Trier
Tel.: 0651-97585-0
Fax: 0651-97585-19
Mail: bbswtrier@t-online.de
Homepage: www.bbsw-trier.de

11. Verzeichnis der Kästen und Abbildungen

Kästen

Abbildungen

12. Literaturverzeichnis

Altrichter, H.: Ist das noch Wissenschaft? Darstellung und wissenschaftstheoretische Diskussion einer von Lehrern betriebenen Aktionsforschung. Profil: München 1990.

Altrichter, H.: The Concept of Quality in Action Research: Giving Practitioners a Voice in Educational Research. In: Schratz, M. (Ed.): Qualitative Voices in Educational Research. Social Research and Educational Studies, Vol. 9. Falmer Press: London 1993a, 40–55.

Altrichter, H.: Was ist eine ‚gute Schule‘ und wie entwickelt sie sich? In: Jahresbericht 1992/93 des Bundesrealgymnasiums Innsbruck. Innsbruck 1993b, 62–67.

Altrichter, H.: Der Lehrberuf: Qualifikationen, strukturelle Bedingungen und Professionalität. In: Specht, W./Thonhauser, J. (Hrsg.): Schulqualität. Entwicklungen – Befunde – Perspektiven. StudienVerlag: Innsbruck 1996a, 96–172.

Altrichter, H.: Der Federl-am-Hut-Effekt. In: Altrichter, H./Posch, P. (Hrsg.): Mikropolitik der Schulentwicklung. StudienVerlag: Innsbruck 1996b, 207–208.

Altrichter, H.: Reflektion und Evaluation in Schulentwicklungsprozessen. In: Altrichter H./Schley, W./Schratz, M. (Hrsg.): Handbuch zur Schulentwicklung. StudienVerlag Innsbruck 1998, 263–335.

Altrichter, H.: Evaluation als Alltäglichkeit, als Profession und als Interaktion. In: Thonhauser, J./Patry, J.-L. (Hrsg.): Evaluation im Bildungsbereich. Wissenschaft und Praxis im Dialog. StudienVerlag: Innsbruck 1999a, 103–120.

Altrichter, H.: Einige Anmerkungen zur Diskussion mit Detlev Leutner. In: Thonhauser, J./Patry, J.-L. (Hrsg.): Evaluation im Bildungsbereich. Wissenschaft und Praxis im Dialog. StudienVerlag: Innsbruck 1999b, 133–136.

Altrichter, H.: Konfliktzonen beim Aufbau schulischer Qualitätssicherung und Qualitätsentwicklung. In: Zeitschrift für Pädagogik 52(2000)41. Beiheft, 93–110.

Altrichter, H.: Die Rolle der ‚professional community‘ in der Lehrerforschung. In: Dirks, U./Hansmann, W. (Hrsg.): Forschendes Lernen in der Lehrerbildung. Klinkhardt: Bad Heilbrunn 2002, 17–36.

Altrichter, H./Bauer, C./Messner, E: Selbstevaluation von Lehrerinnen und Lehrern. Von beruflicher Neugier zur Entwicklung des eigenen Unterrichts. In: Das Lehrerhandbuch. Lieferung C 2.1. Raabe Verlag: Berlin 2002.

Altrichter, H./Eder, F.: Das ‚Autonomie-Paritäts-Muster‘ als Innovationsbarriere? In: Holtappels, H. G. (Hrsg.): Schulprogramme – Instrumente der Schulentwicklung. Juventa: Weinheim 2004, 195–221.

Altrichter, H./Messner, E.: Wenn Schulen sich den Spiegel vorhalten. Fünf Schulen lernen aus und für ihre Weiterentwicklung. In: Pädagogik 50(1998)6, 30–33.

Altrichter, H./Messner, E.: Geliebte ungelöste Konflikte. Was man aus Konflikten über die Schule lernen kann. In: Pädagogik 51(1999a)4, 28–33.

Altrichter, H./Messner, E.: Sich mit fremdem Blick sehen. Feedback in der Schulentwicklung. In: Pädagogik 51(1999b)2, 20–23.

Altrichter, H./Messner, E.: Im Dickicht der Evaluation. Wie evaluieren, ohne den Spaß daran zu verlieren? In: Pädagogik 53(2001)11, 6–11.

Altrichter, H./Messner, E.: Gefahr: Entmischung und Polarisierung. Über den Umgang mit Heterogenität in der Lehrerschaft. In: Becker, G. et al.: Heterogenität. Unterschiede nutzen – Gemeinsamkeiten stärken. Friedrich Jahresheft XXII. Friedrich: Seelze 2004, 66–69.

Altrichter, H./Posch, P.: Lehrer erforschen ihren Unterricht. Klinkhardt: Bad Heilbrunn ³1998.

Altrichter, H./Posch, P. (Hrsg.): Mikropolitik der Schulentwicklung. StudienVerlag: Innsbruck 1996.

Altrichter, H./Posch, P.: Wege zur Schulqualität. StudienVerlag: Innsbruck 1999.

Altrichter, H./Prexl-Krausz, U./Soukup-Altrichter, K. (Hrsg.): Schulprofilierung und neue Informations- und Kommunikationstechnologien. Klinkhardt: Bad Heilbrunn (in Vorb.).

Altrichter, H./Rasch, J.: Konferenz, Betriebsausflug oder Lehrerfortbildung? „Pädagogische Tage“ in Prozessen der Schulentwicklung. In: Dubs, R./Luzi, R. (Hrsg.): Schule in Wissenschaft, Politik und Praxis. St. Gallen 1997a, 45–73.

Altrichter, H./Rasch, J.: Pädagogische Konferenzen. Vorbereitung, Gestaltung und Nachbereitung. In: Rolff, H.-G. et al. (Hrsg.): Handbuch Schulleitung und Schulentwicklung. Lieferung D 4.6. Raabe: Stuttgart 1997b.

Altrichter, H./Salzgeber, S.: Zur Mikropolitik schulischer Innovation. In: Altrichter, H./Posch, P. (Hrsg.): Mikropolitik der Schulentwicklung. StudienVerlag: Innsbruck 1996, 96–169.

Altrichter, H./Soukup-Altrichter, K.: Schulen verstehen. Zwei Beispiele und einige Interpretationen. In: Altrichter, H./Krainer, K./Thonhauser, J. (Hrsg.): Chancen der Schule – Schule als Chance. StudienVerlag: Innsbruck 1998, 157–187.

Altrichter, H./Soukup-Altrichter, K./Specht, W.: Chancen und Schwierigkeiten einer breiten Initiative zur Förderung schulischer Qualitätsevaluation. In: journal für schulentwicklung 8(2004)1, 60–69.

Altrichter, H./Wilhelmer, H./Sorger, H./Morocutti, I. (Hrsg.): Schule gestalten: Lehrer als Forscher. Hermagoras: Klagenfurt 1989.

Andexer, H./Thonhauser, J.: Portfolio in der Lehrer/innenbildung: Begriff, Erwartungen, Erfahrungen. In: journal für lehrerInnenbildung 1(2001)4, 53–55.

Andexer, H./Paschon, A./Thonhauser, J.: Erfahrungen mit Portfolio in Österreich. In: Eckstein, K./Thonhauser, J. (Hrsg.): Einblicke in Prozesse der Forschung und Entwicklung im Bildungsbereich. StudienVerlag: Insbruck 2002, 141–158.

Aretz, H.-J./Hansen, K.: Erfolgreiches Management von Diversity. In: Zeitschrift für Personalforschung 17(2003)1, 9–36.

Argyris, C./Schön, D. A.: Theory in Practice: Increasing Professional Effectiveness. Jossey-Bass: San Francisco 1974.

Argyris, C./Putnam, R./McLain Smith, D.: Action Science. Jossey-Bass: San Francisco 1985.

Aurin, K. (Hrsg.): Gute Schulen – Worauf beruht ihre Wirksamkeit? Klinkhardt: Bad Heilbrunn [2]1991.

Bachmann, H./Iby, E./Kern, A./Osinger, D./Radnitzky, E./Specht, W.: Auf dem Weg zu einer besseren Schule. Evaluation der Schulautonomie in Österreich. StudienVerlag: Innsbruck 1996.

Bastian, J./Combe, A./Lamger, R.: Feedback-Methoden. Beltz: Weinheim 2003.

Bauer, C.: Der Klassenrat. Reihe „Beiträge zur Schulentwicklung". Nr. 221. IFF: Univ. Klagenfurt 1997.

Beck, G./Scholz, G.: Beobachten im Schulalltag. Cornelsen-Scriptor: Frankfurt/M. 1995.

Beck, U.: Risikogesellschaft – Auf dem Weg in eine andere Moderne. Suhrkamp: Frankfurt/M. 1986.

Berliner, D. C.: The Nature of Expertise in Teaching. In: Oser, F. K./Dick, A./Patry, J.-L. (eds.): Effective and Responsible Teaching. The New Synthesis. Jossey-Bass: San Francisco 1992, 227–248.

Bessoth, R.: Verbesserung des Unterrichtsklimas. Luchterhand: Neuwied 1989.

BGK [NMS/BG/BRG Klusemannstraße]: Jahresbericht 1997/98. Eigenverlag: Graz 1998.

BGN [Beratergruppe Neuwaldegg]: Unterlagen zum Lehrgang ‚Organisationsentwicklung im Bildungswesen'. Wien 1996.

Blüml, K.: Die sogenannte Zweiphasen- oder Zweistufenarbeit. In: Informationen zur Deutschdidaktik (1994)2, 73–78.

BMUK [Bundesministerium für Unterricht und Kulturelle Angelegenheiten]: Schulautonomie konkret. BMUK: Wien 1993.

BMUK [Bundesministerium für Unterricht und Kunst]: Aufgabenprofil der Schulaufsicht (Allgemeine Weisung gemäß § 18 Abs. 3 Bundes-Schulaufsichtsgesetz). Rundschreiben Nr. 64/1999 vom 17. 12. 1999. BMUK: Wien 1999.

Bonsen, M./von der Gathen, J./Altrichter, H.: Die Schlussfolgerungsleiter – eine Methode nicht nur für die Beratungspraxis. In: journal für schulentwicklung 5(2001)1, 46–51.

Bromme, R.: Der Lehrer als Experte. Zur Psychologie des professionellen Wissens. Huber: Bern 1992.

Buchen, H.: Aufbau und Grundlagen der Fortbildungsmaßnahme „Schulentwicklung und Schulaufsicht". In: Landesinstitut für Schul- und Weiterbildung (LSW): Evaluation und Schulentwicklung. LSW: Soest 1995, 11 26.

Büeler, X.: Schulqualität und Schulwirksamkeit. In: Altrichter, H./Schley, W./Schratz, M. (Hrsg.): Handbuch der Schulentwicklung. StudienVerlag: Innsbruck 1998, 661–693.

Buhren, C. G.: Lehrer und Schüler entwickeln einen Fragebogen. In: Pädagogik 53(2001)11, 28–30.

Burkard, C.: Evaluation praktisch. Der Einsatz von Fragebögen in Schulentwicklungsprozessen. In: Rolff, H.-G. et al. (Hrsg.): Handbuch Schulleitung und Schulentwicklung. Lieferung E 4.3. Raabe: Stuttgart 1995a.

Burkard, C.: Evaluation in der Fortbildungsmaßnahme „Schulentwicklung und Schulaufsicht". In: LSW: Evaluation und Schulentwicklung. LSW: Soest 1995b, 27–63.

Burkard, C.: Wie evaluiert man ein Schulprogramm? In: Pädagogik 53(2001)11, 32–36.

Burkard, C./Eikenbusch, G.: Praxishandbuch Evaluation in der Schule. Cornelsen-Scriptor: Berlin 2000.

Burkard, C./Pfeiffer, H.: Evaluation von Einzelschulen – Entwicklungslinien und aktuelle Trends. In: Zeitschrift für Sozialisationsforschung und Entwicklungssoziologie 15(1995)4, 294–314.

Burow, O.-A.: Zukunftskonferenz als Instrument der Schulentwicklung. In: journal für schulentwicklung 2(1998)4, 79–88.

Dalin, P./Rolff, H.-G.: Institutionelles Schulentwicklungsprogramm. Soest: Verlagskontor 1990.

DeCharms, R.: Ein schulisches Trainingsprogramm zum Erleben eigener Verursachung. In: Edelstein, W./Hopf, C. (Hrsg.): Bedingungen des Bildungsprozesses. Klett: Stuttgart 1973, 60–78.

Delbecq, A. L./Van den Ven, A. H./Gustafson, D. H.: Group Techniques for Program Planning: a guide to nominal and delphi processes. Scott, Foresman: Glenview, Ill. 1975.

Demmer, M.: Bildungsstandards: Selektion perfektionieren oder überwinden? In: GEW: Nationale Bildungsstandards – Wundermittel oder Teufelszeug? GEW: Frankfurt/M. 2003, 8–12.

Donabedian, A.: Explorations in quality assessment and monitoring: The definition of quality and approaches to its assessment. Health Administration Press: Ann Arbor, MI 1980.

Eder, F.: Linzer Fragebogen zum Schul- und Klassenklima für die 8.–13. Klasse (LFSK 8–13). Hogrefe: Göttingen 1998.

Eder, F.: Standards: Definition – Funktion – Messung. Referat auf der Konferenz der APS-Inspektoren. Unv. Ms. Krems, 7.–9. April 2003.

Eder, F./Mayr, J.: Linzer Fragebogen zum Schul- und Klassenklima für die 4.–8. Klasse (LFSK 4–8). Hogrefe: Göttingen 2000.

Eichinger, H./Götz, W./Kattnig, R.: Organisationsentwicklung an einer Berufsbildenden Höheren Schule – Wege und Umwege. In: Altrichter, H./Posch, P. (Hrsg.): Mikropolitik der Schulentwicklung. StudienVerlag: Innsbruck 1996, 34–42.

Eikenbusch, G.: Schulinterne Evaluation. Ein Weg zur gemeinsamen Schulentwicklung. In: Pädagogik 49(1997a)5, 6–9.

Eikenbusch, G.: Der kleine Methodenkoffer. Evaluation kann man nicht einfach nachmachen – man muß sie aber auch nicht jedes Mal neu erfinden. In: Pädagogik 49(1997b)5, 30–34.

Eikenbusch, G.: Aus dem Qualitäts-Dornröschenschlaf aufgeweckt. Praxishilfen für Evaluation im Deutschunterricht. In: Pädagogik 53(2001)11, 12–17.

Elliott, J.: The self-assessment of teacher performance. In: CARN-Bulletin (1978)2, 18–20.

Elliott, J.: Using Nominal Group Procedures as a Basis for Cooperative Action-Research in Schools. TIQL-Working Paper No. 6. Institute of Education: Cambridge 1981.

Evertson, C. M./Green, J. L.: Observation as Inquiry and Method. In: Wittrock, M. (Hrsg.): Handbook of Research on Teaching. 3rd edition. Macmillan: New York [3]1986, 162–213.

Fend, H.: Qualität im Bildungswesen. Juventa: München 1998.

Fleischer-Bickmann, W./Maritzen, N.: Schulprogramm: Anspruch und Wirklichkeit eines Instruments der Schulentwicklung. In: Pädagogik 48(1996)1, 12–17.

Fleischer-Bickmann, W./Maritzen, N.: Das Schulprogramm im Schulalltag. Sieben Praxistips als Wegweiser. In: Pädagogik 50(1998)2, 9–14.

Franke-Wikberg, S.: Qualitätsverbesserung durch Selbstevaluation. Ein praxisorientierter Ansatz. In: Pädagogische Führung 5(1994)2, 67–71.

Frey, K.: Die Projektmethode. Beltz: Weinheim 2002.

Friedrichs, J.: Methoden der empirischen Sozialforschung. Westdt. Verlag: Opladen [14]1990.

Galton, M.: Classroom Observation. In: Husen, T./Postlethwaite, T. N. (eds.): International Encyclopedia of Education. Pergamon: Oxford ²1994, 811–816.

Glasl, F.: Konfliktmanagement. Huber: Bern ⁴1994.

Goldstein, K./Kroppen, K./Pikowsky, B./Priebe, B.: Qualitätsprogramme statt programmierte Qualität. In: Schratz, M.: Qualität sichern: Programme entwickeln. Kallmeyersche Verlagsbuchhandlung: Seelze 2003, III–IV.

Gonon, P./Hügli, E./Landwehr, N./Ricka, R./Steiner, P.: Qualitätssysteme auf dem Prüfstand: die „neue" Qualitätsdiskussion in Schule und Bildung – Analysen und Perspektiven. Sauerländer: Aarau 1998.

Grell, J.: Techniken des Lehrerverhaltens. Beltz: Weinheim ³1975.

Grell, J./Grell, M.: Unterrichtsrezepte. Urban & Schwarzenberg: München 1979.

Groeben, A. v. d. (Hrsg.): Rituale in Schule und Unterricht. Bergmann & Helbig: Hamburg 2000.

Haider, G./Eder, F./Specht, W./Spiel, C.: Zukunft Schule. Strategien und Maßnahmen zur Qualitätsentwicklung. Das Reformkonzept der Zukunftskommission. BMBWK: Wien 2003.

Halasz, G./Altrichter, H.: Comparative Analysis of Decentralisation Policies and Their Results in Central European Countries. In: Altrichter, H. (Hrsg.): Comparative Analysis of Decentralisation Policies and Their Results in Central European Countries. Case Studies and Synthesis Report. ZSE-Report Nr. 47. Zentrum für Schulentwicklung: Wien 2000, 87–113.

Hameyer, U.: Interventive Erziehungsforschung. In: Haft, H./Kordes, H. (Hrsg.): Methoden der Erziehungs- und Bildungsforschung. Bd. 2 der Enzyklopädie Erziehungswissenschaft. Klett-Cotta: Stuttgart 1984, 145–181.

Hameyer, U.: Schulqualität sichern. Organisationsentwicklung als systemisches Modell für professionelles Handeln. In: Rolff, H.-G. et al. (Hrsg.): Handbuch Schulleitung und Schulentwicklung. Lieferung E 3.1. Raabe: Stuttgart 1996.

Handal, G./Lauvås, P.: Promoting reflective teaching. Supervision in practice. SHRE: Milton Keynes 1987.

Hanzer, H.: Die Steuergruppe. In: Praxis der professionellen Schulleitung. Raabe–ÖBV: Wien 1997.

Harrison, M. I.: Diagnosing organisations. Methods, models and processes. Sage: Thousand Oaks 1994.

Heckhausen, H.: Leistung und Chancengleichheit. Hogrefe: Göttingen 1974.

Hegarty, E. H.: The problem identification phase in curriculum deliberation. In: Journal of Curriculum Studies 9(1977)1, 31–41.

Heinrich, M.: Das Schulprogramm als effektives Reforminstrument? In: Pädagogische Korrespondenz (2001/02)28, 87–103.

Heintel, P./Krainz, E. E.: Projektmanagement. Eine Antwort auf die Hierarchiekrise? Gabler: Wiesbaden ⁴2000.

Heitger, B./Boos, F.: Projektmanagement. Seminarunterlagen. Beratergruppe Neuwaldegg: Wien 1995.

Helmke, A.: Unterrichtsqualität erfassen, bewerten, verbessern. Kallmeyersche Verlagsbuchhandlung: Seelze 2003.

Hiebler, S./Messner, E./Altrichter, H.: Qualität durch Vernetzung? In: journal für schulentwicklung 4(2000)3, 44–51.

Hiebler, S./Pließnig, E./Teissl, R.: Schülerzentrierter Unterricht. In: Messner, E. (Hrsg.): Chancen für Kinder – Chancen für Schulen. Schulverbund Graz-West 2001, 104–109.

Hirner, G./Zuber-Klammer, H./Müller, G./Schögler, J.: Projektunterricht und das Problem seiner organisatorischen Einbindung. In: Altrichter, H./Posch, P. (Hrsg.): Mikropolitik der Schulentwicklung. StudienVerlag: Innsbruck 1996, 12–23.

Höfer, C.: Evaluationsinstrument „Filmszene". In: journal für schulentwicklung 1(1997)3, 77–80.

Hohr, K.-D.: Diversity als Prinzip für die Gestaltung von Lernwelten. In: Personalführung (2000)6, 72–75.

Holtappels, H. G.: Pädagogische Konzepte und Schulprogramme. In: schulmanagement 30(1999)1, 6–14.

Holtappels, H. G. (Hrsg.): Schulprogramme – Instrumente der Schulentwicklung. Juventa: Weinheim 2004.

Hook, C.: Studying Classrooms. Deakin University Press: Geelong, Vic. 1981.

Horstkemper, M.: Schulische Reformen unterstützen: Konzepte und Methoden der Schulentwicklungsforschung. In: Friebertshäuser, B./Prengel, A. (Hrsg.): Qualitative Forschungsmethoden in den Erziehungswissenschaft. Juventa: Weinheim 1997, 769–784.

Huberman, M.: The Professional Life Cycle of Teachers. In: Teachers College Record 91(1989)1, 31–57.

Ingenkamp, K.: Die Fragwürdigkeit der Zensurengebung. Beltz: Weinheim ⁷1977.

Joint Committee on Standards for Educational Evaluation: The Program Evaluation Standards (2nd Edition). Sage: Thousand Oaks 1994.

Kaufmann, H.: Beratung zwischen Anspruch und Wirklichkeit – Schulen evaluieren ihr Autonomiekonzept. In: Ender, B./Schratz, M./Steiner-Löffler, U. (Hrsg.): Beratung macht Schule. Schulentwicklung auf neuen Wegen. StudienVerlag: Innsbruck 1996, 134–157.

Kelchtermans, G.: Getting the Story, Understanding the Lives: From Career Stories to Teachers' Professional Development. In: Teaching and Teacher Education 9(1993)5/6, 443–456.

Kintner, D.: The First Two Activities of Action Research. In: Hutchinson, B./Whitehouse, P. (eds.): Teacher Research and INSET. Univ. of Ulster: Jordanstown 1986, 8–11.

Klebert, K./Schrader, E./Straub, W. G.: KurzModeration. Windmühle: Hamburg ²1987.

Klieme, E. et al.: Zur Entwicklung nationaler Bildungsstandards. Berlin 2003. (http://dipf.de/index_1024.htm, 04-06-21).

Königswieser, R./Keil, M. (Hrsg.): Das Feuer großer Gruppen. Konzepte, Designs, Praxisbeispiele für Großveranstaltungen. Klett-Cotta: Stuttgart 2000.

Krainer, K./Krainz-Dürr, M./Piber, C.: Zur Evaluation der PFL-Lehrgänge. In: Krainer, K./Posch, P. (Hrsg.): Lehrerfortbildung zwischen Prozessen und Produkten. Klinkhardt: Bad Heilbrunn 1996, 339–349.

Krainz-Dürr, M.: Entscheidungen treffen – Aushandlungsprozesse in Großgruppen. In: journal für schulentwicklung 4(2000)3, 98–103.

Krainz-Dürr, M./Posch, P./Rauch, F.: Schulprogramme entwickeln. StudienVerlag: Innsbruck 2002.

Kromrey, H.: Evaluation. Empirische Konzepte zur Bewertung von Handlungsprogrammen und die Schwierigkeit ihrer Realisierung. In: Zeitschrift für Sozialisationsforschung und Erziehungssoziologie 15(1995)4, 313–336.

Kromrey, H.: Evaluation – Ein vielschichtiges Konzept. Begriff und Methodik von Evaluierung und Evaluationsforschung. Empfehlungen für die Praxis. In: Sozialwissenschaften und Berufspraxis 24(2001)2, 105–131.

Kromrey, H.: Evaluierung und Evaluationsforschung: Begriffe, Modelle und Methoden. In: Psychologie in Erziehung und Unterricht 50(2003), 11–26.

Kultusministerkonferenz: PISA 2000 – Zentrale Handlungsfelder – Zusammenfassende Darstellung der laufenden und geplanten Maßnahmen in den Ländern (Beschluss der Kultusministerkonferenz vom 17./18. 10. 2002) (http://www.kmk.org/schul/pisa/massnahmen.pdf, 04-06-21).

Lamnek, S.: Qualitative Sozialforschung. 2 Bde. Beltz/PsychologieVerlagsUnion: Weinheim ³1995.

Langer, R.: Interviews durchführen und auswerten. In: Pädagogik 53(2001)11, 25–27.

Lenglachner, M./Schmitz, C./Weyrer, M.: Vom Streit zum Unternehmensdialog. Konflikte als Potential der Unternehmensentwicklung. In: Herrnsteiner (1994)3, 4–11.

Leuders, T.: Evaluation im Alltag des Mathematikunterrichts. In: Pädagogik 53(2001)11, 18–22.

Lortie, D. C.: Schoolteacher. University of Chicago Press: Chicago 1975.

MacDonald, B.: Evaluation and the Control of Education. In: MacDonald, B./Walker, R. (eds.): Innovation, Evaluation, Research and the Problem of Control. SAFARI, CARE, UEA: Norwich 1974 (wiederveröff. in: Murphy, R./Torrance, H. (eds.): Evaluating Education: Issues and Methods. Harper and Row: London 1987).

Maritzen, N.: Sich selbst und anderen Rechenschaft geben. Qualitätssicherung durch Evaluation. In: Pädagogik 48(1996)1, 25–29.

Marx, E. C. H./van Ojen, Q. H. J. M.: Dezentralisation, Deregulierung und Autonomisierung im niederländischen Schulsystem. In: Posch, P./Altrichter; H.: Schulautonomie in Österreich. Klagenfurt 1992, 160–183.

Mayr, J.: Evaluieren. In: Buchberger, F./Eichelberger, H./Klement, K./Mayr, J./Seel, A./Teml, H. (Hrsg.): Seminardidaktik. StudienVerlag: Innsbruck 1997, 224–256.

Mayring, P.: Qualitative Inhaltsanalyse. Deutscher StudienVerlag: Weinheim ⁵1995.

MBFJ [Ministerium für Bildung, Frauen und Jugend des Landes Rheinland-Pfalz]: Qualitätsentwicklung an Schulen in Rheinland-Pfalz. Brief an die Schulen vom 16. 9. 2002a.

MBFJ [Ministerium für Bildung, Frauen und Jugend des Landes Rheinland-Pfalz]: „Ahnen: Land zieht Konsequenzen aus PISA". Presseaussendung vom 25. 2. 2002b.

McCormick, R./James, M.: Curriculum Evaluation in Schools. Croom Helm: London 1983.

Messner, E.: Das Selbstevaluationsprojekt Q2000. Die Entwicklung von Qualitätsstandards und deren Evaluation im Schulverbund Graz-West. In: Schule entwickeln, Dokumente aus dem Schulverbund Graz-West. SV-Reihe Nr.18. Graz 2004.

Messner, E./Altrichter, H.: Steuergruppen auf der Suche nach der Schulleitung: Steuerungssituationen in der Praxis. In: journal für schulentwicklung 2(1998)4, 50–61.

Messner, E./ Seidel, G.: Professionalisierung von Lehrer/innen durch kollegialen Erfahrungsaustausch. IP-Reihe Nr. 14. Graz 1994.

Messner, R./Huber-Söllner, E.: ‚Blitzumfragen'. Die Selbsteinschätzung der Schulrealität durch Schüler/innen und Lehrer/innen als Teil wissenschaftlicher Begleitung. In: Die Deutsche Schule 81(1989)2, 210–227.

Miles, M. B./Huberman, A. M.: Qualitative Data Analysis. Sage: Beverly Hills 1984.

MSWWF [Ministerium für Schule, Weiterbildung, Wissenschaft und Forschung des Landes Nordrhein-Westfalen]: Qualitätsentwicklung und Qualitätssicherung. Aufgabenbeispiele Klasse 10: Deutsch. Schriftenreihe Schule in NRW Nr. 9028/1. Ritterbach: Frechen 1998.

MSWWF [Ministerium für Schule, Weiterbildung, Wissenschaft und Forschung des Landes Nordrhein-Westfalen; Hrsg.]: Evaluation – eine Handreichung: Schriftenreihe Schule in NRW Nr. 9033, Ritterbach: Frechen 1999.

Nevo, D.: School-Based Evaluation. A Dialogue for School Improvement. Oxford: Pergamon 1995.

Nisbet, J.: Rapporteur's Report. In: Council of Europe/Scottish Council for Research in Education (eds.): The Evaluation of Educational Programmes: Methods, Uses and Benefits. Swets & Zeitlinger: Amsterdam 1990, 1–9.

Ng, I. S. W./Tung, R. L.: Ethno-Cultural Diversity and Organizational Effectiveness: A field study. In: The International Journal of Human Resource Management 9(1998)6, 980–995.

OECD (Hrsg.): Schools and Quality. An Internal Report. Paris: OECD, 1989.

O'Neil, M. J./Jackson, L.: Nominal Group Technique. A process for initiating curriculum development in higher education. In: Studies in Higher Education 8(1983)2, 129–138.

Patzak, G./Rattay, G.: Projektmanagement. Linde: Wien 1998.

Peek, R: Qualitätsuntersuchung an Schulen zum Unterricht in Mathematik (QuaSUM) – Klassenbezogene Ergebnisrückmeldung und ihre Rezeption in Brandenburger Schulen. In: Empirische Pädagogik 18(2004)1, 82–114.

Peters, T./Waterman, R.: Auf der Suche nach Spitzenleistungen. Verlag Moderne Industrie: Landsberg/Lech 1984.

Pfeiffer, J. W./Jones, J. E.: Handbook of Structural Experiences for Human Relations Training. Vol. 1. University Associated Press: Iowa City 1969.

Philipp, E.: Gute Schule verwirklichen. Beltz: Weinheim 1992.

Philipp, E.: Organisationsdiagnose: Methoden und Konzepte. In: Altrichter, H./Schley, W./Schratz, M. (Hrsg.): Handbuch der Schulentwicklung. StudienVerlag: Innsbruck 1998, 239–262.

Philipp, E./Rolff, H.-G.: Schulprogramme und Leitbilder entwickeln. Beltz: Weinheim 1998.

Posch, P.: Erfahrungen mit dem Qualitätsmanagement im Bildungswesen in Österreich. In: Zeitschrift für Erziehungswissenschaft (2002)4, 598–616.

Posch, P./Altrichter, H.: Bildung in Österreich. StudienVerlag: Innsbruck 1992.

Posch, P./Altrichter, H.: Schulautonomie in Österreich. BMUK: Wien ²1993.

Posch, P./Altrichter, H.: Möglichkeiten und Grenzen der Qualitätsevaluation und -entwicklung im Schulwesen. StudienVerlag: Innsbruck 1997.

Posch, P./Schratz, M./Thonhauser, J.: Unterrichtsbezogenes Individualfeedback von Lehrerinnen und Lehrern. In: Eder, F. (Hrsg.): Qualitätssicherung und Qualitätsentwicklung im österreichischen Schulwesen. StudienVerlag: Innsbruck 2002, 71–76.

Priebe, B.: Entwicklung der eigenen Schule – Impulse aus der Lehrerfortbildung. In: Altrichter, H./Schley, W./Schratz, M. (Hrsg.): Handbuch der Schulentwicklung. StudienVerlag: Innsbruck 1998, 336–353.

Priebe, B.: Pers. Mitteilung vom 11. 3. 2004.

Pühringer, T.: Das Immunsystem der 4B funktioniert tadellos. Erstellen und Auswerten eines Feedback-Bogens im Rahmen einer Zielvereinbarung für den Englischunterricht an einer 4. Klasse AHS. Unv. Ms. IFF: Univ. Klagenfurt 2000.

QIS [Qualität in Schulen]: Plattform des Bundesministeriums für Bildung, Wissenschaft und Kultur: Wien (http://www.qis.at, 04-06-21)

Rauch, F.: Rollenverhandeln. In: Altrichter, H/Posch, P. (Hrsg.): Mikropolitik der Schulentwicklung. StudienVerlag: Innsbruck 1996, 55–58.

Rheinberg, F./Krug, S.: Motivationsförderung im Schulalltag. Hogrefe: Göttingen 1993.

Riemann, F.: Grundformen der Angst. Reinhardt: München 1974.

Riesen, M.: Arbeitsunterlage für ein FQS-Seminar. Unv. Ms. Biel 1998.

Rolff, H.-G.: Wandel durch Selbstorganisation. Juventa: Weinheim 1993.

Rolff, H.-G.: Ablaufdiagramm zum Projektmanagement. In: journal für schulentwicklung 3(1999)1, 76–79.

Rolff, H.-G.: Rückmeldung und Nutzung der Ergebnisse von großflächigen Leistungsuntersuchungen. Grenzen und Chancen. In: Rolff, H.-G./Holtappels, H. G./Klemm, K./Pfeiffer, H./Schulz-Zander, R. (Hrsg.): Jahrbuch der Schulentwicklung – Band 12. Juventa: Weinheim 2002, 75–98.

Rolff, H.-G./Schley, W.: Der erste Schritt ist der halbe Weg: Über Anfänge bei Schulentwicklungsprozessen. In: journal für schulentwicklung 1(1997a)1, 8–11.

Rolff, H.-G./Schley, W.: Am Anfang muß man bereits auf's Ganze gehen: Zur Gestaltung von Anfangssituationen in Schulentwicklungsprozessen. In: journal für schulentwicklung 1(1997b)1, 12–21.

Rutter, M./Maughan, B./Mortimore, P./Ouston, P.: Fifteen Thousand Hours. Secondary Schools and Their Effects on Children. Open Books: London 1979 (dt. Fünfzehntausend Stunden. Beltz: Weinheim 1980).

Sammons, P./Hillman, J./Mortimore, P.: Key Characteristics of Effective Schools: A Review of School Effectiveness Research. Office for Standards in Education: London 1994.

Sanger, J./Kroath, F.: Der vollkommene Beobachter? Ein Leitfaden zur Beobachtung im Bildungs- und Sozialbereich. StudienVerlag: Innsbruck 1998.

Schley, W.: Organisationsentwicklung in Schulen. Mitschrift eines Seminars. Pöllauberg 1994.

Schley, W.: Konfliktdiagnosemodelle. In: journal für schulentwicklung 3(1999)2, 73–83.

Schley, W.: Evaluation als Intervention durch Feedback. In: journal für schulentwicklung 8(2004)1, 16–25.

Schmuck, R. A./Runkel, P. I./Arends, I. H./Arends, R. I.: The Second Handbook of Organization Development in Schools. Magfield: Palo Alto 1977.

Schnack, J.: Evaluation – eine Basisbibliothek. Die wichtigsten deutschsprachigen Veröffentlichungen zum Thema. In: Pädagogik 49(1997)5, 35–37.

Schön, D. A.: Generative Metaphor. A Perspective on Problem Setting in Social Policy. In: Ortonyi, A. (Ed.): Metaphor and Thought. Cambridge Univ. Press: Cambridge 1979, 254–283.

Schön, D. A.: The Reflective Practitioner. Temple Smith: London 1983.

Schratz, M.: Durch Evaluation den Stand schulinterner Entwicklungsprozesse widerspiegeln. Qualitätssicherung und Rechenschaftslegung im Spannungsfeld zwischen Kontrolle und Entwicklung. In: Buchen, H./Horster, L./Rolff, H.-G. (Hrsg.): Schulleitung und Schulentwicklung. E 4.1. Raabe: Stuttgart 1994, 1–24.

Schratz, M.: Initiating change through self-evaluation: methodological implications for school development: CIDREE: Dundee 1997.

Schratz, M.: Qualität sichern: Programme entwickeln. Kallmeyersche Verlagsbuchhandlung: Seelze 2003.

Schratz, M./Walker, R.: Research as Social Change. Routledge: London 1995.

Schulz von Thun, F.: Miteinander reden 2. rororo: Reinbek 1989.

Schweizerische Konferenz der Erziehungsdirektoren (Hrsg.): Die Vielfalt orchestrieren. StudienVerlag: Innsbruck 2000.

Senator für Bildung, Wissenschaft, Kunst und Sport: Schule entwickeln mit Programm. Eine Information der Schulinspektion zum Thema ‚Interne Evaluation‘. Bremen o. J.

Selvini-Palazolli, M. et al.: Der entzauberte Magier. Zur paradoxen Situation des Schulpsychologen. Klett: Stuttgart 1978.

Sertl, M./Khan-Svik, G./Garnitschnig, K.: Teamarbeit und fächerübergreifender Unterricht. In: Olechowski, R./Hanisch, G./Weidinger, W. (Hrsg.): Das Modell „Mittelschule". StudienVerlag: Innsbruck 2001, 56–83.

Sirotnik, K.: Informing Evaluation for Local School Improvement. In: Husen, T./Postlethwaite, T. N. (eds.): International Encyclopedia of Education. Pergamon: Oxford [2]1994, 2831–2839.

Soukup, K.: Pädagogik vs. Management – eine noch nicht entschiedene Auseinandersetzung in 6 Akten. Unv. Ms. Linz 1997.

Specht, W.: Die vier Fallstudien im Kontext der Debatte um die Qualität von Schulen. In: Altrichter, H./Radnitzky, E./Specht, W.: Innenansichten guter Schulen. BMUK: Wien 1994, 18–42.

Specht, W.: Ist Qualität meßbar? Fragebogensurveys in der Schulentwicklung. In: journal für schulentwicklung 1(1997)3, 50–58.

Steffensky, F.: Rituale als Lebensinszenierungen. In: Pädagogik 46(1994)1, 27–29.

Steiner-Löffler, U.: Taking Photographs as a Medium of Selfevaluation. CIDREE Collaborative project ‚Selfevaluation in School Development'. Case Study 1. CIDREE: Dundee 1996.

Strittmatter, A.: Kurzportrait „Formatives Qualitätsevaluations-System" (FQS). Pädagogische Arbeitsstelle des LCH: Sempach 1996a.

Strittmatter, A.: Die Aufsicht und Qualitätsevaluation der Volksschulen funktional einrichten (Kontextbedingungen für ein FQS). Unv. Ms. Sempach 22. 7. 1996b.

Strittmatter, A.: Wenn was losgeht ... Grundsätze für den Umgang mit Kritik an Lehrpersonen. Leitfaden der Pädagogischen Arbeitsstelle LCH: Sempach 1996c.

Strittmatter, A.: Qualitätsevaluation in Schulen. Werkzeugkästen. Ms. Sempach 1996d.

Strittmatter, A.: „Eine knüppelharte Sache". Schulen erproben Selbstevaluation. In: Pädagogik 49(1997a)5, 16–20.

Strittmatter, A.: Mythen und Machbares in der Qualitätsevaluation. In: journal für schulentwicklung 1(1997b)3, 22–29.

Strittmatter, A.: Werkzeugkästen „Qualitätsevaluation in Schulen": Päd. Arbeitsstelle LCH: Sempach 1997c.

Strittmatter, A.: Qualitätsentwicklung durch Selbstevaluation. Erkenntnisse aus dem Pilotprojekt Baselland 1995–97. Projektbericht. Ms. Pönt Arbeitsstelle LCH: Sursee 1997d.

Strittmatter, A.: Kontrakte in Beratungsbeziehungen. In: Altrichter, H./Schley, W./Schratz, M. (Hrsg.): Handbuch der Schulentwicklung. StudienVerlag: Innsbruck 1998, 218–238.

Strittmatter, A.: Bedingungen für die nachhaltige Aufnahme von Neuerungen an Schulen. In journal für schulentwicklung 5(2001)4, 58–66.

Strittmatter, A.: Zwischen Selbstbespiegelung und Polizeiradar. Über das sensible Verhältnis von interner und externer Evaluation von Bildungsinstitutionen. In: journal für schulentwicklung 8(2004)1, 37–53.

The Scottish Office: Using Performance Indicators in Secondary School Self Evaluation. Edinburgh: The Scottish Office, Education Department 1992a.

The Scottish Office: Using Ethos Indicators in Secondary School Self-Evaluation – Taking Account of the Views of Pupils, Parents and Teachers. Edinburgh: The Scottish Office, Education Department 1992b.

Thomann, C./Schulz von Thun, F.: Klärungshilfe. rororo: Reinbek 200113.

Vierlinger, R.: Leistung spricht für sich selbst. „Direkte Leistungsvorlage" (Portfolios) statt Ziffernzensuren und Notenfetischismus. Dieck: Heinsberg 1999.

Voigt, B.: Team und Teamentwicklung. In: Organisationsentwicklung 12(1993)3, 35–49.

Walker, R./Adelman, R.: A Guide to Classroom Observation. Methuen: London 1975.

Wimmer, R.: Was kann Beratung leisten? In: Wimmer, R. (Hrsg.): Organisationsberatung. Gabler: Wiesbaden 1992, 59–111.

Winter, R.: „Dilemma Analysis": A contribution to methodology for action research. In: Cambridge Journal of Education 12(1982)3, 161–174.

Wottawa, H./Thierau, H.: Lehrbuch Evaluation. Huber: Bern 1990.

Zeller, R. A.: Validity. In: Husen, T./Postlethwaite, T. N. (eds.): International Encyclopedia of Education. Vol. 9. Pergamon: Oxford 1985, 5413–5422.